ÉTUDES MONTAIGNISTES
sous la direction de Claude Blum
9

Montaigne et l'art du prologue au XVIe siècle

Cet ouvrage a été publié pour la première fois en 1992
dans la collection *Études montaignistes* dirigée par Claude Blum.

Arnaud Tripet

Montaigne et l'art du prologue au XVIe siècle

PARIS
CLASSIQUES GARNIER

Arnaud Tripet, professeur émérite des universités de Chicago et de Lausanne, a travaillé sur la Renaissance française et italienne, ainsi que sur les XVIIIe et XIXe siècles européens. Il est l'auteur de quelques essais de philosophie et d'esthétique générale, et de deux recueils de nouvelles. Il a notamment publié *Jean-Jacques Rousseau. La tension et le rythme* et *Petite philosophie buissonnière*.

Réimpression de l'édition de Paris, 1992

ISBN 978-2-406-12802-1 (livre broché)
ISBN 978-2-406-12803-8 (livre relié)
ISSN 0986-492X

AVANT-PROPOS

> Je ne sais si vous avez la
> fatuité de ne pas lire les
> préfaces; mais j'aime à
> supposer le contraire, pour
> l'honneur de votre esprit et
> de votre jugement.
> Théophile Gautier,
> *Les Jeunes France* (Préface)

Il faut le reconnaître, la préface n'est bien souvent qu'un hors-d'œuvre insipide dont les lecteurs font, ou voudraient pouvoir faire l'économie. J'appartiens à cette sorte de lecteurs, et c'est peut-être pour expier ce que d'aucuns — les auteurs de préfaces, à tout le moins — appelleront un péché contre le livre que j'ai entrepris la présente étude. Car, pour beaucoup, le livre, dans sa plénitude, ne saurait se passer d'introduction.

> Un ouvrage sans préface est un château sans avenue, un jardin sans allée, un appartement sans porte, une femme sans toilette.

Ainsi s'exprime Restif de la Bretonne. Mais il y a, et il y aura toujours, des réticents. Ils justifient leur peu d'enthousiasme en rappelant l'ennui suscité par ces ambages qui nous empêchent d'arriver tout de suite au fait. Ils invoquent l'idée que les choses parlent assez d'elles-mêmes sans qu'il soit utile de les présenter. Le lecteur adulte, celui auquel s'adressent un Montesquieu ou un Diderot, est censé trouver par lui-même. Qui sait, de plus, si en voulant dévoiler, l'on ne cherche pas à masquer, à tromper ? Dois-je tenir pour nécessairement désintéressé celui qui dispose des moyens de m'influencer à son profit ? Je m'accorde le droit d'en douter. Je verrai, alors, l'auteur du texte liminaire comme quelqu'un qui est inconsciemment désireux d'attenter à ma liberté. Je le soupçonnerai de n'avoir pas atteint lui-même un degré de liberté suffisant pour oser nous offrir ouvertement et directement le produit de son travail. En vérité, le liminaire guigne souvent du côté de la censure pour en prévenir les foudres. Et comme il veut surmonter toute résistance, je le penserai capable de vouloir anesthésier mon jugement pour mieux le conditionner.

N'allons pas exagérer pourtant les inconvénients de ces "mises en conditions" aux abords du texte. Ou alors, soyons aussi méfiants à l'égard des manipulations qui suivent l'espace du prologue, dans l'œuvre elle-même, qu'elle commence ou non *ex abrupto*. Admettons donc, avec un peu d'optimisme, que le texte liminaire ne trompe pas plus qu'un autre.

Il n'est pas assuré, d'autre part, qu'il mérite d'être taxé d'ennuyeux. Il fascine, en fait, autant qu'il repousse. A l'épreuve, le lecteur découvre souvent que l'effort qui lui a été demandé est largement payé en retour et que sa patience ou l'abandon de ses préjugés défavorables se trouvent récompensés. Il s'aperçoit que le superflu — si c'en est un — peut être amusant. S'ils sont honnêtes, les ennemis du prologue, qui arguent contre lui de son inutilité, seront amenés tous les premiers à admettre qu'il peut devenir le terrain de la gratuité comique. Peu de pages de Rabelais sont plus hilarantes que ses prologues.

La conviction que le liminaire est en principe un texte convenu, et menacé de ce fait par la monotonie, ne peut que renforcer l'appréciation des écarts qu'il comporte et faire comprendre leur nécessité. La surprise est d'autant plus nécessaire qu'elle va moins de soi. Ajoutons qu'elle se perçoit d'autant mieux qu'elle émerge de courants plus fortement endigués par la convention. S'il est un terrain favorable aux conduites de la respectabilité, le prologue est aussi bien une scène accueillante pour toute une distribution de marginaux et de railleurs. Sa place n'est-elle pas en marge de la vie du texte, comme l'est celui qui enseigne, sérieusement ou bouffonnement, par rapport aux enjeux pratiques de l'action humaine ?

Cette place apparaît à la fois dérisoire et nécessaire. Dérisoire et nécessaire chez Hegel, selon son idée du discours philosophique. Jacques Derrida ("Hors Livre", in *La Dissémination*) en parle ainsi : "L'exposition philosophique a pour essence de pouvoir et de devoir se passer de préface". Ce qui n'empêche pas la *Phénoménologie de l'Esprit* de comporter une fort importante introduction. Dérisoire et nécessaire chez Jacques Derrida lui-même qui écrit, avec le texte susmentionné, une préface paradoxale à l'anti-livre que constitue la *Dissémination*. Mais comment une philosophie ou une herméneutique de la déconstruction, qui proposent la *non-adéquation* comme horizon du vrai, pourraient-elles souhaiter se résumer, s'annoncer, se contraindre dans l'unité réduite du préambule, avant d'entamer le grand jeu d'un dévoilement qui pactise avec l'occultation ? Ce long "Hors Livre" du philosophe de la "différance" n'est, en fait, qu'un développement sur la non-pertinence de l'acte préfaciel, sous la forme d'un commentaire sur Hegel et sa pensée en la matière.

On en arrive à se demander si, pour être vraiment préfaciel, un liminaire ne serait pas appelé à se marginaliser par rapport à la norme, déjà marginale, qui le constitue ? Son lieu ? Celui, par excellence, de l'écart et du paradoxe *en raison* de sa nature excentrique, mais aussi *contre* les méfaits de sa nature trop attendue. Situé aux extrémités, le paratexte est volontiers extrême dans son épiphanie; il convoque l'ingéniosité, s'implique dans les miroitements du paraître, joue avec les ressources du contre-pied. Somme toute, et le voilà aux antipodes de l'ennui, il veut être intéressant et il fait tout pour le devenir.

* * *

Il fleurit au XVIe siècle, qui est celui d'une reprise en compte de la notion d'auteur et de la conscience explicite de l'œuvre, après de longs siècles où l'anonymat et le travail dispersé sur un texte composé et copié de mille manières (pensons à *Renart* !) étaient reçus sans défaveur. L'imprimerie, avec la multiplication *ne varietur* du texte, joue évidemment son rôle dans cette conception plus stricte de l'œuvre littéraire à la Renaissance. Mais l'emprise de l'esthétique des Anciens (Aristote, Horace, Cicéron ...) et d'une conception rhétorique du discours orné sont sans doute un facteur prioritaire dans cette évolution des esprits cultivés. Le texte, plus qu'auparavant, vaut désormais pour lui-même dans toute son étendue et au gré des articulations qui le rendent reconnaissable au regard épris d'architecture et d'harmonie, comme l'est celui des descendants de Pétrarque. Le texte acquiert donc les attributs d'une personne dont chaque membre est une partie significative dans un tout équilibré. L'enseignement humaniste désigne le littéraire comme un discours composé à parcourir *in extenso*. Il se détourne du développement de la partie dégagée du tout, apocopes ou sentences, à partir desquelles on formait les théologiens et les philosophes à la grande époque de la scolastique. L'œuvre, vue comme un ensemble, inspire la possibilité d'une vue d'ensemble; elle suggère l'édification de la plate-forme qu'est le prologue, plate-forme d'où l'objet unitaire issu d'une cause unitaire (l'auteur) est pris en considération au profit d'un lecteur prêt à dialoguer avec ce tout. C'est dans cet espace en retrait que se meut la conscience littéraire, la réflexion sur soi de l'auteur et de son œuvre. Autocritique et hétérocritique (quand d'autres que moi préfacent mon livre), le liminaire est, au dire de Borges, "une forme latérale de la critique". L'on sait que la Renaissance, âge où le maniérisme s'interroge sur la *manière*, l'imitation et l'originalité, la nature et l'art, les astuces du rendu, les excès compensés de l'ingéniosité, l'équilibre obtenu aux confins du déséquilibre, est un grand moment de la critique. Comment s'étonner de la fécondité prologale qu'on y rencontre ? Comment s'étonner que le prologue, genre ou sous-genre hyperconscient, ait trouvé au sein d'une demande culturelle aussi peu naïve un climat favorable ? Le prologue ne peut exister comme forme quasi obligée que dans un univers mental où l'on n'a pas envie que l'art aille de soi. C'est bien l'esprit de ce temps-là.

* * *

A l'image du genre qui nous occupe et de son ouverture au codifié et au déviant, à l'imitatif et à l'original, le parcours de notre étude va du plus général au plus individuel. Il part d'un examen de la nature du prologue et aboutit, en la personne de Montaigne, aux conséquences extrêmes de cette pratique, dans la liberté de l'essai, qui, à bien des égards, peut apparaître comme un discours constitué par un éclatement du prologue. Entre-deux, l'étude du prologue, dans sa relation très mobile à l'œuvre, nous met déjà sur le chemin de cette liberté, car, à y regarder de près, l'on voit que le paratexte entretient avec ce qu'il désigne des rapports très variables, du plus éloigné, l'autonomie du prologue par exemple, au plus intime,l'intégration du prologue, que l'on rencontre dans tous les genres majeurs, comme nous nous efforçons de le montrer. Avant le cas extrême de Montaigne, le problème du lyrisme nous retient un certain temps, d'une part en raison de l'abondance et de l'importance des liminaires lyriques dans les recueils du XVIe siècle, d'autre part en raison du cas spécifique que constitue pour le liminaire le fait de se trouver au seuil d'un texte dont l'organicité est pour le moins problématique.

Ces réflexions sur la relation du prologue au genre lyrique (chapitre III) ou à l'œuvre individuelle des *Essais* (chapitre IV) ne laissent pas de pousser l'analyse au-delà de l'*incipit*, en direction du fait littéraire lui-même, selon ces deux occurrences tout au moins.

Puisse notre réflexion sur les abords du texte éclairer "latéralement", pour reprendre l'expression de Borges, la nature du texte. N'est-ce pas aux frontières des choses que se détermine la nature de leur espace propre ?

N.B. Certaines parties de la présente étude ont paru déjà dans des ouvrages collectifs ou des revues, le plus souvent sous une forme assez différente. Il s'agit de "Aux abords du prologue", *Versants*, n° 15, 1989; "Unité et multiplicité dans la poésie lyrique", *Rivista di letterature moderne e comparate*, vol. XLII — Fasc. 2 — 1989; "Voi ch'ascoltate ... Poesia e coscienza nel Petrarca lirico", *Civiltà del Piemonte. Studi in onore di Renzo Gandolfo*, Torino, 1975. Dans son ensemble ou dans telle de ses parties, le travail présenté ici doit beaucoup aux rencontres qu'il ma été donné de faire. Je me suis rendu compte qu'elles valent souvent bien des lectures. Je tiens à dire ma grande dette à mes anciens collègues de l'Université de Chicago et à cette admirable institution, où le sujet de mon ouvrage a véritablement pris forme. Mon souvenir reconnaissant va aussi aux collègues et aux étudiants d'un troisième cycle organisé par les quatre universités de Suisse romande en 1986-1987, consacré au prologue au XVIe siècle. Plusieurs des idées que le lecteur va rencontrer ont été discutées et testées au sein de ce groupe exigeant et passionné.

Enfin, dans sa mise au point, ce livre a bénéficié des conseils et de l'aide que j'ai reçus de Madame Alexandra Amacker et du professeur René Amacker. Qu'ils soient également remerciés.

CHAPITRE I

LA NATURE DU PROLOGUE

1. LE MOT

Il y a bien des manières de se trouver devant le discours (*pro logos*). Cela dépend en grande partie du discours. Suivant le genre auquel il appartient: poème dramatique, épique, traité, dialogue, etc., le prologue aura telle ou telle physionomie, pourra prendre tel ou tel nom. Mais ce qui frappe dans cette nomenclature, c'est d'une part sa richesse, d'autre part le caractère souvent interchangeable de ses applications. Ainsi tel discours préambulaire sera appelé prologue par un auteur, ou avertissement, avis, ou *Au lecteur*, *A son livre*, *Au duc d'Avanson*, que sais-je encore ?

De nos jours, le prologue n'est presque plus de mise. Le mot tout au moins, car la chose continue d'exister sous le couvert de termes traditionnels comme avant-propos, introduction, préface, ou de dénominations moins discrètes, telle avant-texte, ou dans l'ordre de la théorie cette fois et de manière plus englobante, paratexte, expression forgée par Gérard Genette[1].

Allons plus loin, et admettons que tout commencement peut assumer une fonction de prologue pour peu que l'œuvre qui commence s'y trouve *annoncée* de

[1] G. Genette, *Seuils*, Paris, 1987. La bibliographie critique sur le sujet est vaste et dispersée. Chaque spécialité (littératures anciennes, modernes), chaque tendance (historique, analytique), chaque genre (théâtre, narration, traité) a la sienne. Signalons, surtout pour leurs références bibliographiques utiles, quelques publications : A. Porqueras Mayo, *El Prólogo como género literario*, Madrid, Consejo superior de investigaciones científicas, 1957 ; J.L. Laurenti et A. Porqueras Mayo, *Ensayo bibliográfico del prólogo en la literatura*, ibid., 1971 ; W. Hirdt, *Studien zum epischen Prolog*, Humanistische Bibliothek, Munich, Fink, 1975 ; M. Ruch, *Le Prooemium philosophique chez Cicéron*, Strasbourg, Publications de la Faculté des lettres de Strasbourg, 136, 1958 ; T. Janson, *Latin Prose Prefaces in Literary Convention*, Stockholm, Almquist Wikell, 1964 ; B. Weinberg, *A History of Literary Criticism in the Italian Renaissance*, Chicago, The University of Chicago Press, 1961 ; B. Weinberg, *Critical Prefaces of the French Renaissance*, Evanston, Northwestern University Press, 1950 ; F. Rigolot, "Prolégomènes à une étude du statut de l'appareil liminaire des textes littéraires", *L'Esprit créateur*, XXVII, 3, automne 1987 ; *Avant-texte, Texte, Après-texte*, publié par L. Hay et P. Nagy, Paris, Editions du CNRS, et Budapest, Akademiai Kiado, 1982 ; "Prologues au XVIe siècle", *Versants*, 15, 1989, Neuchâtel. (Contributions de A. Ruppen, G. Demerson, F. Joukovsky, F. Rigolot, Cl. Faisant, A. Gendre, G. Gorni, A. Tripet).

manière légèrement ou fortement surplombante. Le cadre que bien souvent le romancier du XIXe siècle s'attache à établir au seuil de son récit, les informations nécessaires qu'il propose en son nom au lecteur désigné, tout cela sans pouvoir être appelé prologue *stricto sensu* en assume, partiellement tout au moins, la fonction.

Alors que du Moyen Age à l'âge classique le mot tendait à se confondre avec de nombreux synonymes, son usage actuel, un peu archaïsant, semble au contraire émaner d'une intention particulière. Une légère préciosité s'en dégage, une volonté ludique, le goût de faire comme si[1]. Dans la plupart des cas, il est utilisé dans le cadre théâtral [2].

Il retrouve ainsi son application première. Aristote écrit :

> Le prologue est une partie complète de la tragédie qui précède l'arrivée du chœur.
>
> (*Poétique*, 1452 b 12).

Dans la *Rhétorique*, le mot réapparaît. A-t-il ou n'a-t-il pas un sens également limité à l'art dramatique ? Médéric Dufour, qui a assuré la traduction du traité dans la collection des Universités de France (Belles-Lettres), propose pour

> *Τὸ μὲν οὖν προοίμιόν ἐστιν ἀρχὴ λόγου, ὅπερ ἐν ποιήσει πρόλογος καὶ ἐν αὐλήσει προαύλιον.*
>
> (*Rhét.* 1414 b)
>
> L'exorde est le commencement du discours, ce qu'est le prologue dans le poème dramatique ou le prélude dans le morceau de flûte.

Ποιήσει ne pourrait donc avoir ici qu'un sens, celui de la poésie dramatique, comme l'affirmait, mais explicitement, la *Poétique*. Cet alignement de la *Rhétorique* sur la *Poétique* chez le traducteur français se comprend, mais il n'est pas nécessaire. La traduction latine de la *Rhétorique* utilisée par Dante prend en

[1] L'on pourrait penser ici à Verlaine, dont la mise en oeuvre des instruments traditionnels de la littérature a si souvent une saveur parodique, voire burlesque. Il n'est pas exclu que l'usage du mot *prologue* en tête de plusieurs de ses recueils et de leurs divisions (*Poèmes saturniens ; Jadis et naguère*, 2 fois ; *Epigrammes*) puisse être enregistré comme un exemple de cette ironie littéraire. Il semble qu'elle est possible en raison d'une distance effective qui s'est creusée entre le mot et l'usage. Par un mouvement symétrique, tel autre poète contemporain de Verlaine évitera le mot tout en proposant la chose. Ainsi le liminaire mallarméen *Salut* qui a tout d'un prologue :

Rien, cette écume, vierge vers...

[2] L'article *prologue*, dans le récent *Dictionnaire des littératures françaises et étrangères* (Paris, 1987), limite la pertinence du terme au seul genre dramatique.

tout cas le texte aristotélicien dans son sens le plus large (poésie et non pas poésie dramatique), et avec raison. La lettre de Dante à Cangrande Della Scala le révèle :

> *De parte prima sciendum est quod, quamvis comuni ratione dici posset exordium, proprie autem loquendo non debet nisi prologus ; quod Phylosophus in tertio Rhetoricorum videtur innuere, ubi dicit quod "proemium est principium in oratione rhetorica sicut* prologus in poetica [nous soulignons] *et preludium in fistulatione*".
>
> (*Epistole*, XIII, 18).

Pour Dante, Aristote ne réserve pas l'emploi du terme prologue à l'art dramatique seulement ; il l'attribue au texte poétique, c'est-à-dire, outre la poésie dramatique, à l'épopée principalement, et c'est à ce titre que Dante s'intéresse à la terminologie en question, puisqu'il écrit à son seigneur à propos de la *Commedia*, qui, malgré son titre, est bien plus épique que théâtrale, on le sait. N'analyse-t-il pas dans les lignes qui suivent le phénomène de l'invocation et de la proposition (protase), qui se situent au début du poème épique ?

Prooimium (prohème) ou exorde pour la prose, prologue pour la poésie, d'Aristote à Dante, telle semble être la situation lexicale.

Mais avant, comme après 1300, les auteurs prendront des libertés avec les délimitations de ces normes. On parlera de prohème épique par exemple. Quant au prologue, il fournira sa dénomination aux abords des traités théologiques, ceux de saint Bonaventure par exemple. Par métonymie, on nommera parfois protase (proposition) le prologue tout entier, la chargeant d'englober l'invocation, pourtant distincte de la protase.

Ainsi, pour simplifier, l'histoire du mot *prologue* et son usage semblent se développer en trois temps. D'abord, la phase d'un aristotélisme restreint (le prologue tragique) ; ensuite, à partir d'un aristotélisme plus ouvert, une conception du prologue rattachée au poétique, mais, il convient de le souligner, sans préjudice d'une souplesse accordant à d'autres termes que prologue le droit de désigner l'avant-texte poétique, et au prologue lui-même celui de désigner un avant-texte prosaïque ; enfin, une phase moderne et contemporaine, où le mot prologue, rare dans son usage, s'affiche comme fait stylistique ou cesse d'apparaître en présence de la chose.

2. LE TRIANGLE

Le prologue et toute pièce liminaire que j'appellerai prologale possède une fonction triple, ou mieux tripartite.

Il s'applique d'abord à définir l'œuvre qu'il précède. Il la présente, il l'annonce, il la résume et, en cela, il s'apparente, mais avec des moyens plus discursifs, au titre, au sommaire, à l'argument, à la didascalie, à la table des matières. Ces différents paratextes peuvent, en effet, passer pour des prologues réduits à un seul aspect de leur fonction, à celle qui concerne l'œuvre. Réciproquement, le prologue peut passer pour un développement ou un enrichissement de ces paratextes ; un *développement*, parce que l'énoncé prologal relève d'une rhétorique plus élaborée ; un *enrichissement*, parce que d'autres aspects, que nous allons voir, y sont envisagés.

En effet, le prologue ne se contente pas de proposer une définition de l'œuvre, définition qui, à la limite, nous dispenserait de la lire. En tant que l'objet en question est au contraire *à lire*, le texte liminaire s'emploie à définir un comportement de lecteur, l'image d'un bon lecteur. Et de même que la définition de l'œuvre ne doit pas la figer dans une suffisance qui rendrait son déploiement sans objet, mais doit enclencher, tout au contraire, sa mise en circulation, de même la représentation du lecteur idéal proposé à cet effet ne saurait se limiter à une identité de principe. En en produisant les traits, l'auteur entend les fabriquer chez le bon lecteur potentiel de l'œuvre, qui est déjà le lecteur en acte du prologue. Si donc l'auteur ne se réduit pas à l'état de théoricien froid du livre, il n'est pas assimilable non plus au peintre ou au dessinateur d'un lecteur de principe ; il est un Pygmalion qui façonne pour son bonheur — être lu, être aimé — les conditions d'une réaction vivante et bienveillante à partir d'un vis-à-vis, dont le pire qu'il aurait à en craindre est qu'il restât de marbre. A œuvre palpitante lecteur palpitant et, pour ce faire, le maître du prologue s'entend à animer l'un pour vivifier l'autre. D'où, en faveur du livre, une rhétorique de l'énergie avec ses ressources évocatrices et valorisantes et, pour le lecteur interpellé, une rhétorique du *destinataire* visant à créer maintenant une réception "conforme", afin de produire pour la lecture de l'œuvre les conditions d'une lecture non moins conforme. Cette conformité relie donc, dans le prologue, les deux premiers sommets de notre triangle : le livre est présenté *pour le lecteur* et le lecteur est assigné à la *lecture du livre*. En puissance, à tout le moins, ce que l'on déclare alléchant suppose chez quelqu'un la possibilité d'être tenté. Acte de séduction, le prologue suscite le désir, comme s'il avait choisi de s'installer — *venia sit dicto* — dans les zones érogènes du livre.

Enfin, un troisième angle du triangle : le discours qui concerne l'auteur de l'œuvre présentée. Les intentions, les démarches, les conditions de la création ont un intérêt trop évident pour qu'il soit nécessaire d'expliquer longuement la présence du créateur dans le prologue. L'œuvre est l'œuvre d'un auteur, c'est ce que la tradition prologale professe, et l'image du livre comme produit enfanté par l'esprit, image très fréquemment utilisée à titre de métaphore auctoriale, ne laisse pas subsister de doute sur l'importance de cette paternité au long des siècles qui ont pratiqué le prologue avec une sorte de délectation. Les sonorités du latin — *liberi, libri* — renforcent ces jeux analogiques entre livres et enfants. Ajoutons que produire un effet avec une chose ne dispense pas, tout au contraire, de considérer cette chose comme l'effet d'une cause. Et la cause intéressante, efficiente, inévitable est l'esprit inspiré, doué ou simplement appliqué d'où a jailli, comme d'une source, l'abondance du *ποιεῖν*, du faire. Oui, le lecteur a le droit de connaître l'origine du produit achevé, de l'œuvre faite. On lui offrira, pour satisfaire cette curiosité légitime, des informations, *vita et mores*, qui le rassureront sur les compétences de l'auteur, sa formation, ses bonnes intentions. La confiance et le désir de connaître les enfants d'un tel père naîtront dans l'esprit du lecteur et, si ce terrain favorable ne suffit pas, une relation d'homme à homme ou d'auteur-lecteur, plutôt que d'auteur-œuvre, dynamisera l'attente en stimulant la sympathie. Cicéron le dit dans son *De Inventione* :

> Il y a pour l'orateur quatre moyens de gagner la bienveillance : il peut parler de lui-même, de ses adversaires, des juges, de la cause même. En parlant de lui-même, il doit rappeler sans orgueil sa vie et ses services, réfuter les accusations et dissiper les préventions fâcheuses dont il est l'objet ; retracer les embarras où il s'est trouvé, les malheurs qui le menacent encore ; employer la prière, et recourir aux supplications les plus humbles et les plus pressantes.
>
> (*De Inv.* I, 16)

L'essentiel de l'exorde oratoire consiste bien à susciter la *benevolentia* et celle-ci passe, nécessairement, par la qualité de l'image que l'orateur parvient à offrir dans sa prestation verbale. Les adversaires qui apparaissent ici comme des perturbateurs de notre système triangulaire (auteur-œuvre-auditeurs) ne laissent pas de s'intégrer fort bien à la zone auctoriale. Ils permettent une opposition avec le locuteur dont celui-ci sort grandi. Ils renforcent l'impression que, dans l'exorde, le moi auctorial déploie une véritable stratégie d'autovalorisation.

Pour conclure cette rubrique concernant la présence de l'auteur dans le prologue, il apparaît possible de distinguer deux perspectives dans le traitement en question :

1) L'auteur dialogue avec son œuvre. Il évoque ses compétences, ses intentions, ses limites conscientes et crée chez le lecteur une attente pleine de confiance.

2) L'auteur dialogue avec le lecteur. Il essaie de se rendre sympathique comme homme, en adoptant un comportement modeste, souriant, sensible, serein, ouvert à autrui. L'œuvre, ici, est apparemment un prétexte. En fait, elle constitue la finalité de l'entreprise, car c'est sur elle que rejaillira la sympathie que l'homme-auteur aura engendrée dans un dialogue avec le lecteur.

Dans les deux cas, l'idée de l'œuvre comme reflet est utilisée par le discours prologal : dans l'un, selon l'axe qui veut que nous soyons curieux des produits de quelqu'un qui semble rassembler toutes les caractéristiques d'un créateur, puis dans l'autre, parce que ce que nous offre un être bienvenu est à son tour bienvenu.

Deux observations encore.

1) Ce que le triangle prologal reproduit, ce sont, au fond, les éléments traditionnels de la communication :

émetteur (auteur) — message (œuvre) — destinataire[1].

Notre tripartition ne représente donc aucune particularité apparente par rapport à n'importe quel discours destiné à être lu ou entendu. Il faut cependant remarquer que chacun des trois éléments connaît, dans le prologue, des conditions énonciatrices spéciales. Le *message* est double : immanent au prologue, il est également en devenir, dans ce qu'on pourrait appeler le message référent ou le message-contexte (Jakobson). Brièvement dit, le message du prologue est un message sur un message. L'émetteur et le récepteur, quant à eux, ont cette particularité d'être mis en lumière. Alors que dans un texte quelconque, ils peuvent être absents ou cachés ou faiblement présents, dans le prologue, le moi-émetteur et le toi-récepteur sont toujours présents en acte ou en puissance.

2) Il faut reconnaître que la tripartition n'est pas toujours intégralement respectée. Parfois, le lecteur n'est pas signalé, encore que dans l'allusion à l'œuvre et au locuteur il soit visé indirectement. Dans la tradition épique, le début propose en principe l'argument et s'oblige à invoquer une divinité inspiratrice : Muse, Apollon, la Vierge, le Christ ...[2] La proposition de l'argument correspond, évidemment, à l'angle occupé par l'œuvre, l'invocation, à l'angle occupé par l'auteur, puisqu'elle s'adresse à un savoir supérieur qui chante pour lui, qui chante en lui : "Muse, chante-moi la colère d'Achille ..." (*Iliade*).

Reste donc inoccupé, l'angle du lecteur. Ce silence est-il dû au cadre foncièrement oral de l'épopée et à sa transmission dans des récitations publiques ? Pourquoi, en effet, solliciter la présence de gens qui sont déjà là ? Mais l'exorde oratoire affronte la même situation et ne néglige pas l'auditeur pour autant. Pour rester dans l'ordre du récit épique ou romanesque, on se rappellera la désignation

[1] R. Jakobson, *Essais de linguistique générale*, Paris, 1963. Voir aussi C. Segre, *Avviamento all'analisi del testo letterario*, Turin, 1985.

[2] E.R. Curtius, *La Littérature européenne et le Moyen Age latin*, trad. française, Paris, 1956, surtout le chapitre XIII. Voir en outre P. Boyancé, *Le Culte des Muses chez les philosophes grecs*, Paris, 1972.

explicite des "barons" et des "dames" dans maints prologues médiévaux. En fait, il me semble que, dans l'invocation aux Muses, le prologue homérique implique l'auditeur, non moins que le poète lui-même. Car, cette invocation est le signe, *pour* l'*auditeur*, que le poète, en contact direct avec les filles de Mémoire, va lui fournir la bonne version d'une histoire connue ; c'est dire que l'auditeur homérique, bien que non désigné, occupe implicitement la zone prologale. On ne parlerait pas de version *meilleure* sans viser une conscience modifiable. La Muse occupe donc, simultanément, l'angle du poète et celui de l'auditeur. Ainsi, par un dédoublement de l'invocation, le lecteur est toujours en instance de retour dans un système qui semble pouvoir l'oublier. Chez Homère, l'invocation le suppose, et plus tard, chez Lucain, l'Arioste, le Tasse, l'invocation aux grands, ajoutée à celle des Muses, introduira un lecteur désigné, récipiendaire que le poète veut honorer par le don de son œuvre.

Dans son *Discorso intorno al comporre dei romanzi*, de 1548, G.B. Giraldi Cinzio écrit :

> Or, quanto all'invocazione, dico che poiché gl'imperatori occuparono la libertà romana si cominciò ad invocare insieme colle Muse e con gli iddii i nomi degl'imperatori.

Ce dédicataire invoqué apparaît à la fois comme le redoublement d'une puissance tutélaire et comme le lecteur *privilégié* (dans le sens de l'exceptionnel et de l'exemplaire).

Ainsi, la tripartition prologale tend bien à se reconstituer quand l'auteur semble s'en libérer. Elle tient trop à la nature de la chose pour ne pas faire valoir ses droits et ses contraintes. Corset flottant, certes, mais inéluctable.

3. LE PONT

A plus d'un égard, l'image du pont s'applique au prologue. Il serait, en effet, trop restrictif pour celui-ci de le comparer simplement, comme on le fait parfois, à une porte, un seuil ou toute autre expression de l'accès, sans prendre en considération le lieu à partir duquel s'amorce le mouvement qui conduit au monument proposé. Si l'accès ne va pas de soi, c'est qu'il y a un ailleurs et qu'il faut non seulement le quitter, mais l'affronter à cette nouveauté de l'œuvre, qui n'est pas lui.

Nous sommes plongés dans l'existence, et non dans l'art, même si nos mémoires et nos projets trahissent la présence de ses produits. Entre le discours utilitaire et celui qui relève de la catégorie esthétique, une distance qualitative demande à être franchie, sinon comblée, au moins par un signe de convention, comme les trois coups ou la mise en action d'une démarche purement phatique. La simple juxtaposition des deux régimes risquerait de se faire au détriment de l'un et de l'autre, et c'est ce que le prologue ou tous les signes interposés qui sont ses équivalents s'emploient à éviter. Il n'est pas nécessaire de disserter ici sur ces deux régimes, car même si l'on était tenté, au nom de telle tendance — le réalisme par exemple ou, dans un sens opposé, la rêverie généralisée — à estomper leur spécificité, le fait prologal, avec sa liminarité explicite, viendrait nous rappeler que si les deux royaumes communiquent, si l'existence et la fiction connaissent une certaine continuité, ce n'est pas sans voie de communication, et qu'il n'y a continuité effective qu'à la condition de la recréer à chaque fois ; pont visible ou transparent, peu importe. L'éveil du prologue retentit donc au sein de l'existence "non artistique" pour ouvrir l'esprit à une réalité artistique. De part et d'autre de la frontière, l'appel désigne la frontière et la rend franchissable en la franchissant lui-même.

"Ecoutez, cessez de parler", dit l'auteur avant l'arrivée de ses personnages pour que la salle, plongée dans l'existence, avec ses ragots et ses drames quotidiens, abandonne cette multiplicité désordonnée et occasionnelle, pour accorder son attention, d'un seul mouvement, à une autre multiplicité, celle, cohérente et universelle, de l'invention comique ou tragique. Séparation et passage, ce moment intermédiaire occupé par le prologue est bien un pont, à cheval sur deux réalités de nature différente, comme l'est le cadre séparant l'espace naturel et l'espace pictural, ou le prélude joué à la flûte (pour reprendre l'exemple d'Aristote), qui tient encore du bruit, mais qui prépare déjà la musique.

Cependant, la métaphore du pont nous rappelle une autre particularité du prologue. Il ne relie pas seulement un ordre psychologique à l'autre (l'existence à l'art), comme il relierait le non-être à l'être. Il trouve, il cherche dans la zone de l'existence des éléments qui préparent à mieux percevoir la zone d'art. Il ranime souvent des données antérieures que le lecteur, parfois, connaît déjà et que, parfois, on lui révèle. Dans les deux cas, il s'agit d'un *contexte* au sein duquel la *fabula* proposée prendra sens. Car celle-ci n'occupe jamais qu'un coin particulier dans la généralité des *memoranda* divins ou humains, et cette généralité, délimitée à la mesure du *dicendum*, devient son cadre noétique. Cette "culture", ces informations que le prologue fournit révèlent que l'en deçà de l'œuvre n'est pas sans richesse, et que l'œuvre y est reliée puisqu'elle en tire le principe de son accessibilité. L'œuvre ne peut pas tomber du ciel, même dans son identité proprement artistique, et le prologue est là pour le rappeler et servir de relais entre le connu antérieur et l'inconnu qui s'annonce. Ainsi, le lecteur du prologue n'est pas appelé seulement à faire table rase du quotidien pour que puissent s'inscrire, sur la cire de sa conscience, les caractères de la fiction artistique. Il est aussi invité à mobiliser, pour ce même accueil, des éléments épars de la culture où viendra s'inscrire la parole de l'œuvre dans un processus comparable à celui qui transforme un code en message. Le lecteur, il va sans dire, est déjà en possession d'une préparation latente. C'est ainsi qu'il n'est pas nécessaire de dire à chaque fois ou de manière répétée (Oronte redit trop souvent "c'est un sonnet" pour ne pas faire rire) ce qu'est ce régime nouveau de l'art au profit duquel l'auteur pourra demander d'abord de faire silence et, à la fin, d'applaudir (*plaudite cives*). Le spectateur sait déjà ce qu'est le phénomène artistique. Se serait-il rendu au théâtre s'il l'ignorait ? Lecteur, aurait-il pris, et surtout choisi, tel livre dans sa bibliothèque ? Il sait même ce qu'est un genre, cadre plus étroit, plus précis de telle création particulière ; il le sait ou peut le savoir, puisque le genre, comme l'histoire ou le mythe, font partie de la tradition, autrement dit de ce qui se transmet à travers le temps et parmi les hommes. A tout cela, il ne faut pas tourner le dos, il faut au contraire y recourir. Le prologue s'y emploie, créant l'attente d'une parole dans le rappel d'une convention.

Le lieu du prologue est donc à la charnière de l'ancien et du nouveau. Ce que Gide dit de l'artiste, "en tout lieu de conflit", dans la tension qui règne entre les deux pôles de la tradition et de l'originalité, du réalisme et de l'invention, nous pouvons le dire du prologue[1]. N'apparaît-il pas comme la marque emblématique de ce fait bien connu en histoire et qui vaut certainement en esthétique, à savoir que tout état est la combinaison d'une continuité et d'une rupture, d'une adhésion et d'un refus ? Le prologue rappelle bien l'existence conjointe de ces versants de l'œuvre. Aussi, s'il ente la parole nouvelle sur une légitimité qui a fait ses preuves et sur un langage commun, ne néglige-t-il pas de rappeler la nouveauté de cette parole, le "chant nouveau" qui fait de toute œuvre un *événement* inédit, quels qu'en soient les précédents.

Deux exemples, l'un solennel, l'autre comique peuvent illustrer cette revendication de nouveauté. Le plus récent est emprunté à la dédicace de 1552 du *Solitaire premier* de Pontus de Tyard. On y voit l'auteur, dans le langage précieux d'une prose maniériste où se perçoit précisément le souci de *se distinguer* et de montrer son savoir-faire, s'offrir au regard des "espritz françois" sous l'image d'un nouveau Thésée ayant affronté l'épreuve du labyrinthe, c'est-à-dire de la culture, et, parvenu avec ses "marchandises estranges" (venues d'ailleurs, mais aussi nouvelles) sous le ciel d'aujourd'hui, tel un autre Dédale, ou un second Icare :

> Voici toutefois que, comme un autre Dedale trop heureux, sinon un second Icare, j'entrepren avec des aeles nouvelles, sortant d'un labirint Grec et Latin, voler par cest air, et chargé de marchandises estranges, vous apporter choses jamais vues (que je sache) en votre region Françoise.

L'on ne peut pas rêver meilleur exemple de rencontre de l'ancien et du nouveau que ce texte saturé de mythes et, en même temps, instaurateur. Certes, un lecteur moderne reconnaîtra là le fonctionnement de la connaissance humaniste, où le nouveau n'est que de l'ancien restitué après un oubli déplorable. La leçon du *Solitaire* est une leçon antique, le souvenir d'une idée d'autrefois, la vieille théorie de la fureur poétique. Mais ces remarques, en ce qui concerne le problème du texte liminaire, ne font que signaler que l'idéologie humaniste se prête excellemment à

1 A. Gide, "Les Limites de l'art", dans *Prétextes*, Paris, 1947.

un traitement prologal, dans la mesure où elle propose également, et à sa manière, la forme d'une complémentarité dialectique entre le déjà fait et le non-vu.

Le deuxième exemple — le Prologue de *Pantagruel* — nous confirme dans l'idée que le prologue met en présence l'antécédance et l'innovation, la première servant à fixer un cadre et un code, la seconde à définir la nature d'une initiative créatrice, celle-ci ayant fondamentalement besoin de sa relation à l'antécédance pour dégager visiblement en quoi elle ne s'y réduit pas.

L'antécédance, dans le cas de Rabelais, permet en effet une mise en relief du produit nouveau et de sa valeur. Le produit ancien dans la ligne duquel *Pantagruel* s'inscrit, au dire du prologue, mérite déjà les plus vifs éloges. Les lecteurs-auditeurs, "chevaleureux champions, gentilz hommes et aultres", le savent bien pour l'avoir pratiqué, mais on le leur — on nous le — rappelle. En effet, les *Grandes et inestimables Chroniques de l'énorme Géant Gargantua* possédaient les pouvoirs attachés aux ouvrages consolants ; les plus grandes contrariétés s'en trouvaient allégées, telles celles, dévastatrices, que peuvent éprouver des chasseurs bredouilles. Rien là d'exceptionnel encore, les récits agréables ayant pour mission, le plus souvent avouée (voir entre autres le *Décaméron*), de distraire les gens affligés ou ennuyés. Mais Rabelais axe son éloge des *Chroniques* sur leur crédibilité plus encore que sur la distraction bénéfique qu'elles apportent. Matière de foi que leur contenu, quel plus bel éloge imaginer — éloge bouffon, on s'en doute — pour ces géants folkloriques ? Or, qui dit matière de foi dit aussi possibilité miraculeuse. Pour ce qui est des miracles, le livre vaut toutes les reliques, tous les remèdes, dans sa matérialité d'abord, dans son verbe ensuite. Il guérit des maux de dents par application locale ; sa lecture soulage la vérole et assure des accouchements joyeux. Tel est le pouvoir, telles sont les vertus des anciennes *Chroniques*. Qui dit mieux ?

> Trouvez moy livre, en quelque langue, en quelque faculté et science que ce soit, qui ayt telles vertus, propriétés et prérogatives, et je poieray chopine de trippes.

Le défi est peu risqué et la tranquille assurance qu'il suppose place une fois encore ce livre vanté dans le royaume du superlatif. Superlatif absolu ? On s'y attendrait. Mais non, il y a encore mieux :

> Voulant doncques, je, vostre humble esclave, accroistre vos passe-temps davantaige, vous offre de présent un aultre livre de mesme billon, sinon qu'il est un peu plus équitable et digne de foy que n'estoit l'aultre.

L'éloge des *Chroniques* n'était donc qu'une manière de préambule au prologue. Situé sur le versant de l'ancien, il permettait d'introduire le lecteur à un genre qui est aussi un ton. Mais si cette insertion du *Pantagruel* dans un cadre connu pouvait contribuer à le rendre recommandable à l'attention, elle permettait surtout de l'exalter dans le mouvement d'une surenchère surprenante, bel exemple de ce que W.H. Race étudie sous le nom de priamèle[1]. Oui, ce "mieux encore que ce qu'on a fait de mieux" éclate comme un coup de tonnerre dans un ciel déjà bien chargé de monstres rassurants et de prodiges bouffons. Le nouveau ne peut s'exprimer que dans le style de la surprise, et c'est bien là ce qui a déterminé l'économie du prologue de Rabelais, où le nouveau ne s'exprime pas seulement par rapport à l'ancien comme sa descendance, mais comme son dépassement. D'où une double valeur de l'un et de l'autre. Le passé à la fois supérieur et inférieur, le présent à la fois dépendant et autonome. Le labyrinthe de Tyard, lieu d'apprentissage, mais dont il faut sortir, comportait déjà cette ambiguïté de la représentation prologale de l'ancien ; le nouveau, lui aussi, présentait une ambiguïté spécifique : celle d'être lesté de ce qui l'a engendré et de naître à la vie sous un ciel nouveau, renouvelé, hors des sombres complications du labyrinthe et de son épreuve.

Ainsi, le prologue préside à un accouchement et l'exemple de *Pantagruel* et de "ses femmes en mal d'enfans" montre qu'il mime l'enfantement de l'œuvre qui va nous parler. L'ancien et le nouveau ne constituent donc pas une forme inerte, ils sont le relais d'une traversée emblématique et d'une mise au monde.

4. LA CHARTE

Dans ce cheminement vers l'œuvre, l'auteur peut compter sur un allié en la personne du lecteur dans la mesure où celui-ci est pourvu d'un instinct de découverte qui fait désirer la rencontre, la différence, l'altérité. L'enfant ne se développe psychiquement que grâce à ce tropisme d'extraversion. Autrement c'est la stase, puis la régression. Or ce danger de stagnation n'existe que trop, car l'instinct de découverte n'est pas seul en vigueur dans l'économie de nos forces motivantes. Le désir de la protection, la jouissance d'un confort sans rupture, la stabilité cotonneuse du nid, tout cela nous inspire également depuis l'enfance, rend à nos yeux la surprise redoutable, nous fait même croire qu'il n'y a que de mauvaises surprises[2]. Si le prologue joue dans le contexte premier, celui de la curiosité préalable du lecteur, un rôle d'orientation, de lisière, de rempart contre l'anarchie du désir, dans le second contexte, celui de l'inertie et de l'indolence, le même prologue jouera un rôle roboratif et stimulant. Dans le premier cas, le liminaire indiquera la route pour que la subjectivité centrifuge ne soit pas une dérive, mais rencontre, dans l'œuvre et *comme il se doit*, l'objet de son désir. Dans le second cas, il contredira le voix obtuse d'un refus qui ne veut rien savoir, il

[1] W.H. Race, *The Classical Priamel from Homer to Boethius*, Leiden, 1982.

[2] Desmond Morris a analysé ces deux tendances chez l'enfant et l'animal dans son célèbre *Singe nu*, trad. fr., Paris, 1968. Fanita Englisch donne un nom à chacune d'entre elles, l'Explorateur et le Dormeur (Spunky et Sleepy), à quoi elle ajoute les conduites de Spooky, le Serviteur. (*Aventures en analyse transactionnelle et autres vraies histoires*, trad. franç., Paris, 1984).

suscitera le désir et la curiosité. Certes, les deux fonctions prologales informer/séduire ne s'excluent pas dans les exemples concrets, même si les deux comportements qui les appellent chez le lecteur potentiel se distinguent dans leur tendance profonde, comme l'inertie se distingue de la disponibilité. Elles ne s'excluent pas, d'abord parce que l'information requise, en principe, par la pulsion curieuse ne se passera pas facilement de la séduction qui, au moins, confirmera le désir préexistant ou évitera qu'il ne se fatigue ; ensuite parce que la séduction, qui nourrit dans le prologue la nécessité de lutter contre l'indolence, ne saurait se priver de contenu ni se taire sur l'objet que l'auteur tente de proposer sous l'angle le plus désirable. En fait, l'auteur avisé sait qu'en tout homme, en lui-même d'abord, l'inappétence et le désir coexistent, que l'un et l'autre doivent être pris en considération, car l'on ne sait jamais lequel domine chez celui en qui se profile un candidat lecteur.

Il va donc falloir informer et séduire. Séduire en informant, informer en séduisant, autrement dit *docere* et *placere*, comme enjoignent de le faire les auteurs de poétique, Horace en tête et les maîtres du discours rhétorique d'Aristote à Quintilien. Ne répètent-ils pas sans cesse qu'il faut rendre l'auditeur attentif en annonçant comme intéressant (séduire) le sujet que l'on va traiter (informer) ?

> Le moyen de captiver l'attention de l'auditeur, c'est d'annoncer que le sujet qu'on va traiter est grand, neuf, incroyable ; qu'il intéresse tous les citoyens, ou les auditeurs ou les dieux immortels ou la république entière.
> (Cicéron, *De Inventione*, I, 16)

Promettre la lune, ou peu s'en faut. Plus précisément, cette séduction que l'orateur exerce, tout en fournissant la matière du discours qu'il va prononcer, porte sur trois modalités de la disponibilité réceptrice : l'attention, la docilité et la bienveillance :

> Le but de l'exorde est de disposer favorablement l'auditeur pour la suite du discours. On y parviendra si on peut le rendre attentif, docile, bienveillant [*si eum benivolum, attentum, docilem fecerit*].
> (*ibid.*, I, 15)

On isole souvent, dans cette triade, la *captatio benevolentiæ*. Mais les rhéteurs antiques, et Cicéron en particulier, avaient déjà conscience que les trois termes se rattachent, chez l'auditeur, à des conduites intérieures distinctes. En effet, l'attention a comme objet le discours plus que le discourant. La docilité, quant à elle, relève davantage de la confiance. Elle a comme objet l'orateur et conséquemment seulement son discours. La bienveillance, elle, est essentiellement tournée vers l'homme qui commence à parler. Que l'orateur et son discours bénéficient de cet intérêt pour l'homme individuel ne fait aucun doute, mais n'est qu'une conséquence, évidemment recherchée, du lien humain, de la sympathie que le prologue tente de nouer entre un homme qui parle et des hommes qui écoutent. C'est pourquoi la *captatio benevolentiae* proprement dite recourt à une véritable rhétorique de la personne auctoriale ou locutrice. Pour créer chez autrui l'attrait dont elle espère tirer profit, il s'agira pour elle de se rendre aimable, et la voie royale de cette conquête est la modestie :

> En parlant de lui-même, il doit rappeler sans orgueil sa vie et ses services.
> (*ibid.*, I, 16)

Le binôme qui domine tout, séduire et informer, implique donc que l'on exalte le discours pour le rendre intéressant (*attentum parare*), et que l'on signale l'avantage qu'il y a à attacher son esprit à celui qui le prononce (*docilem parare*). Pour ce qui est de la bienveillance, qui concerne le locuteur comme personne humaine, il faudra bien se garder d'en compromettre la naissance chez l'auditeur en se montrant trop sûr de soi, ni surtout arrogant. On voit bien par là que notre triade implique de la part de l'orateur deux styles qui ne sauraient se confondre : une tendance un peu inflationiste en ce qui concerne le discours et son auteur, et une tendance, au contraire, déflationiste en ce qui concerne l'homme discourant, envisagé comme personne.

Je n'aborde pas ici le problème des échanges qui peuvent se faire entre ces deux tendances, en particulier dans les prologues littéraires. Il va de soi, et le fait se vérifie fréquemment, que le topos de la modestie personnelle ne peut éviter toujours de se généraliser en une dépréciation de l'œuvre : cet objet dont le sujet parlant se déclare le modeste auteur. Tel père, tel fils et la pauvreté de l'homme créateur ne saurait laisser indemne ce qu'il a pu engendrer. Montaigne en est la meilleure illustration, et pour cause : son livre et lui ne font qu'un. Aussi bien, la modestie qu'il affiche vis-à-vis de lui-même entraînera-t-elle, infailliblement, la déconsidération de son enfant.

Dans la plupart des prologues, le topos de la modestie entraîne une relation moins généralisée entre le discourant, locuteur et personne, et son œuvre. Le texte liminaire parvient souvent à placer dans des zones non contiguës ces deux jugements peu compatibles, d'une part "je ne vaux pas grand'chose", d'autre part "lisez cette œuvre intéressante qui vient de moi". En fait, bien souvent, ces deux roues qui ne tournent pas dans le même sens font entendre un léger grincement. Le désir de l'atténuer en le recouvrant d'un autre son n'aboutit pas toujours. Que dire des déclarations où l'auteur excuse la publication de son livre en disant soit que ce sont ses amis qui ont insisté pour qu'elle se fasse, soit qu'elle ne se serait pas faite sans la trahison préalable et la défiguration d'éditions pirates ? Rien n'exige que l'on doute, systématiquement, de la sincérité de telles déclarations ; mais il faut reconnaître qu'elles permettent à l'auteur de sauver l'existence et la valeur de son œuvre par personne et par circonstances interposées, tout en respectant le topos de la modestie.

J'irai plus loin en ce qui concerne le XVIe siècle, qui est le grand siècle des pièces liminaires étrangères ou allographes. Tous ces textes écrits par des amis souvent prestigieux et figurant en tête de livre ou à la fin, cette inflation prologale où l'auteur s'efface pour laisser la place à ceux qui pourront parler de lui et, surtout, de son œuvre, toute cette production de prologues que les Espagnols appellent *ajenos*, si fortement caractéristique de la littérature qui va de l'époque de Marot au *Don Quichotte*, est-ce que ce phénomène ne révèle pas le désir de pallier les inconséquences d'une modestie qui est, tout à la fois, requise et contredite par l'entreprise publicitaire du prologue ?

Dès lors, l'*attentum* et le *docilem parare* incomberont — pourront incomber — aux amis qui prendront sur eux l'initiative de la *recommandation* du livre si nécessaire à celui-ci, et si dangereuse aussi pour le bon fonctionnement de la non moins nécessaire modestie dans la *captatio benevolentiæ* personnelle.

Il va sans dire que ces garde-fous de la modestie personnelle que sont les compliments des amis ne présentent qu'une étanchéité relative aux menées secrètes de l'autosatisfaction auctoriale. Personne n'est dupe de cette louange abondante et systématique, dont l'origine extérieure voudrait garantir de toute imputation narcissique la personne de l'écrivain. C'est à ce détour transparent que Cervantès réserve ses sarcasmes dans sa préface de *Don Quichotte* lorsque, constatant qu'il ne dispose d'aucune de ces pièces pour son roman, il fait dire à un ami qui lui rend visite :

> En ce qui concerne votre première objection au sujet des sonnets, épigrammes ou éloges qui vous manquent pour le début, et qui devraient être de personnages graves et titrés, rien de plus simple : il suffit que vous-même preniez la peine de les faire, et après vous les baptisez et leur donnez le nom que vous voulez ; vous les attribuez au Prêtre Jean des Indes ou à l'empereur de Trébizonde, dont je crois savoir qu'ils passent pour des poètes fameux ; et même s'ils ne l'avaient pas été et qu'on trouve quelques pédants et quelques bacheliers pour nous attaquer et contester cette vérité, ne vous en faites pas le moindre souci : au cas où ils vous convaincraient de mensonge, ils ne vous couperaient pas la main pour autant.

La solution proposée par l'ami visiteur montre bien que Cervantès ne dénonce pas seulement la quantité immodérée de ces prologues étrangers, cette mode sans retenue et qui est déjà ridicule par son caractère surabondant et moutonnier ("cet amas, ce véritable catalogue de sonnets, d'épigrammes et d'éloges que l'on a l'habitude de placer au début des livres") ; il perce à jour sa finalité immodeste sous des dehors innocents. Comment cela ? En supprimant hardiment le "détour par les autres" et en suggérant que l'effet obtenu par cette suppression sera identique à celui que produisent des liminaires allographes. La preuve est faite, dès lors, que lorsque c'est l'autre qui écrit mes mérites, il les écrits pour moi et à ma place. Les propos liminaires de Cervantès concernant la pratique du prologue marquent, comme le roman de *Don Quichotte* lui-même, une crise et un éveil de la conscience face aux faux semblants illusoires et aux prestidigitations de l'imagination chez le lecteur (le lecteur de *Don Quichotte* et les lecteurs en général, qui pourraient se laisser tromper par les habitudes de la fiction romanesque ou prologale).

Il convient d'ajouter que l'avant-texte de Cervantès façonne à plaisir une situation paradoxale. Il fait ce qu'il déclare ne pas faire : un prologue. Celui-ci porte, en effet, sur le peu d'envie et les difficultés qu'éprouve l'écrivain à s'acquitter de cette tâche traditionnelle. Prologue sur le prologue ou, mieux, sur le refus du prologue, le texte tourne autour de son exécution, d'une part en raisonnant sur le genre (situation de marginalité théorique), d'autre part en mettant en scène une perplexité énonciatrice (situation de marginalité pratique) :

> Une fois que j'étais là, en suspens, devant mon papier, la plume à l'oreille, le coude sur la table et la joue dans la main, réfléchissant à ce que je pourrais dire, entra à l'improviste un de mes amis, homme plein d'esprit et de bon sens qui, me voyant si rêveur, m'en demanda la cause.

Le roman contre les romans ne pouvait démarrer que par un prologue contre les prologues. Ou un prologue qui fait semblant de n'en pas être un (alors qu'il s'élève contre le faux-semblant !) et qui en est un tout de même, non seulement à cause du nombre suffisant de phrases qui composent ce texte placé en tête de l'œuvre, mais aussi parce qu'on y trouve le triangle (auteur, lecteur, livre) qui s'inscrit dans tout espace textuel méritant l'attribut de prologue.

Autre paradoxe ou originalité cervantésienne : la critique, dans ce prologue, des pièces étrangères, n'empêche pas l'occupation massive des abords du roman par une bonne dizaine de poésies liminaires. Elle sont adressées au livre, à ses personnages principaux (Rossinante, Sancho Pança ...), signées de personnages fictifs, empruntés souvent au personnel des romans d'aventure. C'est une manière de relier l'ancien et le nouveau, la tradition et la création. Là encore, le sens du roman se devine : la biographie du chevalier de la Manche (la nouveauté) est hypothéquée, et, conséquemment sa raison, par la force abusive en lui d'un imaginaire nourri de romans (l'ancien). Bien qu'inventée, il faut prévoir que cette abondance prologale étonnera le lecteur qui prend au sérieux les déclarations de l'écrivain aux prises avec le pensum que constitue pour lui la nécessité de préfacer son livre. Quelle que soit la fonction positive de ces pièces et du prologue lui-même, l'impression que l'auteur prononce simultanément un oui et un non nous atteint inexorablement, et cette impression est aussi paradoxale que l'image de la grandeur unie à la dérision chez le protagoniste du roman.

Don Quichotte possède en outre un troisième avant-texte : la dédicace au duc de Béjar. Ce type de prologue, dont la fréquence est grande au XVIe siècle et qui le sera plus encore dans la première moitié du XVIIe siècle, nous offrira surtout l'occasion de surprendre une solution au paradoxe célébration-modestie du liminaire littéraire[1].

Dédicacer son livre à quelqu'un, c'est le mettre, c'est se mettre sous la protection du dédicataire et de sa bienveillance. Les dédicataires sont, le plus souvent, des grands, leur protection étant plus intéressante par les ressources dont ils disposent. Mais ce peut être une dame à laquelle on veut plaire, un ami que l'on désire honorer, etc... La dédicace, surtout dans l'antiquité, ne donne pas nécessairement lieu à un texte complet et séparé. Elle figure parfois dans le titre (ainsi, au XVIe siècle, le "Ronsard ou de la Poésie", l'un des *Dialogues* de Louis Le Caron), parfois en exergue, ou encore dans les premières lignes du texte, se confondant plus ou moins avec le lecteur principal ou idéal. Mais, ce qui nous intéresse surtout, c'est le constat que la lettre dédicatoire proprement dite traduit une conduite double : la modestie face à la grandeur du dédicataire et la confiance, en raison de sa compétence littéraire. Or cette dualité qui s'articule sur la double nature du prince semble faire vivre en bonne compagnie ce qui pouvait être incompatible. Remarquons d'abord que la relation établie entre le dédicateur (mot forgé au début du XVIIIe siècle) et le dédicataire relève de la sphère privée et, à ce titre, ne devrait pas figurer dans les exemplaires destinés aux autres lecteurs, que ceux-ci achètent l'ouvrage ou le reçoivent en cadeau. Mais la coutume veut que cette lettre d'accompagnement, cette adresse développée soit non seulement glissée dans l'exemplaire du privilégié, mais qu'elle soit imprimée, le plus souvent, dans celui de tous les lecteurs. Prenant connaissance de la dédicace, ils interceptent un témoignage qui relève d'une situation bilatérale, mais qui, grâce à leur regard, devient exemplaire, voire sublime. Les grands supportent difficilement que l'on parle de leur grandeur à voix basse. Le sachant, les auteurs exploitent dans leurs dédicaces l'idéal aristocratique qui veut que coïncident la grandeur et le paraître. Les dédicaces offrent souvent un état civil touché par l'aile de l'épique ou, en tout cas, de l'encomiastique. Tous les titres du dédicataire, toutes les marques connues de son excellence, il faudra les faire figurer comme une reconnaissance de sa grandeur, les mettre bien en vue en leur donnant d'abord le statut d'une épigraphe.

DEDICACE AU DUC DE BEJAR

MARQUIS DE GIBRALEON, COMTE DE BENALCAZAR ET DE BAÑARES, VICOMTE DE LA PUEBLA DE ALCOCER, SEIGNEUR DE CAPILLA, CURIEL ET BURGUILLOS

[1] Voir Wolfgang Leiner, *Der Widmungsbrief in der französischen Literatur* (1580-1715), Heidelberg, 1965.

L'adresse ainsi gravée, le texte célébrera les vertus, les mérites, le prestige du dédicataire, selon les préceptes du genre épidictique. Le duc de Béjar, chez Cervantès, ne se voit pas complimenter pour ses aïeux ou ses faits d'armes, sans doute parce que l'auteur considère tout cela comme trop évident, après l'inscription des titres. En revanche, et cela va moins de soi chez un grand, l'intérêt qu'il manifeste pour les livres est rappelé d'emblée.

Le duc de Béjar n'est pas seulement un mécène, il est un connaisseur, un "prince disposé à protéger les beaux-arts surtout ceux qui par leur noblesse ne s'abaissent pas au service et au plaisir du vulgaire". Sa noblesse d'épée est doublée d'une compétence intellectuelle. Ainsi se voit confirmée la dyade armes/plume que les humanistes exaltaient chez un Scipion ou un César, un Frédéric de Montefeltro ou François Ier, merveilles étonnantes qui, souvent, sonnaient comme une concessive (un homme d'épée et néanmoins lettré) ou une conquête à faire reconnaître[1]. Ainsi, Du Bellay dans une préface de *L'Olive* (1550) :

> ....je me suis volontiers appliqué à nostre Poësie : excité et de mon propre naturel, et par l'exemple de plusieurs gentiz espritz françois, mesmes de ma profession, qui ne dedaignent point manier et l'epée et la plume, contre la faulse persuasion de ceux qui pensent tel exercice de lettres deroger à l'estat de noblesse.

Reconnue chez un grand, la complémentarité en question est certainement louée de manière tout à la fois sincère et intéressée. Une double célébration, tel est bien le caractère du texte dédicatoire de Cervantès. Mieux que quiconque, le dédicataire saura apprécier l'œuvre. Il saura aussi la défendre contre les lecteurs hostiles et injustes, les pédants et les faux savants. Humilité et confiance se combinent donc dans ce discours à un "deux fois grand". L'humilité s'adresse à sa grandeur d'institution, la confiance à la grandeur de jugement qui va assurer au livre la protection dont il a besoin, et même reconnaître, assumer, pourrait-on dire, sa valeur.

La dédicace du duc de Béjar, qu'il est temps de citer *in extenso*, offre un exemple achevé de la double manière de parler de son ouvrage dans une lettre dédicatoire, selon que l'auteur situe celui-ci dans un contexte où domine l'intention courtisane, hiérarchisante et nécessairement modeste (nous lui attribuerons le chiffre 1), ou dans un contexte où les compétences littéraires du même destinataire entraînent l'objet de sa future lecture sur un terrain respectable (ici ce sera le chiffre 2) :

[1] Voir A. Chastel-R. Klein, *L'Age de l'humanisme*, Paris, 1963.

Confiant dans le bon accueil et la faveur que votre Excellence réserve à toutes sortes de livres, comme prince si disposé à protéger les beaux-arts, surtout ceux qui, de par leur noblesse, ne s'abaissent pas au service
2 et au plaisir du vulgaire, je me suis décidé à publier l'*Ingénieux gentilhomme don Quichotte de la Manche* sous l'égide de l'illustre nom de votre Seigneurie,

qu'avec tout le respect que je dois à sa Grandeur, je supplie de lui
1 accorder sa protection afin que, de la sorte — quoique dénué des précieux ornements d'élégance et d'érudition qui parent les œuvres des hommes instruits —

ce livre ose affronter sans crainte le jugement de ceux qui, sortant des limites de leur ignorance, ont l'habitude de condamner avec le plus de
2 rigueur et le moins de justice les travaux des autres. Si votre Excellence, dans sa sagesse, veut bien avoir égard à ma bonne intention,

1+2 elle ne dédaignera point, malgré son humilité, cet hommage.

L'exemple de Cervantès nous permet de définir la situation de l'auteur face à lui-même et à son livre dans le cadre de la lettre dédicace. De toute évidence, ce qui détermine le discours est alors la *persona* du destinataire dans sa complexité et dans l'exploitation de cette complexité. Face à lui, l'auteur assume deux sortes de comportements selon que l'image du grand campe en majesté à l'horizon du texte ("Votre Grandeur"), et c'est alors l'humilité qui s'impose comme conduite adéquate et prudente ("dénués des précieux ornements d'élégance..."), ou selon que ce même personnage offre les traits d'un lecteur, et c'est alors la confiance qui domine et la possibilité de *recommander* l'œuvre au regard bienveillant et protecteur du puissant. Les autres lecteurs n'auront plus qu'à bien se tenir. La protection et la faveur que l'auteur n'ose revendiquer par pudeur en son nom, après un transfert de ces fonctions sur la personne du grand, soumettront les lecteurs potentiels à un jugement sans appel : le salut pour les admirateurs de l'œuvre, la damnation pour ses détracteurs.

* * *

Ainsi, la pratique prologale offre trois solutions au dilemme recommandation-modestie. Dans le texte que nous venons d'analyser, la dédicace de Cervantès, c'est le destinataire qui semble détenir le rôle déterminant. C'est de lui que dépendra l'oscillation inévitable de la modestie et de la confiance chez le destinateur.

Dans la situation rhétorique cicéronienne, la tâche de passer de l'*attentum* et du *docilem parare*, où le discours est présenté comme digne d'intérêt, à la *captatio* qui suppose la modestie, incombera à l'orateur. Il misera sur la souplesse de l'auditeur, mais c'est de lui-même, le destinateur, l'auteur du discours, de son habileté que la non-contradiction des deux perspectives dépendra.

Enfin, troisième cas, celui des pièces liminaires où l'auteur et les "amis" se partagent la tâche, pour éviter, on s'en souvient, l'inconséquence possible d'un auteur parlant modestement de soi et immodestement de son œuvre. Déchargé par d'autres de la fonction autocélébrative, le prologue auctorial se sentira plus à l'aise pour occuper des zones médianes où son sens des nuances, sa conscience attentive au pour et au contre produira l'image d'un écrivain libre, équilibré, qui sait rester modeste sans fausse modestie et sensible à sa valeur sans outrecuidance.

5. LE PREVU ET L'IMPREVU

Le prologue fait d'une œuvre en puissance d'accueil une œuvre attendue. Celle-ci n'est plus, après la traversée de cette liminarité, une simple rumeur qui circule, un titre dont on a pu prendre connaissance, l'ensemble des signes extérieurs qui parlent d'elle. Elle se met "en personne" à disposition. Dans le prologue, une attente articulée *a parte auctoris* répond donc à une attente plus ou moins vague *a parte lectoris*, la légitimant, la focalisant.

Mais le prologue est lui-même attendu. Il l'est même doublement. D'abord en soi-même, car il est traditionnel : sa fonction, nous l'avons vu, se fondant sur la nécessité de surmonter le scandale du commencement, la rupture du silence, le changement de régime de l'existence à l'art ou à la fiction. Il l'est aussi dans ses éléments constitutifs infiniment plus limités que ceux de l'œuvre elle-même. Une sorte de cahier des charges, dont nous avons rappelé les articles, "contraint" ce discours voué à une cause qui ne réside pas en lui. Il ne saurait donc prétendre, en principe, au statut poétique si l'on définit ce statut en termes sartriens. Le langage, ici, n'est pas sa propre fin ; il possède de manière exemplaire une fonction transitive ou référentielle, le message du prologue étant polarisé par la transmission correcte du message de l'œuvre.

Fortement codé, le texte prologal possède une marge de manœuvre assez étroite. On sait, avant d'en commencer la lecture, qu'il va être question d'un livre, d'un auteur et de nous, les lecteurs. L'on sait aussi que l'auteur va nous faciliter la lecture de son œuvre en nous informant sur les relations qu'elle entretient avec ce qui nous est déjà familier. L'on pressent qu'il va nous dire en quoi son œuvre ne se contente pas de répéter ce que nous savons déjà, quel enrichissement elle apportera à cet acquis commun. Il va nous parler de lui d'une manière agréable, inspirer la confiance, le respect, proposer une méthode de lecture, susciter l'exigence herméneutique. Il va surtout s'efforcer de nous éveiller, en créant l'évidence d'un plaisir à venir (*placere*) et d'un avantage prometteur (*prodesse*). Tout cela, nous le prévoyons. Or, si nous le prévoyons, est-il possible que l'éveil recherché se produise ? Pour éveiller, ne faut-il pas surprendre, et peut-on surprendre avec du connu, avec de l'attendu ? On voit le problème. Le prologue se trouve au point d'intersection de deux exigences contradictoires liées à sa nature : être un discours fonctionnellement défini et prévisible parce que limité dans ses composantes et être stimulant pour susciter l'intérêt sur lui d'abord et sur l'œuvre en conséquence.

Comment donc s'imposer s'il faut être transparent ? Comment prétendre de lui, outre cette transparence, des qualités séductrices, un comportement "accrocheur", un pouvoir publicitaire.

Pour être éveilleur, le prologue se sentira souvent appelé à enfreindre les contraintes qui le rendent trop prévisible. La rhétorique lui offrira ses fleurs pour produire des bouquets inédits. C'est le cas dans les liminaires dédicatoires où l'ingéniosité et la recherche expressive transforment les pas convenus de cette danse si souvent courtisane en un ballet qui semble s'inventer à mesure. Limites obligent, l'obligation ici consistant à les nier, à devenir grand là où la grandeur est compromise par la règle du jeu.

Quel enfièvrement d'imagination, que de contre-pieds, de feintes, de gestes rares, d'imprévus formels pour susciter l'étonnement au sein de l'escompté du prologue ! Il n'est pas surprenant que ces exploits aient frappé surtout à l'époque des beaux esprits. Charles Sorel n'écrit-il pas dans sa *Bibliothèque Françoise* (1664) à propos de ces avant-textes ?

> Si les auteurs ont quelque doctrine et éloquence, c'est là qu'il la font paraître...
> Il n'est pas question si la vérité s'y trouve quelquefois déguisée ou fort ornée et fort embellie, nous prétendons seulement que ce sont les vrais chefs-d'œuvre des auteurs.

Ainsi, l'âge de la surenchère, maniériste et précieuse, accueille favorablement cette lutte contre le cliché, sans pouvoir échapper au danger d'en créer de nouveaux, car les virtuosités de la rhétorique se banalisent vite dans les discours oratoires, les lettres ou les prologues.

Bien avant le XVIIe siècle, ce discours si attendu se fait volontiers étonnant et non seulement pour annoncer que l'œuvre apporte du nouveau. Il se distingue par mille marques d'originalité parce qu'il devine que c'est sa seule chance d'être lu par des lecteurs qui ne sont pas encore totalement acquis (ceux qui le sont ont beaucoup moins besoin de prologue).

Nous avons vu l'exemple de Cervantès qui écrit un prologue dont le contenu est le refus du prologue. Combinaison paradoxale où fusionnent l'attendu (le texte lui-même) et l'inattendu (la contradiction que le contenu oppose au texte effectué). Mais ce n'est là qu'une forme extrême de la présence d'un antiprologue dans le prologue. Rabelais, qui n'est pas effleuré par les mêmes doutes que l'Espagnol (la saturation devant la surabondance des exemples ne l'ayant pas dégoûté comme l'auteur de *Don Quichotte*), écrit, lui, des prologues pour rire, des prologues qui jouent à être des prologues, ceux de *Pantagruel* et de *Gargantua* à tout le moins. Et, pour cela, il s'emploie très visiblement à respecter les rubriques attendues de la fonction prologale. *Pantagruel* et *Gargantua* sont désignés comme livres écrits par le locuteur-auteur et offerts à l'attention des lecteurs interpellés. Notre tripartition est donc adoptée dans toute son extension. L'antécédance fondatrice ne l'est pas moins. Nous savons que, dans *Pantagruel*, le premier de la série, Rabelais remonte aux *Chroniques gargantuines* pour situer, dans un contexte connu, sa propre initiative d'auteur. Il se représente donc comme quelqu'un qui prend la suite et qui croit pouvoir bénéficier ainsi de l'autorité d'une réussite avérée. La valeur de l'ancien fait présager la valeur du nouveau. Rabelais du moins nous attribue-t-il cette croyance. Aussi ne se contente-t-il pas de légitimer son entreprise par le simple rappel d'un précédent, il rappelle encore et surtout la qualité incontestable de ces *Chroniques*, qui méritent d'être apprises par cœur "affin que si d'aventure l'art de l'imprimerie cessait ou en cas que tous livres perissent on temps advenir un chascun les peust bien au net enseigner à ses enfans".

Tout cela est parfaitement traditionnel et, *mutatis mutandis*, l'on pourrait soumettre le prologue de *Gargantua* au même examen : les résultats seraient identiques. Voici mon livre, ne vous fiez pas à son apparence modeste, il n'est pas que plaisant, en fait, il est plein de sagesse et d'utilité (ici, j'en suis convaincu, un point d'ironie serait nécessaire)[1]. Moi, son auteur, je l'ai composé dans la joie. Lisez-le de même, et soyons, tous ensemble, de bons compagnons, dégustateurs de bonnes choses et amateurs de bon temps. A nouveau, notre triangle, à nouveau également la dialectique de l'ancien par rapport au nouveau : Socrate pour le livre (laid au-dehors, beau au-dedans), Homère pour l'auteur (inspiré par le vin et non par des intentions absconses). Est-il besoin d'ajouter que ce cadre traditionnel du prologue, ce code n'est respecté que formellement ? Comment ne pas voir, en effet, que le prologue cherche à décontenancer le lecteur ? Ce lecteur est lui-même travesti, ou encore nous sommes travestis en buveurs très illustres (expression quelque peu paradoxale) et en vérolés très précieux (oxymore non moins évident, même dans la bouche d'un médecin). Dans le cadre traditionnel d'une interpellation aux lecteurs, Rabelais fait donc travailler les lois subversives de l'absurde. L'ironie, qui est l'expression même d'un respect irrespectueux, d'une norme établie et ébranlée, habite l'argumentation par laquelle le locuteur recommande ses deux livres. Qui ne verrait pas de l'exagération — de l'ironie — dans la phrase où le sens caché de *Gargantua* "révélera de très haultz sacremens et mystères horrificques tant en ce qui concerne nostre religion que aussi l'estat politicq et vie œconomicque", qui prendra au sérieux — dans le texte — ce sens caché, par lequel Rabelais vante l'utilité de son livre, s'interdit de voir que l'autcur est également ironique lorsque, dans le prologue de *Pantagruel*, il présente les *Chroniques* et *Pantagruel* comme des textes dignes de foi (au sens fort, possédant en conséquence

[1] Voir, pour l'exposé de ce point de vue, mon article "Le Prologue de *Gargantua*, problème d'interprétation", *Etudes de Lettres*, 1984, Lausanne. Pour une vue générale sur les problèmes de ce Prologue : G. Demerson, "Le Prologue exemplaire de *Gargantua*", *Versants*, 15, 1989, Neuchâtel.

des pouvoirs surnaturels). L'ironie, si un doute pouvait subsister ici, possède des signes qui ne sont pas seulement ceux de l'exagération. Dans *Gargantua*, elle vise concrètement ceux qui abusent de l'interprétation allégorique : frère Lubin, le croquelardon qui tire d'Ovide les "sacremens de l'Evangile" par exemple. Elle semble viser, en tout cas, les lecteurs qui suivraient sérieusement l'injonction de rompre l'os médulaire du texte que Rabelais déclare, plus loin, avoir composé, non moins qu'Homère lui-même dans l'insouciance de tout sens second. Dans *Pantagruel*, l'assimilation du roman à des livres ou à des objets sacrés, doués du pouvoir de guérir les maux de dents par simple application locale, dégage également un relent de satire. On y sent l'impatience évangélique à l'égard du culte des reliques, que Calvin dénoncera en 1543 dans son traité homonyme, et dont Rabelais développera un thème voisin dans les chapitres du *Quart Livre* consacrés aux aberrations fétichistes d'Homenaz et de ses décrétales romaines.

Lecteur travesti, livre exalté ironiquement, reste l'auteur. Qu'en est-il de lui ? C'est l'image même de la dérision. Et comment pourrait-il en être autrement ? Le personnage qui présente un livre ou un spectacle comiques ne peut pas se contenter de l'annoncer comme tel. Il doit en donner un avant-goût dans sa personne même pour rendre *docilem* le lecteur-spectateur. Le comique était déjà à l'œuvre dans la représentation du lecteur et dans celle du livre. L'auteur, qui est à l'origine de tout, ne saurait se désolidariser en tant que locuteur visible de ce qu'il produit à nos yeux. Ainsi, il ne fera pas rire seulement par ce qu'il dit de son livre, mais par ce qu'il dit de lui et par sa manière apparemment involontaire de se révéler. Prenons, à titre de témoignage, les conduites d'exagération. Elles peuvent certes relever d'une intention ironique. Dans ce cas, elles révèlent un locuteur spirituel et maître de soi. L'utilisation d'une citation biblique pour attester sa bonne foi dans le récit des "horribles faicts et prouesses de Pantagruel" : *Quod vidimus testamur*, en est un exemple. Quelques lignes plus bas, pour dire la même chose, Alcofribas s'emporte et se déchaîne. L'exagération, ici, n'est plus un signe de maîtrise ou de culture, mais le débordement irrésistible d'une "nature" excessive (ou qui fait semblant de l'être). On est donc passé de ce que Freud appelle *Witz* (mot d'esprit) à ce qu'il appelle le comique tendancieux, et qui va chez Rabelais jusqu'au clownesque.

> Pourtant, affin que je face fin à ce prologue, tout ainsi comme je me donne à mille panerés de beaulx diables, corps et âme, trippes et boyaulx, en cas que j'en mente en toute l'hystoire d'un seul mot ; pareillement le feu sainct Antoine vous arde, mau de terre vous vire, le lancy, le maulubec vous trousse, la caquesangue vous viegne,
>
> Le mau fin feu de ricqueracque,
> Aussi meru que poil de vache,
> Tout renforcé de vif argent,
> Vous puisse entrer au fondement ;

> et comme Sodome et Gomorre puissiez tomber en soulphre, en feu et en abysme, en cas que vous ne croyez fermement tout ce que je vous racompteray en ceste présente *Chronicque* !

Sans doute, Rabelais est-il aussi maître de ses clowneries que de son ironie. De toute façon, il joue. Mais le personnage représenté, la *persona* qui parle assume des comportements différenciés, encore que toujours comiques. Il est un auteur qui fait rire, tantôt en se moquant de son œuvre par l'antiphrase de l'éloge exagéré, tantôt en s'abandonnant à une conduite incontrôlée. Le prologue de *Gargantua*, avec ses deux volets (le premier recommandant ironiquement une herméneutique profonde, le second avouant dans une logique titubante que l'auteur est indifférent à cette même herméneutique), offre successivement ces deux comportements comiques, celui de l'ironie et celui du clown aviné.

Diogène et son tonneau, dans le prologue du *Tiers Livre*, ne fait que confirmer l'intention évidente de ne pas accorder à l'élément auctorial un traitement plus sérieux qu'au livre et au lecteur. Il s'agit, pour Diogène, de ne pas rester oisif quand les autres s'évertuent. Il s'agit de faire comme tout le monde et de participer à la défense et à la fortification collective de la ville. Mais cet alignement du philosophe cynique, cette conformité de comportement étonnante chez un solitaire volontiers insolent, le conduisent simplement à mimer, avec l'aide de son tonneau, l'activité des autres, à faire comme si, à n'exécuter que des gestes. Rabelais (c'est ainsi que j'appelle le locuteur dans le prologue) fera de même au moyen de son livre, avec cette nuance, que le chant de sa musette (l'équivalent de la geste du tonneau) égaiera les défenseurs de l'Etat et leur donnera peut-être du cœur au ventre.

> ...je mettray bouillir pour les massons, et, le past terminé, au son de ma musette mesureray la musarderie des musars.

Le théâtre aux armées après le comique médicinal (*Pantagruel*) ou herméneutique (*Gargantua*), l'œuvre se fixe toujours un but et se justifie comme un agrément utile selon le vœu d'Horace. *Pantagruel* soigne parce qu'il est un livre "sacré" qui distrait du malheur et fait des miracles, *Gargantua* rend sage par son *altior sensus* et amuse (il a été composé et il sera lu dans la joie de l'ivresse), le *Tiers Livre* suscitera de meilleurs soldats en leur faisant oublier la tristesse de la guerre et en enivrant le lecteur du jus de son tonneau.

Mais ces intentions louables — qui pour une large part s'inventent des raisons d'être — ne rendent pas plus apprêtée l'image du bonhomme Rabelais. Le *Tiers Livre* la dessine avec des traits empruntés à une philosophie de la dérision. Si l'utilité de l'entreprise, dans le contexte diogénique, ne dépasse pas l'amusement du faux semblant, dans le contexte rabelaisien qui suit immédiatement, il n'en va guère autrement. Il suffit de prêter attention à la manière plus qu'au contenu, à la musique de la musette dans le texte plus qu'à son message officiellement programmé. Tout comme Diogène paie tribut à la loi sociale, mais avec de la fausse monnaie, de même Rabelais respecte la loi littéraire du prologue, mais en s'efforçant, sinon de la contester du moins de la contourner pour que la tradition, moins obéie qu'utilisée, fasse une place à la surprise. Rabelais fait comme les autres auteurs de prologues, mais c'est pour rire, à l'instar de Diogène et de son action de citoyen.

Cette analyse de l'exemple rabelaisien nous dispense d'examiner de nombreux cas plus ou moins similaires de la littérature comique, dramatique et narrative. Il est évident, en effet, que les dangers soporifiques du prévisible sont particulièrement redoutables dans ce genre de textes qui prêtent à rire. Comment pourrait-il en être autrement, s'il est vrai qu'un des aspects fondamentaux du comique réside dans la surprise et même dans la subversion ? Dès lors, le code prologal, tout en étant observé comme inévitable, sera bousculé, mobilisé au profit de la liberté de l'éveil et du rire.

Tel est, sans doute, le sens — l'un des sens tout au moins — de cet appel à la liberté qui retentit dans de si nombreux prologues comiques : rire, n'est-ce pas être libre à l'égard des contraintes — des contraintes éprouvées comme douloureuses — et, pour rendre les contraintes prologales acceptables, ne faut-il pas en rire (les subvertir quelque peu) au moment même où on les observe ? Sentez-vous libres d'interpréter mon *Gargantua* allégoriquement. Mettez-y même du sérieux, si vous en éprouvez l'envie. Qu'importe si, ce faisant, vous vous égarez comme tant d'autres interprètes d'Homère ou d'Ovide. Qu'importe si, tout comme pour eux, les sens que vous me prêterez n'appartiennent pas au projet de l'auteur que je suis. C'est que la liberté est plus importante au comique que le vrai. Sa présence thématisée dans ce prologue de *Gargantua* ne saurait, à mon sens, s'expliquer autrement. Elle ne postule pas essentiellement l'existence d'une vérité multiple que le lecteur, à sa guise, découvrira tout seul. Cette vue intéressante, qui s'inspire des prestiges de l'*œuvre ouverte*, ne me semble pas résister à l'examen de la manière dont la liberté en question est proposée au lecteur : elle se résume d'abord à l'idée que celui-ci peut faire ce qu'il veut, y compris se tromper. Elle ne craint pas, ensuite, de le dire en recourant à une logique visiblement loufoque :

> Croiez-vous en vostre foy qu'oncques Homère, escrivent l'*Illiade* et *Odyssée* pensast ès allégories lesquelles de luy ont calfreté Plutarche, Heraclides Ponticq, Eustatie, Phornute, et ce que d'iceulx Politian a desrobé ? Si le croiez, vous n'approchez ne de pieds ne de mains à mon opinion, qui décrète icelles aussi peu avoir esté songées d'Homère que d'Ovide en ses *Métamorphoses* les sacremens de l'Evangile, lesquelz un Frère Lubin, vray croque-lardon, s'est efforcé démonstrer, si d'aventure il rencontroit gens aussi folz que luy, et (comme dict le proverbe) couvercle digne du chaudron.
>
> Si ne le croiez, quelle cause est pourquoy autant n'en ferez de ces joyeuses et nouvelles chronicques, combien que, les dictans, n'y pensasse en plus que vous, qui par adventure beviez comme moy ? Car, à la

> composition de ce livre seigneurial, je ne perdiz ne emploiay oncques plus, ny aultre temps que celluy qui estoit estably à prendre ma réfection corporelle, sçavoir est beuvant et mangeant.

Ce qui fait problème ici est évidemment "si ne le croiez", et sa conséquence... inconséquente, puisque le sens qui s'en dégage est : si vous ne croyez pas qu'Homère ait songé à écrire une œuvre à lire dans un sens figuré, lisez-la, lisez-moi figurativement, *malgré tout, pour peu que cela vous amuse.*

L'étonnement est d'autant plus grand que les deux séquences antérieures préparaient, pour la troisième, une perspective "normale". Par deux fois, le verbe croire avait préludé à une conséquence logiquement négative. Et voilà que la troisième fait l'originale. Résumons :

1. *Croiez-vous en votre foy qu'oncques Homère...* sonne comme : Seriez-vous fou au point de penser...? Non, bien sûr.

2. *Si le croiez...* je répondrai que nous ne sommes pas du même avis.

3. *Si ne le croiez...* [on attend : ne le faites donc pas, et on a en revanche] Faites-le.

Vous voilà donc triplement fous, puisque vous contredisez, dans la phrase 3 Homère de la phrase 1, moi de la phrase 2, et vous-même enfin au sein de la phrase 3. Mais vous serez aussi fou que je le suis moi-même qui suis l'auteur de l'illogisme de la phrase 3.

En somme, la liberté du lecteur est, ici, la liberté d'être fou et la liberté de l'auteur n'est pas d'une autre nature. Ne la lestons pas d'un sérieux herméneutique hors de saison, fût-ce d'une herméneutique de la liberté. L'important, ici, est la liberté d'un texte à l'égard de ce qu'on en attend, la liberté d'un prologue qui surprend et déconcerte, car il ne peut agir pleinement qu'en trichant un peu. La fausse logique, très visible et très appuyée, du bateleur aviné se met au service de cette entreprise ambiguë, et le lecteur inconséquent (libre de l'être) n'est qu'un reflet, un associé, de cette entreprise d'éveil joyeux.

Ainsi le prologue n'est pas seulement un lieu de médiation entre l'ancien, le connu, le langage d'une part, et la nouveauté de l'œuvre qui y prendra naissance et s'imposera à l'attention du lecteur, d'autre part. Il est lui-même soumis à la nécessité de créer en son sein une nouveauté qui le rende attrayant. Les écarts qui en résultent sont particulièrement visibles — et normaux — dans les textes comiques. On pourrait les surprendre bien ailleurs, dans l'arc, dans tout l'arc de la production humaniste, puisque Pétrarque, le pionnier et Montaigne, le témoin de son crépuscule proposent chacun, aux deux extrémités de cet âge, un prologue paradoxal. Les *Rime* s'ouvrent, on le sait, et nous aurons l'occasion d'y revenir au chapitre III, sur un sonnet qui les désavoue et s'applique à obtenir la compassion du lecteur pour les soupirs condamnables et inharmonieux dont elles sont faites. Montaigne, lui, dit adieu au lecteur au terme de son avant-propos, non seulement parce qu'il est poli et qu'il connaît les clausules épistolaires à la romaine (*Vale* = adieu), mais parce qu'il pense devoir détourner le destinataire de son liminaire d'une lecture qui, à son sens, ne lui sera pas utile. *Adieu donc...* On remarquera que, chez Pétrarque comme chez Montaigne, la modestie affichée par l'auteur vis-à-vis de son œuvre n'entraîne pas de manière univoque ou directe la conséquence d'une autocondamnation, au contraire. Pétrarque, en effet, condamne les *Rime* au nom d'une maturité qu'il se plaît à faire reconnaître en parlant avec sévérité d'une immaturité dépassée, puisqu'elle est celle de son œuvre d'autrefois. Montaigne, quant à lui, dénie à son livre toute valeur universelle (dans son liminaire), non seulement parce que son livre est lui et que la modestie a ses lois, mais aussi, sans doute, parce qu'en seigneur entiché des particularités de sa caste, il ne tient pas trop à afficher des mérites d'homme de plume (noblesse oblige). Quoi qu'il en soit, l'ambiguïté de ces textes, de leur comportement, ne saurait échapper. Ils affichent, l'un et l'autre, la bizarrerie d'une offrande freinée, c'est-à-dire d'un mouvement caractérisé par la combinaison d'un courant et d'un contre-courant. Peut-être témoignent-ils avant tout du fait que l'art du prologue est l'un des premiers à reconnaître : que la modestie valorise. Mais il me semble que l'ambiguïté, le paradoxe même qui les caractérisent est justiciable également de cette nécessité de surprendre que notre présente rubrique a reconnue aux préambules comiques surtout, et qui, on le voit, déborde largement d'un tel genre de textes.

Il n'est pas sans intérêt de rappeler ici le fait maniériste. Si le XVIe siècle est, en quelque sorte, l'âge du prologue, c'est peut-être que le liminaire se prête à un traitement qui correspond à l'état d'esprit maniériste tel qu'Arnold Hauser et Claude-Gilbert Dubois l'ont défini. Le prologue est un espace où se meut la conscience artistique, laquelle caractérise également les productions de la *maniera* et ses interrogations sur le style à adopter, sur la relation entre l'art et la nature, sur l'imitation et l'originalité. Comme le prologue qui, d'une part, sait répondre à sa fonction, mais qui connaît également l'impératif de l'éclat, l'art maniériste recourt, en peinture, au contour rassurant d'un dessin précis, mais soumet ses formes à des torsions surprenantes ; il pratique aussi la grisaille et les couleurs émaillées. En littérature, il adopte les appuis d'une rhétorique fortement institutionnalisée et en profite pour tirer cette expressivité du côté de l'ingéniosité et du piquant.

Comme le prologue, et d'une façon critique et aiguë, le maniérisme opte, selon la belle expression de Claude-Gilbert Dubois, pour une "docilité subversive".

Nous ne prolongerons pas ces remarques par des considérations sur l'imitation humaniste qui n'accompagne que trop évidemment dans le temps le conformisme prologal et le problème de son dépassement éventuel. Il est bien connu que la culture humaniste crée dans la perspective de l'acquis, qu'elle s'y complaît souvent et qu'elle se voit contrainte, à intervalles plus ou moins rapprochés, de rassurer et de se rassurer sur la non-réductibilité de ses productions au statut de pure répétition de l'ancien[1]. Le mythe de la gloire investit trop fortement la personne du poète au XVIe siècle pour qu'il puisse accepter sans broncher l'éventualité de l'indistinction, si louables que puissent paraître, d'autre part, les traces visibles de sa culture dans son écriture. Les abeilles, avec leur miel "tout leur" (Montaigne) lui offrent à satiété l'image d'une originalité que les fleurs de la culture ne menacent pas d'étouffer. La traduction des poètes est déconseillée. Le génie de la langue n'est-il pas particulièrement irréductible dans ce genre de texte ? Génie de la langue et génie individuel. C'est là ce que proclame la Pléiade, comme si, dans la grande entreprise d'acclimatation qui est la sienne, il fallait rappeler les droits et la nécessité de l'écart ; comme si, sous couvert de respect (comment traduire Homère ?), Du Bellay, grand traducteur des poètes par ailleurs, tenait à conserver la possibilité de la différence et de l'inimitable.

En bref, il me semble que la relation entre la tradition et la création, si fortement problématisée dans l'art maniériste et dans la perspective humaniste, explique, en partie au moins, la floraison du prologue au XVIe siècle. Fortement marqué par les exigences d'une attente et affrontant, en des conditions particulières, l'exigence tout aussi impérieuse du surprenant, il se trouvait en pays connu.

6. LE PARATEXTE

Le prologue n'a pas de monopole. Il partage ses raisons d'être avec d'autres paratextes : le titre et la signature de l'auteur ou son portrait en ouverture de volume. Le titre, comme le prologue, peut offrir au lecteur un aperçu plus ou moins développé, plus ou moins significatif du contenu de l'œuvre. Ce signe qui s'ouvre sur l'extérieur comporte sa part d'arbitraire, d'autant plus grande qu'il reflétera moins le contenu. Des chiffres, des signes suffiraient, s'il le fallait, et ils suffisent en fait dans les classements effectués par les bibliothécaires. Signal plus que signe, la cote ne ressemble en rien à un prologue. En général, les titres se situent entre cette signalisation sans rapport avec la nature de ce qu'elle désigne et un énoncé correspondant au contenu de l'œuvre. Les livres du XVIe siècle combinent volontiers ces deux styles. Ainsi, le *Tiers* ou le *Quart Livre des Faitz et Dicts héroïques du bon Pantagruel* que nous ne désignons plus, comme si nous n'étions plus soucieux que de la place de ces ouvrages sur les rayons, que par ce qu'ils ont de moins significatif. Il faut ajouter que cela restitue aux deux ouvrages de Rabelais une physionomie spécifique qui leur convient bien et que la formule *Pantagruel* , t. III et IV ne leur fournirait point. Tiers et Quart étant presque sortis de l'usage deviennent des noms propres, plus personnels que leur sens numérique.

En fait, l'on a souvent l'impression que la Renaissance adopte des titres à double registre, le premier, complet, destiné à la lecture, le second à la désignation courante du livre et qui n'est qu'une partie du titre imprimé. Il est rare, cependant,

1 Voir A. Py, *Imitation et Renaissance dans la poésie de Ronsard*, Genève, 1984.

que la disposition sur la page du titre complet, parfois interminable, annonce fermement la frontière de ces deux formulations. L'auteur, il faudrait dire l'imprimeur, semble s'en remettre au pouvoir d'un usage futur et répugner à baptiser son enfant au moment de sa venue au monde. Ainsi, quand il y a passage, dans le bloc titulaire, des majuscules aux minuscules, l'étendue qu'occupe chacune de ces deux graphies ne sert pas nécessairement à délimiter nos deux registres. Prenons l'exemple du *Théâtre du monde* de Boaistuau (1558), tel que Michel Simonin en décrit la page de titre dans son excellente édition critique.

A (1558) LE THEATRE / DV MONDE, OV IL EST / FAICT VN AMPLE DISCOVRS / des miseres humaines, composé en / Latin par Pierre Boaystuau, surnom / mé Launay, natif de Bretaigne : puis / traduict par luy mesme en François. / *Dedié à Reverendissime Prelat, Iaques / de Betoum, Archevesque de Glasco.* / [Marque : Renouard 1039] / A PARIS, / Pour Vincent Sertenas libraire, tenant sa boutique au / Palais, en la gallerie par ou on va à la Chancellerie. / 1558. / Auec priuilege.

La disposition du texte sur la page ne vise pas à mettre en valeur les articulations du sens, à plus forte raison la délimitation d'un double code titulaire. Si cette détermination était recherchée, les minuscules devraient commencer tout de suite après *Le théâtre du monde*, et ne pas placer *discours* et *des misères*, de part et d'autre de la démarcation. Ce qui inspire l'imprimeur, c'est le souci de produire un haut de page qui ressemble à une inscription (trois cartouches équilibrés en majuscules romaines). Il considère le texte comme une masse purement matérielle où il puise à sa guise ; et la même indifférence se devine dans la suite compacte des mots en minuscules. Cette politique est très fréquente au XVIe siècle. Elle donne au titre étendu l'allure compacte d'une proposition expliquée qu'on pourrait traduire dans le langage d'aujourd'hui en thème/rhème (ou topic et comment). Or, le rhème adhère spatialement d'autant mieux au thème que celui-ci est souvent privé de signification utilisable. Lorsqu'un nom propre sert de titre à un dialogue ou à un traité philosophique, un sous-titre ou une apposition explicative s'impose, à l'instar du *Lælius. De Amicitia* cicéronien, par exemple.

Ainsi, la zone titulaire est prologale soit de manière directe (le titre recouvre bien le contenu du livre) ou complémentaire (le titre est explicité par un développement qui désigne le livre) ; elle remplit une des trois fonctions majeures du prologue ; deux, si l'on ajoute le nom de l'auteur, et même parfois trois, lorsque le lecteur est lui-même intégré à cette façade de l'œuvre. Un exemple de cette tripartition prologale sur une page de titre est fourni par un recueil de nouvelles :

PHILIPPE D'ALCRIPE

LA NOUVELLE
FABRIQUE

DES EXCELLENTS TRAICTS
DE VERITE

Livre pour inciter les resveurs tristes et
melancholiques à vivre de plaisir

Il y aurait des observations intéressantes à faire sur la place respective de ces trois fonctions sur la page de titre. On pourrait, en ce qui concerne le premier âge de l'imprimerie, remarquer que l'auteur ne figure pas nécessairement en haut de page, qu'il est souvent fondu dans le titre et les sous-titres (cf. Boaistuau, ci-dessus). C'est donc le livre qui prime de toute évidence ; quant au lecteur, il est rarement mentionné.

Ceci étant, ne pourrait-on dire que le prologue, avec l'importance qu'il accorde au lecteur, rétablit après un titre qui n'en parle pas, un équilibre par trop bafoué ? L'importance du je auctorial dans le prologue s'expliquerait de la même façon : il s'agirait de contrecarrer les effets d'une certaine carence initiale. Ainsi, le prologue reprendrait et rééquilibrerait le discours titulaire, il ferait sur l'inscription titulaire un discours isotopique, complémentaire, équilibrant et rhétoriquement développé.

Contraction, multiplication

Cette mise en relation du paratexte titulaire et du paratexte prologal rend évident un phénomène assez normal dans ces zones du livre, celui de l'oscillation entre la concentration et le développement. Le livre, une fois écrit, la concentration est évidemment de rigueur, le paratexte ne pouvant que *réduire* le livre dont il parle. La réduction majeure est le titre ; elle est même si considérable qu'elle nécessite, nous l'avons vu, un premier développement, le sous-titre, lui-même complété, même si c'est à distance, par les sommaires, résumés, tables et autres didascalies. Le prologue passera pour un sous-titre développé, et le livre pour un prologue développé — si l'on peut adopter une vue aussi désinvolte à l'égard de la chronologie réelle de la rédaction. Cette dialectique entre réduction et développement a donc sa source dans la situation même de la désignation paratextuelle, nécessairement plus restreinte que la chose désignée (livre) ; mais le paratexte, à son tour, se développe pour surmonter les inconvénients d'une concision trop hermétique, ou simplement parce qu'il subit l'attraction du pôle référentiel, la masse du livre. Cette dialectique n'entraîne pas seulement une variation de longueur dans les textes initiaux, mais une variation expressive. Le même est dit autrement et non pas seulement, ni obligatoirement plus longuement. Chez Scève, cette variation du *même* recourt à la spécularité de l'emblème dans la première page de la *Délie.*

DELIE

OBIECT DE

PLVS HAVLTE
VERTU

A LYON
Chez Sulpice Sabon, pour Antoine Constantin
1544
Auec priuilege pour six Ans

La spécularité est évidente dans le simple fait que Scève illustre graphiquement son titre au moyen d'un emblème. Le sous-titre *Object de la plus haulte vertu*, fait lui-même écho au titre *Délie.* Il est plus qu'une apposition, car tout lecteur associe le nom à Délos, patrie de la vertueuse Diane, sœur d'Apollon, patron de la poésie, à moins que Délie ne soit l'anagramme de l'Idée. Thème (*Délie*) et Rhème (le sous-titre) se reflètent, à leur tour, dans l'emblème et son inscription latine. L'image, un rocher battu par les vents et les flots et qui peut signifier que le poète reste ferme dans la tempête (les tourments, la tourmente) de l'amour, et aussi que Délie est inflexible. Quant à l'inscription, elle dit succinctement ce que le dessin montre, et, réciproquement, celui-ci montre ce que l'inscription dit : *Adversis duro*, je persévère dans l'adversité.

Cette page est donc un grand jeu de miroir où chaque élément exprime, à sa manière, la même chose que les autres. La lecture se ressent de cette spécularité généralisée. En effet, si titre et sous-titre se lisent linéairement (de haut en bas), en revanche, dès que l'emblème sollicite notre attention, l'isotopie globale de la page se révèle, effaçant la certitude d'un commencement (tout pouvant l'être) et la linéarité de la lecture. Le propre de la réciprocité du sens est de rompre l'idée de progression, donc de commencement. Tout est l'écho de tout, tout est affirmation et répétition du concept de vertu (Délie l'artémisienne, objet de la plus haute vertu, qui, comme la *virtus*, résiste à *l'adversa fortuna* verbalisée dans *adversis* et illustrée par la tempête déchaînée contre l'inébranlable rocher, équivalent de la permanence vertueuse de *duro*).

Ainsi, l'espace du titre dans la *Délie* ne nous met pas seulement en présence de séquences où alternent la concentration et le développement, mais d'un déploiement d'échos et d'équivalences. L'auteur a l'air de faire ses gammes, comme pour nous faire sentir, par touches, que l'avant-texte ne saurait revendiquer de statut définitif, étant par nature ce que l'œuvre est appelée à accomplir. Cette première page de la *Délie* semble même vouloir montrer, par un léger écart qu'elle observe à l'égard de la tradition complète de l'emblème, que c'est en effet le recueil auquel est dévolu le rôle d'achever ce titre-préambule. Sous la *pictura* et en plus de l'*inscriptio (adversis duro)*, la petite machine sémantique de l'emblème prévoit un petit poème, une *subscriptio*. Elle est absente ici, véritable argument *a silentio* qui fait penser que c'est la *Délie* qui rend acceptable et même souhaitable cette absence[1]. Au bas de l'emblème se creuse un espace qui n'est donc pas un vide sans contenu. Il est la place à laquelle le livre accède après avoir été annoncé (titre, sous-titre, emblème, *inscriptio*), comme un programme plein d'exigence. La page titulaire fait donc naître l'œuvre dans l'espace qu'elle aménage pour elle, à l'instar du prologue. C'est dire encore que la page titulaire et la page prologale peuvent échanger leur prestation. Elles se répètent, elles se complètent avant que l'œuvre elle-même les voue au silence.

Elles se répètent, elles se complètent... Avant d'arriver au premier dizain de la Délie, le lecteur rencontre un huitain dédicatoire à la femme aimée. Ces huit vers ne sont autres qu'un prologue où l'on trouve confirmation des contenus de la page précédente. Avec son érotique néo-platonisante qui distingue le règne de Vénus et de Cupidon d'une part, et, d'autre part, celui de l'Amour coïncidant avec la Vénus céleste, Scève inscrit toute son entreprise sous l'invocation de l'ascèse et d'une souffrance qui engage l'être tout entier dans un processus mélioratif. Les lieux communs de l'amour comme douleur extrême, assimilable à la mort, dépassent le

[1] L'emblème incomplet de la *suscriptio* est assez fréquent cependant. C'est la devise (en italien *impresa*).

métaphorisme érotique, ou plutôt, celui-ci devient le terrain imagé, l'instrument transfiguré et platonicien de l'expérience spirituelle qui entreprend de purifier l'être d'ici-bas à la flamme de cette épreuve et de sa transposition :

A SA DELIE

Non de Venus les ardentz estincelles,
Et moins les traictz, desquelz Cupido tire :
Mais bien les mortz, qu'en moy tu renovelles
Je t'ay voulu en cest Œuvre descrire.
    Je sçay asses, que tu y pourras lire
Mainte erreur, mesme en si durs Epygrammes :
Amour (pourtant) les me voyant escrire
En ta faveur, les passa par ses flammes.

SOVFFRIR NON SOVFFRIR

Tripartition auteur-lectrice-œuvre, certes, mais la liminarité prologale s'exprime encore par les caractères de développement et de complémentarité par rapport à la page de titre. Celle-ci ne mentionnait pas le lecteur. Le huitain le fait avec une belle insistance. Le *tu* récepteur du livre occupe l'axe central de la strophe, les vers 4 et 5 :

v. 4 Je t'ay voulu en cest Œuvre descrire
v. 5 Je sçay asses, que tu y pourras lire

Délie, la liseuse, commande et accueille de ce point stratégique les balancements d'un discours contrasté sur une œuvre dont il est dit, à deux reprises, ce qu'elle est, en opposition à ce qu'elle n'est pas.

vv. 1-2 (non) ce ne sont pas de basses ardeurs
vv. 3-4 (oui) ce sont les morts dues à Délie

vv. 5-6 (non) topos de la modestie
vv. 7-8 (oui) catharsis

Deux dépassements, deux vagues ascétiques avec, au centre, la lectrice, ou plutôt le bien "numineux" qui régit le dynamisme du tout : la transformation en "flammes" divines (v. 8) des "étincelles" de Vénus (v. 1).

La figure et la fonction de Délie, dans le huitain, s'inscrit bien dans la perspective ou comme un reflet spéculaire du sous-titre de la page précédente : objet de la plus haute vertu. C'est, d'autre part, un prologue qui ajoute la lectrice, comme il ajoute l'autre absent de la page de titre, l'auteur-amant que l'on trouvera même de profil dans un portrait sommé des initiales M.S. à la suite du huitain.

Il y a plus. *A sa Délie* se divise aisément en trois parties qui répondent à celles de l'autre page.

Page de titre	Page de la Dédicace
Délie Objet...	A sa Délie
Emblème figuré	Huitain
Inscription (devise)	Souffrir non souffrir

Règne de la spécularité, qu'on lise chacune des deux pages verticalement, comme nous l'avons déjà fait, ou que l'on affronte horizontalement leurs trois éléments respectifs :

1. La ligne de Délie se caractérise par une aimantation de la personne désignée. Dans la page de titre, elle est objet..., dans la dédicace, celle à laquelle on offre le témoignage qu'elle vous possède (sa Délie), et que tout chez le locuteur est élan, voyage vers elle (A sa Délie).
2. Autre correspondance horizontale : l'emblème qui représente un rocher dans la tempête et qui définit un amour vertueux n'a-t-il pas sa correspondance dans le vers 6 du huitain où Scève reconnaît "Mainte erreur en si durs épigrammes" ? Le cadre de la tempête (titre) est un cadre métaphorique fréquent du concept d'errance, de désorientation morale (dédicace). Aussi bien, la tempête figurée éclaire le sens de l'erreur au v. 6 de la page-dédicace, et réciproquement, si l'on admet que la spécularité est réciproque.
3. Troisième ligne, troisième analogie : les deux devises qui, l'une et l'autre, se prononcent sur une situation oppositionnelle et en offrent une sorte de dépassement. L'*adversis duro* n'est pas sans évoquer les propos d'inspiration stoïcienne faisant de l'*adversa fortuna* un malheur qui met à l'épreuve la sagesse et le courage, un malheur souhaitable en d'autres termes. De même, l'amour (page de la dédicace) est un mal heureux — monstre ou miracle, impossible de décider — que la rhétorique traduit sous la forme de l'oxymoron et Scève dans l'expression

Souffrir non souffrir.

Ainsi, l'exemple de la *Délie* est probant. Il montre clairement que la zone initiale du recueil et dont l'affectation consiste à le désigner constitue, malgré les différences qui distinguent un titre et un prologue, un terrain homogène, une vraie zone initiale, où jouent les lois de la contraction et de l'échange, l'œuvre seule étant à même d'épouser sa propre plénitude. Quant à la spécularité dont on pourrait penser qu'elle favorise la redite et le bavardage, Scève, poète cérébral, imbu d'un programme, y trouve, au contraire, la possibilité de l'affirmer et de déployer avec rigueur sa vision du monde.

Mais il faut reconnaître que le cas le plus ordinaire présente simplement des prologues multiples : dédicaces en prose et/ou en vers aux grands, pièces aux amis et des amis, adresse au livre faite par l'auteur et/ou par des tiers, avis au lecteur. Cela peut varier d'une édition à l'autre, mais donne souvent une impression d'engorgement, d'embouteillage. Cette abondance additionnelle, parfois anarchique, n'est d'ailleurs possible que par la nature même de la paratextualité.

Mobilité prologale

Cette multiplicité se développe autour du texte non moins que devant le texte ; c'est le sens même de paratexte. Si le prologue fait partie de cette catégorie orbitale, nous allons peut-être le voir se déplacer d'avant en arrière et figurer en après-texte, lui que son étymologie destine à être un avant-texte. Un exemple ? *Délie* encore. Voici, en effet, ce que déclare l'édition Parturier au bas de la dédicace :

> Dans l'édition de 1564, ce huitain se trouve placé non en tête du poème, mais à la fin, après les tables.

Une postface peut aussi se transformer en prologue. La mobilité est donc, avec la multiplicité, l'une des caractéristiques de ces paratextes. Ajoutons que si un prologue a pu être une postface ou s'il peut le devenir, c'est aussi parce que ce même texte se réfère, devant ou derrière l'œuvre, à une œuvre qui est achevée pour l'auteur. A ce titre, il peut se signaler au début ou à la fin de son livre. Qu'il dise : "vous allez lire" ou "vous avez lu", il sous-entend : "ce que j'ai écrit". Les justifications occuperont tantôt l'emplacement du prologue, tantôt celui de la postface, avec, pour le lecteur, une herméneutique un peu différente tout de même. La préface conditionne, la postface rectifie, elle rectifie une éventuelle condamnation, incompréhension, antipathie nées de la lecture dans l'esprit du lecteur. Quoi qu'il en soit, tant le début que la fin sont des lieux stratégiques. C'est pourquoi aussi, ils sont parfois interchangeables. Interchangeables et répétables. Combien d'exemples rencontre-t-on de recueils de poésies qui comptent une dédicace initiale et une dédicace finale, ou une dédicace et une adresse au livre placés aux extrémités selon toutes les combinaisons possibles !

Du Bellay dédie ses *Regrets* à Monsieur d'Avanson dans une longue pièce strophique de cent huit vers. Si l'on saute au dernier sonnet, l'on rencontre un discours de requête au roi, lequel est comparé comiquement à Dieu, car il peut de rien (=Du Bellay) faire quelque chose, par la création *ex nihilo* de sa générosité. Le poète, dirait-on, ne dédie pas ouvertement son livre au souverain. Mais a-t-il besoin de le faire ? La place de la requête laisse supposer que le roi a lu le livre et que c'est en échange de ce don non explicite qu'il portera peut-être la main à sa cassette. De plus, le poète a opté pour le style comique, qui sous-entend volontiers et ne solennise qu'ironiquement. Dans les *Antiquités*, Du Bellay procède aussi à un encadrement paratextuel. Cette fois, la dédicace initiale est adressée au roi auquel il est rappelé qu'un recueil sur les ruines de Rome est de nature à intéresser un grand constructeur, comme l'est Henri II. Dans le dernier sonnet (32), il s'adresse en revanche à ses vers : ils ne sont pas garantis contre la destruction d'un temps qui transforme les monuments en poussière, mais le luth qui les a produits pourra au moins se vanter :

> D'avoir chanté le premier des François
> L'antique honneur du peuple à longue robbe.

Cet exemple précise nos observations sur la place variable des dédicaces et des adresses au livre. Dans les deux genres de textes, la prise de position au début ou à la fin est possible. Pour ce qui est du livre, Du Bellay, qui parle à celui-ci en fin de recueil, comme nous venons de le voir, dans les *Antiquités*, parle à ses *Regrets* au début de son recueil, juste après la dédicace à d'Avanson :

> Mon livre (et je ne suis de ton aise envieux)
> Tu t'en iras sans moy voir la court de mon Prince

qui s'inspire des *Tristes* d'Ovide :

> Parve — nec invideo — sine me, liber, ibis in Urbem

Autre exemple, celui de Marot au début de son *Adolescence clémentine* :

> Oster je veulx (approche-toy mon livre)
> Ung tas d'escriptz qui par d'autres sont faictz

Il va sans dire que, là encore, on pourrait imaginer à la fin ce dialogue avec son livre. Serait-il alors lu différemment ? Peut-être que l'image d'un écrivain qui vient d'arriver à la fin de son ouvrage s'imposerait-elle ? Elle rappellerait la situation des copistes qui, au terme de leur labeur, composent un petit commentaire pour marquer cet événement qui leur fait éprouver joie et soulagement. C'est aussi l'endroit où il signe le colophon[1]. Le congé final est donc un adieu qui nous place dans l'intimité d'un scriptor ou d'un auteur face à son livre. Il s'offre, plus peut-être que s'il était placé ailleurs, à une sorte d'indiscrétion du lecteur. Il en va de même pour certains envois poétiques où l'auteur recommande à sa ballade ou à sa canzone de se garder des embûches du chemin et de frapper à la bonne porte. Le congé des canzoni pétrarquiennes est chargé de porter le message du poème à son destinataire. La complicité du créateur et de son œuvre invite le lecteur à regarder par-dessus l'épaule du premier. Ce petit discours final engage parfois la canzone à se tenir à l'écart. Situation paradoxale, le poète conjuguant deux conduites incompatibles (mais que nous connaissons bien). Concrètement, il envoie son œuvre et la soustrait au lecteur. Soit comme trop rustique :

O poverella mia, come se' rozza !
Credo che tel conoschi :
rimanti in questi boschi.

ou trop intime :

Canzon, se l'esser meco
dal matino a la sera
t'ha fatto di mia schiera,
tu non vorrai mostrarti in ciascun loco ;
e d'altrui loda curerai sì poco,
ch'assai ti fia pensar di poggio in poggio
come m'ha concio l'foco
di questa viva petra, ov'io m'appoggio.

Ces épilogues étranges renouent, à leur manière, avec la modestie prologale. Ils définissent aussi rétrospectivement la pièce au terme de laquelle ils se trouvent : rustique, intime, c'est-à-dire sans élévation soit dans la forme, soit dans le contenu.

Quoi qu'il en soit, le discours adressé à son œuvre implique le plus souvent le problème du lecteur. Il n'est donc pas étonnant de le rencontrer à la fin non moins qu'au début, d'autant plus que, comme nous l'avons vu, la géographie du paratexte autorise, pour bien des raisons, cette mobilité.

Tels sont, en peu de mots, les mœurs de ces textes d'accompagnement, ce que les Anciens appelaient *propemptika*, et qui confirment et nuancent quelque peu la liberté du prologue en tant que paratexte.

[1] Voir Johannes Duft, *Mittelalterische Schreiber, Bilder, Anekdoten und Sprüche aus der Stiftsbibliothek St. Gallen*, Saint-Gall, 1964.

CHAPITRE II

DU PROLOGUE AU TEXTE : UNE AVENTURE TAXINOMIQUE

La mobilité que nous venons de constater nous engage à poursuivre notre réflexion sur la place du prologue en regard du texte auquel il se rapporte. Que le prologue pose un problème relatif à ce que la rhétorique range sous la rubrique de la *dispositio* ne fait aucun doute et le présent chapitre va le confirmer, en portant sur le problème de la distance plus ou moins grande entre les textes liminaires et l'œuvre. La zone prologale et la zone de l'œuvre, en principe distinctes, connaissent en effet des degrés de proximité variables, de la séparation, disons normale, à une séparation abolie. Il apparaîtra que le paratexte n'est pas seulement mobile parce qu'il se situe à sa guise sur la circonférence de l'œuvre, mais qu'il se distingue plus ou moins de celle-ci, selon des lois d'affinité dont il s'agira de classer les occurrences. Le problème du plus ou moins *distinct* viendra doubler le problème du plus ou moins *devant*. Celui-ci va d'ailleurs réapparaître à nouveaux frais et selon la formule qui voit le prologue, *celui qui est devant*, s'arroger le droit d'être *avec*, et même d'être *dedans*. Mobilité surgissant à nouveau, mais faisant entrer en jeu les deux partenaires et non plus le prologue à lui tout seul. De la sorte, la question se pose derechef de savoir si la *dispositio*, en ce qui concerne le prologue, consiste dans le strict respect de l'étymologie prologos. L'histoire se moque des étymologies. Elle manie et remanie, attribue et distribue sans respect pour ce qui semblait, au départ, appartenir à la nature des choses. Nous invoquons l'histoire. Le propre d'un organisme verbal pouvait suffire. Si unitaire soit-elle, une œuvre littéraire est en effet constituée de parties. A la rencontre de deux parties, une intervention métatextuelle n'est-elle pas fréquente ? Tout le monde connaît l'admirable prologue des *Canterbury Tales* de Chaucer. Il met en situation d'énonciation les narrateurs, en un lieu et en un temps donnés. Ce grand prologue, qui englobe dans sa visée l'ensemble des nouvelles, n'empêche pas qu'au début de celles-ci des préambules plus particuliers, certes, mais tout à fait caractéristiques, proposent leur voie d'accès aux différents récits. La *parabase*, dans les comédies d'Aristophane, réitère au cœur de l'œuvre et à un moment attendu un discours de valeur introductive : elle est donc un prologue interne. Toute interruption explicative concernant le discours en train de se faire ne mérite pas ce titre assurément. Un certain surplomb est pour cela nécessaire et l'impression que le métatexte se réfère à une réalité non occasionnelle. Le métatexte n'est prologal que s'il articule le texte et s'il est à l'entrée d'une partie homogène ou qui forme un tout : début d'un chant épique, seuil d'un discours de nature nouvelle demandant une plus grande mobilisation de l'esprit créateur, d'où souvent, comme chez Dante par exemple, ou d'Aubigné, une invocation aux puissances inspiratrices et parfois aussi une interpellation aux lecteurs[1].

C'est dans la résurgence de ces éléments constitutifs du prologue (argument-auteur-lecteur) que se discernera, de préférence, la démarche paratextuelle au sein du texte.

Ainsi, l'essence du prologue survit à la liberté stratégique qui lui est accordée, apparemment comme une dérogation.

Mais il est temps d'examiner selon les différents profils qu'ils peuvent offrir, les jeux de la relation que le prologue entretient avec l'œuvre à laquelle il est attaché ; il est temps d'éprouver la résistance des liens en question, les distances variables, les affinités diverses.

Deux grandes catégories résument la plupart des cas : le prologue extérieur et le prologue intégré. Seul le premier semble se comporter selon l'attente des lecteurs, le moment où l'on parle d'une œuvre étant, en principe, distinct, donc extérieur à l'œuvre. Mais, outre le fait que le prologue extérieur est lui-même plus ou moins extérieur, selon des modalités qu'il conviendra de préciser, le prologue intégré a l'avantage de la priorité historique : Homère en fournit le premier exemple occidental.

1. LE PROLOGUE EXTERIEUR FRONTAL

La forme la plus classique du prologue extérieur serait celle qui, en face d'un texte, en annonce les enjeux point par point.

Dans son rapport au texte, ce prologue extérieur possède les caractères de la symétrie ou, mieux, de la frontalité. Il offre l'image d'un discours qui dialogue avec un autre discours, d'un auteur qui dialogue avec un lecteur, sans distraction, sans détour, sans développement occasionnels. Le prologue extérieur frontal converge donc vers ce qu'il inaugure. Sa tendance est centripète et son centre est le texte. C'est presque une figure idéale et, pour éviter de la dénaturer, il faudrait se contenter d'en dire qu'elle est, dans son rapport à l'œuvre, *devant*, *distincte* et *correspondante*, tant dans son ensemble que dans ses parties. Ajoutons cependant qu'elle n'exclut ni les écarts de l'ironie, ni les libertés de la parodie. Un prologue comme celui de *Pantagruel*, qui possède toutes les caractéristiques de la frontalité, en fournit une bonne illustration. Avec Montaigne et son avis *Au lecteur*, la liminarité frontale ne craint pas l'alliance du paradoxe.

[1] Chez Dante, les séquences d'inspiration prologale sont fréquentes tout au long de la *Divine Comédie*, par ex. *Inf.* II, 7-9 ; XXXII, 10-12 ; *Purg.* I, 7-12 ; XXIX, 37-42 ; *Par.* I, 13-33 ; XVIII, 82-87, etc. Il en va de même dans *Les Tragiques* de d'Aubigné : *Mis.*, 1-98 ; *Princes*, 1-102 ; *Feux*, 1-52 ; 993-996 ; *Fers*, 529-534 ; 1117-1124 ; *Veng.* 1-140 ; *Jug.*, 1-21.

Si la frontalité est par essence un refus de la déviance, elle n'est donc pas pour autant fermée au jeu. Les deux exemples de liberté que nous venons de citer pourraient même nous inviter à conclure, au vu de leurs auteurs et de leur peu de sympathie pour l'esprit de sérieux, que l'écart de la surprise et les effets du piquant s'accomplissent d'autant mieux que le terrain choisi est aplani et balisé[1]. Or, rien n'est moins surprenant au départ que la symétrie et la frontalité.

2. LE PROLOGUE EXTERIEUR A TENDANCE OCCASIONNELLE

Le prologue extérieur présente souvent un caractère particulier. Sa raison d'être peut contenir, par exemple, une dose élevée de référents occasionnels, ceux liés à la publication comme événement ou comme actualité. Dans la mesure où un livre appartient à l'histoire vécue, son prologue est toujours plus ou moins occasionnel. En interpellant un lecteur et en lui demandant d'actualiser, dans une lecture, les signes que je lui propose, j'insère dans l'ordre de l'événement un produit dont j'espère qu'il va le dépasser en traversant le temps.

On conviendra que les précisions concernant cette mise en circulation comportent des degrés de nécessité fort variables.

Il n'est pas toujours indispensable de savoir à quels personnages l'œuvre est dédiée ; officiellement ou non, elle s'adresse aussi à moi. N'a-t-on pas vu des destinataires disparaître du fronton de tel recueil sans raison imaginable ou à cause d'une brouille qui nous intéresse fort peu et qui n'est pas forcément à l'honneur de l'escamoteur ? Quand le protestantisme de Grévin commence à gêner Ronsard, celui-ci cesse d'exposer cette amitié compromettante. Par omission ou par commission, le péché mignon des auteurs de ce temps associe, presqu'immanquablement, stratégie favorable et publication, publicité de l'être social et publicité d'auteur. Question de succès, voire, bien souvent, de survie. Il faut se recommander et, pour cela, être recommandable, soigner sa présentation, autant dire son prologue.

Ainsi, le critère qui permettrait de définir à coup sûr ce genre de textes comme occasionnels se dégage mal, sauf à opposer à un lecteur contemporain de l'œuvre un lecteur intemporel. Mais le lecteur, qui n'est pas un être idéal, risque d'être déçu si le cadre historique de l'œuvre lui échappe complètement. Cette *libido sciendi* n'est peut-être pas entièrement coupable car elle témoigne que, pour survivre à l'histoire, encore faut-il avoir été d'abord histoire. Pour dire les choses autrement, l'histoire occasionnelle de la publication n'est pas, fondamentalement, plus éloignée de la fonction *livre* ou *lecteur* que l'homme qui parle de soi en tant qu'homme dans la présentation d'une œuvre dont il est l'auteur.

Dès lors, peut-on encore retenir le concept d'occasionnel comme un caractère particulier et dominant de certains prologues ? Répétons-le, ce n'est ici qu'une

[1] cf. Chapitre I, 5 : *Le prévu et l'imprévu.*

question de degré. Ainsi, quand l'identité d'un dédicataire bénéficiant d'un discours *ad hominem* implique l'idée qu'il s'agit d'un lecteur ou d'un personnage lié d'une manière ou d'une autre à la conception ou au contenu de l'œuvre, comme c'est assez souvent le cas, le liminaire en question ne pourra pas être vraiment considéré comme purement accidentel ou occasionnel. Le critère de convergence en direction de l'œuvre présente donc une validité suffisante pour la reconnaissance ou non de la tendance occasionnelle. Un paratexte doté d'un tel caractère peut exister seul en tête du livre. Mais il se combine, le plus souvent, avec le prologue non occasionnel qu'il encercle, comme le prologue non occasionnel encercle l'œuvre.

Rappelons que tout texte prologal se situe face à l'œuvre sur une ligne dont les extrémités sont l'instance extérieure et l'instance intérieure, du plus loin au plus proche de ladite œuvre. Ceci étant, il est facile de comprendre que se rencontrent des signes de continuité entre des moments paratextuels plutôt extérieurs et des moments plutôt intérieurs. Continuité et aussi extension, car l'extérieur peut entraîner du plus extérieur et l'intérieur du plus intérieur, quasi à l'infini, avec comme limite tout de même pour l'extérieur l'impertinence absolue relativement à l'œuvre et, pour l'intérieur, une coïncidence totale avec celle-ci. Equivalent de l'atmosphère ambiante de l'œuvre, la sphère paratextuelle est essentiellement "gonflable". L'amplification est son privilège, la multiplication des "circonstances" son droit. Et c'est bien en direction du plus extérieur, de ce qui est le moins en relation avec l'essence de l'œuvre et des meilleures conditions de son déchiffrement, que l'amplification du texte circonstanciel s'achemine d'ordinaire. Elle ajoute plus qu'elle ne complète. Cette adjonction n'est certes pas sans effet, mais il s'agit d'un effet secondaire, et comme on a pu l'ajouter, on pourra souvent le retrancher sans dommage majeur.

Voici, par exemple, l'*Oraison funèbre* prononcée en 1583 à l'occasion de la mort de Ronsard par Du Perron. Michel Simonin en a réalisé une édition impeccable et bien pourvue d'indications utiles à notre propos. Elle nous signale les transformations que le texte connut au fil des éditions et nous permet de surprendre ainsi l'évolution d'un goût.

Ce sont d'abord les vingt-cinq premières lignes qui nous intéressent. Elles occupent la deuxième page du livre après celle consacrée au titre. Il s'agit d'une brève épître dédicatoire adressée au poète Desportes :

> MONSIEUR, ayant esté ceste Oraison instituée pour celebrer la memoire de Monsieur de Ronsard, j'ay pensé que je ne la pouvoy plus dignement addresser qu'à vous, auquel il semble qu'il a resigné la gloire de sa profession, et vous a laissé comme son unique successeur.

La présence de Desportes en tête de l'oraison donne à celle-ci un supplément de solennité. Du Perron interpose, entre son maître Ronsard et lui, un autre disciple plus autorisé en passant sous silence la rivalité des deux hommes. En Desportes, Du Perron trouve un père — dont Ronsard serait à son tour le père — ou un frère engendré, tout comme lui-même, par le poète défunt. Mais quel que soit le renforcement des liens et la valorisation que cette introduction d'un autre occasionne pour Du Perron et pour Desportes, voire pour Ronsard, ce liminaire apparaît tout de même comme un exemple de texte occasionnel et ajouté. En effet, il ne figure pas encore dans l'édition ancienne que Michel Simonin désigne sous le sigle de 0[1]. D'ailleurs, le discours est pourvu d'un prologue en bonne et due forme et qui plus est, fort copieux. Tout y est : la part des auditeurs (vous savez pourquoi vous êtes ici), celle du locuteur (indigne mais empli de *pietas*), celle de l'objet ("ce ne sont point icy les obsèques d'un homme vulgaire"), et même la conscience d'un énoncé prologal :

> Mais c'est trop vous preparer à une chose, à laquelle je voy que vous estes desja assez disposez de vous mesme : et pour ceste cause il vault mieux que nous commencions d'entrer en propos pour dire ce que le suject et l'occasion nous presenteront.

On peut admettre une certaine continuité entre la dédicace à Desportes et ce prologue du discours. La première introduit le second comme un signal de lecture en présence d'un texte primitivement destiné à l'audition. Du Perron donne à lire un texte qu'il a dit. Et cette lecture est elle-même fondée sur une idéologie de la gloire qui correspond bien à celle de Ronsard : le discours proféré pouvant passer pour un acte rituel unique, le texte n'accède, comme la poésie, au statut d'inscription monumentale (et mémorable) que par la répétitivité de son pouvoir, par une réactivation de l'expérience verbale, écho éternel, courant ininterrompu qui coule de source.

Par sa gloire (argument *ad personam*) et (argument fonctionnel) par la réitération immortalisante de la lecture à laquelle il est associé, Desportes fait entrer le texte de Du Perron et son objet ronsardien dans l'immortalité. Ce n'est pas rien et permet, en tout cas, de parler d'une certaine continuité entre la dédicace et l'exorde du texte principal. Mais cette continuité — nous le savons — n'infirme pas nécessairement le caractère occasionnel du premier de ces textes. L'épître a, en fait, une position nettement extérieure, et, à y regarder de près, l'instance de la lecture qu'elle établit à sa façon ne représente qu'un aspect particulier de cette expérience. Le lecteur privilégié qu'est Desportes n'est pas notre frère de toute nécessité et nous nous sentons autant, sinon davantage, les frères des auditeurs auxquels Du Perron parle dans son *Oraison*. C'est avec eux que nous admirons, pleurons, comprenons, c'est le prologue qui leur est adressé qui nous importe et non, ou si peu, la lettre d'accompagnement imprimée qui privilégie le lecteur Desportes. Le livre devient envoi à quelqu'un par cette épître ("je ne la [l'Oraison] pouvoy plus dignement adresser qu'à vous"), et une relation privée devient publique par le truchement du livre, d'un symbole au sens ancien d'objet concret témoignant d'un lien entre deux personnes. Un pas de plus et l'épître ne figurerait que dans l'exemplaire de Desportes. Cette solution coûteuse était pratiquée. Binet fait précéder son édition du *Discours de la vie de Pierre de Ronsard* qu'il adresse au duc de Joyeuse d'un texte exclusif, imprimé *ad hoc* :

> Le petit present icy, Monseigneur, vous est deu tant pour le regard du sujet que de la personne de celuy qui l'offre.

La dédicace imprimée dans le seul exemplaire du duc nous rapproche, en pleine civilisation de l'imprimerie, de pratiques antérieures, celles des rédactions manuscrites nécessairement produites en nombre limité et, le plus souvent, à un unique exemplaire. Binet fait comme s'il envoyait à Joyeuse seulement un discours manuscrit précédé d'une lettre individuelle, également manuscrite, à la manière de l'apôtre Paul ou de saint Augustin dont les lettres souvent débouchaient sur, ou étaient, de véritables traités. On pouvait, par la suite, en établir des copies (du traité ou du tout) pour réaliser une diffusion plus étendue. Ici, donc, l'imprimé imite ces mœurs sans posséder d'aussi bonnes raisons pour le faire.

Ces considérations nous amènent à conclure au sujet de la tendance que notre rubrique essaie de définir. Les aspects de cette tendance occasionnelle du prologue peuvent, au fond, se ramener à ceci : d'abord un accent au-delà du strict nécessaire qui est mis sur les conditions de la publication, ensuite la personnalisation extrême d'un lecteur destinataire. Dans les deux cas, le prologue occasionnel associe sa raison d'être à la catégorie du particulier.

Mais si, de ce fait, il est détachable, il peut, par l'un de ses éléments, se rattacher à la fonction prologale la plus classique et dispenser un vrai prologue de l'assumer. Nous avons pu surprendre ces éléments de cohésion à deux reprises et sous deux formes :

1) celle de l'*introduction à la lecture* pour une œuvre qui, primitivement, ne lui était pas destinée (dédicace à Desportes en tête de l'*Oraison* de Du Perron),

2) celle de l'harmonisation typiquement prologale de la modestie et de l'autovalorisation dans la dédicace au duc de Béjar en tête du *Don Quichotte*[1].

3. LE PROLOGUE EXTERIEUR A TENDANCE AUTONOME

Poussé à l'extrême, l'occasionnel touche au négligeable. La tendance à l'autonomie que nous examinerons maintenant s'oriente dans le sens inverse. De nécessaire qu'il est normalement, le prologue devient alors suffisant, autosuffisant et se met à jouer un rôle de protagoniste. Il se nourrit de sa propre substance. Comme un fruit arrivé à maturité, il se détache de la plante que serait le texte. Mais l'image n'est pas bonne, car le processus qui conduit à l'autonomie ressemble plus à une usurpation qu'à un phénomène normal de croissance. Il s'agit de

[1] cf. Chapitre I, 4 : *La charte.*

comprendre maintenant l'autonomie qui pervertit la relation prologale par un excès, plutôt que par un défaut comme c'était le cas dans les liminaires occasionnels. Le défaut était caractérisé par le particulier, l'insignifiant ; le général et l'hypersignifiant caractérisent le glissement vers les excès de l'autonomie. Cette nouveauté est rendue possible par la relation du singulier qu'est une œuvre au plus général (le connu, le cadre, l'ancien) qu'est son prologue. Surgit alors la tentation que le contexte richement doté du prologue-contenant oublie l'œuvre qu'il est censé contenir et joue son jeu à part. Le paratexte se place alors d'un côté et le texte de l'autre, soit dans l'espace commun du livre, soit sous deux couvertures différentes.

La *Défense et Illustration de la langue française*

L'on pourrait sous-titrer : une préface devient un traité. Tout le monde connaît le passage de la préface de l'*Olive* (1550) où Du Bellay signale que sa *Défense* de 1549 n'est qu'un développement de la préface qu'il avait projetée pour la première édition de son recueil poétique en 1549 précisément :

> Au moyen de quoy, voulant prevenir cette mauvaise opinion [difficulté d'une poésie nouvelle], et quasi comme aplanir le chemin de ceux qui, excitez par mon petit labeur, voudroient enrichir nostre vulgaire de figures et locutions estrangeres, je mis en lumiere ma *Deffense et illustration de la langue françoise* ; ne pensant toutefois au commencement faire plus grand œuvre qu'une epistre et petit adverstissement au lecteur.

Le traité est une préface qui a mal, ou trop bien tourné. Il faut imaginer le gonflement d'un propos qui, au départ, avait pour fonction d'aplanir le chemin des lecteurs soumis à l'épreuve d'une poésie nouvelle. Les vers français acquerraient une meilleure lisibilité grâce à cette préface projetée et à leur mise en relation avec la tradition transalpine encore peu connue dont ils se réclament. L'*Olive* constituait l'objet de l'explication et cette explication prologale était un simple affluent de l'*Olive*. En cours de rédaction, l'affluent devient fleuve parce que le problème de la nouveauté poétique que revendique la Brigade de 1549 ne lui semble pas pouvoir tenir dans les limites d'une préface. Du Bellay est un poète sensible à la relation nécessaire de la longueur du discours et de l'importance de son contenu :

> Amy lecteur, tu trouveras estrange (peut estre) de ce que j'ay si brevement traité un si fertil et copieux argument

écrit-il en postface de la *Défense*. C'est dire aussi combien le thème excédait d'emblée la possibilité d'en faire l'entrée d'un recueil de poèmes d'amour. D'ailleurs, en 1549, dans sa première préface de l'*Olive*, il déclarait dans le même esprit :

> Si je ne craignois que le prologue fust plus long que la farce, je respondroy voluntiers à ceulx qui, cognoissans Petrarque de nom seulement, diront incontinent que je l'ay desrobé.

Du Bellay, par ses propos, met le doigts sur le processus d'autonomisation : l'allongement d'un texte liminaire qui tend à faire de celui-ci un texte non-liminaire. Il pourra certes rester en contact, dans le même volume, avec ce qui est censé le suivre, même si un évident déséquilibre quantitatif et fonctionnel doit en résulter. C'est le cas du texte théorique de Ronsard *Au lecteur apprentif* qui précède l'édition de la *Franciade* en 1587. Ces pages qui concernent, dans une certaine mesure, les principes poétiques que Ronsard avait adoptés en composant son poème héroïque, débordent de toutes parts la fonction herméneutique et même programmatique que l'on attend d'un liminaire. C'est un véritable art poétique qui serait lisible indépendamment de ce qu'il prétend préfacer et qui a été rédigé bien des années après. Comme Du Bellay, le poète aurait pu détacher ce discours épistolaire et le publier séparément. La rencontre des deux amis, dans nos réflexions sur les liminaires à tendance autonome, n'est pas fortuite. En effet, les textes liminaires deviennent facilement théoriques quand ils sont écrits par les tenants d'une école qui veut s'imposer. La Pléiade, avec sa stratégie concertée, en fournit l'exemple. Les liminaires, dans ce contexte conquérant, prennent une importance qui leur confère souvent le caractère de petits traités porteurs d'un programme général. Et ils se referment sur leur propre message. Réciproquement, l'œuvre elle-même, que ce soit l'*Olive* ou la *Franciade*, peut alors fonctionner comme un exemple du texte théorique, cédant, pour un rôle presque secondaire, celui de protagoniste.

En réalité, les "nouveaux poètes" de 1550 entendent faire leurs preuves en répandant l'évidence de leur supériorité et en imposant l'idée qu'ils se font d'une véritable culture nationale. Une double démarche s'ensuit, théorique et pratique, où l'un (le théorique) annonce ou éclaire l'autre (le pratique), et où celui-ci illustre celui-là. Egalité, réciprocité, mais l'équivalence des deux aspects de l'illustration du français, le théorique et le pratique, outrepasse les limites d'une dépendance normale du liminaire dans son rapport à l'œuvre. Le développement quantitatif du prologue viendra le confirmer. Enfin, son détachement pur et simple en marquera, de manière plus explicite encore, l'aboutissement.

Pour que cette autonomie se réalise vraiment, il semble qu'une autre condition soit requise. Nous y avons fait allusion en utilisant, plus haut, l'expression "se refermer sur soi-même", métaphore renvoyant à l'idée d'un discours où le sens s'est exprimé dans toute sa plénitude. Or, cette fermeture est également forme, forme qui signifie à son tour le souci de rendre visible, mieux, légitime par l'évidence de son fonctionnement, ce comportement de suffisance qui caractérise le cas particulier représenté par un prologue à tendance autonome.

L'on n'en trouvera pas de meilleur exemple que la *Défense* de Du Bellay pour peu que l'on examine attentivement son encadrement fortement structuré. D'abord, l'œuvre est visiblement symétrique avec un titre binaire développé en deux livres s'attachant, le premier à la défense, et le second à l'illustration de la langue française. En outre, chacun des livres possède un paratexte initial et un paratexte final.

Au commencement du premier, une lettre dédicatoire au cardinal du Bellay avec le "S" de salut (ou *salutem*) au début, et "*A Dieu*" à la fin, comme il se doit dans une épître bien construite. Epître d'accompagnement qui a les caractéristiques du liminaire extérieur à tendance occasionnelle, car il n'y est question pratiquement que de la grandeur du cousin "empourpré" et de l'outrecuidance de celui qui ose venir le déranger. Aussi conviendra-t-il d'être bref :

> ...pecheroy-je pas comme dit le Pindare Latin contre le bien publicq, si par longues paroles j'empeschoy le tens que tu donnes au service de ton Prince, au profit de la Patrie, et à l'accroissement de ton immortelle renommée ?

Captatio extrêmement fleurie en faveur d'un ouvrage qui mérite protection pour son patriotisme :

> A l'entreprise de laquelle [*Défense*] rien ne m'a induyt que l'affection naturelle envers ma patrie, et à te la dedier, que la grandeur de ton nom : afin qu'elle se cache (comme soubz le bouclier d'Ajax), contre les traicts envenimez de ceste antique ennemye de vertu, soubz l'umbre de tes esles.

Cette affinité entre donateur et bénéficiaire est mise en scène : le livre, comme un ex voto est suspendu dans le cabinet de travail — qui est aussi l'esprit — du cardinal. Il prendra place dans un espace réel ou figuré, déjà meublé de livres. Le texte liminaire, qui est ici une lettre d'envoi, apparaît aussi comme la demande d'une permission d'entrer et de faire partie des bagages d'un homme admirable. Par la médiation d'un livre qui s'accorde avec d'autres livres, par un mariage symbolique d'objets, Du Bellay tente d'établir entre lui et son prestigieux cousin les conditions d'un rapprochement personnel, qui se confirmera d'ailleurs dans un avenir prochain. Don de son livre, don de sa personne, humble également et suppliante, devant cette statue divine, image de la grandeur qui trône dans l'espace dédié à l'étude :

> Ma muse a pris la hardiesse d'entrer au sacré cabinet de tes sainctes et studieuses occupations : et là, entre tant de riches et excellens vœuz de jour en jour dediez à l'image de ta grandeur, pendre le sien humble et petit : mais toutesfois bien heureux, s'il rencontre quelque faveur devant les yeux de ta bonté, semblable à celle des Dieux immortelz, qui n'ont

moins agreables les pauvres presentz d'un bien riche vouloir que ces superbes et ambicieuses offrandes.

Prologue elle-même, la *Défense et Illustration* se dispense d'un autre préalable que ce texte occasionnel. Mais on notera que son sens n'est pas sans rapport avec l'idée d'encadrement puisqu'il requiert une place dans la bibliothèque du cousin, cadre idéal et qui symbolise aussi l'accueil humain, la lecture que l'auteur souhaite à son livre. En outre, par sa position au début, la lettre au cardinal prépare la mise en place d'un encadrement matériel du traité par des textes à fonction et à contenu prologaux, et dont la disposition va entraîner un effet de symétrie, et donc de fermeture.

Arrivé au dernier chapitre du premier livre (I, 12), le lecteur rencontre ce titre : *Deffence de l'Auteur*. Celui-ci a imaginé l'objection qu'on lui fera peut-être d'avoir exagéré la noblesse de sa langue. Il utilise ici ce que la rhétorique appelle une *occupation*, forme hypothétique des critiques ("vous m'objecterez...") auxquelles répond l'*excusatio*. Or, l'*excusatio* est la substance même de ce que Donat, dans ses propos sur la *Comédie* (VII, 1-3), appelle le prologue "relativus" (quo aut adversario maledictum aut populo gratiæ referuntur)[1]. Pourquoi Du Bellay reconduit-il, à la fin de son discours (de la première partie de son traité), la défense de sa prise de position en faveur du français ? Certes, le paratexte justificatif n'est pas nécessairement initial, mais il faut reconnaître qu'il est plus rarement en position finale dans les textes que l'on peut qualifier de traités. L'écrivain a certainement eu en tête l'avantage que présenterait une disposition fortement symétrique. Il agit en cela comme s'il désirait nous communiquer une conscience

[1] Voici les distinctions que Donat propose au sujet du prologue de la comédie :

1 - *Comœdia autem diuiditur in quattuor partes : prologum, πρότασιν, ἐπίτασιν, καταστροφήν.*

2 - *prologus est prima dictio, a Graecis dicta πρῶτος λόγος uel antecedens ueram fabulae compositionem elocutio, <ὁ πρὸ τοῦ δράματος λόγος>. eius species sunt quattuor : συστατικός commendatiuus, quo poeta uel fabula commendatur ; ἐπιτιμητικός relatiuus, quo aut aduersario maledictum aut populo gratiae referuntur ; δραματικός argumentatiuus, exponens fabulae argumentum ; μικτός mixtus, omnia haec in se continens.*

3 - *inter prologum et prologium quidam hoc interesse voluerunt, quod prologus est, ubi aut poeta excusatur aut fabula commendatur, prologium autem est, cum tantum de argumento dicitur.*

4 - *πρότασις* est primus actus fabulae, quo pars argumenti explicatur, pars reticetur ad populi exspectationem tenendam ; *ἐπίτασις* inuolutio argumenti, cuius elegantia conectitur ; *καταστροφή* explicatio fabulae, per quam euentus eius approbatur.

(*Excerpta de Comœdia*, VII, 1-4)

aiguë du commencement et de la fin dans chacune des deux phrases de sa *Défense et Illustration.* La clôture de la *Défense* le démontre déjà dans le fait qu'elle ne se contente pas de l'*excusatio* à laquelle nous avons fait allusion, elle annonce encore la deuxième partie du traité qui s'attache à l'illustration de notre langue. L'expression même souligne la valeur articulative de ce texte charnière qui est clôture et ouverture :

> Il est temps de clore ce pas, afin de toucher particulierement les principaux poinctz de l'amplification et ornement de nostre Langue.

Cette annonce du deuxième livre à la fin du premier nous fait attendre, au début du second, une entrée en matière directe et sans préambule. Mais Du Bellay est trop soucieux de symétrie pour délaisser l'occasion d'un encadrement réitéré. Comme la *Défense* avait un paratexte à ses deux extrémités, l'*Illustration* aura son prologue (II, 1 : *L'intention de l'auteur*) et une postface (*Au Lecteur*). Le prologue que constitue le premier chapitre du livre II (*Illustration*) est argumentatif. Il reprend certains traits de la postface qui clôt le livre I (*Défense*), où déjà Du Bellay annonçait le contenu du livre suivant. Quant à l'adresse finale *Au Lecteur*, elle reprend aussi, dans une situation nouvelle, l'*excusatio* qui figurait à la fin du premier livre. A son propos, les remarques qui ont été faites sur la mobilité de tels textes et leur place au début ou en fin de parcours pourraient être répétées. Du Bellay fait usage de cette ubiquité pour créer des échos et surtout des symétries qui produisent l'effet recherché d'un encadrement. Cet encadrement est soigneusement exécuté, non seulement par l'occupation systématique des quatre extrémités des deux livres, mais aussi, et plus peut-être, par la figure de chiasme qui résulte de la distribution des matières entre ces quatre paratextes.

En effet, si nous prenons en considération la dédicace au cardinal, tout au début, et l'adresse au lecteur, tout à la fin, un grand pont se dessine qui relie les deux extrémités du traité. Dans les deux cas, avec la modestie de rigueur, l'auteur fait don de son travail à un destinataire, un grand d'abord qu'il s'agit de séduire par un acte d'allégeance, un lecteur enfin qu'il faut disposer favorablement en excusant les imperfections qu'il peut avoir découvertes en cours de lecture. Le plus souvent, l'adresse au lecteur suit immédiatement, ou peu s'en faut, la dédicace à un grand, mais à nouveau, le désir d'encadrement a été le plus fort. Quant aux deux textes centraux (fin du livre I, début du livre II), ils comportent, eux aussi, un dénominateur commun qui est d'annoncer le livre II. En donnant aux extrémités la lettre A et à la zone centrale la lettre B, on obtient l'image suivante, qui est bien celle d'un chiasme, figure redoublée d'un encadrement :

Défense I		Illustration II	
A	B	B	A
Epître au cardinal don de I-II	*Excusatio* de I + Prologue de II	Prologue de II	Au Lecteur *Excusatio* de I-II

Pourquoi cette analyse détaillée ? Pour voir vraiment à l'œuvre une forme qui consacre le caractère autonome d'un texte. Il fallait souligner, semble avoir pensé l'auteur, cette autonomie que la *copia* du sujet avait insensiblement inspirée à un texte conçu primitivement comme une simple préface. En le fermant si visiblement sur lui-même au moyen de quatre liminaires *ad hoc*, Du Bellay lui donne un statut qui n'allait pas de soi. Cette autonomie prologale est obtenue par une répartition avisée de ces paratextes multipliés.

"La grandeur d'une défense entière"

C'est ainsi que Calvin qualifie sa longue préface à l'*Institution de la religion chrétienne*, préface rédigée dans sa version latine en 1535, peu après l'affaire des Placards (1534) et la persécution qui s'ensuivit. "Estant chassez de nos maisons", nous ne pouvons, pense l'auteur, qu'en appeler au souverain, d'où cette longue épître au roi, qui accompagne l'envoi du livre à François Ier. Dédicace à un grand, le texte, bien vite, manifeste son caractère particulier. Car ce n'est ni l'avancement de l'auteur qui est en vue dans cette démarche, ni, véritablement, la requête d'une bienveillante tutelle pour le livre. C'est une invitation à le lire comme témoignage de l'innocence dogmatique de ceux que les "Pharisiens" persécutent et noircissent aux yeux du roi, sans que ces victimes de la persécution aient droit à la parole pour se défendre. La préface propose la lecture du livre pour que les calomnies et les coups de force trouvent, en la personne d'un souverain enfin éclairé sur la vraie nature de la Réforme, un adversaire résolu. Le roi n'est donc pas appelé à défendre un livre, mais bien ces réformés injustement traités et dont l'innocente doctrine est dans l'ouvrage proposé. Mais telle n'était pas l'intention de l'auteur au moment où il rédigeait son *Institution* :

> Au commencement que je m'appliquay à escrire ce present livre, je ne pensoye rien moins, ô Très noble Roy, que d'escrire choses qui fussent presentées à ta Majesté. Seulement mon propos estoit d'enseigner quelques rudimens, par lesquelz ceux qui seroient touchez d'aucune bonne

> affection de Dieu feussent instruictz à vraie pieté. Et principalement vouloye, par ce mien labeur, servir à noz François, desquelz j'en voyois plusieurs avoir faim et soif de Jesus Christ, et bien peu qui en eussent receu droicte congnoissance. Laquelle mienne deliberation on pourra facilement appercevoir du livre, en tant que l'ay accommodé à la plus simple forme d'enseigner qu'il m'a été possible. Mais voyant que la fureur d'aucuns iniques s'estoit tant eslevée en ton Royaume, qu'elle n'avoit lais[s]é lieu aucun à toute saine doctrine, il livre, tant d'instruction à ceux que premièrement j'avoye deliberé d'enseigner, que aussi de confession de Foy envers toy : dont tu congnoisses quelle est la doctrine contre laquelle, d'une telle rage, furieusement sont enflambez ceux qui par feu et par glaive troublent aujourd'huy ton Royaume.

Le même texte, désormais, aura un double but : celui, primitif, de confirmer les coreligionnaires dans leurs certitudes, et celui, nouveau, de convaincre le roi que cette doctrine est injustement poursuivie en la personne de ses adhérents.

Un manuel devient ainsi une voix collective émanant de la cohorte des justes baillonnés. Texte autorisé pour les Réformés, témoignage pour un procès symbolique où le roi, selon le devoir de sa charge, rétablira la justice :

> mais vous avez à reputer, selon vostre clemence et mansuetude, qu'il ne resteroit innocence aucune n'en dits, n'en faits, s'il suffisoit d'accuser.

A vrai dire, Calvin ne se contente pas de déposer, en guise de pièce à conviction, l'*Institution chrétienne* entre les mains du roi-juge. Son épître est elle-même un plaidoyer qui comporte tous les éléments de l'éloquence judiciaire : narration des faits, présentation contrastée des parties, division, argumentation, réfutation, péroraison émue... un chef-d'œuvre, en bref, de l'art de persuader et de conduire un auditeur à reviser ses vues puis à prendre ses responsabilités.

Ayant lu ce texte liminaire, le roi sera amené (serait amené, car rien ne prouve qu'il l'ait lu) à aborder l'*Institution* comme un discours de justification ou de disculpation : la doctrine n'a plus sa finalité en soi-même, mais dans la survie des Réformés qu'il ne s'agit plus seulement d'éclairer par un manuel, mais de sauver par un témoignage. Si nous lisons l'épître et l'*Institution* dans cette perspective royale, force nous est de pressentir la réunion de conditions caractérisant un prologue à tendance autonome. Sa longueur d'abord, signalant le gonflement d'un discours qui insensiblement joue, par rapport à l'œuvre principale, un rôle de protagoniste. Calvin en est conscient quand il écrit :

> Et mesme je doute que je n'aye esté trop long, veu que ceste preface a quasi la grandeur d'une defense entière.

La quantité transforme la qualité. Ce qui devait être préface, c'est-à-dire texte placé en ouverture d'un texte plus important, devient un texte *en soi*, total (*entière*) et méritant une désignation générique tout à fait traditionnelle, *Defensio* ou *Apologia*. Cette défense ne cache pas l'existence de l'*Institution*, elle l'introduit même pour le roi. Mais à quel titre la *Lettre* annonce-t-elle l'*Institution* ? Comme un témoignage qu'elle fournit *déjà*, comme un ensemble de preuves dont elle donne plus qu'un avant-goût. En annonçant, elle réalise et se réalise, dans une sorte de suffisance.

L'histoire nous révèle qu'en 1541, l'épître a été éditée non seulement en tête de la première édition française de l'*Institution*, mais encore séparément. De plus, elle ne constituait pas un simple tiré à part, bien que les mêmes caractères et la grande initiale ornementale du début (A) y eussent été maintenus. Mais pour qu'elle puisse être lue pour elle-même, au lieu de "ce present livre" de la première phrase, Calvin a écrit dans l'édition séparée : "mon livre intitulé l'*Institution chrétienne*."

A cela près, le texte de l'épître est présenté comme lisible en dehors de sa fonction préfacielle. Liminaire non point autonome, donc, mais plutôt à tendance autonome. Le traité de Du Bellay nous a rendus attentifs aux répondants formels de cette tendance. Forme fermée sur elle-même, chiasme, tout, chez le théoricien de la poésie semblait obéir au besoin de détacher le texte de son entourage par une structure délimitée en ses extrémités et régie par une symétrie interne.

Il en va de même dans l'épître de Calvin, où il est loisible de discerner quatre vagues formant architecture. Il s'agit d'abord de rendre le roi attentif à sa fonction de juge, d'ouvrir ses oreilles à un discours nouveau. A plusieurs reprises dans ces premières pages, il est fait allusion à cette audition qui est nécessaire à l'établissement de la justice et à la résolution des troubles que les injustes et les diffamateurs engendrent dans le royaume. Puis, un appel retentit, qui devrait permettre au roi de comparer les adversaires. Cette visée constitue la deuxième vague du texte :

> Que diray-je plus ? Considère, O Roy très vertueux, toutes les parties de nostre cause ; et nous juge estre les plus pervers des pervers, si tu ne trouves manifestement que nous travaillons et recevons injures et opprobres, pourtant que nous mettons nostre esperance en Dieu vivant : pourtant que nous croyons ceste estre la vie eternelle, congnoistre un seul vray Dieu et celuy qu'il a envoyé, Jesus Christ. A cause de ceste espérance aucuns de nous sont détenuz en prisons, les autres fouëtez, les autres menez à faire amandes honorables, les autres banniz, les autres cruellement affligez, les autres eschappent par fuite : tous sommes en tribulation tenuz pour maudictz et exécrables, injuriez, et traictez inhumainement. Contemple d'autre part nos adversaires (je parle de l'estat des Prestres), à l'aveu et appétit desquelz tous les autres nous contrarient ; et regarde un petit avec moy de quelle affection ilz sont menez.

Eux-nous, le contraste veut être parlant. L'on juge l'arbre à ses fruits. Combien l'injonction cicéronienne consistant, dans l'exorde judiciaire, à présenter *ad personam* les parties engagées, trouve dans ce cadre chrétien une application démonstrative !

Si "le ventre leur est un dieu", ces chrétiens indignes sont aussi des êtres pensants. C'est là la troisième vague du texte, où sont dépeints les adversaires de la doctrine réformée et où on les voit s'en prendre à elle comme nouvelle, douteuse, coupée de la leçon des Pères, sans légitimité ecclésiastique, fauteuse de troubles. Sur chaque point, Calvin répond. La réponse devient attaque et cette attaque des autres, occasion pour eux de honte et de confusion. Entre ce qu'ils disent et ce que Calvin estime qu'il faut dire, le contraste est aussi fort qu'entre ce qu'ils sont et ce qu'il convient d'être. Le contraste se renforce entre eux et nous et, après les *facta*, les *dicta* viennent creuser le fossé entre les tenants de la vérité et leurs injustes accusateurs.

Il ne reste plus dès lors, quatrième vague, qu'à attirer une dernière fois l'attention du roi sur cette cause si précisément instruite :

> Mais je retourne à toy, o Roy Très magnanime. Tu ne te doibs esmouvoir de ces faux rapportz, par lesquelz nos adversaires s'esforcent de te jetter en quelque crainte et terreur.
> ...Combien que par icelle je n'aye prétendu composer une deffense, mais seulement adoulcir ton cœur, pour donner audience à nostre cause.

N'est-il pas évident que la structure de ce plaidoyer est d'un modèle très proche de l'autre *Défense*, celle de Du Bellay ? Chez celui-ci, les deux livres du traité s'étaient entourés de quatre paratextes englobants. Chez Calvin, c'est le discours lui-même et sa structure, qui fournit les données d'une architecture fermée. Aux extrémités, l'exhortation du locuteur s'adressant au roi-juge (AA') ; au centre, la double opposition des réformés et de leurs ennemis, sur le plan de la vie chrétienne d'abord, sur celui de la doctrine ensuite (BB'), d'où le chiasme suivant :

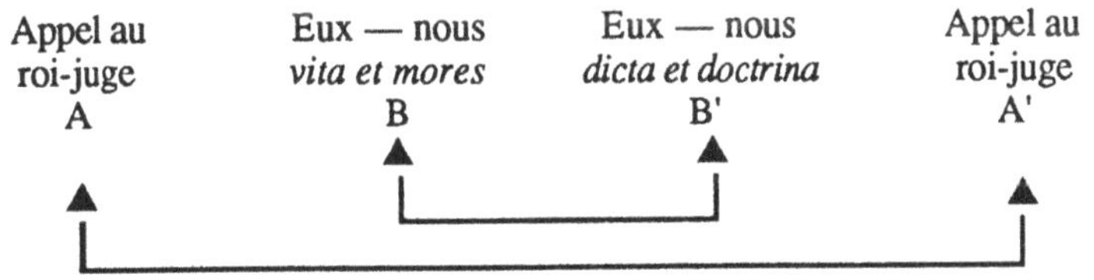

Toutes les conditions de la tendance autonome que nous avons surprises dans le traité de Du Bellay se retrouvent donc dans cette lettre liminaire de Calvin : la longueur, la faculté historiquement documentée d'être détachée, la structure fermée.

Une remarque, cependant, sur les limites de la ressemblance entre ces deux textes si proches dans le temps, et sur le problème du statut prologal — autonome ou non — dans la sphère des textes théologiques.

Si, en effet, le discours de Calvin, avec sa rhétorique efficace, donne l'impression de se suffire à lui-même, il parvient à cette situation en grande partie par sa richesse doctrinale. Lorsqu'il s'attache à peindre les réformés dans leur comportement, Calvin les définit comme des êtres habités par une conviction. Ils sont pauvres, nus, dépouillés : quelle meilleure preuve de leur foi qui attend tout de Dieu ? Ils sont victimes, chez les hommes, de déni de justice, mais n'est-ce pas pour mieux proclamer la toute-puissance de la justice divine et professer les articles d'un credo inébranlable :

> En oultre, qu'est-il plus propre à la Foy, que se prometre Dieu pour un Père doux et bening, quand Christ est recongneu pour frère et propiciateur ? que d'attendre tout bien et toute prospérité de Dieux, duquel la dilection s'est tant estendue envers nous, qu'il n'a point espargné son propre Filz, qu'il ne l'ayt livré pour nous ?

Le martyr n'est-il pas celui qui souffre pour la vérité, qui témoigne par sa souffrance ?

> Mais combien qu'ils se moquent de l'incertitude d'icelle [notre doctrine], s'ils avoient à signer la leur de leur propre sang et aux despens de leur vie, on pourroit voir combien ils la prisent. Nostre fiance est bien autre, laquelle ne craind ne les terreurs de la mort, ne le jugement de Dieu.

Quant à la réfutation des accusations portées contre les Huguenots, elle est plus doctrinale encore. Elle a même constitué, sur bien des points (les miracles, les Pères, l'idée de secte...), une base ultérieure dans bien des débats théologiques sur les positions réformées au XVIe siècle déjà. Aux livres V et VI de l'*Institution* ("De la pénitence" et "De la justification par la foi"), où Calvin emprunte un ton plus polémique que dans les livres précédents, le style ponctuel et incisif de l'épître est déjà présent. Réciproquement celle-ci contient, au cœur de son propre discours, l'exposé théorique de l'*Institution*. Première *Institution*, l'épître énonce, dans les abords du livre, la bonne doctrine. Dès lors, se dessine le paradoxe du prologue théologique : à savoir que, d'une part, tous ceux qui écrivent dans la lumière de la vérité révélée n'écrivent jamais de prologues, car chaque parole est un reflet de l'absolu et ne saurait ainsi se limiter à être l'introduction à une autre parole. Mais, inversement, toute parole est approche, introduction et, donc, prologue à une vérité plénière qui serait la parole de Dieu, logos créateur, selon son sens johanique, source rayonnante de la lumière du vrai. Toute parole de vérité ouvre un passage au logos, toute parole est médiatrice, comme le Christ est médiateur entre l'homme et Dieu. Cette double médiation est suggérée dans le *Commentaire sur Jean* (V, 39) :

> Il faut lire les Escritures à cette intention que là nous trouvions Christ.

Si rien n'est prologue dans l'écriture théologique puisque celle-ci s'inspire toujours de la révélation et qu'elle reproduit toujours un credo, tout, aussi, est prologue dans la mesure où cette même écriture, *à tout moment*, est méthode d'approche de la Parole[1].

L'*Argument du présent livre*, qui précède l'épître, ne dit pas autre chose. Partant de l'*Institution*, Calvin définit son entreprise comme la proposition d'une méthode de lecture biblique :

> Combien que la saincte Escriture contienne une doctrine parfaicte, à laquelle on ne peut rien adjouster, comme en icelle nostre Seigneur a voulu desployer les Thrésors infiniz de sa Sapience, toutefois une personne qui n'y sera pas fort exercité[e] a bon mestier de quelque conduicte et addresse pour sçavoir ce qu'elle y doibt chercher, à fin de ne [s']esgarer point çà et là, mais de tenir une certaine voye, pour attaindre toujours à la fin où le Sainct Esprit l'appelle.

Comment lire l'*Institution*, voilà ce que définit l'*Argument* : il faut lire l'*Institution* pour bien lire la Bible et pour répondre à l'appel de l'Esprit saint. Forgée par l'auteur, une véritable chaîne méthodique y conduit :

Argument → Institution → Bible → Esprit

qui traduit formellement l'omniprésence prologale de l'écriture théologique. Dans la mesure où Dieu, même au sein de son dialogue avec l'homme reste transcendant à celui-ci, la démarche de la créature est sans fin et perpétuellement médiatisée. Mais, dans la mesure où le contenu de la pensée vise l'objet divin en chaque instant de la chaîne que constituent les éléments du discours et du temps, cette pensée religieuse se meut nécessairement dans un immédiat qui a sa valeur propre et qui ne saurait se réduire à un rôle purement marginal ou attentiste.

[1] Remarquons que, dans les deux cas, l'on peut parler d'une *réactivation* et, à cet égard, le christianisme est vraiment judéo-christianisme, si l'on se rappelle l'importance de l'interprétation de la Parole dans la tradition midrachique. Voir David Banon, *La Lecture infinie*, Paris, 1987.

L'*Epître au roi*, petit traité qui vaut pour lui-même et prologue d'une *Institution* prise elle-même dans une chaîne de prologues, est un bon exemple d'une autonomie qui relève, dans les textes théologiques, d'un absolutisme de fond et d'un relativisme dilué dans l'infinie reconduction de notre état de créatures en marche.

Le *Quart Livre*

Après le sérieux, le comique. Le prologue que Rabelais place en tête de son *Quart Livre* de 1552 (rappelons que l'édition plus brève de 1548 en avait déjà un) se range, sans difficulté, dans la catégorie que nous étudions ici. Sa tendance à l'autonomie est patente.

Les trois autres prologues du grand roman quadripartite possédaient déjà un caractère éminemment ludique. On a parlé, à leur propos, de numéros de bateleurs, ce qui est indéniable. Il ne l'est pas moins que Rabelais s'aligne, dans son style, sur le comportement de maints auteurs du théâtre comique. Le simple fait d'utiliser le terme de prologue pour ces textes qui introduisent des romans parodiques, le fait aussi de recourir à une oralité soulignée, de se mettre soi-même en scène comme un personnage présentateur, tout cela se rattache aux débuts de certaines représentations théâtrales ou à l'annonce bruyante d'un conteur populaire. Or, qui dit ludique implique la possibilité de substituer, à la fonction utilitaire d'un texte, une fonction hédoniste en accord avec le principe du *placere*. Le plaisir n'est pas sans rapport avec la nécessité d'attirer l'attention, de créer l'envie, d'étoffer la promesse. Il entre donc dans la fonction prologale. Mais le plaisir fuit ce que la fonction relationnelle peut avoir de purement utilitaire. Par rapport à la stricte économie du nécessaire, il adopte volontiers un parti de liberté. On l'entendra dire : "à propos", pour s'accorder le droit de dévier, de cueillir une bonne histoire, forger un mot savoureux, comme l'on se détourne ou se restaure en chemin. On va voir se multiplier les exemples *ad libitum*, pour le plaisir de raconter, d'étonner, d'égayer. La *copia* rabelaisienne est alors à la fête ; il faudrait dire de la fête, et ajouter que cette *copia* est une condition de la fête. Dans les mouvements d'amplification majeure, de tapage particulièrement insouciant, le prologue peut avoir l'air d'oublier ce pour quoi il est fait.

Dans ses trois premiers liminaires, le jeu rabelaisien ne consomme pas une rupture avec la mission introductive. Dans celui de *Pantagruel*, le roman occupe l'esprit de celui qui parle, l'auteur ne cesse de faire l'article en sa faveur. Il en va de même pour le *Gargantua*, dont le lecteur devra, aux dires du prologue, percer l'apparence pour rejoindre la plénitude d'un sens latent. Après le thème monolithique du livre-Bible dans *Pantagruel*, Rabelais s'oriente, avec *Gargantua*, vers l'exploitation de l'autre thème traditionnel de la civilisation du livre, celui de l'herméneutique, manière plus subtile et plus complexe (apparence-essence) de sacraliser l'écrit, fût-ce bouffonnement, comme il est sans doute bon de le penser. Dans ses deux premiers exercices, Rabelais choisit donc la scène de l'hyperbole ironique. Il en varie le décor, ou plutôt il accomplit une habile variation thématique.

Dans le *Tiers Livre*, en revanche, il redescend sur terre. L'œuvre, dès lors, n'est plus inscrite dans l'économie d'une révélation bouffonne et d'une reconnaissance extérieure (la matérialité miraculeuse du *Pantagruel*) ou intérieure (l'esprit caché au-delà de l'apparence dans le *Gargantua*). L'œuvre est confrontée, sans supériorité supposée, aux aléas du monde. L'*utile dulci* d'inspiration spirituelle devient un *utile dulci* d'inspiration mondaine. La littérature n'est plus "sacrée", elle n'est maintenant que sociale. Elle n'est plus inspirée, mais fabriquée ("au son de ma musette mesureray la musarderie des musars"), elle n'est plus première et ne domine plus l'histoire par l'esprit divin qui l'animerait, mais elle s'encadre dans l'histoire comme fonction adventice, modeste, secondaire : un son de flûte dans le fracas de la guerre. Diogène a fait *comme si* avec son tonneau. Rabelais, de même, accomplira dans un contexte qui sollicite l'action efficace, des gestes vaguement mimétiques :

> A ce triballement de tonneau que feray-je en vostre advis ? Par la vierge qui se rebrasse, je ne sçay encores.

Le vin aura aussi son mot à dire, et ce "triballement" ne sera pas seulement un transport extérieur. Et pourtant, une telle inspiration ne saurait rassurer ce buveur-chanteur qui s'est placé sous l'égide du peu respectable Diogène. A l'opportunité douteuse de cette activité marginale, qu'il s'agisse de l'antique rouleur de tonneau ou de son équivalent moderne, Rabelais ne peut ajouter que sa perplexité sur le contenu de sa prestation :

> Cestuy exemple me faict entre espoir et craincte varier, doutant que pour contentement propensé je rencontre ce que je abborre, mon thésaur soit charbons, pour Vénus advieigne Barbet le chien, en lieu de les servir, je les fasche, en lieu de les esbaudir, je les offense, en lieu de leurs complaire, je desplaise et soit mon adventure telle que du coq de Euclion tant célébré par Plaute en sa *Marmite*, et par Ausone en *Gryphon* et ailleurs, lequel, pour en grattant avoir descouvert le thésaur, en eut la couppe guorgée.

La langue fourche, le vin agit et entraîne un discours que la mélancolie ne dominera pas. Mais la bonhomie avinée qui fait confiance, comme dans le prologue de *Gargantua*, aux ressources inépuisables du tonneau et à une philosophie de l'ivresse joyeuse, épouse ici une conscience artistique dont la respectabilité est nettement en retrait par rapport à celle qui est affichée dans les deux premiers prologues. N'y voyons pas un signe de l'âge, ni l'apparition d'un désenchantement sénile. Il s'agit essentiellement d'une variation littéraire. Les deux premiers romans ayant été présentés chacun à sa manière dans le registre du sérieux

— du faux sérieux, on ne le dira jamais assez — il fallait bien trouver autre chose pour le troisième. Une littérature de la révélation fait place à une littérature du divertissement, sans prétention, sans éclat, au service de ceux, maçons, soldats, qui sont engagés dans des actions qui comptent, la défense des murs et des frontières. Après les images valorisantes du livre dont la matérialité est aussi miraculeuse que celle des reliques ou des remèdes infaillibles (*Pantagruel*) , dont le contenu est aussi précieux que l'âme de Socrate sous son enveloppe grossière ou que la moelle succulente protégée par la dureté de l'os (*Gargantua*), le *Tiers Livre* n'est plus que le bruit d'un tonneau (écho du bois contre le sol), puis glouglou bienvenu et petit air de flûte. Quelle chute ! Mais, du premier au troisième prologue, c'est toujours du livre que le liminaire parle, en recourant, comme le ferait un sophiste, à un parti pris axiologique quelconque, qui a pour but de révéler un savoir-faire (un savoir faire semblant). Prologues-prétextes, prologues qui jouent, prologues ironiques ou, mieux, burlesques, certes, mais qui, répétons-le, observent tous trois les règles du jeu, dont la première, de toute évidence, est de parler du livre que le lecteur a entre les mains, la seconde de prendre le lecteur en considération et, la troisième, de donner à l'auteur la parole pour qu'il nous entretienne de lui-même.

Dans le *Quart Livre*, cette loi du triangle (œuvre-lecteur-auteur) n'est pas observée : les interpellés ne sont pas de futurs lecteurs du roman, mais des auditeurs auxquels un discoureur s'adresse parce qu'il est là, parce qu'ils sont là. Les marques du livre et de sa lecture n'apparaissent qu'en tête et en queue de texte, presque hors du texte lui-même et sans la moindre insistance. A une extrémité, il y a l'inscription : *Aux lecteurs bénévoles*, mais elle est privée de conséquence. A l'autre extrémité :

> Or, en bonne santé toussez un bon coup, beuvez en trois, secouez dehait vos aureilles et vous oyrez dire merveilles du noble et bon Pantagruel

ce qui est bien peu, presque rien. Peut-on déjeter davantage vers l'extérieur l'enjeu prologal du texte ? La lecture possible du roman ne semble être d'abord qu'un préambule sans suite et enfin un ajout sans relation avec le long discours pseudo-prologal qui précède, comme s'il fallait, malgré tout, signaler que le texte prend la place d'un prologue, dans tous les sens de l'expression. L'usurpation, à l'intérieur des pauvres marques qui voudraient dire le contraire, impose son évidence : un conteur nous relate une histoire de bûcheron tirée d'Esope, pour nous montrer qu'il faut être modéré dans ses vœux, histoire morale plaquée sur l'édifice romanesque sans que le lecteur puisse imaginer un raccord quelconque entre cette façade travaillée avec un art consommé et l'espace auquel elle donne accès ; en principe, si les trois autres prologues, avec leur double jeu, pouvaient se définir comme ironiques, celui-ci joue à ne pas être un prologue. Nouvel avatar dans l'expérience de la variation. Rabelais, dans son jeu prologal, dépasse ses prestations précédentes, les radicalise, exploite des possibilités encore inédites. Il avait composé des prologues "hypocrites" ; essayant d'aller plus loin, il composera maintenant un prologue "cynique", qui parle de tout sauf du livre au seuil duquel il se trouve pourtant.

La forte autonomie fonctionnelle de ce texte liminaire qui, comme un recueil de nouvelles de type boccacien, comporte en lui-même une zone de prologue, une zone de récit et une zone de commentaires, ne l'empêche pas d'être lisible, car les trois autres prologues nous y préparent et le rendent reconnaissable dans son originalité même. Il n'offre qu'un degré de plus sur une échelle que nous avons commencé à gravir. Le locuteur libre, amical nous fait entendre la même voix, le même ton. Il a un peu vieilli peut-être, car il porte lunettes, mais la santé de ce médecin — il vient de se déclarer tel — est bonne. Il consacre les trois premières pages et les dernières à ce thème, dont il fait le contenu par excellence des vœux modérés et légitimes de l'homme. Mais ce thème, les deux premiers prologues l'avaient déjà proposé avec leurs "vérolés très précieux" et leurs "pauvres goutteux". Outre le vin qu'il conseille à nouveau, le narrateur se révèle, une fois encore, un adepte du pantagruélisme qu'avaient défini *Gargantua* et le *Tiers Livre* :

> A moy n'est que honneur et gloire d'estre dict et réputé bon gaultier et bon compaignon, et en ce nom suis bien venu en toutes bonnes compaignies de Pantagruelistes. A Demosthenes fut reproché par un chagrin que ses *Oraisons* sentoient comme la serpillière d'un ord et sale huillier. Pourtant, interprétez tous mes faictz et mes dictz en la perfectissime partie.
>
> (*Garg.*)

Puis :

> Advenant le cas, ne seroit-ce pour chevreter ? Autresfoys est-il advenu : advenir encores pourroit. Non fera, Hercules ! Je recongnois en eulx tous une forme spécificque et propriété individuale, laquelle nos majeurs nommoient Pantagruelisme, moienant laquelle jamais en maulvaise partie ne prendront choses quelconques ilz congnoistront sourdre de bon, franc et loyal couraige.
>
> (*T.L.*)

Le pantagruélisme du *Quart Livre* s'inscrit dans le droit fil de ces deux précédents ; convivialité, bonne humeur, acceptation du destin, laquelle s'accorde on ne peut mieux avec la leçon de la fable de Couillatris.

> Quant est de moy, par sa saincte bénignité j'en suys là, et me recommande. Je suys, moiennant un peu de Pantagruelisme (vous entendez que c'est certaine gayeté d'esprit conficte en mespris des choses fortuites), sain et degourt, prest à boire, si voulez.
>
> (*Q.L.*)

Ainsi, par l'évidence de sa relation aux autres liminaires, le prologue du *Quart Livre*, sans cesser d'afficher une autonomie fonctionnelle indéniable, évite de passer pour aberrant. S'il est différent, c'est aussi parce qu'il obéit à un principe de variation qui le relie à du connu et l'intertexte qui joue en lui renvoie à la ressemblance autant qu'à la différence.

Mais il est temps de passer aux marques de l'autonomie, une autonomie assimilable à un mouvement de libération ou de dérive contrôlée, à partir de traits qui appartiennent normalement à l'univers du prologue.

L'amplification phatique

Prendre la parole, ce n'est pas seulement commencer un discours, c'est aussi établir une relation avec un auditeur. Cette fonction phatique est de première importance dans l'art du prologue, et Rabelais, dans ses liminaires mi-narratifs, mi-théâtraux, la respecte et l'exploite dès son coup d'essai de 1532, *Pantagruel*. Il interpelle, caresse, bouscule, se donne à voir, se fait entendre, rompt non seulement le silence ou les bruits non pertinents de l'avant-discours, mais l'éventuelle apathie de la mélancolie ou l'indifférence morose où il nous fait sentir que nous étions avant son arrivée en fanfare. L'interpellation est son maître-registre. Au-delà des zones qui lui sont normalement desparties, le début et la fin, l'interpellation renaît abondamment au détour d'un raisonnement, d'un exemple, d'une déclaration pour que nous n'oubliions pas — même si le lecteur dépeint est partiellement fictif — que c'est à nous que l'on parle et pas à n'importe qui. Et pour cela, l'énonciateur se rappelle maintes fois à notre souvenir. Le texte serait-il, dans ces conditions, le prétexte d'une prise de contact, une manière bruyante, mais peu importante quant au message transmis, de signifier la présence sur un terrain commun de deux consciences qui ne veulent pas rester plus longtemps étrangères l'une à l'autre ? Les trois premiers prologues, avec leur jeu fréquent sur le sens et leur mise en scène conviviale pouvaient déjà en suggérer l'idée. Le quatrième l'impose.

Prendre contact, c'est dire bonjour ou salut. Termes brefs qui permettent, si on le désire, de ne pas engager de propos ultérieurs, car ils n'ont aucun caractère contractuel à cet égard. Mais, si l'on veut, au contraire, dialoguer avec autrui, la formule de salutation devra être suivie d'autre chose. Dans le *Quart Livre*, Rabelais salue avec l'intention apparente de poursuivre, mais il n'ajoute pas — pendant un certain temps en tout cas — autre chose que des formules réitérées de salutation. Sur une douzaine de lignes, il salue, comme s'il avait parié de battre un record de durée en matière de bonnetades.

Pour cela, il utilise deux procédés. D'abord, il insère le salut dans son conditionnement premier, la vue. On salue qui l'on voit. Ce contexte permet à Rabelais de créer d'emblée une amplification que l'on pourrait résumer comme suit : Je vous salue, mais je ne suis pas sûr de vous voir (je chausse mes lunettes)... Je vous salue en vous voyant...

Manière d'allonger l'expérience de la salutation :

> Gens de bien, Dieu vous saulve et guard ! (A) Où estez vous ? Je ne vous peuz voir. Attendez que je chausse mes lunettes ! (B)
> Ha, ha ! Bien et beau s'en va Quaresme ! [= forme de salutation] (A') Je vous voy... (B')

L'on remarque que cette amplification n'est pas anarchique. Elle se développe dans la régularité de deux séquences semblables. A (salut), B (voir), A' (salut), B' (voir). Et puis, il y a un deuxième procédé d'amplification, celui de la synonymie du concept de salut :

- Dieu vous saulve et guard [= salut]
- Bien et beau s'en va Quaresme [= salut]
- Et doncques [= comment cela va-t-il ?]
- Vous avez eu bonne vinée, à ce que l'on m'a dict. Je n'en serois en pièce marry. Vous avez remède trouvé infinable contre toutes altérations, c'est vertueusement operé [tout cela revient à dire santé, c'est-à-dire, ou presque, salut]
- Vous, vos femmes, enfans, parens et familles, estez en santé désirée ? [= comment cela va-t-il ?]
- Cela va bien, cela est bon, cela me plaist. Dieu, le bon Dieu en soit éternellement loué, et (si telle est sa sacre volonté) en soiez longuement maintenuz [= le salut premier : Dieu vous saulve et guard].

Quelles soient constatives, optatives ou interrogatives, ces séquences signifient la même chose, et traduisent toutes le souci conventionnel du bien-être de l'autre dans les formules de salutation.

Mais déjà se devine un troisième procédé dans cette ample variation, qui sémantise au-delà de l'habitude et rend attentif à son origine une expression comme salut, devenue par l'usage, banale et quasi interjective. Pour accomplir, sous ce nouvel angle son amplification, Rabelais a dû prendre le mot au sérieux, lui redonner sa plénitude de sens, lui faire retrouver sa fraîcheur originelle. A cette condition, l'agréable vertige de la synonymie a fonctionné. Sémantisé, ce mot-signal, ce mot-sourire, va dans la foulée fournir au discours un thème à développer. Salut, pris au sérieux dès l'échange initial, occupera tout de suite après, puis au long du prologue, de manière plus ou moins explicite, le centre de la réflexion. Un mot qui a repris vie ne peut-il pas faire penser ? Faire penser est même peu dire. De salut à santé et grâce à l'idée de modération qui s'y rattache, c'est toute une philosophie du minimum vital qui, sous nos yeux, se fait totalité suffisante. Un minimum qui, grâce à la réflexion, devient donc un maximum.

> Saisissez-vous de vie c'est santé.

N'oublions pas, suggère le médecin Rabelais que, si salut est proche de santé, santé est synonyme de vie et que c'est en ne demandant rien d'autre, en se limitant donc, qu'on l'obtient. Oh ! certes, cette philosophie n'est que le développement de lieux communs (Quand on a la santé...), de ces lieux communs que l'homme a tendance à oublier et que Rabelais nous rappelle éloquemment en prenant les mots au sérieux, comme peuvent le faire les prédicateurs dans leur *explanatio verborum*. Prendre les mots au sérieux éveille l'esprit en réduisant les progrès de l'usure et de la banalisation du langage, donc de la pensée. Mais, paradoxalement, c'est aussi un exercice qui permet de jouer avec les mots. Dans trois épisodes du *Quart Livre*, au moins, Rabelais traverse en riant les frontières de l'usage qui assignent, à telle expression verbale, son statut propre ou figuré.

Au chapitre 9, les voyageurs découvrent une société insulaire où les structures parentales sont bouleversées. Ce qui intéresse Rabelais, ce n'est pas l'étrangeté de ce désordre ni le fait que les habitants sont "tous parens et alliez l'un de l'autre", mais bien que la pertinence des dénominations lève les amarres :

> Un grand vieillard enasé, lequel, comme je veidz appella une petite fille aagée de trois ou quatre ans : mon père ; la petite fillette le appelloit : ma fille.

Pertinence infinie des mots ou toute-puissance verbale, la possibilité de dire prend le dessus sur la configuration du réel. Ce réel, somme toute, n'est plus que verbal. Mais est-ce un rien ? Non, car il a sa cohérence. Les relations entre les êtres qui s'interpellent deviennent, en effet, des relations entre les choses telles qu'elles sont agencées dans le tissu verbal de l'interpellation et la logique des locutions :

> Un autre salua une sienne mignonne, disant : Adieu mon bureau. Elle luy respondit : Et vous aussi, mon procès. — Par sainct Freignan, dict Gymnaste, ce procès doibt estre soubvent sus ce bureau... En pareille alliance, l'un appelloit une sienne : mon homelaicte, elle le nommoit mon œuf : et estoient alliez comme homelaicte d'œufz.

Voilà donc une société toute verbale et dont la cohérence, et même la rationalité, repose entièrement sur la logique transposée de manières de dire. Jouant leur jeu à part, les mots semblent susciter des arrangements sans conséquence ; mais, comme ce jeu n'a pu se produire qu'en prenant les mots au sérieux, voilà que, tout au contraire, ils envahissent le champ de la réalité, ils deviennent la réalité.

L'île du Vent ou de Ruach (chapitre 43), ne connaît que la substance en question. Ouvrant les outres de son imagination, Rabelais institue une société qui n'existe, sous toutes ses facettes, ses mœurs, son économie, sa politique et ses croyances que par la grâce d'Eole et sous son signe. L'exploit — car c'en est un —

consiste en la capacité de traduire l'infinie variété de la vie dans le leitmotiv de cette monoculture. Thème et variations, comme le salut et la santé du Prologue lui-même, et qui à nouveau prend au sérieux pour mieux jouer avec lui, un mot que l'on conduit jusqu'aux limites de ses possibilités sémantiques. L'on objectera que c'est plus une chose qu'un mot, que c'est un mot représentant simplement et directement une chose. Cela est vrai, et, à la différence du travail effectué par Rabelais sur le mot salut, le chapitre de Ruach reproduit une simple utopie par généralisation d'une idée, ici substantielle, comme le *Tiers Livre* avait pu le faire déjà dans les chapitres sur la civilisation du pantagruélion. Economie du chanvre, économie du vent... Cependant, le vent est entré lui-même dans une constellation verbale qui n'est pas neutre. L'idée est arbitrairement, linguistiquement marquée. Ce n'est que du vent, *flatus vocis*, autant dire rien, sont des connotations qui collent au concept et que le mot impose à l'esprit, parce que l'esprit l'impose au mot. En fait, le chapitre de Ruach suit un déroulement qui rappelle celui du prologue. Au départ, et plus qu'implicitement, il y a un fait verbal : l'équation vent = rien, qui correspond bien à salut = interjection sans substance sémantique :

> Ils ne vivoient que de vent.

Et pourquoi pas, semble se dire Rabelais, comme en réponse au défi d'une opinion paresseuse véhiculée par le langage, de même qu'il avait répondu au minimum sémantique de salut par le maximum philosophique de santé ? A nouveau, il s'attache à faire travailler un mot en le prenant au mot. Il l'avait fait en réactivant son sens oublié (salut) ; il prend maintenant le contre-pied de son sens d'adoption (néant pour le vent) : mais chaque fois avec un mélange de vraisemblance (pour que le jeu donne l'impression d'avoir ses règles) et de paradoxe (pour que le jeu observe la liberté du comique). A vrai dire, l'île de Ruach est une utopie qui est réalisée verbalement dans un éloge paradoxal du vent. Or, l'éloge paradoxal, discours épidictique spécieux, joue non seulement avec le clair-obscur possible de la logique, mais avec les faux-semblants de la langue, leurs alliances, leurs anamorphoses qui étendent prodigieusement les ressources des mots et permettent l'amplification d'un germe infime (salut, vent) en un organisme traversé, pour notre plaisir, de raison et de folie. Oui, prendre au mot, non les êtres mais les mots eux-mêmes, pour mieux inverser un usage ou une attente et faire durer, développer cette inversion, tel est l'un des plus grands bonheurs de Rabelais. Pour cela, il lui arrive de désintellectualiser les expressions imagées en leur redonnant le droit d'être des événements, en les mettant en scène, comme c'est le cas dans le chapitre sur l'*Adolescence de Gargantua* (*Garg*. 11), qui aligne les mille actions aberrantes de cette manière de vivre à l'envers et fait accomplir au jeune géant tels proverbes ayant ce sens, aussi concrètement mais plus clairement que Brueghel dans son fameux tableau. L'abstrait acquiert, dans cette remise en circulation terrestre, une sorte de réalité rieuse et rassurante, comme un retour aux origines. De l'abstrait au concret, mais aussi du réel au verbal... Ainsi, l'image intellectualisée "ce n'est que du vent", Rabelais la rend concrète et positive : "c'est du vent", autant dire le souffle vital, *spiritus* (Ruash en hébreu). Le concret prend le relais de l'abstrait. Le mot vide, l'inanité qui est dans le verbe et que le verbe exprime (*flatus vocis*) se ranime sous l'effet d'un souffle de vie, ce souffle que l'on utilise pour vivifier les mourants.

La chose devient mot et le mot devient chose. Ainsi, aux chapitres 55-56, des dragées congelées portent les couleurs de leurs qualités sonores, rouges pour les gros mots, puisqu'ils sont mots de gueule et qu'en héraldique le rouge se désigne ainsi. Pour peu qu'elles émettent ce qu'elles contiennent, on verra les auditeurs troublés par ces productions sans producteurs visibles, les attribuer à leurs voisins et se prendre à la barbe pour s'être pris au mot :

> Là, Panurge fascha quelque peu frere Jan, et le fist entrer en resverie, car il le vous prist au mot sus l'instant qu'il ne s'en doutoit mie.

Tous les phénomènes de réification verbale, de glissement d'un sens usuel à un sens antérieur, souvent concret ; du figuré (manière de dire) au faire et au vécu ; d'un niveau quasi asémentisé (salut !) à un niveau resémentisé (salut — santé) ont intéressé déjà les lecteurs qui se sont penchés sur le fonctionnement du langage rabelaisien[1]. Nous n'en avons regroupé quelques-uns autour du prologue du *Quart Livre* que pour mieux signaler une des conditions de sa grande amplification.

Disons, pour clore cette rubrique, que cette amplification de la salutation a deux points de départ, le premier, externe, est la lettre-dédicace à Odet de Châtillon où Rabelais présente la défense de son livre quant à la doctrine et quant à sa fonction thérapeutique. Le médecin qui signe sait prescrire des médicaments et, parmi eux, figure le *Quart Livre*. Cette dédicace, qui contient aussi tous les ingrédients attendus d'un prologue, dispenserait-elle le vrai prologue de respecter sa fonction introductive normale ? Je le pense, mais surtout à cause de cette relation concrète entre le thème de la santé dans l'un et l'autre texte. Le second n'a pas à répéter le premier ; il peut, en revanche, en prélever un élément germinal et le faire croître comme une plante. Le thème étant donné, la variation peut "enchaîner".

Un deuxième germe, interne celui-là, est à l'origine de cette amplification : la formule salut qui, selon toute attente, amorce un dialogue ou un discours sur autre chose, par une extension insolite, devient le prologue et sa matière. Donne-moi le premier mot qui te passe par la tête, semble dire Rabelais au dieu des liminaires, et je ferai un prologue en ton honneur. Ce premier mot ne peut être que celui de la fonction phatique, début absolu de la prise de parole. Début et fin, puisque Adieu,

[1] Voir T. Cave, *The Cornucopian Text, Problems of Writing in the French Renaissance*, Oxford, 1979 ; F. Rigolot, *Les Langages de Rabelais*, Etudes Rabelaisiennes X, Genève, 1972 ; J. Starobinski, "Notes sur Rabelais et le langage", *Tel Quel*, 1963 ; M. Jeanneret, "Les Paroles dégelées", *Littérature*, n° 17, février 1975.

ou *vale* (porte-toi bien, c'est-à-dire, à nouveau, salut) est censé clore le discours, dans les lettres notamment, et que, vers la fin de notre texte, la salutation des Gênois (santé et gain) constitue le dernier exemple (à éviter) que Rabelais propose avant de prendre congé de nous.

Ainsi, par une amplification et une thématisation de la fonction phatique, qui est au commencement de tout discours, surtout inaugural, ce discours inaugural perd sa fonction de prologue introducteur et signe son autonomie aux abords du voyage qui va débuter et dont il était censé annoncer la narration.

Forme fermée

La clôture, dans le grand liminaire du *Quart Livre*, nous fait retrouver les caractères de structure remarqués déjà à propos de la *Défense* de Du Bellay et de l'*Epître au roi* de Calvin. L'autonomie, avions-nous observé, est accompagnée d'une marque formelle qui la consacre visiblement. Cette marque est la fermeture sur soi obtenue par le recours au chiasme sur une grande échelle. Les trois premiers prologues de Rabelais, très fortement comparatifs et binaires, ne faisaient pas attendre une disposition générale embrassée ou emboîtée. Mais le *Quart Livre* innove justement. Fermé sur soi, il va faire triompher la circularité au détriment de la linéarité, ou d'une construction en diptyque. Corollaire de cette première conclusion, une technique élaborée de l'interruption car, pour qu'il y ait circularité, soit un retour sur un énoncé préalablement proposé, il faut s'écarter du droit chemin, suspendre sa marche. C'est bien là un des traits les plus intéressants du discours qui nous occupe. On y assiste au travail du suspens, suspens insistant, réitéré, et qui crée des micro-fermetures, des effets de spécularité et, en gros, l'une des plus belles structures emboîtées de la littérature. Voyons, du plus global au plus intime, ce processus de retardement interne qui conditionne la refermeture du texte sur son contenu initial.

a) *L'insertion de la fable de Couillatris*. Loin de nous l'idée que l'histoire de ce bûcheron qui perd sa cognée constitue une interruption arbitraire dans le prologue. Il n'est que trop clair que, par la modération exemplaire de ses vœux (retrouver son instrument de travail et rien de plus), ce bûcheron illustre, à sa manière et sur le mode de l'avoir extérieur, la modération associée au désir d'être en bonne santé — avoir intérieur — thème développé au début du prologue déjà.
L'image de la cognée permet de joindre l'idée de quelque chose qui est modeste et dont le désir sera formé par une âme modérée, et l'idée que cette chose est essentielle, voire vitale, comme la santé. Est-ce pour bien faire comprendre que le plus précieux et le plus modéré ne s'excluent pas que Rabelais complète l'exemple de Couillatris par d'autres exemples similaires (Zachée, le fils

d'Elisée...) et de toute une série de contre-exemples (les voisins de Couillatris, les gueux aux monstrueux désirs de richesses et, enfin, les Gênois) ? Sans doute, car c'est le "rien de plus" (variante du "rien de trop" de l'antique *mediocritas*) qui autorise l'alliance de la santé et de la médiocrité, et qui invite à définir comme raisonnable l'espoir d'obtenir le bien suprême de la première. Mais, strictement parlant et au vu de ce qu'il voulait démontrer, Rabelais aurait pu se contenter des deux séquences qui constituent la première et la troisième partie de son discours, gardant le silence sur Couillatris. L'on aurait :

1 [Salut !] ... la Santé est le plus grand bien

...

3 Il y a des immodérés qui demandent l'argent et non pas la santé, ou le demandent en plus de celle-ci. Ils n'obtiennent rien.

Cette linéarité était possible et la logique de l'ensemble n'en aurait pas souffert. Mais Rabelais, pour notre plus grand plaisir, en a décidé autrement. Il a inséré la fable de Couillatris, interrompant la ligne directe esquissée ci-dessus. Voici le schéma rabelaisien :

1 [Salut !] ... la Santé est le plus grand bien

2 C'est un vœu médiocre comme celui de Couillatris en faveur de sa cognée. Il a été recompensé. Ceux qui ont montré leur cupidité ont été punis.

3 Il y a des immodérés qui demandent l'argent et non pas la santé, ou le demandent en plus de celle-ci. Ils n'obtiennent rien.

La deuxième phrase du discours, malgré sa légitimité, crée bien un suspens dans le mouvement qui pourrait très facilement relier 3 à 1, de la santé à la santé. Avec l'insertion de 2, le thème de la santé perd sa linéarité et acquiert une fonction d'encadrement. Il instaure la circularité.

b) *L'Olympe inséré dans la fable*. Or, cette circularité santé-santé, rendue possible par cette autre chose insérée qu'est notre séquence 2, Rabelais l'a répétée au sein même de cette séquence, à l'intérieur donc de la fable de Couillatris. L'insertion, cette fois, est un développement transcendant puisqu'il a l'Olympe pour cadre. C'est dans le séjour des dieux que se produit l'interruption et l'attente nécessaires à la circularité interne dont nous parlons. Les deux extrémités, désormais, ne sont plus occupées comme la macrostructure du prologue par le thème de la santé, mais comme en un cercle concentrique plus petit, par le personnage de Couillatris qui, d'encadré, devient encadrant. Narrativement, nous accédons au monde supérieur de l'Olympe sur les ailes de la prière qu'élève aux dieux le pauvre bûcheron. Le rapport entre lui et le ciel dans l'économie du récit n'est donc pas arbitraire, et l'épisode de l'Olympe n'est pas un corps étranger. Mais le personnage auquel nous nous intéressions cesse d'être un protagoniste. Dans cette mesure, l'on peut parler d'une diversion. En fait, le statut de Couillatris oscille entre présence et absence. Entendu, oublié, examiné à nouveau, il n'est qu'une chose parmi d'autres, balloté et, on le craint un moment, proprement berné par des dieux moyennement sérieux. Le monde des dieux occupe donc, dans le récit, une place centrale qui crée à la fois un suspens narratif et l'occasion d'un nouvel encadrement, renforcée par la grandeur qu'il représente au milieu des deux apparitions d'un bûcheron lié à la terre et au besoin.

Zone centrale

Récit 1	-	Couillatris	-	Médiocrité-faiblesse
Récit 2	-	Olympe	-	Grandeur
Récit 3	-	Couillatris	-	Médiocrité-faiblesse

c) *Reports priapiques*. Mais deux cercles concentriques (la santé et Couillatris) ne suffisent pas à Rabelais. Un autre cercle attend le lecteur au séjour des dieux, et d'autres suspens aussi, pour en arrêter la forme. Si la transcendance du monde céleste avait symboliquement désigné une hétérogénéité narrative dans l'histoire de Couillatris, c'est maintenant le caractère insatiable de Priape qui, dans l'épisode des célestes, a été choisi pour symboliser un discours abondant qui coupe celui des autres. Comme Priape, Rabelais est toujours prêt à recommencer, à créer de la sorte des ruptures. Mais, nous le savons, qui dit rupture dit aussi retour de l'interrompu ou sa possibilité, et donc fermeture, circularité. Jupiter reprend la parole après l'intervention du dieu des jardins, et non pas une, mais deux fois, pour le renforcement du système concentrique. Dans un premier discours, Priape propose, pour tirer le roi de son embarras, l'exemple d'un précédent illustrant l'art de ménager la chèvre et le chou. Un deuxième discours de Priape, suivant la réapparition des problèmes qui accablent Jupiter (entre lesquels celui de Couillatris), porte sur la question de la cognée, son sens véritable, sexuel ou non. D'où l'ordre suivant :

Intérieur de la zone olympienne

➡ Jupiter	s'interroge sur les cris de Couillatris. Il n'a pas que cela à faire.
➡ Priape	lui rappelle un jugement ingénieux (Galand et Ramus), qui pourrait servir aujourd'hui encore dans la politique mondiale.
	[Retour au problème de Couillatris]
➡ Priape	et ses chansons ambiguës concernant la cognée 1 sur un air ancien 2 sur un air nouveau
➡ Jupiter	et sa grimace.

Dessinant une belle forme embrassée, doublement embrassée, l'épisode de l'Olympe ne cesse de remettre à plus tard la réponse aux cris sobres, essentiels de Couillatris. S'en chargent des discours interminables de Jupiter et de Priape sur les affaires du monde. Réapparu tout au centre du texte (et du prologue), Couillatris est aussitôt enfoui sous l'accumulation verbale de Priape et de son discours, à nouveau dédoublé sur l'air de chansons anciennes ou plus récentes, le tout pour savoir de quelle cognée l'on parle.

Fête de la symétrie. Jamais l'abondance, les suspens, les bifurcations n'ont été davantage que dans ce prologue compensés par l'ordre et par de plus rigoureux effets de miroir. Jamais non plus, les délais n'ont davantage contribué à cet ordre qui semble pourtant être de nature si opposée. Comme personne, Rabelais exploite le principe de la division des entités thématiques pour obtenir des symétries et un édifice qui semble réfléchir, en lui-même, une force vitale qui se fait pouvoir architectonique. Ce parti-pris formel provoque une performance plastique qui se traduit, chez le lecteur, par l'impression étrange qu'une succession de vagues se remplacent l'une l'autre dans des sursauts constants d'énergie et d'abondance et, d'autre part, que ces vagues composent des formes et des séries, des régularités et des symétries. Au moment où l'espoir d'organiser la lecture touchait son point le plus bas, le lecteur atteint une zone dégagée du paysage où l'espace prend figure de tableau rationnellement composé. La *copia* qui, dans ses bifurcations, appelle la compensation de l'ordre, contribue à l'établissement de cet ordre circulaire par ses suspens mêmes, comme en une tension qui deviendrait gage d'harmonie, tension de l'arc, tension de la lyre, du texte. Dire de ce prologue qu'il joue à livre ouvert le jeu du texte n'est donc pas exagéré. Il n'a rien d'autre à démontrer que son pouvoir d'autoconstitution, et vit, plus qu'aucun autre, pour lui-même.

Prologue et voyage

Ajoutons une ou deux touches à ce tableau, non pour en modifier la dominante autonome, mais pour la nuancer et peut-être en mieux saisir la raison d'être. Une fois admis qu'il n'y a pas de rapport direct entre prologue et œuvre dans le *Quart Livre*, la question se pose, cependant, de savoir si l'on ne pourrait pas en déceler un ou plusieurs qui soient indirects ? A considérer la thématique du roman, un voyage, l'on s'avise que, tout en restant autonome, le prologue joue un rôle significatif en tête de l'œuvre.

Le propre de Couillatris est de rester dans ses limites. Homme du terroir, ce personnage ésopique que Rabelais a rendu tourangeau représente l'attachement à ce qui constitue le milieu et les moyens que la destinée a décidé d'attribuer à un individu. Il est comme les arbres dont il vit, enraciné. S'il devient riche, c'est pour n'avoir pas cherché à l'être. Image de la médiocrité des désirs, il est instinctivement homme de la mesure. A cet égard, on peut le ranger dans la catégorie des personnages rabelaisiens qui semblent plus satisfaits de ce qu'ils ont, qu'insatisfaits de ne pas posséder ce qu'ils n'ont pas. Personnages qui reçoivent, gèrent et dégustent la part de bien qui leur est échue comme l'ancêtre Grandgousier racontant de bonnes histoires d'autrefois, assis au coin de son feu, tandis que son exact opposé, Picrochole, à l'instar des conquérants les plus insatiables, s'apprête à envahir son royaume. Etre hors de soi a vraiment, chez ce fou, le double sens d'être emporté, irascible et de sortir des limites de ce qui est à lui, *hybris*, qui fait ressortir le *metron* des bons géants. Couillatris ne voyage pas. Il lève les yeux vers le ciel et l'implore. Ce qu'il recevra, avec un bénéfice substantiel, c'est ce qu'il avait au point même où il en était propriétaire. Sa quête était une requête.

N'en concluons pas que, chez Rabelais, les déplacements sont condamnés intrinsèquement. Conquérir est une chose, voir du nouveau en est une autre. Le modèle des chevaliers itinérants dont s'inspirent les défenseurs du royaume de Grandgousier et Rabelais dans son récit :

> Or, s'en vont les nobles champions à leur aventure

n'implique pas un jugement négatif sur ces déplacements horizontaux dans ce contexte guerrier. Cela dépend tout de quel côté l'on se trouve — défense ou attaque.

Le tour des universités françaises dans *Pantagruel* a une fonction éminemment formative.

Ainsi, le roman rabelaisien est la rencontre, comme on l'a toujours noté, d'une poétique du terroir et de la tradition burlesque du roman héroïque (de formation ou d'aventure). Il combine la stase et le mouvement, tant sous la forme d'une opposition entre esprit de contentement et démesure dans la recherche d'autre chose, que sous la forme d'une complémentarité objective des deux comportements. Dès lors, la juxtaposition prologue-œuvre, dans le *Quart Livre*, pourrait exprimer implicitement cette relation entre immobilité satisfaite et déplacement à la recherche de ce qui manque, relation entre une philosophie domestique représentée par Couillatris et une philosophie de l'aventure, représentée par la navigation de Pantagruel et de ses compagnons. Le premier prologue montrait un Alcofrybas réinstallé dans son "païs de vache", situation plus confortable pour écrire "les horribles faitz et prouesses de Pantagruel" que le service à gages ; le dernier roman qui fait du narrateur un compagnon de voyage est, lui, précédé d'un prologue où c'est Couillatris qui reste sur le plancher des vaches, comme voudrait bien l'être Panurge au cœur de la tempête. Aux deux versants constitués par le liminaire et l'œuvre, l'opposition terroir-aventure, si évidente dans le *Quart Livre* de 1552, était donc esquissée déjà dans le *Pantagruel* , vingt ans auparavant.

Pour mieux comprendre la fonction de notre prologue, il faut revenir à l'ambiguïté du voyage. En effet, celui-ci représente tantôt un comportement légitime, tantôt un comportement condamnable. Condamnable lorsqu'il est une variété de l'excès et de la recherche hors de soi, de ce qu'on peut trouver en soi, comme demande de l'éviter et la sagesse de l'antique modération et la conversion à l'intérieur, d'inspiration augustinienne. Il est légitime quand il relève de l'action, d'un refus de la paresse et d'un désir de connaissance caractérisant les valeurs de l'humanisme renaissant[1]. La quête du savoir chez Panurge, soit dans ses consultations du *Tiers Livre*, soit dans son voyage en vue d'interroger l'oracle de la Dive Bouteille, n'appartient certainement pas aux canons de la sagesse pantagruélienne. Vouloir obtenir une révélation de l'avenir est une curiosité abusive, car il s'agit d'un objet qui est hors de notre portée. Seules, la volonté éclairée et la foi en la Providence doivent orienter nos décisions, telle est la leçon de Pantagruel que Panurge n'écoute pas, au chapitre 10 du *Tiers Livre*, ni là, ni jamais d'ailleurs. Dans sa finalité ultime, le voyage du *Quart Livre* est donc une entreprise de complaisance envers un original qui est en train de mal tourner. D'abord cynique et marginal, donc instrument de la dérision (*Pantagruel*), le personnage semble n'être plus maintenant que la proie de la peur, de l'égoïsme et de la superstition. Que dire du but d'un voyage entrepris au bénéfice d'un tel compagnon ? Déjà bouffonne en soi-même, cette Dive Bouteille est encore moins respectable si l'on pense que c'est Panurge qui lui trouve du prix.

Mais voici que, très vite, cet oracle s'estompe à l'horizon de l'espace et des consciences. Le voyage, dès lors, cesse de n'être que panurgien. De ce simple fait, il devient positif, car, loin de cautionner exclusivement la curiosité malsaine d'un

[1] M.A. Screech a souvent insisté sur l'importance du concept de synergie dans la vision du monde érasmienne et rabelaisienne. Voir en dernier lieu : M.A. Screech, *Rabelais*, Londres, 1979.

timoré et d'un outrecuidant, il devient l'instrument d'une expérience de découverte ethnologique — connaissance du lointain — et sociale — connaissance du proche au travers d'îles symbolisant l'Europe. Traversée de la réalité plutôt que simple déplacement vers un but ultime, le voyage acquiert, dans le *Quart Livre*, tous les prestiges d'une métaphore de la vie inspirée par l'esprit d'ouverture en chacune de ses expériences, de ses étapes. A la finalité de la Dive Bouteille se substitue, sans l'annuler, cette finalité que l'on peut appeler immanente du voyage lui-même et de l'enrichissement intellectuel qu'il procure.

Ainsi, le voyage du *Quart Livre* inscrit clairement dans son programme l'ambiguïté attachée au mouvement dans l'œuvre rabelaisienne. Face à cette ambiguïté, le prologue propose la tranquille certitude d'une vie enclose à l'intérieur de limites immuables. Il peut d'une part déjouer, par contraste, les tentations de la transgression panurgienne, opposer significativement le bon Couillatris à celui qui perd le Nord pour l'avoir cherché hors de son canton. Le prologue, d'autre part, en présence du voyage conçu favorablement, présente le choix positif du terroir au seuil de l'aventure non moins positive qui fait du *Quart Livre* un roman de formation ou de confirmation démonstrative. Point fixe, par son sens déjà, le liminaire à lui tout seul permet, au contact du roman, la reconstitution d'une antithèse (Couillatris — la sagesse de l'enracinement / Panurge — la folie et l'inquiétude) et d'une complémentarité (Couillatris — la sagesse immobile / Pantagruel — la sagesse curieuse). Il reste lui-même univoque et, là encore, refermé sur soi, mais, convient-il d'ajouter, il n'est pas figé, ni surtout sans contact avec l'œuvre puisqu'il l'éclaire *indirectement* de deux manières.

Concluons par une remarque. Le comportement sérieux des textes de Calvin nous avait conduits à l'étrange constatation qu'ils sont tous nécessairement et à la fois des absolus — ils ne doivent dire que la vérité — et des anticipations incomplètes — ils ne peuvent que préparer la venue de l'Esprit. Leur nature est donc, quand ils sont des liminaires avoués, de tendre vers l'autonomie (dire pleinement la vérité) et, quand ils ne le sont pas (l'*Institution*, la Bible), de pouvoir être considérés comme tels par l'approche qu'ils ne sauraient se dispenser d'être.

Mutatis mutandis, n'en va-t-il pas de même dans les œuvres qui ont choisi le comportement comique ? Le rire est, par définition, instantané et chaque occasion, pour lui, semble bonne à prendre. Aussi, est-il à son tour tributaire du discontinu et ses unités dynamiques sont-elles relativement autonomes. Rabelais et ses prologues ludiques nous le dévoile et, même si c'est celui du *Quart Livre* qui le fait avec netteté, nous avons bien vu que les autres, avec leur caractère parodique, adoptent, dans une certaine mesure, une gesticulation qui n'a sa fin qu'en elle-même ou, plutôt, dans l'effet hilarant qu'elle escompte produire sur le moment. Un occasionnalisme qui pourrait dériver de la théologie de Malebranche semble régir les textes sérieux, chaque événement, chaque mot ayant son origine en Dieu, cause de tout. La même expression peut être reprise au profit du comique, même si, cette fois, le dieu inspirateur n'est rien, sans doute, en dehors de l'occasion qui provoque le rire. Mais, s'il est tout en elle, il désire aussi la retrouver toujours et à chaque instant. Chaque instant cherche l'autonomie pour que la concentration comique se fasse et la même recherche se poursuivant dans le parti-pris du rire, une tonalité unitaire en résulte, un sourire qui soude les unités distinctes dans une chaîne continue.

Ainsi, le prologue d'une œuvre comique sera, en général, relié à cette œuvre par un même sourire, mais une tendance à l'autonomie, qui se réalise magnifiquement dans le *Quart Livre*, n'y trouvera pas moins sa raison d'être.

4. LE PROLOGUE INTEGRE

Qualifiera-t-on d'atypique un liminaire qui renonce à se distinguer nettement du texte dont il est le liminaire ? Il faudrait pour le penser reconnaître, au contraire de ce que suggèrent les pages précédentes, que l'extériorité du prologue est une garantie de normalité. La séparation plus ou moins grande de l'avant-texte et du texte relève souvent d'un choix éditorial relativement arbitraire. Rappelons-nous aussi que le même liminaire, placé primitivement dans l'orbite du texte, s'en détache parfois et se met à voler de ses propres ailes, sans nécessiter de substantiels changements. Inversement, la tendance à l'autonomie a laissé transparaître des continuités indirectes, celles par exemple qui sont dues à un tissu commun, comme c'est le cas dans l'extrême sérieux de l'intention théologique ou dans la constance du rire. Il ne faudra donc pas s'étonner de voir le discours et son préalable se souder l'un à l'autre. N'y a-t-il pas, dans toute annonce, la tentation de développer déjà un peu, beaucoup même, ce qui, en principe, est sous le signe d'un certain futur ? Le gonflement prologal ne conduit pas seulement ni nécessairement à l'autonomie, il peut tout aussi bien enregistrer un épanchement immédiat du projet dans les eaux de sa réalisation. Il semble qu'il soit dans la nature du discours humain de prévoir, entre un dévoilement anticipé et un dévoilement "pour de bon", un passage qui, sans solution de continuité, fait communiquer entre eux les deux états du dévoilement. La rhétorique en offre l'équivalent dans maintes prétéritions où, non seulement, je dis en gros ce que je déclare ne pas vouloir dire, mais où, bien souvent, je le qualifie comme hyperbolique, dans son indicibilité (je ne peux te dire combien je t'aime). Il y a des prologues qui ont un rapport à la prétérition, c'est le cas de la dédicace des *Nouvelles exemplaires* de Cervantès, ou encore du liminaire auctorial de son *Don Quichotte*. Il s'agit de prologues qui se font dans la déclaration même du refus que l'auteur oppose à cette entreprise traditionnelle. Quant au contenu, il faut reconnaître que le prologue peut difficilement adopter une conduite totalement prétéritive puisqu'il est, dans son essence, une anti-prétérition. Pourtant, dans la mesure où un liminaire énonce déjà ce qu'il était censé taire ou réserver à plus tard, il se rapproche un peu de la figure en question : il confirme, en tout cas, la tendance qu'on y devine et que l'on pourrait appeler celle de l'impatience d'un dire plénier. Cette loi, assurément, doit être invoquée pour expliquer le fonctionnement du prologue intégré. D'autant mieux que la grammaire en offre le support syntaxique dans la spécification de la proposition relative, et un support morphologique dans l'adjectivation. La fable commence dans l'annonce de la fable, pour peu que la phrase du début en particularise déjà le contenu. Comment décréter que la frontière se situe à telle relative ou à tel adjectif ?

Dis-moi, ô Muse, l'homme astucieux qui ... et qui ...

Ce rappel homérique nous avertit que les faits documentent l'existence du prologue intégré, autant et mieux que les principes ne peuvent en légitimer la possibilité. Arrêtons-nous donc, pour commencer, à sa formulation épique.

LE PROLOGUE INTEGRE DANS L'EPOPEE

L'*Iliade*, œuvre inaugurale — et de quel poids dans l'univers humaniste et renaissant qui nous intéresse ! —, l'*Iliade* intègre son prologue au récit proprement dit de manière tout à fait perceptible.

Chante, ô déesse, la colère d'Achille, fils de Pélée

Μῆνιν ἄειδε, Chante la colère... Dès les premiers mots, nous sommes sous le signe du lien, de la concentration ou d'une brièveté qui sera louée par beaucoup de lecteurs. Marmontel en recommande l'imitation. Sobriété de la juxtaposition des deux mots-clefs (*Μῆνιν ἄειδε*) dont le verbe à l'impératif (chante) et son complément (la colère), ainsi groupés dans un espace minimum en tête du discours, ont l'air de signaler grammaticalement un régime de cohésion.

Ce dispositif qui, dans le prologue même, prépare symboliquement une relation directe du prologue à l'œuvre, comme d'un verbe à son complément (chante : colère) est doublé par la mise en scène que constitue l'invocation à la Muse (*θεά*) : effet théâtral ou mimétique, qui fonde en acte et dans l'immédiat la relation de l'accompli antérieur et du faisable à réaliser, puisque la Muse est celle qui sait (passé accompli) et qui va chanter (futur à réaliser). La charnière prologale assure ainsi une intégration vivante des archives de la Muse au discours qui va leur donner la forme particulière du chant poétique. Le rite inaugural de la prière relie le souvenir et la célébration promise de ce souvenir.

La suite du discours, plus importante pour la question de l'intégration, ratifiera ces remarques et confirmera la charge emblématique du premier vers où s'accomplit déjà ce qui est à accomplir.

Μῆνιν ἄειδε, θεά, Πηληιάδεω Ἀχιλῆος
οὐλομένην, ἣ μυρί' Ἀχαιοῖς ἄλγε' ἔθηκε,
πολλὰς δ' ἰφθίμους ψυχὰς Ἄιδι προΐαψεν
ἡρώων, αὐτοὺς δὲ ἑλώρια τεῦχε κύνεσσιν
οἰωνοῖσί τε πᾶσι, Διὸς δ'ἐτελείετο βουλή,
ἐξ οὗ δὴ τὰ πρῶτα διαστήτην ἐρίσαντε
Ἀτρεΐδης τε ἄναξ ἀνδρῶν καὶ δῖος Ἀχιλλεύς.
Τίς τ' ἄρ σφωε θεῶν ἔριδι ξυνέηκε μάχεσθαι ;
Λητοῦς καὶ Διὸς υἱός· ὁ γὰρ βασιλῆι χολωθεὶς
νοῦσον ἀνὰ στρατὸν ὦρσε κακήν, ὀλέκοντο δὲ λαοί,
οὕνεκα τὸν Χρύσην ἠτίμασεν ἀρητῆρα
Ἀτρεΐδης· ὁ γὰρ ἦλθε θοὰς ἐπὶ νῆας Ἀχαιῶν
λυσόμενός τε θύγατρα φέρων τ' ἀπερείσι' ἄποινα,
στέμματ' ἔχων ἐν χερσὶν ἑκηβόλου Ἀπόλλωνος
χρυσέῳ ἀνὰ σκήπτρῳ, καὶ λίσσετο πάντας Ἀχαιούς,
Ἀτρεΐδα δὲ μάλιστα δύω, κοσμήτορε λαῶν.

Chante la colère, déesse, du fils de Pélée, Achille, colère funeste, qui causa mille douleurs aux Achéens, précipita chez Adès mainte âme forte de héros, et fit de leurs corps la proie des chiens et des oiseaux innombrables : la volonté de Zeus s'accomplissait. Commence à la querelle qui divisa l'Atride, roi des guerriers, et le divin Achille. Quel dieu, en cette querelle, les lança l'un contre l'autre ?

Le fils de Latone et de Zeus. Irrité contre le roi, il suscita dans l'armée un mal pernicieux, et les troupes périssaient, parce que Chrysès avait été outragé, lui, le prêtre, par l'Atride.

Chrysès était venu aux vaisseaux fins des Achéens pour délivrer sa fille, apportant une rançon immense. Ses mains tenaient les bandelettes d'Apollon qui frappe au loin, fixées au sommet du sceptre doré. Il suppliait tous les Achéens, et surtout les deux Atrides, rangeurs de troupes.

L'*Iliade* chante donc la colère d'Achille et ses conséquences funestes (*οὐλομένην*) pour le camp des Grecs, car le ressentiment du héros le conduit au refus de participer à la guerre, causant ainsi un affaiblissement fatal aux assaillants hellènes. Telle est la volonté de Zeus que Thétys, ainsi que le révélera la suite, est venue supplier en faveur d'Achille, son fils, justement indigné. Dans les cinq premiers vers, le lecteur verra sans doute le prologue du poème entier.

Retour en arrière et symétries

Mais cette colère, pour être comprise, demande l'examen de la naissance de sa cause :

Quel dieu, en quelle querelle ...

Un retour en arrière va nous mettre en présence d'une autre querelle, celle d'Apollon, qui a décidé de venger son prêtre Chrysès, rebuté par Agamemnon. Celui-ci détenait la fille du prêtre, et il a refusé brutalement de la lui restituer. Alors Apollon a déclenché une peste meurtrière de neuf jours. La narration particulière de la colère d'Achille, et l'*Iliade* tout entière, apparaît donc comme la conséquence ou l'écho d'une colère première qui avait déjà coûté bien des vies. Il s'ensuit un incontestable effet de symétrie :

[Chrysès bafoué en la personne de sa fille]

Colère d'Apollon → épidémie chez les Grecs

[Agamemnon restitue Briséis, mais par compensation séquestre la captive d'Achille]

Colère d'Achille → massacre des Grecs à cause de son absence.

Cette symétrie se perpétue ensuite : la colère d'Achille connaît deux phases, la première, que l'on appellera une héroïque bouderie, au cours de laquelle les Achéens essuient trois défaites, et une seconde fureur qui s'allume en lui quand il apprend que son ami Patrocle, auquel il avait accepté de prêter ses propres armes, vient d'être tué par Hector. Une colère "par commission" (colère qui tue) a donc succédé à une colère "par omission" (colère qui laisse tuer), créant une variation — toute œuvre cohérente n'en est-elle pas une ? — sur le thème de la colère vengeresse, laquelle, soit dit en passant, ne pourra "aboutir" littérairement que par l'apparition de ce qui l'achève (au chant XXIV) dans son contraire : la pitié d'Achille, qui rend à Priam le corps de son fils Hector.

Ainsi, la répétition, les échos, les duplications symétriques sous-tendent la structure du récit dans son développement, aussi bien que dans son enclenchement ; c'est dire que celui-ci est annonciateur, et que l'œuvre semble vouloir respecter un contrat et se réaliser dans l'unité d'une structuration analogue. Cette unité d'écriture explique que l'on se pose la question de savoir où se confine la présentation et où commence le récit.

Première hypothèse : un petit prologue. "Pars du jour où une querelle ..." (v. 6) sonnerait bien comme un signal de départ et un point d'articulation marquant le début de l'œuvre narrative. Suivant les cinq vers qui annoncent la colère d'Achille de manière globale et dans un style qui appartient à un discours d'entrée, ce sixième vers serait donc le commencement de l'*Iliade* proprement dite. Cette lecture articulative, tout à fait plausible, pourrait se refléter graphiquement dans la marque d'un alinéa entre le v. 5 et le v. 6, contrairement à la malheureuse habitude de certains éditeurs qui proposent de le placer au terme de la phrase suivante, entre le vers 7 et le vers 8.

Deuxième hypothèse : un grand prologue. Possible, cette articulation n'est cependant pas nécessaire. Pourquoi cela ? Parce que le développement sur la querelle d'Achille et d'Agamemnon, origine de la colère du premier ("Pars du jour où une querelle ...), peut aussi bien être considéré comme un appendice du prologue lui-même que comme le début de la narration épique. En effet, si le sens du verbe *pars* fait penser au début d'une action, il rappelle également le verbe initial *chante.* Aussi bien, la rétrospection qui commence explique la colère et son chant du premier vers, plus qu'elle n'aborde le "vrai" récit, et l'on est en droit de penser, dès lors, que tout ce qui va contribuer à cette explication dans la suite immédiate peut se ranger dans la zone de l'engendrement de l'œuvre, et cela jusqu'aux environs des vers 180-190. Ce bloc considérable, sous-tendu par la relation chose-cause, fera lire d'un seul mouvement l'annonce du sujet (chose) aux vers 1-5, et son éclaircissement (cause) aux vers 6-190 environ. Ce qui pourrait confirmer l'hypothèse de ce grand prologue est le caractère fortement et presque continûment rétrospectif-explicatif du groupe (v. 6-190), qui s'attache à l'ordre des causes. On le verra d'autant mieux si l'on met, face à face, le développement des événements selon leur véritable chronologie et l'ordre que le texte a retenu :

Texte ▲	Histoire ▼
I Colère d'Achille (annoncée) = 3	1 Colère d'Apollon = III
II Explication de I : Colère des chefs	2 Querelle des chefs
III Explication de II : Colère d'Apollon = 1	3 Colère d'Achille (= I)

Pas d'anarchie, on le remarque dans ce remaniement de la chronologie au profit de la logique, mais une inversion pure et simple de l'ordre. Que dire, plus particulièrement, de la démarche choisie par le poète dans ce grand ensemble, sinon qu'elle procède par des annonces suivies de leurs développement, comme une réponse à une question ? On sent, chez le poète, le souci d'éveiller l'auditeur en lui suggérant un réseau d'attente, de curiosité, d'interrogation. Tout prologue suppose ou crée une attente : "Voulez-vous savoir ce que fut la colère d'Achille ?". "Oui, nous voulons savoir de que la Muse en sait". La mise en scène de l'invocation ne dit pas autre chose, ni les déclarations-questions qui ponctuent le chant en son début et alternent avec les énoncés narratifs-explicatifs qui les élucident. A maintes reprises, Thema est donc suivi de Rhema, comme si le premier s'avançait trop ou qu'il s'offrait de manière trop générale, d'où recul, mises au point rétrospectives. On voit que cette structure prologale, qui vise des gens qui s'interrogent, dont on veut qu'ils s'interrogent, est loin d'éliminer le narratif.

Le terrain commun. Le prologue n'ouvre pas seulement l'histoire, il s'ouvre lui-même sur l'histoire, il aborde l'histoire dans son aire de compétence et tisse ainsi les conditions du continu. Plus précisément, il nous semble que, chez Homère, le discours liminaire signale volontiers et son appartenance au prologue et son désir de faire vivre d'emblée en lui le régime du récit épique par des comportements syntaxiques et des ambiguïtés qui superposent les deux perspectives du discours.

Nous nous placerons, pour le constater, à deux niveaux. D'abord, au carrefour de deux vers où la rupture et la continuité jouent leur jeu ; ensuite, de plus haut, nous observerons les courants rétrospectifs-explicatifs (= prologues), et les courants prospectifs (= épopée) qui parcourent ensemble ce que nous avons appelé le grand prologue.

a) Rupture et continuité aux v. 11-12

11 Parce que Chrysès avait été outragé, lui, le prêtre
12 Par l'Atride. Chrysès vint aux vaisseaux des Achéens.

11 *οὕνεκα τὸν Χρύσην ἠτίμασεν ἀρητῆρα*
12 *Ἀτρεΐδης· ὁ γὰρ ἦλθε θοὰς ἐπὶ νῆας Ἀχαιῶν*

Placé au début du v. 12, l'Atride Agamemnon, qui fait grammaticalement partie du v. 11 (il est le sujet de son verbe), accomplit un bel enjambement. L'hexamètre antique est beaucoup plus coutumier du fait que l'alexandrin classique. Il n'en reste pas moins que ce sujet déjeté, clôt en solitaire la phrase à laquelle il appartient et que la phrase suivante crée, avec cet Atride qui "empiète", un contraste d'autant plus grand que son sujet est nouveau. C'est le prêtre maintenant qui mène l'action, lui qui était le complément direct, un instant plus tôt. L'effet de rupture est indéniable, d'autant plus qu'il se produit au sein du continu que représente l'unité prosodique de l'hexamètre[1].

Mais le verbe qui exprime l'action du prêtre ἦλθε (il vint) produit une rupture bien plus significative avec son entourage. Il s'agit d'un singulatif-narratif évident. Il tranche sur les verbes au passé qui le précèdent en ce qu'il marque une action infiniment plus précise et restreinte dans le temps : il y avait des choses qui avaient eu lieu, il y a maintenant un événement circonscrit. C'est donc le commencement d'un récit au milieu d'un vers et d'un discours grammaticalement allogènes[2].

Débouche-t-on, dès lors, dans la zone proprement narrative ? Il le semble, si l'on donne toute son importance au phénomène grammatical de la rupture. Mais il n'en est rien si l'on prend au sérieux la continuité métrique, le flux matériel du discours. Deux vérités se combinent donc, qui confirment nos impressions sur la présence du narratif dans la trame du prologue. Formellement, par l'acte singulier du prêtre, c'est un récit qui commence ; mais, contextuellement, ce n'en est pas vraiment un, puisque la mention narrative fait partie, comme ce qui l'entoure, de la préhistoire prologale de la colère d'Achille, et qu'il se trouve pris dans la trame d'un hexamètre. Il se dégage de cela l'impression d'un double statut du texte. Mais, répétons-le, ce phénomène est justiciable pour nous de cette loi de la continuité entre prologue et narration. Il prouve, dans l'impatience de celle-ci dès le liminaire, que le terrain prologal est non seulement contigu de celui sur lequel se déroulera le récit du sujet achilléen, mais qu'il s'ouvre déjà, et très démonstrativement, dans ses propres limites, au régime narratif qu'il annonce d'autre part.

[1] Dans son commentaire, G.S. Kirk n'est pas sensible au problème que pose la mise en séquence de ces deux vers. Il analyse d'abord un ensemble 10-11, remarquant leur manque de fluidité, comme si 11-12 ne méritaient pas autant, plus peut-être, d'être qualifiés de la sorte. Quant aux v. 12-16, qui constituent à ses yeux une nouvelle séquence, il y voit sans autre (c'est-à-dire sans reconnaître que le début du vers 12 le contredit) le commencement de la narration : "Now the transition from proem to narrative is complete". Cette vue tranchée et inattentive aux complexités de l'articulation du discours étonne. G.S. Kirk, *The Iliad : A Commentary*, vol I, books 1-4, p. 54, Cambridge, 1985.

[2] On observera le coup de force de la traduction de E. Lasserre, reproduite ici, et qui n'hésite pas, dans le même esprit, à créer un paragraphe avec l'arrivée du prêtre, au milieu du v. 12.

b) Structure fermée et ouverte du grand prologue.

Est-ce à dire que le prologue renonce à son identité de liminaire ? Nullement. Et la structure que présentent les 190 premiers vers environ le montrerait. Elle semble obéir à un souci de clôture qui peut passer pour une proclamation de liminarité. La mise à l'horizontale de l'ordre des matières révèle non seulement que chaque étape se meut, ainsi que nous l'avons déjà vu, selon une raison causale-explicative, mais que le résultat de ces "remontées" réitérées dessine la forme refermée sur elle-même, relevée déjà dans le cas des prologues à tendance autonome.

I	II	III	IV	V
Colère d'Achille annoncée	Sa raison ? Querelle d'Achille et d'Agamemnon	Pourquoi ? Colère d'Apollon	La Querelle elle-même	Colère d'Achille
(v. 1-5)	(v. 6-7)	(v. 8-52)	(v. 53-188)	(v. 188-189)

Forme embrassée que celle de ce "grand" prologue avec un noyau central (III) qui renforce le caractère englobant de la symétrie spéculaire (I — V, II — IV).

Un vrai déploiement de troupe, une régularité tactique qui ne laisse aucun doute sur son intention d'exister distinctement.

Mais cette forme close est aussi ouverte. On remarque, par exemple, que la succession des étapes ne se fait pas toujours à reculons (flèches en pointillé), mais que le régime de la conséquence, logique et chronologique, domine dans la fin du tableau (IV — V, flèches continues), tandis que III, au centre, regarde à la fois en arrière et en avant. Cette colère d'Apollon en III explique logiquement (II) et annonce chronologiquement (IV), soit la querelle des chefs qui l'entoure. Puis le mouvement devient progressif, ouvert, la colère d'Achille, V, suivant tout naturellement dans le temps la querelle des chefs en IV, car comment le héros fougueux accepterait-il qu'on lui prenne Briséis sans qu'il s'emporte ?

Texte ouvert, en sa fin surtout, mais, à nouveau, sans exclure la fermeture qui le désigne dans son identité de prologue. Au bord extrême de cette préhistoire de l'*Iliade* (V), la colère effective d'Achille répercute son annonce initiale (I), lestée de toute la compréhension impartie par le texte de II à IV, grande parenthèse transformante (fermeture-ouverture !). Ces vers de V, où naît une colère qui durera vingt-quatre chants et qui, dans le prologue déjà, comportent une si forte charge narrative, révèlent une dernière fois le double statut de ce texte liminaire et, dans ce double statut, les voies profondes et constitutives de son intégration au récit épique qui va pouvoir commencer maintenant sans solution de continuité.

Dans sa *Poetica*, Campanella affiche une conscience aiguë de cette relation intime du prologue et de la narration. D'abord, d'une manière qui peut étonner, il divise l'épopée en trois parties, la première étant l'invocation, la seconde, la proposition et la troisième, la narration. Le prologue, chez lui, occupe donc les deux premières parties de l'œuvre, honneur inouï, quand bien même les recommandations du philosophe insistent sur la brièveté à observer dans les phases qui précèdent la narration. Cette division, qui place sur le même pied l'œuvre même et son introduction, mieux, les éléments de son introduction, crée les conditions parfaites d'une homogénéité globale et suppose une identité de nature entre le *prooemium* et la suite. Cette suite, Campanella la place immediatamente après la proposition :

"Segue ella dopo la proposizione immediatamente", car, pourrait-on ajouter, l'exposition et le début du récit possèdent des affinités suffisantes pour que leur enchaînement se fasse naturellement. L'auteur remarque que, parfois, il y a une narration avant la narration, une narration prologale en d'autres termes, lorsque, par exemple, une meilleure connaissance du contenu annoncé est requise. Et de proposer l'exemple de l'Enfer de Dante, comme nous avons proposé celui de l'*Iliade*. Ces remarques convergentes fondent d'autant plus sûrement notre conviction que le prologue épique tend à s'intégrer à l'œuvre qu'il annonce, et que l'un des principes de cette cohésion est la présence du narratif de part et d'autre du texte. D'autres liens peuvent jouer le même rôle.

Une continuité thématique : l'*Odyssée*

Le prohème de l'*Odyssée* ne donne pas le sentiment de vouloir ménager, comme dans l'*Iliade*, une zone floue où les eaux de l'introduction et du récit seraient destinées à se mêler. Une fermeture évidente est disposée au vers 10 par la réitération de l'invocation initiale :

Ἄνδρα μοι ἔννεπε, Μοῦσα, πολύτροπον; ὃς μάλα πολλὰ
πλάγχθη, ἐπεὶ Τροίης ἱερὸν πτολίεθρον ἔπερσε·
πολλῶν δ' ἀνθρώπων ἴδεν ἄστεα καὶ νόον ἔγνω,
πολλὰ δ' ὅ γ' ἐν πόντῳ πάθεν ἄλγεα ὃν κατὰ θυμόν,
ἀρνύμενος ἥν τε ψυχὴν καὶ νόστον ἑταίρων.
ἀλλ' οὐδ' ὧς ἑτάρους ἐρρύσατο, ἱέμενός περ·
αὐτῶν γὰρ σφετέρῃσιν ἀτασθαλίῃσιν ὄλοντο,
νήπιοι, οἳ κατὰ βοῦς Ὑπερίονος Ἠελίοιο
ἤσθιον· αὐτὰρ ὁ τοῖσιν ἀφείλετο νόστιμον ἦμαρ.
τῶν ἁμόθεν γε, θεά, θύγατερ Διός, εἰπὲ καὶ ἡμῖν.

Cette circularité délimite bien la séquence initiale de dix vers[1]. Elle la détache du récit qui commence ensuite, presque *in medias res*, sans aucune mention d'une antériorité qui expliquerait, chronologiquement, la situation dans laquelle se trouve alors Ulysse. Le lecteur apprendra plus tard seulement comment, à l'encontre des guerriers qui sont rentrés chez eux, Ulysse a débarqué seul chez Calypso qui le retient maintenant auprès d'elle.

Mais ce discontinu, suscité par la délimitation du prologue et un début narratif sans attaches avec ce qui précède, n'est qu'une vérité de surface. Une lecture plus attentive fait découvrir que le poète a construit ses dix premiers vers et les cinq qui suivent selon un schéma qui n'est qu'apparemment duel. Citons-les pour mieux en dégager l'unité :

῎Ανδρα μοι ἔννεπε, Μοῦσα, πολύτροπον, ὃς μάλα πολλὰ
πλάγχθη, ἐπεὶ Τροίης ἱερὸν πτολίεθρον ἔπερσε·
πολλῶν δ' ἀνθρώπων ἴδεν ἄστεα καὶ νόον ἔγνω,
πολλὰ δ' ὅ γ' ἐν πόντῳ πάθεν ἄλγεα ὃν κατὰ θυμόν,
ἀρνύμενος ἥν τε ψυχὴν καὶ νόστον ἑταίρων.
ἀλλ' οὐδ' ὣς ἑτάρους ἐρρύσατο, ἱέμενός περ·
αὐτῶν γὰρ σφετέρῃσιν ἀτασθαλίῃσιν ὄλοντο,
νήπιοι, οἳ κατὰ βοῦς 'Υπερίονος 'Ηελίοιο
ἤσθιον· αὐτὰρ ὁ τοῖσιν ἀφείλετο νόστιμον ἦμαρ.
τῶν ἁμόθεν γε, θεά, θύγατερ Διός, εἰπὲ καὶ ἡμῖν.
ἔνθ' ἄλλοι μὲν πάντες, ὅσοι φύγον αἰπὺν ὄλεθρον,
οἴκοι ἔσαν, πόλεμόν τε πεφευγότες ἠδὲ θάλασσαν·
τὸν δ' οἶον, νόστου κεχρημένον ἠδὲ γυναικός,
νύμφη πότνι' ἔρυκε Καλυψώ, δῖα θεάων,
ἐν σπέεσι γλαφυροῖσι, λιλαιομένη πόσιν εἶναι.

C'est l'Homme aux mille tours, Muse, qu'il faut me dire, Celui qui tant erra quand, de Troade, il eut pillé la ville sainte, Celui qui visita les cités de tant d'hommes et connut leur esprit, Celui qui, sur les mers, passa par tant d'angoisses, en luttant pour survivre et ramener ses gens. Hélas! même à ce prix, tout son désir ne put sauver son équipage : ils ne durent la mort qu'à leur propre sottise, ces fous qui, du Soleil, avaient mangé les bœufs ; c'est lui, le Fils d'En Haut, qui raya de leur vie la journée du retour.
Viens, ô fille de Zeus, nous dire, à nous aussi, quelqu'un de ces exploits.

1 La belle traduction de Victor Bérard (Belles Lettres, 1925) va exactement dans ce sens. Elle propose, avec le sous-titre (que nous avons supprimé) d'Invocation, une première séquence qui englobe les dix premiers vers. La suite, qualifiée d'Assemblée des dieux, s'aligne également sur le commentaire de certains scoliastes.

> Ils étaient au logis, tous les autres héros, tous ceux qui, de la mort, avaient sauvé leurs têtes : ils avaient réchappé de la guerre et des flots. Il ne restait que lui à toujours désirer le retour et sa femme, car une nymphe auguste le retenait captif au creux de ses cavernes, Calypso, qui brûlait, cette toute divine, de l'avoir pour époux.

Bien des commentateurs[1] ont vu que le thème du retour d'Ulysse ("celui qui tant erra"), proposé dans le prohème, ne recouvre que partiellement le contenu du poème homérique, qu'il n'y est fait aucune allusion, par exemple, au voyage de Télémaque qui occupe pourtant plusieurs chants du début. Mais, ce qui est sûr et nous intéresse particulièrement, c'est que cette remarque sur la non-coïncidence du récit et du prologue ne s'applique pas à la première séquence narrative, qui peut très bien constituer l'illustration de "quelqu'un de ses exploits" qui figure au vers 10, à la fin de l'invocation-proposition. Quant au fait que la situation un peu particulière du héros, prisonnier d'une nymphe, surprend Ulysse, sans explication, ni causale ni chronologique au milieu et non au début de son aventure (liberté, on le sait, que les poéticiens, dont Aristote, accordent volontiers aux auteurs d'épopée), ce n'est pas une raison qui doit nous faire penser que le récit, avec son début syncopé, est en état de rupture avec le prohème qui le précède.

On s'en avise en examinant le contenu de l'un et l'autre passage. Apparaît alors le thème commun, la solitude du héros et une répartition symétrique de sa double élaboration textuelle, qui impose l'évidence que le poète de l'*Odyssée* a cherché, non moins que celui de l'*Iliade*, à unir les deux volets du texte, prologue et narration.

D'abord, dans le prohème, entre les deux invocations à la Muse (v. 1 et 10), Ulysse, et la mention de ses aventures, se ramifient dans des considérations sur ses compagnons impies envers Apollon et châtiés par le dieu. Gardons-nous bien de comprendre cette dérive comme une sorte d'abandon incontrôlé à l'urgence de la verve narrative, ainsi que le déclare, peut-être un peu vite, l'édition, par ailleurs remarquable, de l'*Odyssée* commentée en son premier volume par Stephanie West[2]. En effet, cette "dérive" vers les compagnons malheureux offre au discours odysséen l'émergence première du binôme Ulysse / les autres, et dessine dans le prohème déjà la figure d'un personnage qui se distingue et que nous apprendrons à percevoir comme l'incarnation du héros solitaire.

Ce sens est renouvelé, en effet, dans le récit qui suit (v. 11 suiv.), puisque la première mention qu'on y rencontre concerne les autres Grecs engagés dans la guerre de Troie et qui, eux, sont tous rentrés en leur logis. "Eux", car Ulysse, cas unique, est encore éloigné d'Ithaque et de Pénélope. Ainsi, l'on obtient une

[1] Notamment Victor Bérard *op. cit.*, et Stephanie West, Omero, *Odissea*, vol I, libri I-IV a cura di A. Heubeck e S. West, Vicenza, 1981.

[2] *Op. cit.*, pp. 180-185 sur les v. 1-10.

structure symétrique qui enjambe — et c'est ce qui nous importe — la frontière séparant, à première vue, prohème et récit.

A deux reprises, la situation d'Ulysse est donc affrontée à celle des autres (ses compagnons de voyage d'abord, puis ses compagnons d'armes). Chaque fois, on le voit exceller : d'abord, dans sa vie fugitive, qu'il a mieux conduite que son entourage n'a su le faire, et ensuite dans la persécution dont il semble être, seul, victime de la part des dieux. Ces caractères hyperboliques de prudence et de malheur sont justement ce que l'épopée entend nous faire savoir de son protagoniste, comme si la prudence exigeait l'œuvre du malheur pour s'exercer ou, de manière plus hégélienne, comme si la prudence (qui est distance consciente) impliquait un déchirement de la psyché.

PROLOGUE	Ulysse seul rescapé (PRUDENCE)
v. 1-10	Les *autres* (compagnons) disparus (*Imprudence*)
RECIT	Les *autres* Grecs ont le ***bonheur*** d'être au logis
v. 11-16	Ulysse seul fugitif (MALHEUR)

La solitude d'Ulysse est réitérée dans nos deux antithèses. Elle est variée cependant, car chaque unité (Ulysse / les autres), est marquée une fois du sceau positif, une fois du sceau négatif. C'est le sens même de l'épopée qui apparaît dans l'expression synthétique de son démarrage. La disposition proposée agrafe les deux séquences initiales (prologue-récit) et porte dans l'unité d'un discours ainsi structuré ce sens fondamental dont nous parlons, et qui ne s'explicite que dans et par cette forme cohésive, assurant l'intégration du prologue et la continuité entre lui et le début des exploits demandés à la Muse.

L'*Enéide*

Une analyse semblable n'est pas impossible à propos de l'*Enéide*. Là encore, le bloc liminaire semble, de prime abord, distinct de la suite, là encore, une réflexion plus poussée démontre que tel n'est pas vraiment le cas. L'impression de fermeture provenait, dans l'*Odyssée*, du fait que la Muse apparaissait au début et à la fin de la proposition du sujet et encadrait ainsi le liminaire. Dans l'œuvre latine, elle apparaît seulement à la fin, mais avec un effet analogue de fermeture. Posons-nous une question : qu'y a-t-il au début si la Muse en est absente ? Virgile attaque immédiatement par une proposition énoncée à la première personne :

> *Arma uirumque cano ...*
> Je chante les armes et le héros ...

Remarquons la nouveauté de cette énonciation. Un sujet écrivant renonce à croire ou à feindre de croire, en prenant la parole, que le poème émane d'une divinité bienveillante. La situation courtisane ou de dépendance de Virgile dans le monde augustéen n'est pas, ici, sans valeur explicative : s'il faut chanter Rome et les ancêtres juliens d'Auguste, qu'on accorde à l'auteur le droit avantageux d'en assumer le mérite[1].

L'absence initiale de la Muse se comprend aussi par la polarisation romaine de notre épopée : récit de fondation, l'œuvre s'enracine aussi dans l'idée d'une *Roma æterna*, en aval aussi bien qu'en amont, avec la valeur inspiratrice et divine que l'on devine. Là encore, l'encadrement idéologique correspond à un programme augustéen : le culte de *Roma æterna* venait d'être ranimé aux quatre coins du monde. Rome, cause finale en tant que thème de fondation, est donc aussi, pour l'*Enéide*, une cause efficiente, une Muse :

Arma uirumque cano, Troiæ qui primus ab oris
Italiam fato profugus Lauiniaque uenit
litora, multum ille et terris iactatus et alto
ui superum, sæuae memorem Iunonis ob iram,
multa quoque et bello passus, dum conderet urbem
inferretque deos Latio ; genus unde Latinum
Albanique patres atque altae mœnia Romae.

Je chante les combats et l'homme qui d'abord,
Chassé par le destin des rivages de Troie,
S'en vint en Italie, aux plages laviniennes.
Longtemps les dieux d'En Haut, sur la terre et sur l'onde,
Le traînèrent en proie au courroux de Junon,
Et longtemps il pâtit des malheurs de la guerre,
Jusqu'à ce qu'il fondât sa ville, et transportât
Ses dieux au Latium : d'où la race latine,
Les Albains nos aïeux, et les hauts murs de Rome.
(traduction de Marc Chouet)

"*Iunonis ob iram*" ..., on voit que le divin n'est pas absent dans la phase préparatoire du récit et les conditionnements de l'action, même si la divinité "première" de la Muse homérique est évacuée d'abord pour que le *nomen* et le *numen* romains soient sans rivalité. C'est au vers 8, donc bien après la proposition du sujet (aventures d'Enée), que la fille de Mémoire est invoquée :

[1] Un manuscrit carolingien contient en marge et avant le premier vers un texte autobiographique, considéré comme authentique par Donat et Servius :

Ille ego qui quondam gracili modulatus avena
carmen et egressus silvis vicina coegi
ut quamvis avido parerent arva colono,
gratum opus agricolis, ac nunc horrentia Martis.

Musa, mihi causas memora, quo numine læso
quidue dolens regina deum tot uoluere casus
insignem pietate uirum, tot adire labores
impulerit. tantæne animis cælestibus irae ?
(v. 8-11)

Muse, rappelle-moi les causes : quelle offense,
Quelle blessure a fait que la reine des dieux
Contraignit ce héros d'insigne piété
A subir tant de maux, à souffrir tant d'épreuves.
Les dieux connaissent-ils de tels ressentiments ?

Virgile conserve bien à la Muse sa fonction mnémonique. Mais elle prend une allure d'informatrice un peu extérieure plus que de créatrice, autorité de surface, à peine plus qu'une métaphore de la mémoire du poète. De plus, elle se cantonne dans l'ordre des causes. Celles-ci ne sont pas minces (identité divine, conséquences poignantes), mais cette tâche dévolue à la Muse semble recouvrir non pas la matière entière du chant à venir, mais seulement sa mise en marche.

Le glorieux enfantement de Rome ne pouvait être que douloureux. Les difficultés sont de mise puisqu'elles sont valorisantes et ce n'est pas un petit mérite que de naître malgré Junon. Voilà ce que la Muse doit nous faire savoir et que le poète dit déjà, indirectement, en l'interpellant, pour qu'elle le révèle.

Dans sa diction profonde, tout le prologue se trouve être sous le signe d'une intention explicitement personnelle de chanter (*cano*). L'unité poétique du début de l'*Enéide* tient à cette homogénéité de sa référence subjective dans son énonciation. Cette unité, autant que l'invocation qui crée une fermeture du liminaire, font prévoir une suite en rupture.

En effet, comme après le prologue de l'*Odyssée*, avec la brusque apparition d'Ulysse chez Calypso, le récit de l'*Enéide* nous transporte, sans transition ni raison apparente, à Carthage :

Urbs antiqua fuit (Tyrii tenuere coloni) ...
Jadis une ville occupée par des colons tyriens ...

Le pressentiment d'une certaine étanchéité entre le bloc prologal et le commencement du récit se confirme. Que vient-on maintenant nous parler de Carthage ? Quel rapport entre cette ville et ce que fait attendre le début ? Mais assez vite, le hiatus commence à se combler. Carthage est la ville de Junon. La déesse y a ses armes et son char. Cet amour de Junon pour Carthage entre dans un système d'opposition avec les haines de la déesse. Enée et les Troyens, poursuivis par la vengeance de celle qui est toujours irritée de n'avoir pas reçu la pomme d'élection des mains du Troyen Pâris, vont être retenus dans sa ville et détournés de leur mission fondatrice. Du moins, c'est là ce que projette Junon, ennemie des fugitifs et donc de Rome :

Urbs antiqua fuit (Tyrii tenuere coloni)
Karthago, Italiam contra Tiberinaque longe
ostia, diues opum studiisque asperrima belli,
quam Iuno fertur terris magis omnibus unam
posthabita coluisse Samo ; hic illius arma,
hic currus fuit ; hoc regnum dea gentibus esse,
si qua fata sinant, iam tum tenditque fouetque.
(v. 12-18)

Une antique cité de colons tyriens,
Carthage, regardait l'Italie et, de loin,
L'embouchure du Tibre ; elle était opulente,
Et d'une ardeur terrible aux travaux de la guerre.
Junon la préférait à tout autre séjour,
Dit-on, même à Samos ; c'est là qu'étaient ses armes,
C'est là qu'était son char ; et déjà la déesse
Travaille avec chaleur à lui donner un jour,
Si le destin le veut, l'empire de la terre.

Ainsi, cette ville de Carthage, projetée sans autre sur l'avant-scène du récit, développe, à mesure qu'il est question d'elle, toutes les potentialités de ses relations avec Junon. La rupture, progressivement, s'efface et le contenu de la précédente invocation à la Muse avec son allusion claire au rôle de la déesse Junon dans les aventures du héros, apparaît peu à peu pour le lecteur comme le noyau premier des vers qu'il a sous les yeux. Carthage est l'instrument de Junon contre la mission d'Enée. Ce lieu initial de l'action épique va constituer la première épreuve pour la *pietas* d'Enée, la scène de son premier combat décisif. Virgile, qui utilise Carthage comme cadre, n'oublie pas que son histoire prépare la consécration de l'espace romain. L'antagonisme logique de cette réussite souhaitée ne peut être qu'un lieu, une autre ville ambitieuse.

Triple valeur de Carthage en ce début de l'*Enéide* qui, loin d'être une épiphanie arbitraire, s'affiche comme cadre de l'apparition d'Enée, empêchement dans l'accomplissement de sa tâche et comme ennemie historique de Rome. N'est-elle pas sa rivale pour l'obtention de l'hégémonie en Méditerranée ? L'*Enéide*, par le truchement inaugural de Carthage, raconte donc la première naissance de Rome, due au fondateur Enée. Dans l'esprit du lecteur romain qui sait son histoire, et l'aventure des guerres puniques, elle fait penser à une seconde naissance. Elle devrait, enfin, faire penser à la confirmation augustéenne, troisième naissance de Rome.

Ainsi, l'effet de continuité, invisible d'abord entre l'aventure d'Enée et la brusque évocation de Carthage se fait de plus en plus riche et explicite. Arrivé à ce degré de conviction, le lecteur ne s'étonnerait pas que deux points s'interposent entre l'invocation liminaire où Junon est mentionnée et le récit où Carthage est évoquée, la divinité étant la cause générale englobant la cause particulière ou instrumentale de la ville.

* * *

Chacun des trois grands prologues épiques de l'Antiquité s'attache donc à marquer son adhésion au poème qu'il introduit par des procédés tactiques qui posent et surmontent — ou contredisent — la distinction qui ne manque pas, en un premier temps, de régir le rapport des deux entités du discours. L'*Iliade* fait rebondir le prohème en développant, après lui et avant l'énoncé du récit, une sorte de récit intermédiaire, avec paliers rétrospectifs, qui révèle, en tout cas, une affinité entre prologue et récit, et démontre la possibilité d'un grand mouvement continu. L'*Odyssée* encadre son prologue par une double invocation, puis aborde *in medias res*, apparemment du moins, l'histoire d'Ulysse. Mais par le thème, commun aux deux moments, de la solitude d'Ulysse et la symétrie que forme sa double révélation, la frontière des deux phases épiques est franchie et ne sert plus qu'à constituer la charnière d'un diptyque parfaitement organisé. Dans l'*Enéide* enfin qui, comme l'*Odyssée*, est une errance polarisée, le récit semble, dans son apparence première, sans lien grammatical ou logique avec la fin du prohème. Mais ce n'est qu'un silence momentané, et la "raison de la série" prologue / texte s'établit dans l'usage que Virgile fait de Carthage. Rétrospectivement, l'articulation se consolide à mesure que s'étoffe, de déterminations pertinentes, le cadre carthaginois du récit. Soupçonnée au mieux d'être implicite, la relation, dès lors, se noue explicitement, et le discontinu s'efface au profit du continu.

On pourrait s'en tenir aux trois épopées fondatrices et considérer que leurs descendantes s'y rattachent trop étroitement pour que l'analyse de leur prologue soit de nature à ajouter beaucoup à notre propos. Si nous en disons un mot, ce n'est pas pour analyser ce qui est escompté ; c'est plutôt pour rappeler que, comme dans toute descendance historique ou biologique, les successeurs s'alignent sur les prédécesseurs à leur manière.

Comme l'*Iliade*, les *Argonautiques* d'Apollonios de Rhodes remontent, après l'exposition globale du sujet ("les exploits de ces héros d'autrefois qui... menèrent vers la toison d'or la solide Argô") dans l'antécédence chronologique causale du récit (le désir qu'avait éprouvé le roi Pélias d'éloigner Jason en l'expédiant au loin, car une redoutable prophétie le menaçait en la personne de son jeune hôte).

Une proposition (v. 1-4) qui, pour s'expliciter, se prolonge en récit (v. 5-17), voilà qui rappelle le début de l'*Iliade*. Mais Apollonios n'est pas moins fidèle à l'*Odyssée*, car, comme dans celle-ci, une deuxième invocation aux Muses achève, la phase liminaire du texte (v. 22) :

> C'est en commençant par toi, Phoibos, que je rappellerai les exploits de ces héros d'autrefois qui, par la bouche du Pont et à travers les Roches Kyanées, sur l'ordre du roi Pélias, menèrent vers
> (4) la toison d'or la solide nef Argô. Telle était en effet la prédiction entendue par Pélias : l'avenir lui réservait un sort affreux ; car l'homme issu de son peuple qu'il verrait venir avec une seule sandale le ferait périr par ses complots. Or, peu de temps après, suivant ta prophétie, Jason, en traversant à pied le cours de l'Anauros grossi par l'hiver, sauva de la boue l'une de ses sandales, mais laissa l'autre au fond, prise dans le courant. Il se rendit aussitôt chez Pélias afin de prendre part au festin que le roi offrait à son père Poseidon et aux autres dieux, sauf à Héra Pélasgienne dont il n'avait cure. Dès qu'il vit Jason, il comprit et lui prépara le travail d'une navigation périlleuse afin de lui faire perdre, sur mer ou en pays étranger, toute
> (17) chance de retour.
> Au sujet du navire, les œuvres des aèdes d'autrefois chantent encore qu'Argos l'a construit d'après les instructions d'Athéna. Pour moi, je veux maintenant dire la race et le nom des héros, leurs longues courses sur la mer et les exploits qu'ils accomplirent dans leurs
> (22) errances. Daignent les Muses inspirer mon chant !
> Tout d'abord, citons Orphée que jadis Calliope elle-même, unie au Thrace Oiagros, enfanta, dit-on, près de la cime de Pimpléia.

Ainsi, Apollonios introduit, dans sa double allégeance homérique (ouverture narrative inspirée de l'*Iliade*, fermeture prologale inspirée de l'*Odyssée*), une démarche qui lui est propre et qui contredit ses deux modèles, puisqu'elle les imite l'un et l'autre :

[1]	Invocation I	:	Apollon	
[2]	Proposition I	:	La Toison d'or	
[3]	Préhistoire	:	Jason-Pélias ...	= ILIADE
	mais non développée à cause de l'invocation II et de la proposition II			≠ ILIADE
[4]	Proposition II	:	Le bateau et ses occupants	

[5]	Invocation II	:	La Muse	= ODYSSEE
[6]	Récit	:	Développement de la proposition II	≠ ODYSSEE

Pour le dire en bref, la ligne [3] signale l'adhésion et le refus à l'égard de l'*Iliade*, et les lignes [5] et [6], l'adhésion et le refus à l'égard de l'*Odyssée*. La conclusion qui s'impose est complexe. Poète alexandrin, Apollonios adopte une relation de docilité joueuse par rapport aux modèles classiques. Il incarne bien, ce faisant, la loi de l'imitation subversive que l'on prête volontiers à la conduite maniériste[1].

Toutes les épopées antiques ne possèdent pas un caractère aussi ambigu ni aussi intéressant dans leur relation aux modèles fondateurs.

Dans la *Guerre civile* de Lucain, par exemple, la proposition du sujet ("Nous chantons des guerres plus que civiles dans les champs de l'Emathie, le crime devenu un droit, un peuple puissant tournant son bras victorieux contre ses propres entrailles ...") s'interroge, sans attendre, sur l'origine du conflit :

> D'où vient, citoyens, cette fureur...

Le poète suit, sans le moindre écart, l'exemple de l'*Iliade* et, bien sûr, de l'*Enéide*. Mais la Muse cesse d'être ici à l'origine de cette rétrospection. Le discours diverge autant du "Commence, ô Muse ..." homérique que du "Dis-moi, ô Muse, les raisons ..." virgilien.

Ce qui intéresse Lucain, c'est la réflexion historique, l'explication philosophique de la crise où s'opposent Pompée et César. La Muse n'a plus sa place dans ce contexte, d'autant moins que les événements relatés ont à peine cent ans et que le dédicataire, comme ce sera le cas dans l'*Orlando* d'Arioste, endosse cette fonction. Il est l'aboutissement heureux des événements épiques :

> Pourtant, si les destins n'ont pas trouvé une autre voie pour l'avènement de Néron, si c'est à ce prix qu'il faut dresser aux dieux des trônes éternels

Mais il est aussi l'inspiration de la relation épique :

> Mais tu es déjà une divinité, et si je te reçois, tel un prophète, en ma poitrine, je renonce à invoquer le dieu qui révèle les secrets de Cirrha (Apollon) ou à détourner Bacchus de Nysa : tu suffis, toi, à inspirer un poème romain.
> (*tu satis ad vires Romana in carmina dandas*)

[1] Voir A. Hurst, *Apollonios de Rhodes. Manière et cohérence. Contribution à l'étude de l'esthétique alexandrine*, Bibliotheca Helvetica Romana, Institut suisse de Rome, 1967.

Deux raisons expliquent ici l'éviction de la Muse. La première est la divinisation de l'empereur dans sa réalité objective et dans le pouvoir qu'il possède sur le *vates* qui entreprend de chanter. La seconde est la nature du discours auquel le poète recourt pour sonder les origines de son thème, discours, somme toute, laïque, puisque, malgré la mention des dieux, il s'appuie essentiellement sur l'idée de la chute nécessaire de tout ce qui s'élève trop et analyse, dans l'histoire de Rome, les germes omniprésents de la discorde.

On sait que l'historiographie et la réflexion poétique sur la grandeur et la décadence de Rome, de saint Augustin aux *Discorsi* de Machiavel et des *Antiquités de Rome* de Du Bellay aux penseurs et historiens des Lumières, Montesquieu, Gibbon, renoueront avec les réflexions qui sont en tête de la *Pharsale*, soit pour s'en inspirer fidèlement, soit pour les utiliser dans un esprit nouveau.

Mais cet intéressant morceau de philosophie de l'histoire, ou d'histoire tout court, n'en est pas moins fidèle dans sa forme prologale au modèle proposé, pour la première fois, par l'*Iliade*, dans la tradition occidentale. Car, comme chez Homère, cette remontée prologale de caractère narratif offre à la narration, annoncée comme telle, la possibilité de s'accrocher sans interruption à ce qui, dans le prologue, est déjà narration.

En conclusion, le poète sait qu'il peut compter sur cette "communauté" narrative touchant à la fois la proposition et le début du récit. Il sait que l'intégration de son prologue s'en trouvera assurée, en dépit du danger que fait courir à cette visée la tendance générale et conceptuelle de la proposition et la marginalité de l'invocation.

***

Signalons en appendice, et sans vouloir entrer dans les complexités qu'un tel corpus suppose, le cas particulier que constituent les auteurs du Moyen Age. Un survol rapide des textes et des théories littéraires nous amène à constater que l'intégration du liminaire au récit est loin d'être alors une pratique dominante.

Un théoricien du XIIIe siècle, Geoffroi de Vinsauf, s'est penché sur ce problème du commencement de l'œuvre narrative, dans sa *Poetria nova*[1]. Il distingue deux types de commencements : le commencement naturel qui commence directement et au début chronologique de l'histoire et le commencement artificiel qui est précédé d'une sentence ou d'un proverbe et débute par le milieu ou la fin de l'histoire. Est artificiel aussi le commencement qui prend l'histoire à son

[1] Ed. Faral, *Les Arts poétiques du XIIe et du XIIIe siècles*, Bibl. de l'Ecole des Hautes Etudes, Paris, 1924.

début, mais est précédé par une sentence ou un proverbe. Ce qui donne, en tout, neuf cas possibles :

I Commencement naturel : directement et par le début
"sermo inde incipit unde res geri incipit"

II Commencement artificiel

1 Par le début	avec proverbe avec sentence
2 Par le milieu	directement avec proverbe avec sentence
3 Par la fin	directement avec proverbe avec sentence

L'idée de distinguer un ordre naturel et un ordre artificiel était venue déjà à l'esprit des Anciens tant en ce qui concerne les prescriptions du discours rhétorique consistant à enchaîner *dans l'ordre* ou non, exorde, narration, division, confirmation, réfutation, péroraison, qu'en ce qui concerne la reconnaissance ou non de la chronologie du récit.

Bien qu'il déclare s'intéresser à la narration et non au discours rhétorique, Geoffroi de Vinsauf choisit ses sources chez ceux qui se sont prononcés sur les *artes rhetoricae*, le Cicéron du *De Inventione* et la *Rhetorica ad Herennium*. La preuve en est ce qu'il déclare à propos de la narration. Il dit qu'elle doit être brève et claire (*brevis et dilucida*), idéal d'inspiration purement rhétorique et qui n'a pas grand chose à faire dans une réflexion portant sur la narration en tant que telle.

Mais, ce qui nous intéresse davantage dans ces textes de la *Poetria nova* sur les commencements du discours narratif, c'est qu'ils prévoient deux types de commencement : celui qui démarre immédiatement sur la narration, sans ombre de prologue ou de liminaire quel qu'il soit, et celui qui propose, à l'entrée du texte, une sentence ou un proverbe, procédé qui, à nouveau, relève du discours rhétorique et place la narration sous le signe de la démonstration.

Les faits correspondent et ne correspondent pas aux recommandations de notre théoricien. Ils correspondent quand le récit commence *ex abrupto*. La *Chanson de Roland* en fournit un bon exemple. Ils s'y conforment encore dans bien des œuvres narratives qui commencent par une sentence, une opinion, un exemple (dans l'allégorie didactique du *Roman de la Rose*, ou les romans courtois comme le *Conte du Graal*).

Mais les faits ne sont pas toujours dociles à Geoffroi de Vinsauf, même dans des œuvres qui, par la présence d'un *incipit* sentencieux, semblent de nature à illustrer une des exigences du théoricien. Il arrive que le poète se livre à une réflexion préambulaire justifiant l'initiative qui est la sienne de raconter l'histoire qui va suivre. La nécessité de bien dire, les avantages qu'il y a à raconter une aventure comme il se doit figurent chez Chrestien de Troyes (*Erec*) et chez Marie de France (prologue aux *Lais*). Guillaume de Lorris discute, quant à lui, la valeur épistémologique du songe et justifie le parti pris onirique de son message. Tout ce travail préambulaire, Geoffroi de Vinsauf ne l'a ni remarqué, ni prévu.

En fait, ni dans la *Poetria nova*, ni dans la majorité des textes narratifs, l'on ne retrouve les éléments du prologue épique au sens antique du terme, ni les conditions d'intégration comparables à ceux des exemples analysés plus haut. La tendance allégorisante de la littérature médiévale et l'influence conjointe des techniques de la persuasion assignent le plus souvent au récit une réalité plus fortement sémantique que thématique.

L'énoncé de l'argument n'est pas considéré comme une règle à observer dans les commencements narratifs. Geoffroi de Vinsauf n'en parle même pas dans le classement de ses neuf occurrences initiales. Jean de Garlande, il faut le reconnaître, signale une neuvième façon artificielle de commencer, avec invocation et proposition de l'argument. Il s'agit, dans son esprit, du prologue classique et Faral, dans son commentaire, pense qu'il se réfère à la comédie — ce qui est peut-être trop limitatif ; on lisait tout de même l'*Enéide* au Moyen Age. Quoi qu'il en soit, ce genre de prologue se retrouve dans des textes assez particuliers, comme les comédies élégiaques. Mais cette allégeance à la poétique antique ne contrebalance guère l'allégeance largement dominante à la rhétorique. Or le secret de l'intégration du prologue à l'épopée, outre la présence anticipée du narratif dans les zones liminaires, se fait à travers l'argument. Il n'est donc que trop évident qu'avec l'éviction d'un préambule qui le prévoit, les textes auxquels nous faisons allusion ne pourront nous fournir des exemples comparables à ceux de l'Antiquité et de la Renaissance en matière de continuité entre le liminaire et l'œuvre.

LE PROLOGUE INTEGRE DANS LE THEATRE

Ce qui n'est pas narratif dans le prologue épique creuse une légère distance entre le liminaire et l'œuvre dans la mesure où celle-ci est justement un récit. En tête, l'invocation à la Muse prépare cette divergence puisqu'elle est dialogue. Aristote, autant que Platon, avaient une claire conscience du caractère à la fois diégétique et mimétique de la communication épique. Il ne leur avait pas échappé que dialogue et discours proféré alternaient avec la narration, ni que l'épique était un genre mixte. Mais la dominante narrative de l'épos semble, malgré tout, imposer au poète à la recherche d'une intégration de son prologue des procédures qui atténuent les facteurs de séparation auxquels pourrait contribuer l'interpellation initiale qui fait basculer l'épique dans le théâtral.

La même incompatibilité — *mutatis mutandis* — se remarque dans le texte dramatique. Raconter succintement, expliquer brièvement, c'est la tâche du prologue, mais on voit bien qu'elle jure quelque peu avec la théâtralité mimétique de la pièce.

Inversement, l'interpellation qui, dans le prologue épique, jurait avec le récit, s'accorde maintenant avec le dialogue théâtral. Mais, et c'est là-dessus que nous allons nous concentrer, les deux genres éprouvent négativement la présence de l'auteur au sein du liminaire, car elle contrarie, dans les deux cas, la continuité avec l'œuvre.

Pour nous en tenir au théâtre, l'utilisation d'un espace scénique, par un locuteur qui se situe en dehors du jeu scénique, fait problème. La chose n'est pourtant pas insoluble. D'abord parce que le responsable — auteur, metteur en scène — peut l'"ignorer". Par exemple, un chef de troupe, un acteur, vient sur le devant de la scène et fournit, sans autres effets rhétoriques que ceux demandés par une communication efficace, les informations qu'il juge nécessaires au spectateur. Elles peuvent porter sur des aspects pratiques du spectacle, corriger une information caduque, signaler de l'inédit dans le programme. A un degré supérieur, on dira que l'œuvre proposée n'est pas un plagiat, ou qu'elle l'est dans des limites acceptables. Térence tient souvent ces propos dans ses prologues-défenses, dont on n'est pas sûr, d'ailleurs, qu'ils soient toujours de lui, ni même contemporains de la pièce, ou du moins de sa première représentation. Nous savons que la variabilité des textes dramatiques et, à plus forte raison, de leurs prologues au gré de leurs représentations était beaucoup plus grande autrefois qu'aujourd'hui. La considérable implication des circonstances dans lesquelles un spectacle était donné — dans telle cour, pour telle occasion, en l'honneur de telle fête, de telle visite princière... — explique peut-être ces changements et, plus généralement, la tolérance dont bénéficiaient les préambules non dramatiques.

Il n'empêche que l'on s'efforçait, le plus souvent, de les dramatiser pour les mettre au diapason du reste de la fête, disons même d'une vie de cour déjà théâtralisée. Loin d'ignorer toujours l'hétérogénéité qui sévit entre le non-dramatique préambulaire et le jeu proprement théâtral, il apparaît, tout au contraire, et cela depuis les origines du théâtre, que l'on s'ingénie à l'atténuer.

Depuis l'Antiquité, le prologue tragique fait partie intégrante de la pièce. Aristote le situe avant la première arrivée du chœur, ce qui, à l'examen, étend le champ prologal jusqu'en des zones déjà dialoguées. Ainsi, par la distribution officielle des parties de la tragédie, le prologue est dramatiquement intégré. Dans la tragédie, l'auteur ne s'accorde aucun droit à la parole, sauf si nous pensons pouvoir surprendre, dans la conscience collective du chœur, un écho plus ou moins avoué de la voix auctoriale. Mais une telle interprétation relève, sans doute, d'un point de vue anachronique, excessivement "personnalisé", en tout cas. Admettre cette modernisation du chœur n'impliquerait en tout cas pas que le prologue tragique, qui est justement distinct de l'espace choral, s'ouvre à l'expression de l'instance créatrice. Non, le prologue tragique ne met pas en scène un auteur et c'est pour cela qu'il appartient de droit à la représentation proprement dite. Il obéit à la loi qui augmente les chances d'intégration du prologue au discours théâtral à proportion, justement, de l'absence auctoriale.

On peut alors se demander si le nom de prologue correspond encore à ce que nous en avons dit jusqu'ici. Dans ce cadre théâtral, l'auteur et, le plus souvent, le spectateur, quittent l'espace du texte inaugural. Reste, à coup sûr, l'œuvre qui commence et dont les vers initiaux qui précèdent l'arrivée du chœur exposent les éléments contextuels. Le spectateur est initié à l'œuvre par ce début de l'œuvre qui est autour de la *fable*, mais dans sa représentation déjà, dans sa *mimesis*, pour reprendre la terminologie aristotélicienne. Certes, à l'intérieur de cette zone initiale, l'extériorité — ou l'intériorité — de la voix énonciatrice peut être plus ou moins accentuée. Un garde, qui raconte l'histoire d'une famille et qui n'aura pas de fonction plus importante au cours de l'action, est porteur d'une intégration relativement faible. Le confident, qui suscite et reçoit des aveux qui nous font comprendre la situation de l'action, est assurément moins extérieur, et ainsi de suite jusqu'aux exemples classiques de totale intégration, tels que la pratiquent les grandes comédies de Molière, et l'on pense en particulier, à *Tartuffe* et au *Misanthrope*, la première, parce que durant deux actes entiers on ne parle presque que du dévot, et à juste titre puisque sa présence (et donc, le contenu du discours) importe au plus haut point aux partisans ou aux adversaires de l'hypocrite qui sont sur scène. Quant au *Misanthrope*, il bénéficie d'une exposition "in corpore vivo", plus intérieure encore dans son intégration, puisqu'Alceste, le protagoniste, se définit lui-même dans la première scène comme personnage (entier, intolérant et grondeur), et que l'action (amours difficiles avec une coquette et affaires pendantes en justice) est exposée dans ce dialogue auquel il participe. Les observations de son ami Philinte orientent, sans doute, la lecture que nous pouvons ou devons faire. Il y aurait peut-être là le point de vue de Molière et donc du spectateur lucide comme on l'a pensé de Bénichou à Goldmann, non sans quelques bonnes raisons. Dès lors, la voix de l'auteur se ferait entendre par le truchement d'un porte-parole et nous serions assez proches de la situation où, dans un prologue de comédie, le dramaturge, de l'extérieur, en avant-jeu, dispense, sous le masque d'un membre de la troupe, ses explications, ses consignes et ses intentions. Ajoutons, pour le cas de Philinte, que même si l'on peut voir en lui un protocole de lecture, il est trop lié au drame d'Alceste, ne fût-ce que comme ami rejeté, pour que sa voix puisse être tenue pour une importation totalement extérieure (auctoriale) dans le corps du drame. Quoi qu'il en soit, l'exemple du *Misanthrope* fait bien sentir l'existence d'une double loi dans le processus de l'intégration du prologue à l'œuvre dramatique. La première, que nous venons de surprendre dans la fonction interprétative de Philinte et qui signale que, même dans une théâtralisation complète du prologue d'exposition, des traces subsistent souvent d'une présence auctoriale, comme si celle-ci était, potentiellement au moins, indispensable à cette identité inaugurale. La deuxième loi, également illustrée par l'exemple du *Misanthrope*, veut que le prologue tende vers une dramatisation de son discours.

Nous examinerons deux exemples antiques pour voir à l'œuvre le fonctionnement de la première loi : l'*Hippolyte* d'Euripide et l'*Aulularia* de Plaute, une tragédie grecque et une comédie latine.

Hippolyte

Dans cette tragédie, le premier personnage à se présenter sur la scène est la déesse Aphrodite. Elle prononce 57 vers (55, si l'on élimine les v. 32, 33 qui sont peut-être interpolés), que nous appellerons un prologue, car elle y présente l'action à venir et son contexte. Au sens technique, aristotélicien, le prologue s'étend jusqu'au v. 121, moment où le chœur principal entonne son premier chant, mais nous pouvons nous restreindre au discours de la déesse :

> APHRODITE. - Grand et fameux, mon nom l'est parmi les mortels comme au ciel : je suis la déesse Cypris. Ceux qui entre le Pont et les bornes d'Atlas ont leur séjour et voient la clarté du soleil, s'ils révèrent ma puissance, je les mets en honneur ; mais je les abats quand ils nous traitent avec superbe. Car c'est un sentiment que connaît aussi la race des dieux : ils prennent plaisir aux hommages des hommes.
> Je ferai voir la vérité de mes paroles, et bientôt. Le fils de Thésée, l'enfant de l'Amazone, Hippolyte, le nourrisson du chaste Pitthée, seul entre les citoyens de cette terre de Trézène, m'appelle la plus détestable des divinités : il se refuse à l'amour et s'abstient de l'hymen. C'est à la sœur de Phoibos, Artémis, la fille de Zeus, que vont ses hommages ; nulle divinité n'est pour lui aussi grande. Par la verte forêt, toujours aux côtés de la vierge, avec sa meute agile il extermine les bêtes sauvages, ayant trouvé là société plus haute qu'il ne sied à un mortel. De ces égards je ne suis point jalouse : que m'importe en effet ? Mais les torts qu'il a eus envers moi, j'en châtierai Hippolyte aujourd'hui même. La plus grande part de mon plan est depuis longtemps prête ; il ne me faut plus grand effort. Un jour que, de la demeure de Pitthée, il était venu contempler la célébration des augustes mystères sur la terre de Pandion, la noble épouse de son père, Phèdre, le vit, et son cœur fut saisi d'un violent amour : ainsi le voulaient mes desseins. [Et, avant de venir ici à Trézène, juste auprès du roc de Pallas, en vue de cette terre, elle fonda un temple de Cypris, sous l'empire d'un amour manifeste. A Hippolyte elle a désormais, par ce monument, associé le nom d'une déesse.] Or, depuis que Thésée a quitté la terre de Cécrops, d'où le bannissait la souillure du sang des Pallantides, et qu'avec son épouse il a fait voile vers cette contrée, résigné à un an d'exil hors de son pays, depuis lors, gémissante, éperdue sous l'aiguillon de l'amour, l'infortunée se meurt en silence, et nul parmi

> ses gens ne connaît son mal. Mais ce n'est pas ainsi que cet amour doit finir : je ferai une révélation à Thésée, elle éclatera au grand jour. Et le jouvenceau qui nous fait la guerre périra victime des imprécations paternelles ; car du seigneur de la mer, Poseidon, Thésée a reçu le privilège d'adresser à sa divinité trois vœux qui ne resteraient pas vains. Pour Phèdre, sa mort ne sera pas sans honneur : elle mourra pourtant, car je ne renoncerai point par égard pour son malheur, à tirer de mon ennemi une justice capable de me satisfaire.
>
> Mais je vois s'avancer le fils de Thésée, qui revient des travaux de la chasse. C'est Hippolyte. Je vais donc m'éloigner de ces lieux. Un nombreux cortège de serviteurs suit ses pas, faisant retentir des hymnes en l'honneur de la déesse Artémis. Car il ne sait pas qu'elles sont ouvertes, les portes d'Hadès, et qu'il voit la lumière pour la dernière fois.

Admirable discours que celui de cette déesse qui exalte sa propre divinité, célébrant une sorte d'hymne en son honneur, équivalent du dithyrambe dionysiaque auquel la tragédie semble devoir beaucoup.

Or, cette autocélébration n'est pas gratuite. La tragédie qui s'annonce va en être la démonstration :

> Je ferai voir la vérité de mes paroles et bientôt...

Suit le contenu de l'action qui va montrer, en effet, que la toute-puissance d'Aphrodite ne souffre pas d'exception. Hippolyte paiera son indifférence à l'amour et son attachement exclusif au culte de la grande rivale Artémis. Chacun connaît la suite par le chef-d'œuvre racinien : Phèdre amoureuse, Thésée soupçonnant son fils et implorant la vengeance de Neptune qui n'obéit que trop ponctuellement et accomplit ainsi le plan d'Aphrodite, autant et plus que celui de Thésée.

La liaison entre l'action humaine et les sentiments de la déesse est évidente : la *fabula* est l'équivalent d'une manipulation devant faire aboutir les désirs d'en haut : il y va de la crédibilité d'une toute-puissance, et qui plus est, de celle de la déesse de l'amour.

Devant cet étagement des principes de l'action, du céleste au terrestre, le spectateur arrive à la conclusion suivante : la vie de certains mortels (un peu voyants) est, en général, la conséquence mystérieuse d'une volonté divine. La pièce dévoile cette loi et atténue le mystère du côté des causes (la déesse n'a pas eu son comptant de latrie) et débouche, peut-être, pour les mortels d'aujourd'hui, sur une mise en garde (ne négligez pas les exigences d'en haut).

On constate, en tout cas, que la finalité de la tragédie s'exprime dans les premiers vers. Là encore, le prologue nous renseigne sur le contenu d'une action et la manière dont nous devons la comprendre.

En outre, Aphrodite est le *poiètès* de cette action et, dans ce prologue dont l'intégration exclut la présence de l'auteur, on lui voit tenir le rôle de celui-ci, tant parce qu'elle expose le contenu de la pièce que parce qu'elle en est la créatrice, à un degré que les auteurs eux-mêmes ne peuvent guère atteindre. Sa divinité lui inspire la farce tragique, l'action à venir que le poète inspiré tire de la bienveillance des Muses. Ne dirait-on pas que l'hymne à soi-même, que Vénus profère d'entrée de jeu, correspond à une invocation ? Les filles de Mémoire n'offrent-elles pas au poète l'équivalent de ce que Vénus tire des ressources de son identité ? Ainsi, l'absence du poète est compensée et Aphrodite occupe bien une place prologale, doublement et peut-être triplement prologale : par la *création* dérivant de l'invocation à soi-même, à son pouvoir, elle se situe, dans le triangle que nous connaissons, à l'angle auctorial du prologue ; elle est à l'angle de l'œuvre par l'énoncé de l'action et, au moins implicitement, par l'interprétation suggérée des malheurs d'Hippolyte, elle dessine l'angle où se situe symboliquement l'instance du lecteur. Elle est vraiment, à elle seule, trinité prologale, toute-puissance au fronton d'un temple poétique.

Ce qui nous importe le plus, c'est que cette toute-puissance, qui est ici la marque hyperbolique d'une intégration du texte à ce qui l'engendre à son début, ne néglige pas l'*extériorité* prologale et ses trois éléments, l'auteur, en particulier, que l'intégration dramatique se doit d'effacer, mais qu'elle ne consent pas facilement à supprimer, comme nous le voyons ici.

La *Marmite*

Il en va de même dans la comédie de Plaute. Un dieu, plus modeste qu'Aphrodite, mais un dieu tout de même, prononce les 39 vers explicitement définis comme prologue. Ils contiennent, en effet, toutes les informations dont le spectateur a besoin pour comprendre ce qui va se passer. Comme Aphrodite, le dieu Lare, car c'est lui qui inaugure l'*Aulularia*, se plaint de l'ingratitude des hommes. Trois générations de négligeants se sont succédé dans la maison dont il a la tutelle. Le grand-père possédait un trésor. Pour punir de leur indifférence son fils et son petit-fils — qui sévit présentement —, le dieu s'est arrangé pour que le trésor reste caché. La fille du maître d'aujourd'hui (Euclion) a rompu, elle, avec les habitudes fâcheuses de la famille. Pour la remercier de ses attentions, le Lare dévoile à Euclion le lieu du patrimoine. Le mariage de la fille en sera facilité, et cela n'est pas sans importance, car elle est enceinte d'un amant qui n'est plus guère empressé.

> Ne vous demandez pas qui je suis : en deux mots, je vais vous le dire. Je suis le Lare, le dieu domestique de cette demeure d'où vous m'avez vu sortir. Cette maison, voilà bien des années que j'y ai mon établissement et ma résidence : j'y étais déjà du temps du père et du grand-père de son occupant actuel. Or le grand-père m'a confié jadis en grand secret un trésor : il l'a enfermé au milieu du foyer, me priant, m'adjurant de le lui garder. Au moment de sa mort — voyez son avarice ! — jamais il ne voulut révéler le secret à son fils, et il a préféré le laisser sans ressources

> plutôt que de lui indiquer l'emplacement du trésor — à son fils ! Il ne lui a laissé qu'un petit bout de champ : de quoi vivre misérablement, avec bien de la peine. Une fois disparu celui qui m'avait confié son or, je voulus voir si le fils aurait pour moi plus d'égards que son père n'en avait eu. Ce fut bien pis encore ; chaque jour il se souciait de moins en moins de moi, et retranchait quelque chose des honneurs qui me sont dus. J'en fis de même avec lui : il mourut gros-jean comme devant. Il laissa un fils : c'est celui qui habite aujourd'hui la maison — le portrait tout craché au moral de son père et de son grand-père. Il a une fille unique ; elle au contraire, tous les jours m'apporte en offrande de l'encens, du vin, quelque chose ; elle me donne des couronnes. Par égard pour elle, j'ai fait découvrir le trésor par son père Euclion, pour qu'il puisse la marier plus facilement, si le cœur lui en dit. Car la pauvre a été prise de force par un jeune homme de très haut lieu. Lui, le jeune homme, il sait bien qui est celle qu'il a mise à mal. Mais elle, elle ne le connaît pas, et le père ignore son malheur. Aujourd'hui-même, je vais la faire demander en mariage par le vieillard qui demeure tout à côté ; et cela, pour que le jeune homme qui l'a violée l'épouse plus facilement. Car je dois vous dire que le vieillard qui va demander sa main, c'est l'oncle du jeune homme qui l'a mise à mal, la nuit des fêtes de Cérès. Mais voilà notre vieux en train déjà de crier là-dedans, selon son habitude. Il met à la porte sa vieille servante, de peur qu'elle n'évente son secret. Sans doute veut-il aller jeter un coup d'œil sur son or : si par malheur on le lui avait dérobé !

Le dieu Lare remplit, comme Aphrodite, la fonction informatrice du prologue. Grâce à lui, nous connaissons la situation des personnages et les causes de cette situation. Nous savons même ce qui va se passer et, en particulier, au sujet d'une péripétie qui précipitera le dénouement heureux :

> Aujourd'hui-même, je vais la faire demander en mariage par le vieillard qui demeure tout à côté et cela pour que le jeune homme qui l'a violée l'épouse plus facilement.
> [*Quo ille eam facilius ducat qui compresserat*]

Ainsi, l'action est non seulement connue et transmise par le dieu. Elle est encore voulue par lui, comme la combinaison d'une punition passée au détriment des ingrats et d'une récompense présente au bénéfice de l'amoureuse. Car la vengeance pure — comme c'était le cas dans *Hippolyte* — ne s'accorderait pas avec l'heureuse fin exigée par la convention de la comédie.

Le dieu enfante donc l'action. Si on associe ce locuteur divin à l'instance prologale, l'on dira que la comédie elle-même en procède directement, comme le produit du producteur. Cette intégration qui se fait dans l'élimination apparente d'une présence auctoriale ne laisse pas — à nouveau — de la réintroduire dans la personne du locuteur inaugural. Oui, le dieu-prologue est le créateur, le *poiètès* de l'œuvre qui va se dérouler sous les yeux des spectateurs avertis et orientés dans la réception qu'ils doivent réserver à cette représentation démonstrative de sa puissance. Auteur-œuvre-spectateur, le triangle est préservé et, comme pour nous confirmer que le dieu omniscient et tout-puissant est bien l'équivalent de l'auteur, Plaute lui fait dire ce qu'a dans la tête le vieillard qui arrive sur la scène avec sa servante.

***

Chez un dramaturge comme Térence qui offre des prologues dont le contenu est l'équivalent, bien souvent, d'une préface à lire, puisqu'ils portent pour l'essentiel sur la qualité littéraire de la pièce, le texte contient, cependant, des marques suffisantes d'énonciation orale pour faire reconnaître son appartenance à la représentation. L'auteur, pour ce faire, délègue son pouvoir de persuader à un personnage appelé Prologue, ce qui crée une légère ambiguïté, car cette désignation, au haut de la page, semble pouvoir se référer au texte, au locuteur ou aux deux. Quoi qu'il en soit, le personnage n'existe guère que par le texte qu'il a à dire. Il n'est pas un rôle pris dans une action. La théâtralisation est donc minimum, mais elle existe cependant, puisqu'elle évite le degré zéro de la fiction ou de la *mimesis* que constituerait la présence du poète sur la scène. Le porte-parole de l'auteur n'est pas l'auteur. Si proche soit-il de lui, il peut à tout instant rappeler qu'il existe distinctement, ne serait-ce qu'à titre de confident, d'ami ou d'avocat, parfois même comme quelqu'un qui n'est pas un prologue, comme c'est le cas dans le *Bourreau de soi-même* (*Heautontimoroumenos*).

> L'auteur a voulu que je sois son porte-parole, et non pas un Prologue ; à vous il a donné le rôle de juges ; il m'a pris, moi, comme avocat ; mais ledit avocat ne vaudra par la parole que dans la mesure où aura pu penser juste celui qui a composé le plaidoyer que je vais prononcer.

En quoi ce vieillard n'est-il pas un prologue ? Parce qu'il est vieux ? Parce qu'il parle comme un acteur de la troupe et se plaint de la difficulté qu'il a de se faire entendre avec une voix cassée ? Il est difficile de deviner selon quels critères Térence — s'il en est l'auteur — pouvait différencier ce discours de ceux qui sont prononcés par des personnages appelés Prologues. Peut-être que la volonté de renforcer l'individualité du locuteur et de dramatiser son texte en l'arrachant aux soins d'un personnage typique est seule en cause. En s'institutionnalisant, le personnage-prologue manquait de chair, s'est dit peut-être l'auteur, et sa transparence risquait, comme le montre le recours mentionné du *Bourreau de soi-*

même, de renvoyer sans intermédiaire à l'auteur lui-même et de compromettre ainsi une intégration théâtrale souhaitée.

Car elle est souhaitée et les exemples pullulent qui le montreraient. Contentons-nous de signaler quelques procédés qui témoignent de ce souhait.

a) La subdivision et l'incarnation des fonctions prologales

L'Arétin, dans la *Cortigiana* (1525) distribue entre deux comédiens, d'une part le prologue, dont la mission est celle de la *captatio benevolentiae* et, d'autre part, l'argument, dont la fonction est évidente. Cette répartition du "travail" permet un affrontement, une théâtralisation de la partie liminaire. L'histrion-prologue et l'histrion-argument vont se quereller sous nos yeux. Cette division doublement personnifiée de la cellule prologale donne de la vie au scénario souvent figé du liminaire, vie qui trouve son écho dans le comportement des histrions. Ils étonnent, ils trébuchent, ils sont des clowns imprévisibles. Ils se mettent en marge de la marge, en oubliant leur rôle et en devenant essentiellement des personnages, en dépit de l'interdit qui les tient éloignés de l'action proprement dite. Finalement, la querelle étant vidée, ils récitent leur texte, mais on imagine l'effet que produit, à l'audition de leur discours, la distance préalable qu'ils ont prise à l'égard de leur fonction. L'ironie a désormais le dessus, la *mimesis* du jeu ne peut plus être oubliée, et le prologue apparaît comme un texte destiné à une représentation initiale, autant qu'un paratexte introduisant la vraie représentation. Ainsi, la théâtralité n'a pas connu de temps mort et la frontière s'est effacée entre le royaume du drame et ses zones d'approche.

b) Multiplication et substitution

Dans le *Candelaio* de Giordano Bruno, on est à la recherche du prologue :

> Où s'est fourré ce coquin qui devait faire le prologue ? Il faut croire que le dos lui démange.

Le personnage qui vitupère l'oublieux s'appelle Proprologo, prologue du prologue, le présentateur du présentateur. Au pied levé, il palliera l'absence de celui qui était attendu.

> Messeigneurs, la comédie sera sans prologue ; aucune importance, il n'est pas nécessaire qu'il y en ait...

Car, ajoute-t-il en substance, le sujet se déroulera dans l'ordre et le raconter par avance ferait double emploi. Le proprologue ne se tait pas pour autant. Il se met, intarissablement, à nous parler des personnages. Une série de portraits où l'action, on s'en doute, va se dessiner à chaque fois. Somme toute, le silence imprévu du prologue et le demi-silence annoncé du proprologue débouchent sur ce qu'on peut appeller un discours prologal en forme. L'attente légitime des spectateurs a donc été déjouée par une prétérition à deux étages : il ne dira pas (le prologue)... je ne dirai pas (le proprologue). Puis, le discours inattendu du proprologue fait rebondir l'étonnement. Car c'est bien là l'effet recherché.

L'étonnement est obtenu également par l'introduction de péripéties, de personnages et de liminaires surajoutés, par une improvisation apparente faite de surprises et de ruptures qui bousculent, par un surcroît d'actions inattendues dans cette partie du texte, le discours liminaire : être à mille têtes, faisant tout de travers, produisant l'évidence du gonflement et le sentiment du contre-pied. Avant le discours du proprologue, un antiprologue avait déjà pris la parole et avait fait l'antiéloge de la pièce et de son auteur lunatique, ennuyeux, dégoûtant. Prologue paradoxal de l'antiprologue, précédant l'arrivée inaccomplie du prologue, le silence promis et non tenu du proprologue, cette interminable chaîne de liminaires boiteux est enrichie encore par un sonnet au livre, une dédicace à une dame, une analyse de l'argument (courant sur une dizaine de pages !). Et cette enfilade d'apparitions titubantes ne s'achève même pas au discours que nous connaissons du proprologue. Entre celui-ci et l'arrivée des acteurs, un appariteur bavard parvient à se glisser sur la scène et à justifier bouffonnement sa présence insolite :

> On n'a jamais vu une chose pareille, un "bidello" sur scène, direz-vous. Mais a-t-on jamais vu une comédie semblable, avec des personnages aussi tordus ?

En jouant, au sens ludique, l'ensemble des liminaires joue au sens théâtral ; imprévisible qu'il est, alors que son rôle est de faire prévoir, troublant agréablement le spectateur, alors qu'il est censé le domestiquer, prenant de la place, alors que l'on s'attend à lui voir *faire place*... Mais toutes ces contre-performances sont la condition d'une entrée en matière dramatique et de l'intégration du prologue au texte.

c) L'intégration croissante

C'est le cas le plus fréquent et qui suppose plusieurs textes liminaires.

Ainsi, chez Plaute, Térence, les dramaturges de la Renaissance, le prologue est souvent précédé d'un résumé de l'action, intitulé argument. Travail de scoliastes et d'éditeurs qui permet de saisir, dans leur juxtaposition, un prologue extérieur (l'argument) et un autre prologue plus ou moins intégré. Le fait devient significatif quand on peut soupçonner qu'il est intentionnel. En passant du moins au plus, l'auteur dévoile le souci qu'il a de corriger l'impression que pouvaient produire tels liminaires adressés, par exemple, à un lecteur plus qu'à un spectateur, ou à un spectateur que l'on n'a pas encore engagé dans l'illusion de la fiction, alors qu'au liminaire suivant, l'auteur veut, au contraire, qu'il s'y trouve déjà, même si l'action de la pièce n'a pas encore commencé et que l'on est encore dans la zone prologale.

Intéressant ce passage d'une dramaticité nulle à une dramaticité repérable et qui semble indiquer le chemin d'une préférence, d'une loi qui se révèle d'autant mieux qu'elle s'impose en un deuxième temps.

A quels exemples s'arrêter ? Leur quantité embarrasse. Commençons par un cas, très simple, celui des *Ebahis* de Jacques Grévin. Le liminaire initial porte le titre d'avant-jeu. Il correspond d'assez près aux discours que les Latins adressent aux spectateurs avec une vivacité déjà théâtrale certes, mais en offrant un contenu peu engagé dans l'action. Ce sont des mises en garde concernant les rapports entre actualité et comédie, entre spectateurs et personnages (on trouve, ici, l'équivalent des avertissements cinématographiques du genre : "toute ressemblance avec des personnes réelles...").

De manière traditionnelle, Grévin ouvre les hostilités avec les rivaux, mauvais poètes et prétentieux. Il ne désobéit pas non plus à l'obligation de plaire en prenant le contre-pied des habitudes ennuyeuses :

Je ne suis pas icy venu
Pour vous conter par le menu
Le discours de la Comédie,
Car ce seroit oster l'envie
Que chacun de vous doit avoir
De nous entendre et de nous voir,
Attendant qu'elle soit parfaicte.
    Je vien de la part du Poëte
Lequel vous remonstre par moy
Ce qui plus le tient en esmoy.

Le problème de l'intrigue n'est pas éliminé pour autant de l'avant-jeu. Celui-ci laisse bien voir que, comme la nouvelle, la comédie prend naissance dans la vie réelle. Même si c'est en souriant, le locuteur de l'avant-jeu demande aux spectateurs de ne pas montrer qu'ils savent que l'intrigue est la conséquence de choses qui ont eu lieu effectivement. Le personnage de sire Josse, dont on entend la venue, n'est donc pas inventé, ni ce qui va lui arriver. C'est du moins ce qu'il nous est demandé de croire.

    ... ceste Comédie est faicte
Sur le discours de quelque amour,
Qui s'est conduit au carefour
De Sainct Sevrin ; mais je vous prie,
D'autant que vous avez envie
D'estre secrets, de tenir coy,
Car je voy cy derrière moy
Le sire Josse.

Un refus de la fiction se fait jour ici, qui rattache l'œuvre à son instance existentielle, à cette antécédence où le liminaire trouve lui-même si souvent son poinct d'ancrage. Ainsi, l'avant-jeu joue bien son rôle de prologue. Il le fait au point même de soumettre le mimétique fictionnel de l'œuvre à l'historique. Sans doute, cette particularité n'en est pas vraiment une pour une œuvre comique. Il n'empêche que l'intégration qui en résulte n'apparaît pas suffisante aux yeux du dramaturge. Pour que celle-ci ait vraiment lieu, il importe que la partie liminaire — ce sera la suite — soit attirée dans le jeu de la théâtralité.

L'arrivée de Josse, au début de la première scène de la comédie, accomplit cette intégration véritable. En effet, comme bien souvent au théâtre, le personnage expose la situation sur laquelle va broder l'intrigue en parlant de lui-même. Scène d'exposition tout à fait caractéristique qui, par l'information qu'elle contient, relève spécifiquement du moment prologal, mais qui, dans l'énonciation effectuée par un personnage qui parle de soi, de ses malheurs d'homme trompé par sa femme et volé par son rival, adopte les caractéristiques du jeu théâtral. L'on comprend mieux maintenant pourquoi le premier locuteur a renoncé à présenter l'intrigue. Outre son intention de ne pas déflorer le sujet, il a voulu, dans la mesure où il est celui qui "vient de la part du Poëte", donner au discours d'un deuxième prologue une matière à développer et la possibilité d'une intégration plus accentuée. La loi que nous connaissons est ainsi respectée : un prologue faiblement ou nullement intégré à la pièce et où le poète parle plus ou moins en son nom, qui d'autre part maintient dans la sphère du vécu l'œuvre à venir, appelle le contrepoids d'un autre prologue associé à l'action, à l'invention théâtrale, à la pièce même : un prologue véritablement intégré.

L'exemple des *Ebahis* est, sans doute, l'un des meilleurs que l'on puisse trouver de l'intégration en deux temps du liminaire théâtral.

D'autres cas sont possibles dans ce processus d'intégration croissante. Pour simplifier, nous pouvons nous arrêter à deux pièces qui présentent à cet égard une structure diamétralement opposée. Celle d'abord qui, après un nombre considérable de liminaires occasionnels de type dédicatoire et un argument, destiné lui aussi à être lu, présente ensuite une exposition classique de la situation dans la première scène, exposition assurée par un personnage, ici Egée dialoguant avec Hippolyte. Il s'agit, en effet, de l'*Hippolyte* de Robert Garnier (1573).

L'autre pièce, *David combattant* de Des Masures (1563), est d'inspiration religieuse et disons même engagée (les premiers troubles armés viennent de commencer). Alors que les liminaires extérieurs et le prologue intégré ne se suivent pas sans une fracture véritable dans le cas d'*Hippolyte*, l'exemple de *David* marque, au contraire, d'un liminaire à l'autre et jusqu'à la pièce même, une continuité sans faille.

Inutile de s'étendre sur le premier de ces deux textes. Son fonctionnement prologal est, en effet, clair et tranché. L'auteur se place d'emblée dans un faisceau encomiastique destiné à la lecture. Une dédicace, d'abord adressée à la famille de Rambouillet et qui célèbre celle-ci comme une des plus vertueuses de France, bien digne, en tout cas, d'être chantée par l'auteur, s'il était lui-même digne d'un tel sujet. Quant à *Hippolyte* qui, peut-être, délassera des "sanglant[s] exercice[s] de Mars", des lecteurs illustres qui savent associer "arma cum litteris", on lui souhaite de trouver chez eux une indulgence aussi grande que la dévotion dont ils peuvent être assurés de la part du poète. Tous les lieux communs d'une dédicace à un puissant se trouvent ici réunis, ou presque. La lettre pourrait figurer dans un recueil de modèles *ad usum Delphini*. Mais Garnier n'est pas seulement habile à donner, il est aussi désireux de recevoir. Je te flatte, tu me flattes. Les amis (sollicités par *lui*, par l'*éditeur*, par *les deux*) vont défiler avec leurs louanges et encourager le lecteur à en faire autant *in petto*. En tête vient Pierre de Ronsard, si souvent bénéficiaire du même traitement, puis Nicolas de Ronsard, puis Pierre Amy, avec leurs deux pièces en vers latins, enfin Pasquier Robin de Faux, qui offre une ode latine avec strophe, antistrophe, épode...

L'argument qui suit, sec et dépouillé, s'adresse à un lecteur non évoqué, encore moins désigné. C'est un simple résumé dont l'auteur et le destinataire sont absents et qui, dans le contexte d'une pièce jouée ou à jouer, a tous les caractères de l'extériorité. Cette chaîne de textes liminaires, caractérisée par leur extériorité occasionnelle puis frontale, appelle la venue d'un nouveau texte prologal, intégré celui-ci. L'ombre d'Egée, père de Thésée et grand-père d'Hippolyte, auquel il apparaît mystérieusement, se chargera de cette fonction et offrira le discours d'exposition attendu dans la première scène. Remarquons, néanmoins, que ce discours est tenu par une ombre revenue sur la terre. A cheval sur deux mondes, Egée, omniscient et apparenté aux personnages, assure l'intégration de son discours prologal. Il le fait dans la mesure, surtout, où il se mêle aux vivants et à la *mimesis* théâtrale, que les liminaires antérieurs n'effleuraient même pas. Ainsi, l'exemple d'*Hippolyte* illustre bien les deux temps d'une intégration croissante du prologue théâtral (contrairement au cas des *Ebahis*, la croissance part, ici, d'un degré zéro d'intégration). Il nous fait retrouver aussi, mais fort atténuée, la présence du surnaturel (omniscient, donc auctorial) dans l'ouverture d'une pièce de théâtre (cf. Aphrodite dans l'*Hippolyte* d'Euripide, le dieu Lare dans l'*Aulularia* de Plaute).

Le surnaturel va jouer un rôle majeur dans le dernier exemple de notre rubrique. *David combattant* de Des Masures est une pièce qui se veut sérieuse. Elle n'entend pas distraire, mais aider à vivre ; elle n'a pas été écrite pour plaire, mais pour enseigner. Contrairement aux œuvres profanes faites pour les yeux et les oreilles et par lequelles l'homme "en songeant se recrée" (se récrée), la "Parole sacrée", reprise par le dramaturge, encouragera à s'incliner devant la vérité, à prier et à tirer la leçon d'humilité que l'exemple de David propose aux chrétiens d'aujourd'hui.

Tel est le contenu, assez homogène, des trois liminaires de la pièce, une épître à Le Brun, un sonnet au lecteur et le discours d'un Prologue. Or, ces trois liminaires semblent bien répondre à notre intégration progessive. Dans le premier, l'épître à Le Brun, Des Masures regrette que les troubles religieux du moment l'éloignent de son ami. Il lui écrit pour maintenir avec lui un contact consolant et pour accompagner l'envoi de sa pièce : prologue occasionnel autant que distinct de l'action dramatique. Le deuxième texte (le sonnet) s'adresse au lecteur en général et définit la finalité de l'ouvrage et la bonne manière de le lire. Il constitue un exemple de prologue extérieur frontal, car il est à la fois distinct et nécessaire. Enfin, troisième liminaire, le discours d'un personnage nommé prologue s'adressant, comme dans la comédie latine et renaissante, aux spectateurs, touche déjà à la sphère de la représentation, étant un texte prononcé ; mais il est encore en marge de l'action, qui ne commence qu'avec l'arrivée de David. Le prologue dramatisé assure donc une intégration de la partie liminaire à l'œuvre, au-delà des deux textes parfaitement distincts qui le précèdent (l'épître et le sonnet).

Il faut ajouter que, si l'on adopte comme critère de participation prologale à l'œuvre non seulement l'énonciation accomplie dans l'oralité (donc la représentation), mais un engagement dans la *mimesis* fictionnelle, transcendant, de ce fait, le niveau de la pure historicité et de l'autobiographique, la tragédie sacrée de Des Masures ne peut et ne veut voir se produire une intégration de ce type, car, à aucun moment, ne se relâche chez lui le lien de l'œuvre annoncée et d'une expérience non fictionnelle, réellement advenue (celle de David). Sans cesse, Des Masures s'attache à distinguer une littérature, la sienne, qui se maintient dans les limites de la vérité — et non du vraisemblable — et une littérature profane qualifiée de mensongère. L'historique, ce qui est réellement advenu, et qui selon Aristote n'appartient pas au poétique, doit, selon Des Masures, être rappelé, car il est un effet instructif de la volonté d'en haut. Cette historicité, qui élimine la *fabula* au profit de la *figura*, n'est pas seulement un regard rétrospectif sur la vie passée, mais un modèle dont l'interprétation et l'orientation de notre vie individuelle tireront leur inspiration. La tragédie, qui est une œuvre, n'est en aucune façon action hétérogène (nous dirions artistique) par rapport à l'existence du chrétien. D'emblée Des Masures le fait sentir. Il ne manque pas de souligner le caractère exemplaire et protreptique de son œuvre :

> Or toy, mon Brun, mon frer, et moy, si en nous vit
> La vraye et ferme foy, qui anima David,
> A l'exemple de luy marchons de bon courage.

On lui voit aussi utiliser, dans les liminaires, le modèle de l'Ecriture et, thématiquement, le même exemple (David) que dans sa pièce pour rendre compte des tensions et des espoirs que la situation historique suscite dans la vie même des deux amis et de leur coreligionnaire au sein des Philistins menaçants et de gouvernants dont on voudrait bien qu'ils s'inspirassent du modèle de David. L'Ecriture, l'œuvre du dramaturge, l'existence : trois moments, trois actes d'une seule et même tragédie :

Pour response, je donne à entendre et savoir
Que David, endurant tousjours nouvelle playe,
Joue une Tragedie assiduelle et vraye,
Duquel ainsi la vie agitee en tout lieu,
Est figure de Christ, et des enfans de Dieu,
Qui par croix, et misere, et peine rigoureuse,
Contendent vaillamment à la victoire heureuse.

Cette vérité vaut pour les deux amis de l'épître à Le Brun et pour leurs frères persécutés. Elle vaut encore pour le lecteur du sonnet qui suit immédiatement. Elle vaut enfin pour les *spectateurs* auxquels le discours du prologue s'adresse et qui leur rappelle que l'œuvre n'est pas destinée à leur apporter plaisir et distraction, que l'*auteur* ne recherche pas la gloire et que le *sujet*, dernière extrémité de notre triangle, n'a pas été inventé. Ce texte-Prologue, qui prend le contre-pied du programme de la littérature profance ou pense le faire, révèle en sous-main, et non moins que les deux liminaires extérieurs qui le précèdent ni que la tragédie qui commence, sa relation avec la vie vécue du chrétien engagé dans le monde. A cet égard, il ne se détache pas des deux textes précédents et ne marque pas cette accentuation fictionnelle qui l'intégrerait résolument à une œuvre poétique. Mais nous savons assez maintenant que l'œuvre sacrée elle-même est parafictionnelle, qu'elle baigne dans un climat de réactivation affective, et donc vécue dans le quotidien de la parole (il faudrait écrire Parole) et de son contenu historique.

Parallèlement à ce que nous avions dit des textes religieux à propos de l'*Institution chrétienne*, nous voyons ici encore, et à travers le refus de la fiction, cette fois, que toutes les étapes de l'œuvre ont affaire au prologue, étant admis qu'à chaque instant le seul langage véridique et efficace est celui, antérieur et toujours présent, de la Parole que le fidèle voudrait voir réfractée dans son existence.

Tout est *déjà* intégré dans ce corpus qui embrasse liminaires et œuvre, même si l'auteur joue encore, dans l'ordre de l'énonciation, le jeu de l'intégration progressive.

LE PROLOGUE INTEGRE DANS LA NOUVELLE

Le modèle boccacien

Dans quelques-unes de ses plus hautes réussites artistiques, la nouvelle, au Moyen Age et à la Renaissance, s'emploie à mettre en scène sa propre énonciation. Par ce procédé, le lecteur est conduit du silence qui précède le texte au texte lui-même, non point par l'intermédiaire d'une prise de parole de l'auteur, mais par le truchement d'un récit qui le met en présence d'un ou de plusieurs personnages chargés de narrer les nouvelles attendues. Plus "intérieurs" au texte que l'auteur, ces narrateurs profèrent explicitement ce que les pages vont contenir d'aventures variées. Il en découle un art de la nouvelle caractérisé par son oralité. Il n'y a rien là de surprenant. Conviviale, la nouvelle naît généralement au sein d'une société qui désire se distraire en commun. A la croisée des rues ou des routes, autour d'une table, au cours d'une rencontre fortuite ou prévue, on évitera par de bonnes histoires le pire des ennuis, celui que l'on subit de conserve en attendant que le temps passe[1].

Dans les chapitres 63 à 65 du *Quart Livre*, où il nous présente les compagnons de Pantagruel saisis par la léthargie d'une inaction que des gestes inopérants et des questions oiseuses tentent vainement de conjurer, Rabelais transforme cette mauvaise attente en une bonne attente. Il fait dire à son héros gigantesque qu'en mangeant et en buvant, l'heure finit par arriver. Et l'activité de reprendre, en effet, le vent de souffler derechef dans l'euphorie générale et le mouvement d'un bateau qui se meut de nouveau, comme la vie. Mais Rabelais sait aussi que le dialogue a sa place autour d'une table et que, pour passer le temps, une bonne histoire est un mets qui en vaut un autre[2].

Ancrée dans la vie communautaire, la nouvelle délaisse rarement les modalités du dialogue ou du monologue ; comme le théâtre, le théâtre comique essentiellement, dont elle partage le "climat", celui, souvent, de la farce, elle a partie liée avec l'oralité.

N'allons pas croire, cependant, que les exemples écrits les plus anciens — les fabliaux ou le *Novellino* — s'appliquent à refléter fidèlement cette oralité. Dans ces recueils médiévaux que nous qualifierons littérairement d'archaïques, les anecdotes se suivent comme des pierres qui s'ajustent à joint vif, sans que l'on se soucie beaucoup de savoir qui raconte et qui écoute. En revanche, l'oralité des discours narratifs chez un Boccace ou dans les *Canterbury Tales* de Chaucer semblent bien tributaires d'une élaboration de l'art qui reconquiert, de manière concertée, les conditions initiales de la nouvelle. Œuvre de volonté qui redonne au lecteur, et pour le plus grand bénéfice d'un récit "incarné" de la sorte, son statut premier et fondamental d'auditeur.

Ce que nous tâcherons de mettre en évidence, c'est que cette oralité, qui est historiquement déjà le fruit d'un travail artistique, n'est pas à l'origine seulement d'un heureux effet d'immédiateté et de naturel, mais encore d'une plasticité générale de l'œuvre qu'il faut associer encore davantage à l'idée d'élaboration.

1 Dans son prologue de l'*Heptaméron*, Marguerite de Navarre met en œuvre, de manière très visible, les deux conditions de l'activité narrative de la nouvelle : d'abord, la rencontre fortuite, soulignée par les aléas préliminaires d'un éparpillement des personnages dû au mauvais temps, ensuite, la nécessité de se distraire par des récits en attendant que le temps permette à chacun de poursuivre sa route dans la direction qui lui convient.

2 Voir M. Jeanneret, *Des Mets et des mots. Banquets et propos de table à la Renaissance*, Paris, 1987.

La peste et la fête

Boccace a écrit une assez longue introduction narrative qui contient la fameuse évocation de la peste de 1348 à Florence. Ce texte amène le lecteur au seuil des nouvelles en lui apprenant pourquoi, comment et par qui elles seront proférées. Sept jeunes filles et trois jeunes gens, qui se trouvent un matin à l'église de Santa Maria Novella, décident de quitter la ville et de gagner la campagne afin de passer dans un air plus salubre, tant au physique qu'au moral, ce triste temps de la peste noire. Mais se mettre à l'écart des activités habituelles, c'est créer une nouvelle disponibilité. Ces loisirs qui s'ouvrent, il faudra les remplir, les organiser. Le texte de Boccace laisse deviner que cette fuite devant le mal, longuement légitimée par la sage Pampinea, doit, dans sa nature aussi, s'en distancer. La distraction choisie en l'occurrence ne saurait être un quelconque passe-temps. Les propos qui occuperont les dix jeunes gens, le style de leur vie et de leurs relations vont se ressentir de ce souci de bienséance et de perfection aristocratique qui pose volontiers que le plaisir, chez les êtres "bien-nés", ainsi que le dira Rabelais dans sa Thélème, déjoue comme naturellement les dérives de l'instinct. Un ordre qui est à la fois proclamé comme nécessaire et qui semble issu des caractères, un ordre dit comme un devoir-être et vécu comme la conséquence de dispositions innées domine les esprits dans la rencontre de l'église, et sera respecté tout au long de ce que Boccace appelle le *Décaméron*, apocalypse positive engendrée par une catastrophe collective.

Que le prologue narratif effectue simultanément la mise en place de l'énonciation future et, à travers le comportement d'une société policée, le principe organisateur d'un recueil de nouvelles ne nous indiffère assurément pas[1]. Nous savons et voyons confirmée l'idée que le prologue est conscience de l'œuvre et qu'en cela il implique, à titre de promesse, une forme tendanciellement organisée[2]. On le sent s'interroger à ce propos. Dans le cas du *Décaméron* et de ses épigones (l'*Heptaméron* au premier chef), c'est dans le cheminement vers une identité énonciatrice que se dégagent, à la fois, une politique harmonieuse des narrateurs-auditeurs et l'engagement d'une distribution esthétiquement ordonnée des noyaux narratifs de l'œuvre. L'agencement formel de ces cent nouvelles groupées sur dix journées et racontées par les dix locuteurs selon une loi d'alternance libre, sans doute, mais soucieuse aussi d'égalité, l'encadrement dialogique au début et à la fin de chaque journée, souvent aussi au début et à la fin des nouvelles, les problèmes retenus qui doivent conférer à la décade ses dix unités thématiques, tout cela, qui est renforcé par l'immutabilité d'un lieu fermé et protégé, d'une sorte de couvent laïc faisant irrésistiblement songer à un espace utopique, tout cela donc décrète la

1 Ce choix d'un *bon* passe-temps est discuté également par les personnages du prologue de l'*Heptaméron*.

2 La vertu structurante ou simplement artistique de la "cornice" a été montrée avec force par Vittore Branca, *Boccaccio medievale*, Firenze, 1970.

supériorité d'une délectation organisée dans la vie et, par voie de conséquence, dans l'art. Comme celle du beau, la loi de l'honnête sublime les impératifs de l'utile et les rudesses de l'instinct. Le prologue narratif le révèle de manière d'autant plus démonstrative que l'instinct de conservation, le moins élaboré, le moins noble de tous est en jeu dans cette fuite agréable de l'épidémie. La marque visible de cette éthique, qui régit la vie des locuteurs et gouverne leur langage, est bien la victoire de l'ordre sur le désordre. Boccace fait en sorte que nous associions, dans notre esprit, l'application politique et l'application artistique de ce principe. Il fait dire à Pampinea :

> Ma per ciò che le cose che sono senza modo non possono lungamente durare, io, che cominciatrice fui de' ragionamenti da' quali questa cosí bella compagnia è stata fatta, pensando al continuare della nostra letizia, estimo che di necessità sia convenire esser tra noi alcuno principale, il quale noi e onoriamo e ubbidiamo come maggiore.

Ce propos s'entendra d'abord comme préoccupation concernant la vie communautaire. Vouée au plaisir (letizia), la petite troupe se doit de respecter ce qui, seul, peut en garantir la durée (sous-entendu, en prévenir la dégénérescence) : l'organisation, une organisation librement acceptée, bien entendu, car, sans cela, où serait le plaisir ?

Mais ce même propos, et sans qu'il faille le solliciter beaucoup, signifiera également que des récits produits en vrac ou juxtaposés sans raison ne peuvent produire un effet délectable. Car, si une seule anecdote sans apprêt comporte de l'agrément, la nécessité d'une organisation se fait sentir chez le lecteur exigeant que Boccace imagine, dès lors que l'on adjoint, à cette unique anecdote, un certain nombre d'autres. De même que pour durer convenablement les journées vécues adopteront un programme bien conçu, de même, pour durer convenablement dans la multiplicité de leurs intrigues juxtaposées, les journées "narratives" s'organiseront selon un cadre et un rythme soigneusement établis. Autoritarisme de l'art ? On peut le penser si l'on attribue la respectabilité de cette unité plurielle à la personne du maggiore qui est chargé de régir la vie de la petite société.

Effacement de l'auteur ?

Il serait donc loisible de dire que l'auteur ne revendique pas pour lui-même l'initiative de cette mise en forme. Il la délègue à ses personnages bien-disants et bien-vivants. C'est à eux que revient aussi la responsabilité du sens des unités journalières et des réflexions qu'il fait naître en leur sein. Les recueils d'exemples qui, de Valère Maxime à Jacques de Vitry et surtout aux *Rerum memorandarum libri* du maître et ami Pétrarque, faisaient circuler des recueils d'histoires classées par thèmes moraux, s'allient ici à la tradition de la nouvelle anecdotique et ingénieuse, sans oublier la liberté élégante du dialogue philosophique, pour créer cet ensemble fondateur fait d'une convergence générique parfaitement harmonieuse, mais que leur inventeur décide de mettre au crédit de ses narrateurs imaginaires. L'auteur se contente de rapporter une narration faite par un témoin et cette narration est elle-même un ensemble de narrations faites par les dix locuteurs que nous connaissons. Cette intervention du scripteur est donc lointaine, limitée et elle veut passer pour telle, car, en accordant le moins possible à la subjectivité, l'on obéit au genre de la nouvelle qui implique traditionnellement une objectivité porteuse de vérité[1].

Dans son prologue narratif, Boccace en personne tient à nous montrer qu'il ne l'oublie pas. Il écrit, après avoir évoqué les malheurs de la peste :

[1] On constatera que, plus tard, ce critère de vérité sera revendiqué aussi bien par les auteurs qui suivent le modèle boccacien que par ceux qui s'en écartent. Et le piquant est que, même chez les conteurs qui s'inspirent du Florentin, Marguerite de Navarre, par exemple, le souci de vérité est invoqué comme la preuve qu'ils s'en distinguent tout de même. Ainsi, dans le prologue de l'*Heptaméron* :

> Je croy qu'il n'y a nulle de vous qui n'ait leu les cent Nouvelles de Bocace, nouvellement traduictes d'ytalien en françois, dont le roy François, premier de son nom, monseigneur le Daulphin, madame la Daulphine, madame Marguerite, font tant de cas, que si Bocace, du lieu où il estoit, les eut peu oyr, il debvoit resusciter à la louange de telles personnes. Et, à l'heure, j'oy les deux dames dessus nommées, avecq plusieurs autres de la court, qui se delibererent d'en faire autant, sinon en une chose differente de Bocace : c'est de n'escripre nulle nouvelle qui ne soit veritable histoire.

Dans le camp des indociles, les *Cent Nouvelles nouvelles* de 1450 reconnaissent qu'elles n'ont pas le "subtil et tresorné langage" de Boccace, mais ce sont des récits nouveaux et d'extraction authentique. Plus clairement, dans le recueil au titre homonyme, Philippe de Vigneulles avoue la même modestie. Ces choses ouïes, je "les ay mis en escript" pour passer mon temps ... Lesquelles vous seront icy racomptées, et les pourrés ouyr cy aprez se lire ou ouyr les voulés. Sy prie et supplye à tous ceulz et celles qui les liront ou orront qu'ilz preignent le bien qu'ilz y verront et fuyent le mal qu'ilz y trouveront et qu'ilz me pardonnent les faultes qui y sont et les mettent à leurs corrections et amandement et vuellent supplyer mon ygnorance et mon simple entendement." Manière de dire, indirectement, que son recueil ne saurait rivaliser avec Boccace, mais, comme dans le prologue des *Cent Nouvelles* de 1450, c'est en se reconnaissant le mérite de dire vrai que l'auteur retrouve confiance en lui-même. Il écrit au terme de la 94e nouvelle que, bien qu'une "... telle ou semblable nouvelle soit on livre des Centz Nouvelles Florentines, si est cest cy veritable et en advint comme vous avez ouy".

Le respect de la vérité devient donc l'argument par lequel se réconfortent les auteurs qui sentent peser sur eux ce grand précédent, qu'ils l'imitent ou non, mais qui est, à coup sûr, écrasant.

L'art extrême de Boccace, auquel on pouvait avantageusement reprocher d'être "trop beau pour être vrai" leur fournissait sans doute les assises logiques de cette différence rassurante.

> A me medesimo incresce andarmi tanto tra tante miserie ravvolgendo : per che, volendo omai lasciare star quella parte di quelle che io acconciamente posso schifare, dico che, stando in questi termini la nostra città, d'abitatori quasi vòta, addivenne, sí come io poi da persona degna di fede sentii, che nella venerabile chiesa di Santa Maria Novella, un martedì mattina ...

Témoignage d'un témoignage, la voix de l'auteur est l'écho d'un écho. Elle n'occupe, dans la chaîne de la retransmission, que la troisième position, si l'on considère que les devisants occupent la première. La source de ses dires est si éloignée que l'auteur apparaît, dans sa transparence, plus diaphane que substantiel. Comme si, en donnant de l'importance à ses personnages narrateurs, dès l'introduction il voulait réaliser, entre celle-ci et le corps des nouvelles, la continuité d'une intégration prologale.

Présence de l'auteur

Or, il ne faut pas tenir cet effacement volontaire pour une démission. En fait, deux liminaires — car il y en a deux ! — feront difficilement croire à la disparition de celui que l'on nomme auteur. Il a beau déléguer à d'autres le soin d'organiser par la parole un divertissement dont ils sont les bénéficiaires, avec le futur lecteur, la mise en train de cette mise en train porte la marque d'une activité auctoriale indubitable. L'ordre et la cohérence que ses personnages recherchent, l'auteur les prépare et les justifie par des discours qui viennent de lui. Somme toute, le point de départ des liminaires est si personnel et l'agencement qui les conduit à l'œuvre si visiblement unitaire que l'on est tenté de penser que l'écrivain ne s'efface que pour agir plus librement et efficacement sur la nature de son texte. Ce geste inconfondable est, avant tout et à nouveau, un geste d'intégration. Boccace atteint cet objectif par des procédures à la fois riches et subtiles. Riches, car il ne se contente pas d'un seul prologue ; il en écrit deux qu'il appelle, le premier, "proemio" et le second, que nous connaissons bien, "introduzione". Subtile car, loin de compromettre la continuité *liminaire-œuvre* par un proemio apparemment extérieur, placé devant une introduction qui, elle, est parfaitement liée aux "journées" qui suivent, il organise intrinsèquement la cohérence des deux prologues pour obtenir une plus forte liaison de la zone liminaire et de l'œuvre.

Le "proemio" — Il répond exactement, à première lecture tout au moins, à notre définition du prologue extérieur frontal : il dit pourquoi l'auteur a écrit le *Décaméron*, il décrit, ensuite, les lecteurs auxquels il le destine, des êtres en proie au chagrin, des femmes en particulier, parce qu'elles sont plus vulnérables, plus sensibles et plus démunies que les hommes. Enfin, l'œuvre est définie comme un ensemble de cent récits comportant des histoires et "altri fortunosi avvenimenti", propres, selon le précepte horatien de l'*utile-dulci*, à procurer du plaisir et à enseigner aussi bien ce qu'il faut suivre que ce qu'il faut fuir. Ce texte est d'une parfaite fonctionnalité en tant que préambule à la lecture de l'œuvre, d'une totale suffisance préambulaire, laquelle est accentuée encore par la pondération de sa rhétorique. Les assises du discours sont, en effet, établies sur une vérité générale correspondant à la prescription médiévale du commencement dit artificiel :

> Umana cosa è l'aver compassione agli afflitti ...

Et cette vérité générale, loin d'être une assertion initiale sans effet, servira de thème conducteur au texte tout entier. En effet, la compassion va trouver une double application. Elle justifiera l'existence du livre *a parte auctoris*, d'un côté, et *a parte lectoris* de l'autre.

L'auteur d'abord. Il rappelle qu'il a bénéficié, lors d'un chagrin amoureux dont il est maintenant guéri, de la compassion d'autrui. C'est l'expérience qui l'a rendu sensible à la valeur de cette conduite et l'a persuadé de l'adopter à son tour. Ce qui va impliquer le lecteur. En offrant son livre à des affligés, il leur témoigne la sympathie qui l'a tant secouru naguère. Pitié que l'auteur a reçue et qu'il donne au lecteur, cette répétition dessine l'image d'un lien. Elle s'inscrit dans un large spectre temporel et définit la portée considérable d'une loi où le cas particulier du *Décaméron* prend place. D'ailleurs, un quasi syllogisme régit cette dramaturgie de la compassion :

1 Compatir est normal, surtout si d'autres ont compati à votre souffrance.

2 D'autres ont compati à ma souffrance.

3 Je veux donc compatir à celle d'autrui.

Pour affermir cette unité logique et chronologique, Boccace définit uniformément cette souffrance. Pour lui comme pour autrui, c'est l'amour, un amour dont Boccace se plaît à dire qu'il peut compromettre l'équilibre psychique de celui qui lui accorde l'hospitalité :

> ... mi fu egli di grandissima fatica sofferire, certo non per crudeltà della donna amata, ma per soperchio fuoco nella mente concetto da poco regolato appetito.

Ainsi, la pitié que je déploie est, dans sa cause ou son objet, parfaitement symétrique de celle que l'on m'a accordée. Compassion double, amour double, le thème que ce proemio déploie se ramifie comme les branches d'un même arbre. Une telle exploitation des ressources de l'"inventio" rhétorique, une semblable recherche d'échos et d'équilibre dans l'argumentation, font de ce prologue extérieur un organisme structuré qui se referme sur lui-même, sauf dans la mesure, bien entendu, où il annonce l'œuvre. Si le *Décaméron* commençait à la suite de ce prologue classique qu'est le proemio, son degré d'intégration serait égal à zéro.

L'"introduzione" — Mais le deuxième prologue change cela. D'abord par sa relation de continuité avec les dix journées qui suivent, puisque cette introduction de la peste et de l'église raconte ce qui précède chronologiquement et causalement les journées d'évasion. Entre la journée "moins une" de l'introduction et la première du *Décaméron*, le récit se déroule dans un temps homogène et continu. En outre, l'identité des discourants reste la même.

Mais voilà que ce discours narratif qui, introduit la narration proprement dite, n'abandonne pas à sa solitude le proemio qui le précède. Au contraire, il l'attire dans le mouvement d'une continuité à trois, plus complexe, plus subtile que celle que pouvait faire attendre l'enchaînement "prise de parole introductive — nouvelles racontées". Comment cela ? Par deux procédés qui, l'un et l'autre, relèvent de l'instance auctoriale.

Le premier consiste à s'adresser, au début du deuxième prologue, aux dames sensibles que le premier prologue avait déjà désignées comme les lectrices idéales du livre.

> Quantunque volte, graziosissime donne, meco pensando, riguardo quanto voi naturalmente tutte pietose siate, tante conosco che la presente opera al vostro iudicio avrà grave e noioso principio, sí come è la dolorosa ricordazione della pestifera mortalità trapassata, universalmente a ciascuno che quella vide o altramenti conobbe dannosa e lagrimevole molto, la quale essa porta nella sua fronte.

Par la voie de cette interpellation initiale dans l'introduction, le contenu du proemio précédent semble apporter sa contribution à ce deuxième texte liminaire. Boccace est assez habile pour ne pas donner l'impression que cette liaison des deux textes est un agrafage arbitraire. Les "donne pietose" sont placées maintenant dans un contexte neuf et face à une nouvelle situation. L'auteur s'adresse à elles dans la crainte de les contrarier. Elles sont invitées, en effet, à une lecture qui commence par la description des effets de la peste. Ainsi, les dames que le premier prologue nous a appris à connaître comme lectrices du *Décaméron* sont regroupées dans une perspective inédite, celle de l'introduction et de son contenu troublant. Elles sont les mêmes, mais autres quant à leur fonction ; elles possèdent en elles, par cette persistance et cette différence, la valeur d'un dénominateur commun auprès des deux textes qui les portent.

Le deuxième procédé d'intégration "proemio-introduction" est thématique. Il est de la compétence déclarée de l'auteur, qui a décidé de raconter la peste dans l'introduction. Ce mal provisoire va faire en effet retrouver, quant à son fonctionnement textuel, le mal provisoire de l'amour dans le proemio. Pour rassurer les lectrices, Boccace leur laisse entendre que la fin du récit de la peste apportera le soulagement bien connu de la cessation de la douleur, cessation qui prend, très positivement, la forme d'un *locus amœnus*. Bonheur par défaut de malheur certes, mais aussi bonheur bien réel et qui n'est autre que le *Décaméron* lui-même dans l'éclat de l'euphorie qu'il est fait pour susciter.

> Ma non voglio per ciò che questo di piú avanti leggere vi spaventi, quasi sempre tra' sospiri e tra le lagrime leggendo dobbiate trapassare. Questo orrido cominciamento vi fia non altramenti che a' camminanti una montagna aspra ed erta, appresso alla quale un bellissimo piano e dilettevole sia riposto, il quale tanto più viene loro piacevole quanto maggiore è stata del salire e dello smontare la gravezza. E sì come la estremità della allegrezza il dolore occupa, cosí le miserie da sopravvegnente letizia sono terminate. A questa brieve noia (dico brieve, in quanto in poche lettere si contiene) seguirà prestamente la dolcezza e il piacere, il quale io v'ho davanti promesso, e che forse da cosí fatto inizio non sarebbe, se non si dicesse, aspettato. E nel vero, se io potuto avessi onestamente per altra parte menarvi a quello che io desidero che per cosí aspro sentiero come fia questo, io l'avrei volentier fatto ; ma per ciò che, qual fosse la cagione per che le cose che appresso si leggeranno avvenissero, non si poteva senza questa rammemorazion dimostrare, quasi da necessità costretto a scrivere mi conduco.

La nécessité des deux étapes du voyage est prégnante, à tel point même que le malheur premier apparaît au total comme souhaitable — c'est l'équivalent laïc de la *felix culpa* augustinienne —, ou en tout cas, indispensable.

Comment s'étonner alors de l'insistance avec laquelle l'écrivain — car c'est bien lui, l'auteur, qui s'exprime et non encore ses futurs porte-paroles — détaille les horreurs de la maladie ? Grand pêle-mêle macabre qui rappelle, dans le cadre urbain des vivants, les peintures eschatologiques du Campo Santo de Pise ou les fresques macabres de Signorelli à Orvieto, le tableau de Boccace semble ne rechercher que l'expression de l'horreur physique et morale. Tous les liens humains sont dénoués, tous les devoirs sont abolis, même la pitié due aux morts. Les secours sont attendus vainement par les malades, qui n'obtiennent rien, même de leurs proches. La société renoue avec le chaos ; elle est un corps collectif qui se désagrège à l'image des corps particuliers que l'on évacue à la sauvette. Hors les murs, le monde paysan, également atteint, s'adonne avec la même insouciance forcenée aux plaisirs dont on pense qu'ils pourraient bien être les derniers. Les champs sont laissés à l'abandon, on ne gouverne plus le bétail qui s'égaille dans la campagne et reprend possession d'une nature hagarde. Règne de l'entropie, climat de fin du monde.

Peut-être fallait-il cela pour que la possibilité d'un autre règne mobilise l'imagination créatrice et suscite le désir de le peindre, que l'harmonie, le respect, la bienveillance, la beauté, le récit ordonné, donc transfiguré des aventures comiques ou tragiques de l'homme prennent forme, comme enfantés pas la nécessité d'un réajustement. Boccace semble le dire quand il souligne le caractère inévitable de sa sinistre évocation. Il l'entend, d'abord, en un sens minimum : pour raconter l'entreprise des dix jeunes gens qui fuient la peste, il faut bien qu'il y ait eu peste, il faut bien en parler. Mais il l'entend aussi en un sens plus profond, sans doute : celui qui associe la représentation littéraire (les nouvelles) à une mise en ordre (cadre, intégration, équilibre), qui donne l'impression de surmonter esthétiquement le chaos du réel représenté hyperboliquement par la peste. L'art, ni le rêve, ni la rêverie, n'existeraient sans le mal. Le premier prologue posait déjà, à l'origine de la création et de la communication de l'œuvre, le mal d'aimer et le mobile d'une pitié consolatrice. Le second prologue le répète en soulignant, dans le tableau de la peste, le caractère étroit de la relation entre souffrance et délectation esthétique.

Quoi qu'il en soit, les deux prologues sont symétriquement conçus, car l'un et l'autre définissent l'œuvre comme une conséquence du malheur.

Le proemio, qui va de l'auteur au lecteur, conduit la souffrance amoureuse au bonheur du récit (le *Décaméron*). L'introduction, qui va plutôt des narrateurs internes à eux-mêmes (quand ils deviennent auditeurs), conduit de la souffrance de la peste au bonheur des récits le long des dix "giornate".

Nous disions que le proemio, rhétorique, argumentatif et typiquement auctorial, se distinguait de l'introduction, plus narrative et, de ce fait, mieux reliée à la nature également narrative de l'œuvre, plus intégrée donc. Néanmoins, la description très copieuse de la peste dans l'introduction est, comme le proemio, de compétence auctoriale. Par son choix et le sens que Boccace lui donne, elle fait, d'autre part, retrouver une seule et même logique antithétique. Une vision du monde en parfaite concordance témoigne d'un seul et même regard qui se traduit dans les deux discours où le je du scripteur s'avoue sans doute inégalement, mais où il œuvre sans trêve.

Le malheur démoniaque de l'amour se prolonge, en une unique émission de cette voix, jusque dans l'anarchie de la peste, puis dans la réponse générale du *Décaméron*, "consolatio", ou rétablissement idéal de l'harmonie, de la maîtrise et du bonheur.

La double liminarité du chef-d'œuvre boccacien, loin de présenter une alternance d'extériorité et d'intégration au texte principal, demande au lecteur d'y percevoir deux prologues qui se donnent la main, ou se relaient comme dans une course tout entière orientée vers ces "plaines fertiles" dont parle l'introduction, vers cette oasis courtoise de Fiesole où, sans s'abolir, le réalisme et parfois le cynisme de la nouvelle baigneront dans une lumière qu'a visitée la sérénité du beau. Par son unité, la double vague prologale en prépare l'avènement. Obtenue dans la réitération du sens dialectique qui fait jaillir la lumière de l'ombre, cette unité se veut encore, surtout peut-être, un mouvement qui, dynamiquement et légitimement, fait de l'œuvre une délectation parfaitement attendue, vraiment intégrée à sa raison d'être introductive. C'est dire aussi que l'auteur tient la clef de cette intégration, puisqu'il l'obtient en s'effaçant et en ne s'effaçant pas.

Le modèle bonaventurien

L'exemple de Boccace, avec son histoire-cadre qui conduit à des narrateurs internes et à une définition spatio-temporelle de l'énonciation, se retrouve au XVIe siècle notamment, chez Marguerite de Navarre, Jeanne de Flore, Claude de Taillemond et Jacques Yver. Mais, pour importante qu'elle soit, cette influence n'est pas sans limite. Il n'est pas rare que le liminaire n'assume pas la fonction que nous avons dite. Ainsi que dans le premier prologue de Boccace, le "proemio", c'est alors l'auteur qui présente son œuvre, quand prologue il y a. Les nouvelles sont données comme une rédaction et non comme la citation de narrateurs visibles dans le texte. Dans ses *Cent Nouvelles nouvelles*, Philippe de Vigneulles est le premier à adopter, au XVe siècle, cette forme non encadrée. Remarquons que le prologue auctorial, chez Vigneulles en particulier, présente avec le prologue-cadre une affinité qui n'est pas négligeable : les nouvelles, composées par l'auteur, sont, à leur origine, des histoires dont il est dit qu'elles ont été proférées avant d'être recueillies et rédigées par Vigneulles. Dans l'esprit du temps, c'est là, semble-t-il, une condition nécessaire pour que l'on puisse parler de nouvelles. Mais la différence entre prologue auctorial et prologue-cadre demeure : le premier ne promet aucune mise en scène de la narration, tandis que le second la promet et la réalise.

Il semble difficile d'imaginer qu'un liminaire auctorial où ne se prépare pas, en principe, la production narrative des futures nouvelles puisse être un liminaire intégré à l'œuvre.

Il y a une situation, cependant, qui permet à ce genre de prologue de n'être pas aussi distinct de l'œuvre que nous pourrions nous y attendre. Ainsi, quand l'auteur choisit de se travestir en devisant et assume le rôle d'un personnage narrateur, non pas au même titre exactement que les dix jeunes gens de Boccace, car celui-ci ne se confond pas avec ses narrateurs, mais avec une indubitable animation de l'énonciation qui unit l'oralité du prologue et celle qui enveloppe la narration des nouvelles. Plusieurs auteurs, tous sous l'influence des prologues de Rabelais, ont eu recours à cette voie d'intégration, faisant en sorte que, du projet à l'exécution, le mouvement de la lecture soit d'une seule venue.

Le plus célèbre d'entre eux est Bonaventure Despériers. Dans ses *Nouvelles Récréations et joyeux devis*, le récit qui porte le numéro un est intitulé aussi préambule : *Première nouvelle en forme de préambule*. Signe immédiat d'intégration puisqu'une nouvelle — même si positivement ce n'est qu'une esquisse au bout du texte : l'exemple de Plaisantin qui a toujours le mot pour rire, jusqu'à son lit de mort — peut être, en même temps et sur un terrain commun, un prologue. En tout cas, dans ce texte inaugural, la présence du locuteur se fait sentir de bout en bout. Selon la norme du prologue extérieur, il parle de lui, il nous parle, il parle de ses nouvelles, mais avec une vivacité de ton, un goût de l'interpellation et une spontanéité qui font de ce discours, comme de ceux qui se trouvent en tête des romans rabelaisiens, une "expérience" verbale dictée par l'humeur, autant qu'un message.

Les ruptures, les dérives, les insistances et les à-peu-près, tout semble exprimer l'état d'un locuteur qui veut user du langage comme bon lui semble. Refus de la contrainte qui, comme chez Rabelais, accompagne une philosophie promouvant l'heureux monopole du rire et s'exprimant dans des propos qui semblent jaillir de source. Oui, ces mots émanent d'une nature libre. En produisant des sons, ils tracent visuellement des mouvements, des gestes, des mimiques, une démarche vouées au caprice et à l'envie de se laisser aller.

Cette amorce de l'œuvre place celle-ci dans la perspective d'une écriture spontanée. Nous sommes, contrairement à ce qu'affirme Walter Pabst dans son livre sur l'art de la nouvelle[1], très loin du prologue boccacien, s'il est vrai que la *cornice*, dans celui-ci, garantit non seulement une unité énonciatrice entre des nouvelles et leur liminaire, mais une mise en ordre du recueil. Comment lire une promesse de structure dans un préambule aussi désinvolte, aussi rebelle même à toute limitation de sa liberté que l'est le texte de Despériers ?

L'intégration, si elle existe, ne peut venir ici que d'une unité d'énonciation. Peut-être est-il même loisible de déceler, dans cette présence du devisant au long de l'œuvre, un pouvoir unificateur qui dépasse les limites de la simple homogénéité énonciatrice. En reproposant, d'une nouvelle à l'autre, ses interventions, ses commentaires, une liberté sélective avouée, des accélérations, des échos, le narrateur *nolens volens* pétrit la *pâte* de ses histoires. Il est plus qu'une voix portant jusqu'à nous un discours qui serait à l'extérieur de lui. Si l'art de Despériers était la musique, son devisant ne serait pas un interprète seulement. Il serait aussi compositeur. Homme de théâtre, il aurait titre de dramaturge, non moins que d'acteur. Dans un article minutieux sur le devisant bonaventurien, I.D. MacFarlane[2] a bien montré quels gages la cohérence "personnelle" de la récitation donne au texte.

Le texte est pris, dit, communiqué d'une certaine manière qui attribue sa couleur aux faits et gestes relatés. Plus que dans la narration proprement dite, c'est dans les micro-cadres des commentaires que les récits puisent leur effet spécifique. Deux traits pourraient en résumer l'esprit dominant. D'une part, ce qui se passe ici-bas est amusant (capable de nous faire rire) ; d'autre part, rien n'a vraiment d'importance. La première formule n'utilise pas moins de trois liminaires pour s'affirmer, d'abord dans deux sonnets qui sont aux extrémités de l'œuvre, ensuite

1 W. Pabst, *Novellentheorie und Novellendichtung. Zur Geschichte ihrer Antinomie in der romanischen Literatur*, Hamburg, 1953. Lionello Sozzi conteste également ce rapprochement dans *Les Contes de Bonaventure Despériers. Contribution à l'étude de la nouvelle française de la Renaissance*, Torino, 1965, pp. 238-240.

2 I.D. MacFarlane, "Le Personnage du narrateur dans les Nouvelles Récréations" in *La Nouvelle française à la Renaissance*, sous la direction de Lionello Sozzi, Genève-Paris, 1981, pp. 307-318.

dans la première nouvelle en forme de préambule. Rabelais avait déjà proposé un tel programme et expliqué également sa nécessité, en rappelant l'existence de la maladie, de la guerre et du chagrin. La deuxième formule, rien n'a d'importance, traduit la nécessité d'un désengagement, d'une distance de l'esprit à l'égard des aléas d'ici-bas, d'une indifférence même au poids et au sens des choses. Pabst parle de deux motivations relevant de deux perspectives philosophiques distinctes. Je ne suis pas sûr que cette distinction soit effective dans le cas qui nous occupe. Mais elle mérite examen, car l'accepter compromettrait, sans nécessité, l'unité de l'œuvre.

Si l'on analyse la manière dont le devisant illustre son désengagement, l'on s'aperçoit qu'elle correspond à des conduites en parfaite conformité avec le comique ou, en tout cas, avec les conditions sans lesquelles le comique ne serait pas. A plusieurs reprises, l'indifférence au sens — à l'*altior sensus* avec lequel Rabelais s'amuse aussi — est proclamée par le devisant :

> Mais sçavez-vous quelz je les vous baille ? Je vous prometz que je n'y songe ny mal ni malice ; il n'y ha point de sens allegorique, mystique, fantastique. Vous n'aurez point de peine de demander comment s'entend cecy, comment s'entend cela ; il n'y fault ny vocabulaire ne commentaire : telz les voyez, telz les prenez. Ouvrez le livre : si ung compte ne vous plait, hay à l'autre ! Il y en ha de tous boys, de toutes tailles, de tous estocz, à tous pris et à toutes mesures, fors que pour plorer. Et ne me venez point demander quelle ordonnance j'ay tenue, car quel ordre faut-il garder quand il est question de rire ?

Nulle ambition de vérité cachée, et même pas de vérité tout court :

> Et puis j'ay voulu faindre quelques noms tout exprès pour vous monstrer qu'il ne faut point plorer de tout cecy que je vous compte, car peult-estre qu'il n'est pas vray. Que me chaut-il, pourveu qu'il soit vray que vous y prenez plaisir ?

Je ne sais qu'en penser est une tournure dont Bonaventure aime à ponctuer ses récits. Il n'est pas ici pour faire la leçon au lecteur, lequel peut penser à sa guise et porter, s'il lui chante, ses jugements d'existence ou de valeur sur ce qui lui est proposé. Comment cela s'accorde-t-il avec la démarche comique ? Tout simplement en ceci que cette attitude de légèreté rejoint le désir de ne pas apparaître pédant, de ne pas être imbu par l'esprit de sérieux, évidemment fatal au comique. L'indifférence philosophique et éthique écarte donc les obstacles et les interdits sur le chemin de l'hilarité. Voilà pourquoi la liberté, accordée et prônée dans la lecture de cette œuvre, est si fortement affirmée. Ce n'est pas, me semble-t-il, parce que

Bonaventure est touché par l'aile d'un scepticisme qu'on a vu en lui non sans apparence de raison. Les consignes absentes, le caractère non directif du prologue sont des conduites requises, comme chez Rabelais, par la perspective comique où l'auteur a voulu placer son entreprise. La totale liberté de lecture que, le lecteur d'aujourd'hui a tendance à célébrer avec une certaine idolâtrie, n'est pas vraiment en jeu, mais bien la bonne humeur, qui demande de la liberté pour s'exercer. Et Bonaventure de penser que je ne suis libre, donc prêt à rire, que si je puis estimer que rien n'a d'importance.

Le rire n'est pas un phénomène nettement distinct de la légèreté ataraxique. Il y a bien plutôt convergence de l'un et de l'autre vers un point commun. Ce point a nom insouciance. Le premier sonnet donne toute la clarté voulue à ce problème :

> Hommes pensifz, je ne vous donne à lire
> Ces miens devis si vous ne contraignez
> Le fier maintien de voz frons rechignez :
> Icy n'y ha seulement que pour rire.
>
> Laissez à part vostre chagrin, vostre ire
> Et vos discours de trop loing desseignez.
> Un autre fois vous serez enseignez.
> Je me suis bien contrainct pour les escrire.
>
> J'ay oublié mes tristes passions,
> J'ay intermis mes occupations.
> Donnons, donnons quelque lieu à folie,
>
> Que maugré nous ne vous vienne saisir,
> Et en un jour plein de melancholie
> Meslons au moins une heure de plaisir.

Oui, insouciance, c'est-à-dire arrachement hors de la sphère des soucis, tel est le mot commun que les histoires et le comportement du devisant devaient adopter. Il qualifie autant les distractions hilarantes du récit que l'irresponsabilité joyeuse du commentaire. Finalement, il sanctionne l'unité d'une intention qui agit à travers tout le recueil, liminaire compris.

Arrivés à un point où l'intégration prologale nous semble assurée, un doute vient nous ébranler. Cette belle unité obtenue par la présence d'un devisant "chef d'orchestre", pour reprendre l'expression de MacFarlane, n'est-elle pas quelque peu battue en brèche en cours de lecture ? Dans leur succession, il faut bien dire, en effet, que les nouvelles ne s'articulent guère ou pas toujours. Comme chez Philippe Alcripe, elles se suivent bravement sans se tenir très fermement par la main. Sept fois sur dix, en tout cas, elles commencent par la définition du cadre spatio-temporel de l'intrigue et par le nom de son protagoniste.

> En l'eglise Sainct-Hilaire de Poitiers, il y eut jadis un chantre ... (3)
>
> Au pais d'Anjou, il y eut jadis un gentilhomme ... (5)
>
> Il y eut jadis un roi de France ... (6)

Cette technique, sans surprise dans les *incipit*, crée la monotonie plutôt que l'unité. En fait, elle détache chaque nouvelle, tout en lui conférant un certain air de répétition, d'une répétition inopérante dans un programme que tenterait la cohérence. Assurément, Bonaventure s'emploie à relier certaines de ses nouvelles. Ainsi, après le chantre de la 3e, la 4e nous fait retrouver :

> Un chantre de nostre dame de Reims en Champagne ... (4)

Des "couronnes", plusieurs histoires avec le même personnage ou sur le même thème se constituent çà et là, signalées parfois par le devisant lui-même. Il prend ainsi la parole une bonne quinzaine de fois en *incipit*. Mais l'impression n'en subsiste pas moins qu'un pourcentage élevé de nouvelles ont été placées l'une après l'autre, comme on enfile des perles.

La deuxième objection, à laquelle il faudra également répondre, concerne la question de savoir s'il y a une commune mesure entre le type de communication qui caractérise l'intervention du devisant dans les nouvelles et l'oralité "flamboyante" du préambule. La différence de degré est patente et, si le lecteur veut bien reconnaître le même personnage-locuteur dans les deux types de discours, il ne peut s'empêcher de remarquer qu'après le liminaire, le devisant, dans son rôle de narrateur, atténue considérablement sa verve, ce qui, somme toute, est normal, mais pourrait rendre sceptique une seconde fois sur la cohésion d'une intégration qui dépend de lui.

Or, il nous semble que le prologue possède la clef de sa propre intégration au texte même dans la mesure où celui-ci ne semble pas suivre son liminaire.

Commençons par la seconde des deux objections, celle qui pourrait déplorer un affaiblissement du locuteur dans la zone des nouvelles. Nous dirons que cette différence est, au contraire, profitable à l'idée d'une présence continue du locuteur, car l'affaiblissement inévitable de la verve dans les nouvelles est conjuré, précisément, par la présence si fortement dramatique du devisant dans le prologue. Une sorte de compensation anticipée se produit, un acquis d'oralité s'accumule, se capitalise au seuil de l'œuvre, valorisant tout signe, si ténu soit-il, qui après-coup rappellera le bagout de cet intarissable bateleur. Dès lors, on pensera de lui que, s'il parle moins haut, c'est qu'il le veut bien, qu'il se retient un peu, mais non sans laisser deviner dans ses éclats momentanés sa nature libre et riche. Ainsi, ce coup d'essai si bruyant, si nettement subjectif, si ouvertement intentionnel impose assez fortement le locuteur pour qu'en écho, même dans les échos affaiblis de ses commentaires, sa présence continue d'agir et unifie l'ensemble sous l'égide de son ouverture.

Que dire alors de la première objection qui soulevait le problème d'une faible élaboration dans l'enchaînement des nouvelles ? Que dire du danger auquel elle expose l'unité de l'œuvre, l'efficacité du devisant et l'intégration du prologue, si ce n'est que, là encore, le texte initial possède sa réponse à la question? Dans le préambule, Despériers a, en effet, doté son devisant d'une personnalité expansive certes, mais que l'on devine aussi paresseuse, ou tout au moins intermittente dans son activité. La liberté que son discours proclame fait espérer le jaillissement du divers, qui se traduit bien dans la variété bariolée des genres (nouvelles narratives, nouvelles-essais, nouvelles-dialogues). Spontanéité de tempérament qui justifie une esthétique de la *varietas*. Mais une spontanéité moins énergique, tout aussi justiciable que l'autre du principe de la liberté, annonce et aide à comprendre, dans l'aveu réitéré d'insouciance, la nonchalance des juxtapositions et la simplicité des enfilades anecdotiques. D'un personnage indiscipliné naîtra donc une œuvre qui s'arroge les droits d'une extrême *varietas*, et ceux d'une linéarité sans apprêt : psychologie dont surgira un recueil fait d'audace et de nonchalance[1].

Peut-être vaudrait-il la peine d'étudier comment alternent ces deux modalités de l'expression. L'on découvrirait, sans doute, comme on le sent dans une lecture éclairée par l'unité multiple du devisant, qu'elles entretiennent une relation de complémentarité et que, bien loin de créer du désordre, elles assurent à l'œuvre un certain rythme. La liberté ne serait pas anarchie, pas plus que, dans la nature du narrateur, la complexité n'est incompatible avec l'unité de sa personne. Pour mettre le lecteur sur cette voie, le devisant articule la rhapsodie de son préambule sur le verbe rire. Les ruptures et les dérives de son discours s'en trouvent compensées, une unité emblématique se dégage, l'ordre se combine avec le désordre, le scande pour atteindre un ordre supérieur. Ce rythme n'a lui-même rien de mécanique. La répétition du verbe rire, sous ses modes et ses temps divers (rire, rions, il rit, question de rire, riez, elles se réservent à rire, ne faut-il par rire ?...) produit l'effet d'une régularité vivante, d'une réitération qui se renouvelle chaque fois dans un écart formel. La rhétorique appelle cette figure polyptote et la poésie la fait sienne, bien souvent.

Somme toute, cette nature multiple du devisant prologal, qui engendre directement la nature multiple de l'œuvre, choisit, pour dire l'identité de son être et de son discours, quelque chose qui dépasse ou enveloppe le sens, une aura, un rythme, une musique. Son insouciance est trop grande pour que les enjeux de l'éthique, ceux d'une vie harmonieuse et réglée, ou encore d'une idéologie

[1] Voir John C. Lapp, *The Esthetics of Negligence : La Fontaine's "Contes"*, Cambridge, 1971.

occupent, comme chez Boccace, le terrain destiné à sa prise de parole. Mais celle-ci, non moins que chez Boccace, suscite, à partir du germe préambulaire et sans solution de continuité, les récits et les commentaires dont l'œuvre est faite.

Une question annexe se pose enfin. La ressemblance entre le prologue de Bonaventure et ceux de Rabelais pourrait laisser croire que, chez ce dernier, l'intégration du liminaire à l'œuvre se produit tout autant. L'oralité qui, chez l'auteur des *Récréations*, est la garante de ce phénomène de continuité devrait jouer en effet chez l'auteur de *Pantagruel* également. Il nous semble, cependant, que dans le cas de Rabelais, la même cause ne produit pas tout à fait le même effet. Laissons de côté le *Quart Livre* dont le prologue, de toute évidence, n'est pas intégré puisque, au contraire, il a tous les caractères de l'autonomie. Mais, dans les trois autres, la prise de parole par l'auteur ne se répercute pas beaucoup sur le récit lui-même. Certes, Alcofrybas, qui nous parle dans les marges du roman, réapparaît ensuite aux détours du récit. Mais ses interventions, si intéressantes et amusantes qu'elles soient, en particulier dans le commentaire faussement sérieux des "impossibilités" avancées, ne constituent pas vraiment un principe unificateur de l'œuvre[1]. Celle-ci pourrait se passer de ce "chef d'orchestre" prologal, car elle se construit sur des formes préexistantes, celles du roman héroïque médiéval pour *Pantagruel* et *Gargantua*, celles de l'enquête pour le *Tiers Livre* et de la quête pour le *Quart Livre*. N'influant que peu (encore pourrait-on le discuter !) sur la cohésion de l'œuvre, le prologue n'est pas perçu par le lecteur comme une pierre faisant partie de l'édifice, alors que c'était le cas chez Boccace déjà, et que ce l'est de manière plus proche de la voix auctoriale de Rabelais, chez Bonaventure Despériers.

Pour le dire en un mot, Rabelais utilise les ressources du théâtre au seuil d'une œuvre qui bénéficie d'un ordre essentiellement romanesque, alors que, dans le domaine de la nouvelle, c'est la demande même d'un ordre non évident au départ qui est remplie par ce procédé du monologue théâtral. Au profit de fables qu'il va conter, le récitant détermine, dans une continuité ressentie comme nécessaire, l'évidence d'une cohésion interne de l'œuvre.

LE PROLOGUE INTEGRE DANS LE DIALOGUE PHILOSOPHIQUE

Le modèle platonicien

Le dialogue philosophique est quelque peu hybride. Il est caractérisé par son mimétisme et une pluralité de locuteurs qui l'apparentent au théâtre et à son adhésion à la vie pratique. Mais, en tant qu'il est philosophique, il se meut dans le domaine que les Anciens appelaient la vie théorique ou contemplative.

[1] Voir D.G. Coleman, *Rabelais : A Critical Study of Prose Fiction*, Cambridge, 1971.

Plusieurs raisons expliquent que des penseurs jettent leur dévolu sur cette forme qui, de prime abord, semble se prêter mal à la rigueur que l'on attend d'un exposé d'idées. Dans la mesure où le modèle platonicien s'inspire de l'action de Socrate, la forme dialoguée correspond historiquement aux habitudes de cet homme de la rue qui déclare à Phèdre :

> Passe-moi mon originalité mon bon ami : c'est le désir de m'instruire qui en est cause car ni les champs, ni les arbres ne veulent rien m'apprendre, mais bien les hommes qui sont dans les villes

Le "désir de m'instruire"... et, pourrait-il ajouter, d'instruire les autres en devisant avec eux pour les amener à une remise en question de leurs opinions trompeuses sur ce qu'est le "métier" d'homme.

Philosophie socratique qui est recherche vécue d'une sagesse à remettre sans cesse à l'épreuve de la vie et dont la méthode maïeutique, qui implique le dialogue, imite le caractère tâtonnant et apparemment improvisé de cet engagement de l'homme dans une existence philosophique. Deux raisons, l'humanisme comme philosophie de l'homme et une vérité considérée comme recherche, fondent, chez le Socrate platonicien, le choix du dialogue. A l'intérieur de celui-ci, des exposés en forme pourront certes prendre place et Socrate oubliera, au profit du monologue, les joutes serrées qui conduisent l'interlocuteur à la reconnaissance d'une salutaire aporie. Mais Platon s'emploie à ménager alors des approbations dociles pour que le régime du dialogue ne cesse d'habiter l'espace du discours, fût-ce par ce moyen un peu mécanique. Peut-être y a-t-il là la conséquence d'une réprobation platonicienne du discours suivi de la rhétorique compromise à ses yeux par les prestations douteuses des sophistes, si peu dignes, en tout cas, d'être imitées sur le terrain philosophique (cf. *Gorgias*, *Euthydème*, etc...) De la prose, oui, car l'ère de la philosophie en vers était passée, comme Jean-Pierre Vernant l'a bien montré, mais si étroitement liée qu'elle fût aux conquêtes "prosaïques" de la rhétorique, la philosophie ne devait pas en subir les effets pervertis par des jongleurs indifférents au vrai et au bien[1].

Le dialogue, donc, lieu d'une recherche honnête et, au-delà mais dans le silence, la contemplation extatique où se plonge Socrate, tel est le statut de la communication au vrai chez Platon[2].

A des degrés divers de profondeur, l'enjeu humaniste des échanges socratiques revivra souvent chez les auteurs qui adopteront, en philosophie, la forme dialoguée. Il ne sera peut-être pas toujours expressément question d'une philosophie de l'homme (ainsi, dans les dialogues scientifiques de Galilée), mais

[1] J.-P. Vernant, *Mythe et société en Grèce ancienne*, Paris, 1982, en particulier le chapitre : "Raisons du mythe", pp. 195 et suiv. ; voir aussi E.A. Havelock, *Preface to Plato*, Cambridge-London, 1982 (deuxième édition).

[2] Voir J. Wahl, *Etude sur le "Parménide" de Platon*, Paris, 1951 (deuxième édition) ; L. Brisson, *Platon, les mots et les mythes*, Paris, 1982.

au moins d'une participation humaine du lecteur, sur le modèle des interlocuteurs et de leur implication active dans la recherche et l'expression du vrai ou du probable. L'incarnation oblige ; elle entraîne et fait que les idées débattues sous nos yeux par nos semblables nous touchent et nous concernent. Quel qu'en soit le contenu, la forme l'humanise, en quelque sorte.

Cet humanisme esthétique, cette manière de nous intéresser par une mise en scène qui nous révèle des hommes discourants entre eux accompagnera l'histoire du dialogue philosophique jusqu'à Diderot et à sa théorie d'une forme enquêtante, qui laisse au lecteur, par les vides mêmes et les suspens qu'elle ménage, la responsabilité de trouver par lui-même et peut-être d'inventer sa vérité. Manière extrême de le faire participer à la vérité qui est en jeu[1].

* * *

Si le dialogue philosophique doit son efficacité à l'impression que des idées ont été associées à l'évidence d'un événement vécu, il va presque sans dire que le statut de son liminaire entretiendra quelque rapport avec le problème du réalisme. Le liminaire se devra d'en favoriser l'épanouissement. Parfois l'auteur se passe de cet apport. Soit le dialogue d'idées commence immédiatement et sans aucune précision marginale. C'est le cas des *Colloquia* d'Erasme et, plus tard, de bien des dialogues philosophiques, comme celui de Montesquieu entre *Scylla* et *Eucrate*, soit le texte dialogué est précédé d'un prologue extérieur, frontal ou occasionnel (préface au lecteur ou dédicace), qui n'introduit pas le texte dans son énonciation orale. C'est le cas, au XVIe siècle, des dialogues de Tahureau. En revanche, nous dirons que les avant-textes qui s'attachent à annoncer le dialogue dans sa modalité de dialogue sont des prologues intégrés. Comme le sont le cadre boccacien ou l'introduction bonaventurienne qui mettent les locuteurs en état de produire leur discours.

Presque toujours, le texte liminaire nous fait alors découvrir le cadre où le dialogue va se dérouler, nous fait faire la connaissance des dialoguants et établit le thème à débattre. Platon attribue cette fonction à la phrase liminaire du dialogue, à ce qu'on pourrait appeler un préambule dialogué. C'est la forme la plus étroite d'intégration prologale, surtout lorsque les propos tenus en ces marges du débat le sont par les dialoguants qui vont s'entretenir ensuite les uns avec les autres.

L'intégration par l'espace. "Phèdre"

Tout le monde connaît la promenade initiale de Phèdre et de Socrate et leur découverte du *locus amœnus*, constitué par le large platane ombrageant les bords de l'Illissus.

> Ah ! par Héra, le bel endroit pour y faire halte ! Ce platane vraiment couvre autant d'espace qu'il est élevé. Et ce gattilier qu'il est grand et magnifiquement ombreux ! Dans le plein de sa floraison, comme il est,

1 Voir Carol Sherman, *Diderot and the Art of Dialogue*, Genève, 1976.

> l'endroit n'en peut être davantage embaumé ! Et encore, le charme sans pareil de cette source qui coule sous le platane, la fraîcheur de son eau : il suffit de mon pied pour me l'attester !

Ce moment d'idylle dû à l'admiration de Socrate, le citadin, a plus d'une signification. D'abord, peut-être, il nous fait constater la souplesse du philosophe. Il n'est pas un homme de la campagne, mais il sait l'apprécier. Polyvalence du sage si souvent célébrée à son propos et qui fait mieux comprendre son aptitude au dialogue[1].

Le lieu accueillant permet, en outre, d'entendre dans les meilleures conditions le discours de Lysias que Phèdre est sur le point de répéter. La passivité requiert le confort, beaucoup plus que l'action, et Socrate va se coucher sur l'herbe pour écouter agréablement le chef-d'œuvre littéraire qui s'annonce. Mais Socrate serait-il encore lui-même si cette passivité devait durer ? Dès la fin du discours de Phèdre, dont il se dit "transporté", le voilà qui met en action les fines batteries de son ironie. Bien vite, il fait surgir des objections. De quoi parle-ton vraiment ? A-t-on défini le sujet ? Or "en toute chose..., il n'y a qu'une manière de commencer quand on veut discuter convenablement : il faut bien comprendre l'objet de la discussion sans quoi on est condamné à s'égarer tout à fait". Le discours était beau, certes. Mais abusivement beau, puisqu'il passait à côté de la vérité. D'ailleurs, n'était-ce pas un discours séducteur, dans son contenu d'abord (il s'agit des propos d'un homme qui tente de plaire à celui qu'il aime), et comme discours, comme œuvre d'art, ou mieux, d'artifice ? Pour Socrate, le sage est celui qui ne se laisse pas tromper par des prestiges aussi extérieurs, qui sait échapper à des agréments aussi faux et secouer la torpeur qu'ils supposent. Le sage refuse la passivité. Comment, dès lors, ne pas voir dans le charme du paysage et dans la condition d'écoute qu'il représente, un premier temps, positif certes, mais destiné à révéler, par la suite, quelque chose de supérieur ? Lieu où se déploient les séductions du beau langage, les bords de l'Illissus pactisent avec qui est en deçà de la philosophie, repoussoir admirable, mais provisoire et prometteur, véritable syncope qui fait attendre le temps fort de la parole socratique.

Enfin, la mise en place de ce cadre aussi précisément évoqué et situé, ces allusions à une topographie marquée par la présence de dieux spécifiques et de leurs sanctuaires, la description réitérée de l'effet que produisent ces réalités ambiantes, renforcent, chez le lecteur, l'impression que les paroles de Socrate et de Phèdre sont véritablement proférées par Socrate et par Phèdre en un moment de leur histoire, puisque les conditions spatiales de cet événement sont aussi indiscutablement réunies. Si l'axe de ce préambule dialogué est un lieu, c'est donc que le débat d'idées qui contient le message du Phèdre relève d'un choix esthétique réaliste, celui

[1] cf. Montaigne, *De l'expérience*, III, 13 "... car toutes actions, dict la philosophie, siéent egalement bien et honorent egalement le sage". Conclusion d'un long portrait de Socrate, l'homme polyvalent par excellence.

du dialogue. Ainsi, l'accès qui en est proposé, à la fois révélateur de la souplesse socratique et du renversement que sa philosophie se plaît à accomplir, travaille aussi à l'établissement d'une forte évidence mimétique.

La liste des dialogues philosophiques, qui sont redevables à cet "effet de réalité" platonicien, est considérable. Tous ne décrivent pas aussi en détail le milieu porteur. Dans le *Solitaire premier*, si fortement platonicien, Tyard quitte sa retraite campagnarde et se rend à la ville, chez sa dame, avec laquelle il s'entretiendra dans une chambre sommairement définie. En revanche, dans le *De Legibus*, Cicéron dialogue avec son frère Quintus et son ami Atticus au sujet des lieux où ils se trouvent : Arpinum.

L'hommage à Platon est évident. Le chêne de Marius a remplacé, sans l'éliminer des mémoires, le platane de l'Illissus. Ne sont absents ni la nymphe Orithrye et son ravisseur Aquillon ; ni l'île de Fibrène qui rappelle la présence de l'eau dans l'archétype platonicien.

En fait, de Platon à Cicéron, de Cicéron à saint Augustin, aux humanistes et au-delà, l'habitude se poursuit de présenter, dans les marges du texte et parfois de manière parfaitement intégrée, les indications que les dramaturges nomment didascalies. Beaucoup s'en passent, mais aucune époque ne l'exclut, pas même les Lumières, pourtant si peu amies des préambules.

L'intégration par le temps : le "Banquet"

Apollodore et son ami

> J'ai le sentiment d'être, sur le sujet dont vous êtes curieux, tout à fait bien préparé. L'autre jour en effet je me trouvais à monter vers la ville, venant de chez moi, à Phalère, lorsqu'un de mes familiers, par derrière, me reconnut et se mit de loin à m'appeler, donnant en même temps un tour plaisant à son appel : "Holà ! citoyen de Phalère, disait-il, le nommé Apollodore ! tu ne m'attends pas ?" Et moi, je me suis arrêté pour l'attendre. Alors, lui, de me dire : "Apollodore, vrai, j'étais à l'instant en train de te chercher : je voulais une information complète sur la réunion d'Agathon, de Socrate, d'Alcibiade, de tous ceux encore qui, à leurs côtés, furent cette fois les commensaux du souper, et concernant ce que disaient les discours d'amour qu'on y tint."

Contrairement à Socrate et à Phèdre, Apollodore et son ami, les deux dialoguants du préambule, avec leurs comparses muets, sont distincts de ceux qui appartiennent à la suite du *Banquet*. Ils apparaissent, au début, comme des gens qui s'entretiennent de cet événement, situé dans un passé vieux d'une quinzaine d'années. Ni l'un ni l'autre n'y a participé, mais l'ami, on le devine aux toutes premières lignes, est curieux d'apprendre ce qu'Apollodore en sait. Disciple de Socrate, peut-être est-il habilité à en parler au moins dans un esprit conforme à la vérité. C'est ce qu'il aime à croire lui-même. De plus, un autre disciple de Socrate, Aristodème, qui a assisté au banquet d'Agathon, vient de lui en raconter le déroulement. Apollodore a bien retenu son récit et il le possède d'autant mieux qu'il l'a répété récemment à un certain Glaucon rencontré sur la route de Phalère, comme la citation précédente le montre. C'est donc un homme exercé qui va produire, en citation, le témoignage d'Aristodème, non sans opérer, dit-il, une sélection dans ce témoignage déjà sélectif.

On s'interrogera sur la nécessité d'une telle complication. Quel personnel impressionnant Platon ne convoque-t-il pas pour arriver à Socrate ! Quelle histoire sinueuse pour déboucher sur l'histoire elle-même[1] ! Mais ce n'est pas pour nous égarer. Il s'agit, au contraire, de nous assurer de la vérité du dialogue qui sera rapporté. Car il est ancien pour les personnages, mais plus encore, deux fois plus, pour Platon, dont le texte doit avoir été écrit autour de 385, soit trente ans après l'événement supposé. Sur la route qui nous relie à lui, les jalons qui sont posés ne sont pas inutiles. Ils abolissent les soupçons que nous pourrions avoir sur les effets trompeurs de la distance ; ils orientent dans la bonne direction, maintiennent le contact, assoient un témoignage digne de foi. Ainsi, ce long préambule porte sur les conditions de la transmission d'un événement. Comme pour une œuvre historique, Platon fournit ses sources, les expose à la critique (Apollodore est mieux informé que Phénix, fils de Philippe, qui pourtant a recueilli, tout comme lui, le récit d'Aristodème, le témoin fiable...) ; mais, à la différence de l'historien, il met en scène cet examen et le soumet au régime dialogué. Ce choix est significatif, bien que Platon en soit coutumier, tout chez lui étant dialogue dans ses dialogues, même les préambules. Ce choix ne va-t-il pas dans le même sens que le contenu des propos que tiennent Apollodore et l'ami, également voués à la cause de l'évidence ? La démonstration quasi argumentative concernant la continuité de la tradition de Socrate à Apollodore bénéficie ainsi d'un appoint de réel, qu'aucune forme, mieux que le débat incarné, ne pouvait offrir.

Il y a plus. Pour justifier davantage sa compétence historique, Platon articule son texte sur les caprices du hasard ou, si l'on préfère, de l'événement imprévu. La

[1] Schématisons :

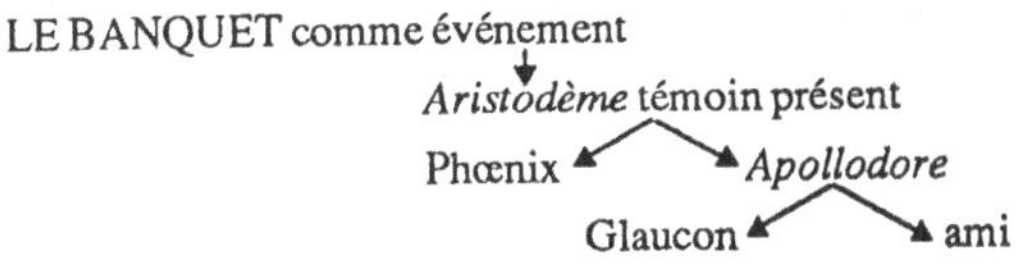

rencontre avec Glaucon, le double antérieur de l'ami d'Apollodore, se fait sous le signe de la surprise, de l'interpellation railleuse.

Le dialogue des deux hommes, dialogue interne, emboîté dans le préambule dialogué entre Apollodore et son ami, distille, mais en vrac, une série d'informations sur les relations de Socrate et d'Apollodore, sur Agathon et son banquet ; il décrit la vie d'Apollodore, avant sa rencontre avec le sage, comme une errance, enfin, il évoque les circonstances banales de cet entretien avec Glaucon, une promenade :

> Aussi bien, le chemin qui mène à la ville est-il fait pour des conversations entre promeneurs.

Tout ici semble se dérouler sous le signe de l'occasion bien plus que de la nécessité. La forme dialoguée donnait déjà un poids d'existence à la fonction argumentative de l'entretien, le foisonnement des événements et des êtres, le non-planifié, le répétitif (Apollodore-Glaucon ; Apollodore-l'ami) ajoutent leur contribution à la production d'un effet de naturel. Présent d'emblée, ce naturel, maintenu ensuite au moyen d'une surenchère de l'aléatoire, ne va pas quitter la scène, pas même dans la phase liminaire du récit d'Aristodème qui constitue la partie introductive du banquet lui-même.

> Et bien ! voici quels furent, à peu près, les discours en question ... Mais il vaut mieux, en prenant le commencement même du récit d'Aristodème, essayer à mon tour de le refaire à votre intention.

Au préambule entre Apollodore et l'ami qui se réfère au *Banquet* comme ensemble de discours que l'on va reproduire, succède ce préambule du banquet comme événement vécu.

Ce deuxième préambule, début du récit, narre les circonstances qui ont présidé à l'acheminement de Socrate et d'Aristodème chez Agathon. A nouveau, c'est le règne de l'imprévu, pour ne pas dire du quiproquo. Invité par Agathon, Socrate a rencontré Aristodème sur son chemin et lui a dit de l'accompagner chez son hôte. Laissons de côté les plaisanteries du maître et du disciple, sinon pour remarquer leur caractère improvisé et bon enfant, leur exploitation des hasards de l'homophonie, leurs calembours.

Au terme de ce déplacement, Aristodème sera donc un invité-surprise. Il le sera d'autant plus que Socrate est resté en arrière, brusquement saisi par le désir de s'absorber en lui-même. Aristodème ne s'en aperçoit que sur le seuil d'Agathon quand, se retournant pour désigner celui qui l'a invité, il ne le voit plus. Situation embarrassante, comique et qui semble produite par la malice d'une divinité joueuse, le hasard, encore lui.

Que de garanties de vérité en faveur de la relation imminente des discours sur l'amour ! Il y a d'abord le témoignage librement établi d'une tradition continue qui va des dialoguants à Aristodème, leur auditeur, et d'Aristodème, le premier narrateur, à Apollodore qui le répète à Glaucon puis à l'ami, tout cela selon un Platon qui se cache, mais dont il est, on a tout lieu de le penser, très majoritairement le responsable. Dans une forme dialoguée, qui fait encore plus vrai, le hasard et l'inapprêté provoquent des effets de ruptures qui, loin de contredire les garanties de la continuité précédemment acquises, offrent par leur naturel un titre de plus à la confiance du lecteur.

Un troisième prologue dialogué chez Agathon va déterminer ensuite les conditions de l'entretien et le sujet à retenir. Ici, au bout de tant de pages liminaires, l'impression dominante est quantitative. Quelle masse prologale, se dit le lecteur, que cette succession de trois préambules en entonnoir ! Quelle attente elle creuse ! Quelle impatience elle crée ! Mais ne serait-ce pas plutôt que ce long texte tripartite "de vérité" était nécessaire, et avec tous ses atouts, pour plonger le lecteur dans un état de réceptivité qui n'allait pas de soi, d'abord parce que le *Banquet* est un récit, donc pas tout à fait un dialogue. Il est le récit d'un dialogue. Ensuite, parce que constitué d'une série de discours, il relève de la rhétorique plus que de la dialectique, ce qui est plus grave encore que la transmission peu mimétique et narrative du débat, car, on le sait, le discours est guetté par la tentation anti-socratique de la sophistique. L'impression qu'un souci de vérité inspire la transmission de ces discours du *Banquet* s'impose, sans doute, avec une certaine urgence, au seuil de cette performance. Je dirai donc, pour mieux comprendre ce long dispositif préambulaire, que c'est une réserve anticipée d'évidence que l'auteur a entendu mettre en place pour compenser la nature d'une œuvre bénéficiant, dans une trop faible mesure, des avantages d'authenticité et de vérité assurés, d'habitude, par l'énonciation dialoguée. Cette accumulation initiale, nous l'avons constatée, déjà, dans le cas de Bonaventure Despériers et nous la découvrirons encore, au chapitre suivant, consacré à la poésie lyrique.

Il n'est pas inapproprié d'insister, ici, sur ce caractère possible du prologue intégré. En effet, le rapport qui se noue entre liminaire et texte, comme entre deux moments de l'œuvre intimement rattachés l'un à l'autre, met d'abord en évidence l'alignement du premier sur le modèle du second. Le liminaire adopte un comportement qui lui permet de se fondre partiellement dans ce qu'il prépare : le prologue épique est déjà récit, le prologue théâtral déjà théâtre, le prologue du dialogue déjà dialogue. La polarité, ici, serait l'œuvre dont le liminaire s'empresse d'imiter l'allure pour supprimer toute éventualité de rupture au terme de son énoncé. Mais voilà que cette polarité se met à jouer dans l'autre sens aussi et que le liminaire se révèle capable d'influer sur la nature de l'œuvre par ce phénomène de compensation anticipée, qui conditionne la réception de manière infiniment plus active que la fonction normale d'un liminaire pourrait le faire attendre. Quand le liminaire est doté de ce pouvoir, l'on peut vraiment dire que son intégration est telle qu'elle fait presque de lui une étape déterminante dans la dynamique de l'œuvre.

Dans le cas de Platon, et de ce liminaire dont on ne voit pas tout de suite qu'il est plus qu'un liminaire, il n'est pas exclu que cette intégration produise un effet d'ironie. *Phèdre* pouvait déjà le faire pressentir où l'encadrement spatial ne semblait pas, de prime abord, devoir jouer un autre rôle que celui d'une mise en scène renforçant, sans autre conséquence, la sensation de réalité que le dialogue veut suggérer. Mais on se souvient que l'hédonisme du lieu et celui du discours rapporté par Phèdre s'associent et provoquent, dans l'esprit du lecteur, une image qui, de positive, va devenir négative ou relativement négative au contact de l'exigence de vérité et au nom de l'activité philosophique représentée par Socrate. On nous a donc un peu trompés, ou plutôt, on nous a incités à aller dans le sens de nos illusions pour nous en rendre conscients et pour amorcer, avec notre accord, le renversement philosophique que la maïeutique effectue sur fond d'erreur. L'ironie socratique consistant ici à faire d'abord semblant d'approuver notre erreur, à bénir nos faux pas, l'on voit combien l'art du préambule s'harmonise avec les clairs-obscurs de la maïeutique. Esthétiquement, ce préliminaire-platane contient la suite, comme l'englobant contient l'englobé ou le cadre le tableau. Il est le lieu réaliste d'un texte réaliste. Philosophiquement, il amorce la suite, comme l'occasion d'un amendement à venir et le premier temps d'un enchaînement dialectique. On ne peut plus douter que ces deux niveaux entretiennent entre eux une relation ironique.

Dans le préambule du *Banquet*, l'encadrement n'est point spatial, mais bien temporel. L'ampleur du texte crée une temporalité conductrice en trois phases centripètes, de la discussion du témoignage d'aujourd'hui à la narration de l'approche de l'événement (Socrate en route), et à l'organisation de la fête (boire, ne pas boire, choix du sujet, condition du déroulement). Forme en enfilade qui accommode la vision sur le vrai débat, la rend nette et nécessaire. Mais, que de hasards dans cette nécessité, de rupture, de complications ! L'humour est de la partie, qui est une heureuse gestion de la surprise et de ses désagréments. Pour que le réel soit indubitable, l'on se prend à croire qu'il doit devenir fou. Cela étant, l'on se demandera si cette épreuve du préambule n'a pas de visée plus substantielle que la simple satisfaction d'un besoin de compensation réaliste. Qu'une esthétique de la vie, un dialogue, correspondant à une méthode merveilleusement efficace et au souci de l'authenticité philosophique, rencontrent et révèlent les misères de notre monde imparfait, voilà, sans doute, la vérité qui se superpose dans ces préambules à la perfection d'un réalisme d'élection. Ce prologue tripartite, si utile, si nécessaire, si conforme au choix du genre animé qu'est le dialogue, prépare comme en creux, non moins que le *locus amœnus* de *Phèdre*, la révélation d'une philosophie de l'être opposé au paraître et d'une érotique transcendante, d'une visée substantielle, en un mot, qui situe son objet au delà du devenir, du multiple et de l'aléatoire.

La mission du liminaire ? Offrir tout à la fois, et donc ironiquement, une heureuse garantie d'incarnation, et l'image d'une hypostase qui invite le texte à l'arrachement de l'envol.

Le modèle cicéronien

Désignons ainsi le genre de dialogue qui, contrairement à ce que j'ai appelé, par généralisation, le modèle platonicien, fait intervenir à ses abords un auteur qui se déclare responsable du texte soumis à notre lecture. Parfois, ce scripteur dit ne jouer qu'un rôle de transmission : il reproduit ce qu'on lui a raconté d'un entretien qui a eu lieu. Ainsi, dans le *De Amicitia*, Cicéron déclare avoir entendu, de la bouche de Scévola, son maître, les propos de Lélius, ami de Scipion, qui vont constituer l'axe principal du dialogue en question. De prime abord, la différence avec le *Banquet* n'est pas grande. Mais l'admettre serait oublier, tout de même, que Platon est totalement absent de son texte, contrairement à Cicéron. Celui-ci, d'autre part, revendique beaucoup plus de place que celle qui en ferait le simple détenteur d'une mémoire fidèle. L'on a l'impression que la vivacité du souvenir et la précision de l'image conservée stimulent chez lui les forces de la création. Loin de conduire à la simple reproduction, la représentation intérieure se donne carrière dans une représentation extérieure, qui refuse de n'être que répétitive. Elle est vraiment de la responsabilité de Cicéron. Nulle contradiction entre l'exclamation : "je le revois" (*idest* Scévola), et le beaucoup plus actif : "j'ai mis en scène" ; nulle rupture dans le trajet qui va d'une fidélité littérale fortement revendiquée à la joie de faire parler Lélius dans le *De Amicitia*, comme Caton dans le *De Senectute*, avec un art tel que "l'on croirait les entendre vraiment". Cicéron est trop profondément conscient et désireux de remplir pleinement le statut d'un écrivain pour que sa mémoire puisse ne pas être une mémoire d'auteur. Il ne fait rien pour le cacher, ni pour se cacher.

La forme la plus typique de ses *incipit* est un texte adressé, que l'on pourrait appeler lettre dédicatoire. On y trouve deux éléments d'inégale ampleur :

1. La présence du dédicataire, c'est-à-dire, selon les mots de Michel Ruch[1], le destinataire de "la seule et première copie dont l'auteur a pris soin lui-même et qui doit servir de prototype à la publication future". Ajoutons que ce dédicataire n'est pas n'importe qui. Il a partie liée avec le texte du dialogue. Cicéron le choisit parmi ses proches et lui rappelle volontiers que c'est pour obéir à sa requête qu'il a entrepris et achevé son œuvre.

> Vous me pressiez souvent d'écrire quelque chose sur l'amitié, et j'ai pensé en effet que cette matière devait intéresser tous les hommes, et convenait à l'affection qui nous unit. (*De Amicitia*, 5)

[1] M. Ruch, *Le Prooemium philosophique, chez Cicéron*, Strasbourg, 1958.

2. Une sorte de dissertation, elle aussi en rapport avec le dialogue. Elle peut comporter un état de la question de caractère souvent historique et une justification du choix du sujet et de la réflexion philosophique qu'on lui voue.

L'exemple cicéronien le plus fécond est, sans doute, les *Tusculanes* adressées à Brutus, et qui ne comptent pas moins de cinq préambules, autant que le dialogue a de parties ou de journées. En effet, l'entretien se déroule, comme ce sera très souvent le cas pour la suite, en particulier à la Renaissance, sur plusieurs jours[1]. Chaque préambule est une sorte d'essai adressé à Brutus, ou de lettre théorique portant sur la philosophie (son acclimatation en terre romaine, son intérêt pratique, son utilité comme médecine de l'âme, son développement à Rome, sa part prépondérante dans la création de la civilisation). Ce genre de prologue, qui allie justification et esprit de croisade à propos de la culture et surtout de la philosophie, connaîtra une descendance considérable, car il constitue un modèle pour tout discours proclamant la nécessité d'un renouveau, dans un contexte national considéré insuffisant au regard d'un autre peuple-phare à l'éclat contrariant et stimulant tout à la fois : la Grèce pour les Romains, l'Italie pour les Français du XVIe siècle. L'on voit le parallélisme à tracer ici entre le patriotisme de Cicéron dans les *Tusculanes* et celui de Du Bellay dans la *Défense et Illustration de la langue française*, mais aussi entre l'œuvre du Romain et le *Solitaire premier* de Tyard ou les *Dialogues* de Le Caron, qui préconisent, l'un et l'autre dans leur préambule, l'excellence de la culture philosophique et la nécessité d'estimer enfin ceux qui la pratiquent, même — et peut-être surtout — s'ils sont une minorité (Tyard) ou interdits d'accès sur le seuil des gouvernants (Le Caron).

Mais l'articulation de ces prologues et du dialogue philosophique se réalise-t-elle sans autre ? Si l'on tient compte du fait que la rencontre s'effectue alors entre deux types de textes différents, on est en droit d'en douter, et le préambule théorique a toutes les chances, en principe, d'avoir le statut d'un prologue extérieur (frontal, occasionnel ou même autonome). Or, la tradition dominante, au sein du dialogue auctorial, ou, comme nous l'appelons, cicéronien, révèle un souci aigu d'intégration et met en œuvre des ressources très précises, que nous aurons à définir, pour produire un texte qui, des propos où l'auteur parle en son nom à ceux où les interlocuteurs du dialogue se parlent les uns aux autres, soit emporté dans un seul mouvement.

Une certaine affinité de situation humaine entre les deux volets du texte peut conduire déjà à une impression d'unité. Saint Augustin tente de convaincre son dédicataire Zenobius, dans le préambule du *De Ordine*, de la même manière et avec les mêmes intentions que lorsque, dans les premières répliques du dialogue lui-même, il s'adresse au jeune Licentius, adonné à la poésie, mais sur le point de se

[1] C'est dire ce que, dans le domaine de la nouvelle, la structure des dix journées du *Décaméron*, avec ses dialogues et ses thèmes distincts, doit à Cicéron, dont Boccace était nourri.

convertir à la recherche de la vérité. Dans les deux discours, celui à Zenobius, qui est censé n'être qu'écrit, et celui à Licentius, qui est donné comme proféré, saint Augustin adopte la même fonction catéchétique, avec la claire conscience d'avoir affaire, les deux fois, à des candidats qui présentent des signes prometteurs. Avouons même que l'*exhortatio* au dédicataire Zenobius, où le maître invite le disciple à entrer en lui-même pour y découvrir l'ordre du monde extérieur, pourrait aussi bien figurer en tête des propos destinés à l'interlocuteur Licentius ou aux autres dialogants en plusieurs points des entretiens de Cassiciacum.

Mais c'est avant tout la présence de l'auteur qui constitue le dénominateur commun du dialogue et de son prologue dans le modèle cicéronien — ou augustinien — qui nous intéresse ici. A la différence de ce qui se passe au théâtre, le type cicéronien place l'auteur dans une position dominante. Dans ces prologues non dialogués et qui s'agrègent cependant à des dialogues, on ne saurait nier l'importance du modèle de la diatribe romaine, de sa mixité générique et tonale, du privilège qu'elle s'arroge d'offrir un discours où éclate la vivacité du ton interpellatif et où l'abandon à une confidence familière n'est jamais exclu. Le prologue rabelaisien en est un avatar. Dans notre cas, la nature du lien entre prologue et texte relève surtout de sa charge autobiographique, charge dont le prologue trouvait l'exemple dans la diatribe justement.

Ainsi, dans ses *Tusculanes*, Cicéron établit sur un moi constamment présent le lien de la lettre-dédicace et du dialogue. Celui-ci devient un débat qui se dessine dans une lumière nettement cicéronienne. Voyons comment. D'abord, il y a la présence de Brutus, le dédicataire.

> Quand je me suis dégagé enfin, sinon complètement, du moins dans une large mesure, des lourdes tâches de l'avocat et des charges de l'homme d'Etat, j'ai cédé à tes pressantes instances, Brutus, je me suis remis à des études demeurées chères à mon esprit, mais qui avaient été ralenties par les circonstances, interrompues pendant une longue période, quand j'y suis revenu.
>
> (*Tusc*. I, 1)

Ce *tu*, que Cicéron place presque en tête de son préambule, laisse présager un discours où Brutus jouera le rôle important de celui qu'il s'agit de convaincre. Or, il n'en est rien. Cette deuxième personne est moins une instance que l'on vise, qu'une extériorité qui regarde du côté du moi scripteur. Brutus va vers Cicéron et le met en valeur, même si celui-ci fait semblant d'aller à lui. Le personnage central est donc bien Cicéron, dont le moi trône sans conteste dans cette phase initiale du préambule. Ce texte va-t-il donc être dans sa substance thématique un *De vita sua* ? Apparemment non, car Cicéron entreprend l'exposé d'une longue histoire de la culture à Rome, selon la nature propre de son génie et sa relation avec les Grecs, supérieurs et exemplaires dans certains domaines, inférieurs aux Romains ou avantageusement concurrencés par eux, dans d'autres. La philosophie occupe une place centrale dans cette analyse. De fait, le sujet du préambule, comme du dialogue lui-même, est bien là. Traité par un Cicéron historien quelque peu moraliste, il ne saurait donc se ramener à des enjeux subjectifs, ni à un discours sur soi. Mais, là encore, l'extériorité est moins réelle qu'apparente.

D'abord, un parallélisme évident court entre l'image de Rome et son apprentissage de la philosophie d'une part, et Cicéron de l'autre, qui reprend ses études philosophiques interrompues pendant longtemps par ses charges juridiques et politiques. Comme un microcosme et un macrocosme se répondent, ou un individu et une collectivité, le locuteur et Rome se reflètent l'un dans l'autre. En petit, le destin de Cicéron reproduit celui de Rome et l'autobiographie s'insinue dans le thème d'intérêt général et la réflexion objective qui l'examine.

En outre, Cicéron suggère une relation qui n'est pas simplement analogique, ou dont l'analogie n'est pas fortuite. S'ajoute, en effet, une action conditionnante entre Rome et Cicéron. L'un agit sur l'autre. Or, cette relation causale ne se meut pas, comme la logique de l'histoire le ferait prévoir, dans un sens qui va du collectif à l'individuel ou d'une Rome qui influencerait de par son *Zeitgeist* l'expérience du *civis* en train de disserter sur elle. Non, c'est de celui-ci, du particulier de notre auteur que la situation générale, l'étude de la philosophie à Rome en l'occurrence, tire sa stimulation, voire sa cause.

> La philosophie, elle, a été négligée jusqu'ici et n'a pas trouvé chez nous d'écrivain capable de la mettre en lumière ; il nous appartient de lui donner de l'éclat et de la vie, afin que si dans notre carrière politique nous avons bien servi notre patrie, nous la servions encore, si possible, dans notre retraite. (*Tusc.* I, 1)

A quoi il ajoute :

> C'est pourquoi, si dans la gloire de l'éloquence romaine il est une part qui revient à notre activité, nous apporterons beaucoup plus de zèle encore à faire jaillir les sources de la philosophie, dont notre éloquence même dérivait. (*Tusc.* III, 6)

Voilà qui est clair, la réflexion sur la philosophie à Rome est liée, dans ce discours préambulaire, à un programme en train de s'accomplir et dont le maître d'œuvre est Cicéron lui-même. L'essai que constitue cette lettre dédicatoire est donc fortement "cicéronianisé".

Peu après, l'annonce du dialogue ne l'est pas moins, mais sans aucune surprise cette fois, car en évoquant dans quelles conditions l'entretien est sur le point de se dérouler, l'auteur évoque un milieu, Tusculum, qui est le sien, et des amis qui sont venus l'y trouver pour l'entendre.

> Ainsi dernièrement, après ton départ, j'ai profité de la présence en ma villa de Tusculum d'un grand nombre d'amis, pour m'essayer sur ce terrain.
> (*Tusc.* IV, 7)

Cicéron est donc bien le dénominateur commun des deux "foyers" du prologue, Rome et Tusculum, le tout au seuil d'un dialogue dont il est l'auteur et dont l'essentiel est occupé par des leçons de son cru, ressemblant beaucoup aux exercices des rhéteurs qui lui étaient si familiers.

> Auparavant, mes sujets de déclamation étaient des thèmes judiciaires et c'est un exercice que j'ai pratiqué plus longtemps que personne ; à leur tour, ces conférences sont les déclamations de ma vieillesse.

L'autobiographie accomplit un raccord entre tous les moments du texte : sous-entendue dans l'essai théorique sur Rome et la philosophie, explicite dans la mise en place du dialogue et dans le dialogue même, elle constitue le secret d'une intégration sans faille qui, contrairement à Platon, adopte, aux frontières qui enserrent le texte, non pas l'être de l'objectivité événementielle, mais la subjectivité événementielle ou, encore une fois, l'autobiographie.

Fruit des progrès de l'individualisme, comme le pense Michel Ruch, le prologue auctorial cherche lui aussi, et dans des conditions plus difficiles que l'autre, à produire un texte unifié dans le prolongement de ses avenues non dialoguées. Pour reprendre l'expression architecturale de la *Rhétorique à Herennius* (I, 7, 1), il faut que l'on puisse voir, dans le prologue, la partie d'un ensemble :

> *Ut ædibus et templis vestibula et aditus.*

Saint Augustin

La littérature chrétienne se trouvera fort bien de l'illustre précédent cicéronien. L'expérience personnelle ayant valeur de témoignage, un auteur comme saint Augustin n'hésite pas à occuper extensivement le voisinage de ses dialogues par des développements sur lui-même, sur sa relation à la vérité à travers sa propre histoire, à solliciter, en un mot, la Muse des *Confessions*. Comme chez Cicéron, ces réflexions surplombantes sur une vérité vécue s'agrègent fort bien au récit personnel encadrant plus immédiatement le dialogue. Le même fil conducteur auctorial court de part en part dans les préambules augustiniens aussi bien que cicéroniens. Parfois le chrétien semble même reprendre fidèlement les situations de son illustre modèle. La continuité obtenue dans le *De Ordine* déjà mentionné ne rappelle-t-elle pas, par le contenu qui la porte, des situations cicéroniennes ? Comme l'Arpinate, Augustin s'acquitte de sa fonction de maître de philosophie à la suite d'un changement qui s'est produit dans sa vie. Cicéron avait quitté l'arène publique, Augustin a dû renoncer à son métier de rhéteur en raison de défaillances vocales. Le dialogue et la recherche du vrai sont, l'un et l'autre, la conséquence d'une modification existentielle, de l'abandon d'activités que nous pourrions, sans exagérer, qualifier de mondaines. Les deux œuvres s'ouvrent sur une conversion propédeutique, bien qu'involontaire. L'on comprend que l'auteur chrétien, si fortement influencé littérairement par la démarche de l'autre, ait retenu ce thème d'un changement initial qui lui convenait mieux encore, et qui signifiait davantage dans le contexte qui était le sien.

Un autre parallélisme associe les deux œuvres. Le disciple avec lequel Augustin commence le dialogue, Licentius, est, nous l'avons vu, un adepte de la poésie, mais il semble disposé à s'attacher à la philosophie et à accepter que le maître lui dise que cette discipline est supérieure à l'autre. Cette situation n'est pas sans rappeler l'évocation cicéronienne d'une Rome qui a opté pour l'apprentissage de la philosophie après s'être consacrée, de préférence, à l'éloquence. Face à cette double potentialité, Cicéron et Augustin se dressent sur la scène du dialogue comme des maîtres qui vont transformer en réalité pleine des dispositions aussi favorables. Mais ces changements à obtenir sur autrui concernent aussi les auteurs. Chez Cicéron, le dialogue est non seulement un enseignement, mais un exercice qui le met à l'épreuve et le fortifie. Chez saint Augustin, il s'inscrit dans la perspective d'une recherche dont l'origine et l'accomplissement sont à chercher dans les prières de Monique, sa mère :

> C'est à toi surtout, ma mère, que nous confions le soin de faire en sorte que ces vœux s'accomplissent très fidèlement ; c'est par tes prières, je le sais et j'en rends témoignage sans hésitations, que Dieu m'a donné cette pensée de mettre au-dessus de tout la connaissance de la vérité, de ne rien vouloir, de ne rien souhaiter, de ne rien aimer d'autre. Et je ne laisse pas de croire que c'est encore ta prière qui nous fera acquérir ce bien si grand que tes mérites nous ont valu de convoiter.

Dans les deux cas, l'autobiographie, si fortement à l'œuvre littérairement, est aussi une cause finale. Elle s'articule sur le devenir, sur l'idée de bonheur et de salut personnel.

Quant à la force de cohésion de la narration autobiographique, elle appert, chez saint Augustin, non moins, sinon plus encore que chez Cicéron. Ainsi, le dialogue *De Beata vita* offre une disposition prologale dont l'unité s'organise autour d'un récit autobiographique. Voyons comment. Dans un premier mouvement, l'auteur s'interroge sur la sagesse. C'est un port que l'on atteint au terme d'un voyage. Elle implique un effort et un déplacement, c'est-à-dire un choix qui oriente dans la bonne direction le mouvement de la vie. Du coup apparaissent les bons et les moins bons navigateurs, ceux dont l'existence va ou ne va pas dans la direction requise. Et moi — deuxième vague — comment me classer dans ces diverses catégories, se demande saint Augustin sous le regard de Théodore, son dédicataire. Pour répondre à cette question, il consacre près de deux pages à se raconter en parcourant les étapes de son évolution intellectuelle, de l'*Hortensius* de

Cicéron aux dialogues de Platon, qui l'ont enflammé d'un goût nouveau et si exclusif pour la vérité qu'il a abandonné pour cela "le fardeau d'une profession qui [le] faisait peut-être voyager vers les sirènes" et a conduit sa "barque, bien mal en point et faisant eau, vers la tranquillité tant désirée".

Dans le troisième moment du prologue, Augustin aborde un espace temporel plus particulier encore, celui où le dialogue va se mettre en marche. Il constitue, comme dans le *Banquet*, la pointe d'une sorte d'entonnoir toujours plus étroitement narratif, forme à laquelle l'on comparera le liminaire dans son entier, avec sa discussion générale sur la sagesse, se resserrant d'abord dans l'examen de la sagesse vue sous l'angle biographique et, davantage encore, dans l'amorce plus particulière du dialogue qui sera recherche de la sagesse en acte, application, en quelque sorte, de l'autobiographie bien orientée qui a précédé. Et, pour mieux lier les composantes de cette dynamique, saint Augustin nous fait retrouver l'image du voyage et du port :

> C'est pour te faire connaître ma conduite présente et comment je rassemble dans ce port mes amis.

Enfin, l'*occasio* (date, lieu, personnages) vient étoffer le "comment je rassemble" de la citation précédente, consommer la progression particulariste du tout, accentuer son autobiographisme et confirmer ainsi le secret de son unité mobile :

> C'était les ides de novembre, jour anniversaire de ma naissance...

Même dans son aboutissement, dans cette éphéméride à la pointe extrême et presque futile du prologue, la solennité de l'anniversaire personnel vient rappeler le maintien d'une intention sérieuse.

Confession — Profession. Tout naturellement surgit alors l'idée qu'en se christianisant, le modèle cicéronien tend à adopter, dans le prologue auctorial, les caractéristiques de la confession. Pour deux raisons, d'abord parce que le propre de l'autobiographie chrétienne est d'être marquée par les conduites de l'aveu ou, plus précisément, par la conscience d'un écart entre le comportement de la personne et les exigences de la loi évangélique. Ensuite, parce que la rédaction d'un dialogue suppose l'existence d'un moment important, parfois un état de crise. Or, les temps forts dans la vie chrétienne nécessitent, avant tout, un regard sur soi. Le connais-toi toi-même est le premier stade, nous dirons le prologue, du voyage vers la vérité, ainsi qu'Etienne Gilson l'a bien montré dans son étude sur le socratisme chrétien[1]. Ce premier moment obligatoire ou réflexe du fidèle face à l'entreprise qui engage, dans sa relation à la vérité, son avenir spirituel, vient donc occuper au seuil des dialogues qui s'inspirent de cette exigence la place qui a été ouverte par la conscience auctoriale chez un Cicéron. Mais, en devenant un fidèle, l'auteur ne renonce pas à être un auteur. Disons qu'il adopte d'autant mieux les ressources de l'autobiographie prologale et rejoint d'autant plus sincèrement l'unité entre ce premier temps et le deuxième temps de l'œuvre dialogue, où il occupe tant de place. En outre, dans cette recherche dialoguée, un grand mouvement de profession est toujours en action. L'on comprend mieux, dès lors, combien facilement le modèle cicéronien, si didactique et monologuant, peut poursuivre sa carrière au-delà de son contexte idéologique, comment la motivation chrétienne de la profession de la vérité peut reconduire et accentuer même la pertinence d'une conduite magistrale.

Le dialogue intérieur. Un pas de plus, on s'en doute, et le dialogue devient dialogue intérieur entre l'âme et elle-même. Une tradition s'ouvre avec les *Soliloques* de saint Augustin, qui comporte, en ses plus illustres étapes, la *Consolatio Philosophiae* de Boèce[2] et le *Secretum* de Pétrarque[3]. Bien que les interlocuteurs du moi portent des noms (Ratio chez saint Augustin, Philosophia chez Boèce, Augustinus chez Pétrarque), nous n'aborderons pas la question de savoir quelle est leur identité psychologique : surmoi, expression du devoir-être, moi converti "avant la lettre" et faisant accéder l'autre moi aux conditions spirituelles de la vérité...

Deux ou trois choses frappent, désormais, pour nous en tenir au problème du liminaire.

1. D'abord, la distinction entre une autobiographie préambulaire et la zone proprement spéculative du dialogue — le dialogue en un mot — s'estompe beaucoup. Dans le dialogue intérieur, la recherche de la vérité est inséparable de l'introspection en acte, et cela bien au-delà du liminaire. A tout moment du débat, le moi peut confesser ou se faire reprocher son état d'insuffisance, méthodologiquement indissociable de son désir de comprendre.

[1] E. Gilson, *L'Esprit de la philosophie médiévale*, chap. XI : "La connaissance de soi-même", Paris, 1948.

[2] Signalons la préface de Marc Fumaroli à la traduction récente de Colette Lazam. Boèce, *La Consolation de la Philosophie*, Ed. Rivages, Paris-Marseille, 1989.

[3] Voir Adelia Noferi, *L'Esperienza poetica del Petrarca*, Firenze, 1962 ; A. Tripet, *Pétrarque ou la connaissance de soi*, Genève, 1967.

> Mais ne perdons pas de temps. Il faut nous mettre en route. Examinons, puisque c'est la condition préalable, si nous sommes en bonne santé morale. (*Sol.* I, IX, 16)

Condition préalable, est-il dit ici, on sait bien en effet que l'examen de soi est propédeutique. Mais, il faut ajouter qu'il se poursuit au long du dialogue, ne serait-ce que pour marquer jusqu'au bout évolution ou progrès par rapport à un passé lointain ou proche. Celle des trois œuvres citées où la situation de l'être moral est le plus fortement en jeu est le *Secretum* de Pétrarque, qui est une véritable confession dirigée.

Ainsi, premier point dans le dialogue intérieur d'origine augustinienne, la confession, qui semblait réservée à la périphérie, pénètre au centre du texte et se mêle, parfois intimement, à la profession que se propose le dialogue.

2. La deuxième remarque qu'appellent ces textes où je me parle à moi-même pourrait s'inscrire sous la rubrique concernant la recherche des garanties d'authenticité. L'extériorité de l'inspiration divine constitue une de ces garanties. On prie au seuil des *Soliloques*, comme on invoque la Muse au début de l'*Iliade*. Cette mesure est confirmée par l'enclenchement démonstratif aux confins du dialogue d'une progression en deux temps. C'est le spectacle initial d'un mieux-dire ou d'un mieux-penser qui est offert. Ainsi, dans les *Soliloques*. La Ratio augustinienne n'était pourtant pas suspecte d'hérésie (encore que, dans ses *Retractationes*, saint Augustin lui ait trouvé à redire). Mais la nécessité qu'elle proclame, pour son disciple, d'adresser à Dieu sa requête n'est pas sans influence sur elle. Ratio ne s'en trouve-t-elle pas améliorée et n'est-on pas en droit de penser qu'après cette prière, ce n'est pas seulement l'âme de l'auteur-disciple qui s'appuiera sur des assises plus solides dans sa quête du vrai, mais l'auteur-Ratio également ?

Ce phénomène de déclic amélioratif se reproduit de manière plus décisive encore dans la *Consolatio*. La Muse occupe la pensée de Boèce. Une plainte muette, adressée à elle, s'élève dans le cœur du captif, qui en prend note ensuite sur ses tablettes. C'est dans cette attitude de lettré appliqué à la recherche d'une consolation dans la poésie qu'il est surpris par la Philosophie. Les propos qui retentissent alors sont sévères :

> Elle n'eut pas plus tôt aperçu les Muses de la poésie, assises à mon chevet et dictant des expressions à ma douleur, que sortant pour un moment de son calme habituel, et lançant des regards enflammés de colère : "Qui donc, dit-elle, a permis à ces filles de théâtre d'approcher de ce malade ? Ne sait-on pas qu'elles ne possèdent aucun baume pour endormir ses souffrances ? qu'elles les nourriraient plutôt par leurs doucereux poisons ? Ce sont elles, en effet, qui étouffent sous les stériles épines des passions les opulentes moissons de la sagesse. Elles peuvent accoutumer l'âme humaine à la douleur : elles ne l'en délivrent pas.

> Encore si vous débauchiez un profane, comme c'est votre habitude, je m'inquiéterais peu de votre artificieux manège ; vous ne me raviriez pas du moins le fruit de mes travaux. Mais quoi ! celui-ci ? un homme nourri des doctrines d'Elée et de l'Académie ? Allons ! retirez-vous, Sirènes ! Arrière vos séductions meurtrières ! Ce sont mes Muses, à moi, qui soigneront et guériront ce malheureux."
> Ainsi admonesté, le chœur harmonieux baissa ses regards humiliés et, le front rouge de honte, franchit tristement le seuil.

Est-il besoin de souligner ce qui est déjà si insistant ? Oui, Boèce donne accès à la Philosophie en organisant les conditions d'un dépassement. On pourrait parler d'un renversement et reconnaître la tradition d'une conversion au vrai qui implique d'abord l'élimination de ce qui se meut ailleurs qu'en lui. Ici, les Muses sont platoniquement congédiées, comme les pires qui soient puisqu'elles servent le théâtre, l'art le plus imitatif, le plus proche des illusions malheureuses du monde terrestre, selon l'auteur de la *République*. En réalité, la *Consolatio* nous met en présence non pas tellement du renversement classique du faux au vrai, mais plutôt d'une démarche partant d'une solution *apparemment* respectable — Boèce est un lettré et la poésie ne lui paraît pas condamnable en tant que telle puisque les cinq livres de son œuvre ne comptent pas moins de trente-neuf pièces en vers — et allant à une solution *vraiment* respectable[1]. Même si, en d'autres circonstances, on les laisserait maîtresses du terrain, les Muses sont chassées parce que le chant de la Philosophie est celui-là seul qui peut prétendre arracher l'âme humaine aux tourments de sa condition. L'intérêt de ce conflit initial réside dans la mise en valeur de la philosophie, et dans la preuve administrée ainsi, du sérieux de l'ambition qui habite l'auteur. Il fallait que son choix s'impose comme un sursaut, s'installe au delà de ce qui peut se targuer déjà des mérites de l'effort et de l'élaboration formelle. Comme dans les *Soliloques* et les autres dialogues augustiniens, l'entrée en matière de ce dialogue, où l'âme cherche à se dépasser par la victoire en elle des instances de la supériorité, est articulée sur une échelle à deux niveaux. Les Muses de la philosophie et celle de la poésie s'entretiennent pour la plus grande gloire des premières et proposent, dans leur rencontre inaugurale, l'image anticipée d'un dialogue où l'âme-Philosophie emportera l'adhésion de l'âme lettrée. Ravisement du début, cette identification en deux temps du vrai remède crée une construction en profondeur que les prologues, dans ces dialogues philosophiques, pratiquaient à leur façon avec leurs étapes successives (théorique, autobiographique, occasionnelle). L'ombre portée du modèle cicéronien s'étend jusqu'en ces exemples éloignés de son univers. Boèce reçoit de son prédécesseur la prescription d'une entrée en matière prévoyant une multiplication interne du discours. On sait que, chez Cicéron, l'intégration se fait de la sorte,

[1] E. Rapisarda, *Consolatio poesis in Boezio*, Centro Studi sull'antico cristianesimo. Università di Catania, Catania, 1960.

conduite par étapes toujours plus particulières jusqu'à l'événement du dialogue. Chez Boèce, la multiplication interne s'applique à surmonter le soupçon de solipsisme et à faire surgir non un particularisme autobiographique toujours plus net, mais l'identité de l'autre et de l'Autre de l'autre dans un mouvement qui est également en enfilade. Le dialogue intérieur conjure ainsi les dangers du faux et de l'inauthentique. Il fait croire à une révélation reçue. Comme l'appui du divin dans la prière introduisait la Ratio des *Soliloques* dans son identité extra ou superaugustinienne, la Muse du vrai dégage son excellence de la comparaison qui l'affronte avantageusement aux Muses de la poésie, trop proches encore d'un Boèce "quotidien".

Et c'est l'invocation du modèle épique qui, rappelons-le, confère ce surcroît d'évidence, cette garantie d'extériorité, cette polarisation du vrai aux abords d'un dialogue où le moi pourrait, sans cela, n'être que l'interlocuteur de ses bonnes intentions.

* * *

Ultime suggestion en guise de conclusion à propos de l'avatar du modèle cicéronien que nous avons appelé dialogue intérieur. Ne dirait-on pas que ces œuvres de face à face solitaire (*Soliloques, Secretum* !), forme ultime du dialogue magistral, se rattachent aussi, d'une certaine façon, au modèle platonicien ? Certes, on n'y retrouve pas autant que chez Platon le souci de recourir au préambule pour cautionner la valeur historique du témoignage. L'autobiographisme est maintenant assez sensible et immédiat pour dispenser d'une telle mesure. Mais n'oublions pas le statut assez particulier de la vérité chez un Socrate, le Socrate de Platon tout au moins. Lorsqu'il s'entretient avec autrui, il est quelqu'un qui sait déjà. Avant d'entrer chez Agathon, il s'est recueilli et ce moment de contemplation silencieuse, qui est loin d'être unique, ne doit pas être pris comme une parenthèse dans sa vie de sage. Il constitue bien plutôt un temps fort et déterminant, dont l'activité dialoguante va bénéficier. Elle sera une transposition temporalisée et souvent inaboutie de cette *theoria* solitaire, car, dans le dialogue et ses messages *ad personas*, l'unité et la pureté du vrai se multipliant ne peuvent être que des objets d'approche.

Dans le sous-genre du dialogue intérieur aussi le débat veut croire qu'il est dans le prolongement d'un en deçà de la vérité. Nous en avons vu la raison et elle porte entièrement sur le problème de savoir si, en me dédoublant, j'ai des chances de me dépasser et d'apprendre ; ou si je ne reçois pas plutôt ce que je donne seulement, dans une avance illusoire et circulaire. La marque de la transcendance conjure cette impression. Pour reprendre la manière de l'évangile de Jean, le logos était au commencement. Ici, c'est dans le commencement, dans le prologue, mais, comme chez l'évangéliste, le logos est aussi avant ce moment où on le rappelle ; il existe depuis toujours. Une ligne continue, qui a sa source dans l'éloignement infini de l'absolu, court donc jusqu'au carrefour où se rencontrent deux facettes du moi. Elle inspire au premier chef celle qui est animée des pensées les plus justes. Elle se poursuit jusqu'au moi plus fragile, qui espère la santé. L'on dira donc que, quand il prend la forme du dialogue intérieur, le modèle magistral et autobiographique que fournit Cicéron rejoint l'objectif de la continuité et intègre son liminaire en regardant du côté de l'invocation épique et de Platon ; du côté d'une vérité qui se propage du plus loin jusqu'au plus proche. Faut-il donc arracher le prologue du dialogue intérieur à l'influence du modèle cicéronien ? En fait, le mouvement du transcendant à l'immanent que nous venons d'évoquer correspond aussi aux articulations du liminaire cicéronien qui, partant de l'essai (du plus général, du plus abstrait) se prolonge dans l'autobiographique et s'achève dans l'établissement des circonstances les plus concrètes qui ont entouré l'enclenchement du dialogue.

CHAPITRE III

LE PROLOGUE ET LA LYRE

Dans le contexte du lyrisme, le problème du prologue se pose de manière si particulière qu'il mérite d'être traité séparément, d'autant plus que ce genre poétique a été lui-même en débat tout au long de l'histoire qui va d'Aristote au romantisme et même au-delà jusqu'aux tenants de la poésie pure. Quand il n'est pas en discussion, c'est en général qu'il décourage, par son côté fuyant, le désir de l'examiner théoriquement. Examen, non-examen ... Le XVIe siècle a connu ces deux comportements. Quelques Italiens se sont ingéniés, à partir d'Aristote et d'Horace, de légitimer l'existence du lyrisme par des raisonnements plus ou moins originaux. Les Français, poètes et poéticiens, sont restés en deçà, sans que la production de leur poésie, le plus souvent lyrique, ait eu à en souffrir.

Pour simplifier extrêmement, deux raisons expliquent sans doute les difficultés que ce genre de poésie a rencontrées dans sa conceptualisation et sa reconnaissance. D'abord, le fait que les textes lyriques sont relativement courts, d'où la nécessité de les grouper — comme des nouvelles ! — pour constituer des ouvrages suffisamment étoffés. En découle alors l'impression que l'ensemble obtenu pourrait bien n'être qu'une accumulation de moments individuels et clos, difficilement assimilables à un objet construit et qui posséderait, en un commencement, un milieu et une fin, le secret de sa juste mesure et de son unité, pour parler en termes aristotéliciens.

La deuxième raison, moins aisément reconnue sinon parfois à titre de pressentiment ou de malaise, tient à ce que, face à l'épanchement subjectif, ceux qui pensent comme Aristote qu'une création, un *ποιεῖν*, est par définition l'imitation d'une action qui se situe à l'extérieur du locuteur, retrouvent difficilement dans le lyrisme les conditions nécessaires à l'existence d'une œuvre respectable. Il y a toujours un Aristote, petit ou grand, qui habite ou sommeille dans la conscience du lecteur cultivé jusqu'à la révolution romantique tout au moins.

Un survol rapide des avatars du concept de lyrisme, puis un examen, avec une lentille à plus fort grossissement, de la conscience pétrarquienne en la matière nous permettront de dégager, dans leur développement historique, les résistances rencontrées et que nous avons ramenées au problème de la dispersion dans le multiple et à celui d'une subjectivité autobiographique, incompatibles avec une certaine idée de l'objet esthétique. Cette analyse n'est pas inutile : le prologue, au XVIe siècle en tout cas, est interpellé par ces conditions et, nous le verrons ensuite, il y répond.

1. UN GENRE MULTIPLE ET FUYANT

Toute réflexion portant sur la formation de notre idée de poésie rencontre le problème du genre lyrique. La conception moderne de la poésie a, en effet, pris naissance à partir de l'époque (le XIXe siècle) où poésie et lyrisme ont commencé à être des idées superposables. Cette convergence est devenue possible au terme d'un cheminement long et tortueux. Que de tâtonnements pour le lyrisme, entre le rien qu'il était chez un théoricien comme Aristote, et le tout qu'il est devenu chez un poète comme Leopardi ! Que de difficultés à vaincre, avant de donner simplement sa place et un statut à la Muse de Sappho et de Pindare dans un système qui s'obstina si longtemps à ne prendre sérieusement en considération que celles de l'épopée et de la tragédie[1] !

Il est frappant de voir comme, chez des auteurs pourtant enclins à placer le lyrique au côté des deux autres grands genres, la tentation subsiste d'en noyer la spécificité globale dans une deuxième temps par des effets de subdivisions et de multiplications internes.

Ainsi, au seuil de sa *Poetica toscana* (1564), Minturno déclare qu'il y a trois sortes de poésie : l'épique, le scénique et le mélique. On s'attend à lui voir développer également ces trois catégories. Et, en effet, aucune n'est sacrifiée, pas même la troisième qui apparaît dans le troisième dialogue intitulé *I lirici*. Ce titre général reprend le sens de *melico* choisi au début du traité, et il n'étonne pas trop de prime abord. Mais à la lecture, l'on s'aperçoit qu'à son tour *lyrique* connaît un traitement inattendu : il a remplacé *melico* comme catégorie générale, mais tout aussitôt il cesse de mériter ce statut pour n'être plus qu'un aspect de cette poésie dont on ne sait plus s'il faut l'appeler mélique ou lyrique, car Minturno écrit que le genre est composé de chants lyriques (qui s'accompagnent de la lyre), de dithyrambes (de la flûte) et des nomes composés pour enseigner les lois. Le fait que le même terme de *lirico* puisse être utilisé en tête du troisième chapitre dans un sens large qui le rapproche sans doute du nôtre, et aussitôt après dans le sens étroitement musical qu'il avait dans l'antiquité révèle bien que, consciemment ou non, le poéticien, comme plusieurs de ses contemporains italiens, se place à la charnière de deux conceptions. L'instabilité sémantique de son vocabulaire en

1 Sur l'histoire des genres littéraires et le problème du lyrisme, la bibliographie est vaste. Voir entre autres :

I. Behrens, *Die Lehre von der Einteilung der Dichtkunst*, Halle, 1940 ; K. Hamburger, *Logique des genres littéraires*, trad. fr., Paris, 1986 ; *La Notion de genre à la Renaissance*, sous la direction de G. Demerson, Genève, 1984 ; G. Genette *et alii*, *Théorie des genres*, Paris, 1986 ; J.-M. Schaeffer, *Qu'est-ce qu'un genre littéraire ?*, Paris, 1989 ; C.M. Bowra, *Greek Lyric Poetry from Alcman to Simonides*, Oxford, 1961 ; P. Grimal, *Le Lyrisme à Rome*, Paris, 1978 ; P. Veyne, *L'Elégie érotique romaine. L'amour, la poésie et l'Occident*, Paris, 1983 ; W. Tatarkiewicz, *History of Aesthetics*, III, *Modern Aesthetics*, Varsovie, 1970.

témoigne. Elle est renforcée ensuite par la résistance à unifier, en une seule entité conceptuelle, le mélico-lyrique. Celui-ci donne lieu à la subdivision que nous avons citée, et où chaque membre n'est guère relié aux autres, sinon évidemment par leur commun caractère musical. La globalité promise au seuil de l'œuvre dans la tripartition "epico — scenico — melico", et dans le titre de *Lirici* s'effrite donc, et à côté du dramatique et de l'épique, le lyrisme entrevu se pulvérise sous nos yeux étonnés.

Nous nous sommes arrêtés au cas de Minturno, car il nous permet de voir à l'œuvre un état de gestation assez caractéristique. Il est fréquemment repérable jusqu'au XVIIIe siècle. Dans l'intervalle se répète, de manières diverses et souvent beaucoup plus médiocres, le va-et-vient entre une conception globalement différenciée des genres et la juxtaposition, surtout pour le lyrisme, d'un certain nombre de formes, qui fait penser à un catalogue non raisonné. On rencontre chez Scaliger (*Poetices libri septem*, 1561) un rythme d'exposition qui rappelle celui de Minturno. (Est-ce un hasard, ou une forme obligée des tâtonnements du siècle en la matière[1] ?). D'abord vient une présentation ternaire qui, comme chez les prédécesseurs, semble promettre un encadrement de toutes les occurrences ultérieures (mais le lyrique, en tant que tel, n'y est pas annoncé). Puis une présentation où domine le principe de la juxtaposition. Par sa multiplicité irréductible, par son organisation inexistante, cette liste déjoue les promesses de systématisation que le cadre initial avait l'air de nous faire.

Chez Scaliger, la triade initiale désigne, sous l'angle de l'énonciation, trois genres majeurs :

1. la narration (Lucrèce)
2. la récitation (théâtre)
3. le mixte (épique).

On reconnaît le modèle aristotélicien (Scaliger est son diadoque attitré devant la postérité), en ce qui concerne la deuxième et la troisième rubrique, le théâtre et l'épopée. Platon est présent aussi et même dans les trois catégories. La première n'est que platonicienne. Ce narratif pur, le philosophe l'attribuait dans sa *République* au dithyrambe et, on le sait, Aristote n'en avait pas fait une catégorie de sa *Poétique*. Pour Scaliger, il incombe à l'incrédule Lucrèce d'illustrer le narratif pur du dithyrambe qui, chez Platon, devait désigner des récits théologiques. Ironie de l'histoire ! Ensuite vient, dans le texte de notre critique, une liste montrant bien l'esprit non systématique qui préside à ce deuxième temps :

1. Hymne et péans
2. Mélique, odes, scholia

[1] Voir *La Statue et l'empreinte. La Poétique de Scaliger*, sous la direction de C. Balavoine et P. Laurens, Paris, 1986.

3. Epique
4. Comédie — Tragédie
5. Satire, exode, élégie.

Est-il besoin d'ajouter que la liste s'allongera dans les livres suivants, car Scaliger est un observateur minutieux de toute la littérature antique. Quant au concept de lyrisme, malgré certains chapitres comme celui intitulé *Lyrica* (I, 44) et des remarques qui s'inspirent de la définition horatienne, on ne rencontrera à aucun moment le signe qu'une volonté existe d'en libérer le principe unificateur. Comment cela se pourrait-il, quand les autres formes ou genres, d'ordinaire plus systématisés, le sont déjà aussi peu ? A cet égard, Scaliger marque un recul par rapport à Minturno, et il est nettement dépassé par ses contemporains Giulio del Bene (*Che egli è necessario a l'esser poeta imitare azioni*, 1574) et Agnolo Segni (*Lezioni intorno alla poesia*, 1573), sur lesquels nous reviendrons.

Deux possibilités s'ouvraient alors : soit refuser de penser le lyrique en ne s'y intéressant pas ou en se situant sur un plan purement empirique, soit entrer en dialogue avec Aristote, pour le nuancer, le combattre ou extraire de ses mots-clefs des intentions de sens qui ne contrediraient plus le fait massif constitué par la poésie lyrique moderne.

Le XVIIIe siècle, sans cesser de se référer au philosophe, n'hésite pas à s'en émanciper.

> Quand on n'examine que superficiellement la Poësie lyrique, elle paroît se prêter moins que les autres especes au principe général qui ramene tout à l'imitation.

C'est ainsi que s'exprime l'abbé Batteux dans *Les Beaux-arts réduits à un seul principe*. Quelques pages plus loin :

> La Poësie lyrique pourroit être regardée comme une espece à part ; sans faire tort au principe où les autres se réduisent. Mais il n'est pas besoin de la séparer : elle entre naturellement et même nécessairement dans l'imitation ; avec une seule différence, qui la caractérise et la distingue : c'est son objet particulier.
> Les autres especes de Poësie ont pour objet principal les actions : la Poësie lyrique est toute consacrée aux sentiments, c'est sa matiere, son objet essentiel.

Selon Aristote, il était nécessaire qu'il y ait action pour que la *mimesis* puisse se produire. Batteux pense que les sentiments ont le même privilège. S'aperçoit-il de ce que contient en puissance son affirmation ? Voit-il qu'elle rencontre dans son prolongement le vrai interdit aristotélicien, lequel concerne moins, à mon sens, le contenu du travail poétique, (sentimental ou non, synonyme ou non d'action), que la présence de l'auteur avec ses sentiments avoués dans l'économie de l'œuvre ?

Alors qu'Aristote félicite Homère (*Poétique*, 1460 a) d'être court dans les passages liminaires où il dit "je", et de préserver ainsi le principe mimétique, (initiative qui, par extrapolation légitime, permet de deviner son antipathie pour le lyrisme), insensiblement dans la pensée de Batteux, le sentiment fait accepter l'autobiographie. C'est là que se situe la vraie révolution du poéticien, révolution qui n'est sans doute qu'à moitié consciente.

Est-ce ce glissement audacieux et secret qui conduit l'abbé, avec une vigueur inédite, à dessiner la catégorie lyrique dans sa spécificité et à la ranger, sans recourir comme ses prédécesseurs italiens à d'ultérieures atténuations, au côté des deux autres grands genres, avec des droits égaux, et dans une tripartition qu'adopteront tant d'auteurs, du romantisme au XXe siècle ? Je suis enclin à le croire.

Ce qui est sûr, c'est que le concept de lyrisme s'arrache aux résistances aristotéliciennes dès que cesse d'être perçu le problème d'une *mimesis* incompatible avec l'autobiographique. C'est le cas de l'abbé Batteux.

Une certaine unité parvient à se faire alors dans l'ordre du contenu. Le lyrique est sentiment. Il n'était pas possible de le déclarer si rondement avant d'avoir secoué la crainte des conséquences antiaristotéliciennes d'une telle affirmation, même si c'est au strict principe de l'imitation de l'action que Batteux se fait fort de se référer en opposant au Stagirite le critère du sentiment.

Batteux est d'ailleurs sensible au fait que l'expression du sentiment, donc lyrique, n'est pas nécessairement autobiographique. Il montre que, dans une pièce de théâtre ou dans une épopée, les moments où l'action cesse, dans les monologues par exemple, les sentiments prennent le dessus et font d'un discours dramatique ou épique, un discours lyrique. "Les monologues de Polyeucte, de Camille, de Chimène, sont des morceaux lyriques". Ainsi, et comme pour rassurer les aristotéliciens, il est dit que le lyrique peut être fiction (et entrer ainsi dans la *mimesis* d'une action), chose qu'Aristote s'est bien gardé de dire, mais qu'il aurait peut-être écoutée avec intérêt.

Cependant Batteux ne demande pas qu'il en soit toujours ainsi. Les exemples qu'il donne des *Psaumes*, de Pindare, d'Anacréon, d'Horace, de Jean-Baptiste Rousseau pour illustrer cette poésie du sentiment se signalent par une énonciation nullement "allogène". Celui qui chante n'est pas inventé, il n'est pas extérieur à son chant. Répétons-le, c'est parce qu'il ne craint plus qu'il en soit ainsi que Batteux peut trouver à la poésie lyrique son unité de contenu dans le sentiment, alors que les poéticiens du XVIe siècle qui l'avaient vu ou entrevu (del Bene,

Segni) n'avaient pu l'imposer, ni empêcher que se perpétue — pour ne pas contrarier l'aristotélisme latent ? — la définition dispersée d'Horace que Ronsard suit de près dans sa préface des *Odes* :

> Tu dois sçavoir que toute sorte de Poësie a l'argument propre et convenable à son subject : l'Héroïque, armes, assaults de villes, batailles, escarmouches, conseils et discours de capitaines ; la Satyrique, brocards et reprehensions de vices ; la Tragique, morts et miserables accidents de Princes ; la Comique, la licence effrenée de la jeunesse, les ruses des courtizannes, avarice de vieillards, tromperies de valets ; la Lyrique, l'amour, le vin, les banquets dissolus, les dances, masques, chevaux victorieux, escrime, joustes et tournois, et peu souvent quelque argument de Philosophie. Pource, Lecteur, si tu vois telles manieres librement escrites, et plusieurs fois redites en ces Odes, tu ne t'en dois esmerveiller, mais tousjours te souvenir des vers d'Horace en son Art poëtique.
>
> *Musa dedit fidibus Divos, puerosque Deorum,*
> *Et pugilem victorem et equum primum,*
> *Et juvenum curas, et libera vina referre.*

Des arguments horatio-ronsardiens à celui, unique, que propose Batteux, l'on passe du multiple au simple et d'une conception pléthoriquement, donc peu définie du lyrisme, à une conception qui tend à l'unité par le contenu.

Le "sentiment" de Batteux n'est certes pas un argument de la poésie au même titre que ceux proposés par Horace. Il semble concerner la manière autant que la matière. Nous le verrons d'ailleurs. Mais, même si Batteux change quelque peu de terrain, il accomplit un progrès considérable dans la recherche qui est la sienne d'établir une essence du lyrisme. La thématique, d'ailleurs, ne pouvait constituer un critère suffisant dans cette définition unifiée. N'oublions pas que, chez Horace et sa descendance, les possibilités de la métrique étaient également convoquées à côté des sujets pertinents. Non content de s'attaquer aux méfaits d'une thématique aussi pointilleuse qu'inessentielle, Batteux va, dans le même effort, résister à la tentation d'énumérer des formes fixes. Il le fera en soulignant globalement, et c'est là l'important, la part de la musique dans le phénomène lyrique. Son *Traité de la poésie lyrique*, sixième partie des *Principes de littérature*, commence ainsi :

> La Poësie lyrique, en général, est destinée à être mise en chant. C'est pour cela qu'on l'a appelée lyrique ; parce qu'autrefois, quand on la chantoit, la lyre accompagnoit la voix. Le mot ode a la même origine : il signifie *chant, hymne, cantique.*

Rien de fondamentalement nouveau dans de telles déclarations. Mais, outre la globalité, stratégiquement importante que nous avons signalée dans l'énoncé du critère, Batteux va mettre celui-ci en relation organique et donc unifiée avec le critère thématique du sentiment. Ainsi à propos de l'ode, forme lyrique par excellence :

> Le début de l'Ode est hardi, parce que quand le poëte saisit sa lyre, on le suppose fortement frappé des objets qu'il se représente. Son sentiment porte au plus haut point, part comme un torrent qui rompt la digue : par conséquent il n'est gueres possible que l'Ode monte plus haut que son début ; mais aussi le poëte, s'il a du goût, doit s'arrêter précisément à l'endroit où il commence à descendre.

La liaison génétique de la poésie lyrique et de la musique est affirmée par un autre grand critique du XVIIIe siècle, Marmontel. Il écrit dans ses *Eléments de littérature* :

> LYRIQUE. Le poëme *lyrique*, chez les Grecs, était, non seulement chanté, mais composé aux accords de la lyre : c'est là d'abord ce qui le distingue de tout ce qu'on appelle poésie lyrique chez les Latins et parmi nous. Le poëte était musicien ; il préludait, il s'animait au son de ce prélude ; il se donnait à lui-même la mesure, le mouvement, la période musicale : les vers naissaient avec le chant, et de là l'unité du rythme, de caractère, et d'expression, entre la musique et les vers : ce fut ainsi qu'une poésie chantée fut naturellement soumise au nombre et à la cadence ; ce fut ainsi que chaque poëte *lyrique* inventa, non seulement le vers qui lui convient, mais aussi la strophe analogue au chant qu'il s'était fait lui-même, et sur lequel il composait.

Comme chez Batteux, la musique ici n'accompagne pas seulement, mais engendre le poème lyrique. Cet engendrement semble immédiat chez Batteux, les mots étant moins énergiques et tout naturellement dérivés de la musique qui l'est davantage. Pour Marmontel, le processus est identique, mais il se déroule plus lentement. C'est pourquoi, il utilise à propos du lyrisme, comme Aristote à propos du jeu de flûte, le terme de prélude.

Il déplore néanmoins que la musicalité proprement dite se soit perdue. A l'instar de Diderot et de Rousseau, il situe, en art et en poésie, l'authentique dans ce qui est premier. Maître de Madame de Staël et à l'origine de ses idées littéraires, Marmontel est un trait d'union entre les Lumières et le Romantisme, ce Romantisme que Hegel a pu définir comme essentiellement musical. Le danger n'est donc pas absent ici de privilégier la musique au point de faire perdre à l'œuvre de langage qu'est la poésie sa dimension sémantique, et de ne voir dans les mots que des supports sonores, comme seront tentés de le faire, plus tard, le formalisme russe et ses épigones. Certes, face à la multiplication des distinctions métriques et thématiques de la tradition, le critère strictement musical à côté de la thématique unifiée du sentiment consacre un progrès évident. Le problème qui se pose donc n'est pas tant celui d'une réduction au musical, chez Batteux tout au moins, que celui qui concerne la manière dont peut se faire, théoriquement, l'union de la musique qui n'exprime pas d'idées et des mots qui en expriment.

Elle va se faire sur le terrain commun de l'affectivité. Le début de son *Traité de la poésie lyrique*, où apparaît comme primordial l'aspect musical du genre, est suivi de ce passage :

> ...la Poësie lyrique et la Musique ont entre elles un rapport intime, fondé dans les choses mêmes ; puisqu'elles ont l'une et l'autre les mêmes objets à exprimer. Et si cela est, la Musique étant une expression des sentiments du cœur par les sons inarticulés, la Poësie musicale, ou lyrique, sera l'expression des mêmes sentiments par les sons articulés, ou, ce qui est la même chose, par les mots. L'une doit être l'interprète, et comme la traduction de l'autre. Il s'agit de développer cette idée.

L'objet de la poésie lyrique, le sentiment, est associé, on le voit, à sa part musicale, autant qu'à sa part verbale. Ainsi est assurée la cohésion du discours lyrique, musical et verbal, grâce au sentiment qui le fonde.

On peut se demander toutefois si le sentiment exprimé ou suscité par la musique correspond vraiment à un sentiment thématisé dans la langue ; autrement dit, si la correspondance musique-mots ne se fait pas à travers un dénominateur commun illusoire. Batteux n'a pas l'air sensible à ce problème. Il ne se contente pas de penser que la poésie lyrique est sentimentale simplement parce qu'elle désigne, au moyen de mots, des réalités qui se meuvent dans la sphère de l'affectivité. Il insiste, tout au contraire, sur le je-ne-sais-quoi qui fait participer les mots à leur contenu sémantique. Le mot rayonne, éclaire, échauffe comme la musique — et non seulement avec la musique. Comme la musique et au-delà d'un contenu de sens, le discours lyrique produit une réalité contagieuse.

C'est pourquoi Batteux s'emploie à distinguer ce qui est clair parce que lumineux, le monde de la prose (histoire, dissertations, argumentations) et ce qui est émouvant parce que chaleureux : "Mais dans la Poësie lyrique, ce sera toujours à la chaleur à dominer plus ou moins, selon les sujets". On voit que le sentiment est dans cette chaleur au moins autant que dans les sujets auxquels il est fait allusion ; la chaleur, cette part visible et presque tangible du sentiment et du goût, qui se combine cependant avec la lumière d'une intelligence requise par l'univers verbal.

Si donc le sentiment peut n'être que sémantique, la chaleur, elle, pour métaphorique qu'elle soit, implique l'idée d'un état affectif qui est celui du créateur et du texte : fondamentalement lyrique, pour Batteux, ce sentimentalisme ne saurait être sens seulement, mais production de son évidence.

Plus éloigné des limites du sens, l'enthousiasme que Batteux invoque ensuite suppose un état exceptionnel, surnaturel même, que Platon avait décrit dans *Ion*, comme une possession où le poète, de même que le devin, est l'instrument d'un discours céleste. Batteux parle d'un objet stimulant plutôt que d'un dieu, mais il est évident que le pouvoir de cet objet (ou de cette idée, comme il le dit plus loin) est comparable dans son effet à la définition étymologique d'enthousiasme. La preuve : "L'enthousiasme, ou fureur poëtique est ainsi nommé parce que l'âme qui en est remplie est tout entière à l'objet qui le lui inspire". Tout est donc mis en œuvre par le critique du XVIIIe siècle pour que le contenu affectif, qui définit le genre lyrique, fasse route commune avec ce qui constitue pour celui-ci l'autre critère de sa définition, la modalité musicale.

Musique et verbe se rejoignent dans un "méta-sens", la chaleur et l'enthousiasme travaillant à faire d'un contenu affectif une incantation, qu'il ne reste plus qu'à chanter.

Ainsi, avec Batteux, et son mérite est digne d'admiration, s'exprime et se justifie pleinement, pour la première fois sans doute, la *spécificité unifiée* de la poésie lyrique, à côté des autres grands genres auxquels la tradition, depuis les Grecs, avait toujours conféré une identité claire et reconnaissable.

Dès lors, et jusqu'au XXe siècle, la poésie lyrique figurera, non certes chez tous les poéticiens, mais à coup sûr de manière continue, dans la répartition tripartite des genres littéraires, aux côtés de l'épique et du dramatique.

Un dernier coup d'œil sur ce versant de l'histoire, pour rappeler qu'au moment même où s'établit solidement la vision triangulaire du discours poétique, elle est rétrospective, datée même. En effet, quand, après Batteux, Goethe, puis Hugo, Hegel et Schopenhauer analysent à leur tour les formes du discours littéraire, et font leurs les conclusions de l'abbé, la poésie épique et la dramatique sont en voie d'effacement, en France particulièrement, et si l'on excepte les drames romantiques parfois versifiés. Dans les faits, la poésie n'est de plus en plus représentée vraiment que par ce que l'on peut appeler, pour simplifier, le lyrisme. Les tenants explicites de la tripartition, on le constate dans leurs textes, attachent leur attention à des œuvres du passé, quand ce n'est pas, à la suite d'un Vico ou d'un Herder, à une vision historique des dominantes formelles. Par exemple, pour l'auteur de *Cromwell*, dans sa fameuse préface, l'humanité a été d'abord lyrique, puis épique, enfin dramatique dans ses productions poétiques (*Cromwell* est ainsi un aboutissement !).

Mais, dès que ceux qui parlent de ces problèmes quittent une vue rétrospective des choses, la poésie lyrique n'apparaît plus à leurs yeux comme un genre parmi d'autres (deux autres le plus souvent), mais comme la seule manière d'être qui soit véritablement poétique, d'abord parce que les autres genres commencent à ne plus l'être au sens strict, avec notamment l'avènement du roman à la place de l'épique, et du théâtre de moins en moins versifié et mêlant le tragique traditionnellement plus "poétique" et le comique qui l'est moins, ensuite et surtout parce que — sans tuer le moins du monde le désir d'*arriver* par le théâtre (cf. après Schiller, Pouchkine, Manzoni, Hugo et même Stendhal, Vigny, etc...), ni compromettre la naissance d'une prose nouvelle de Chateaubriand à Guérin, de Lamennais à

Michelet — la poésie lyrique se constitue comme une *essence* qui ne saurait se mettre à côté de quoi que ce soit, mais qui a sa place "au-dessus", soit en se distinguant du reste comme le plus se distingue du moins, soit en l'absorbant comme le plus vaste subsume ce qui est plus étroit.

Bien des repères dans l'histoire antérieure nous font trouver le chemin de cette conception totalisante de l'expérience lyrique ou poétique.

Dès le XVIIIe siècle, la réaction au rationalisme tout puissant avait permis le rapprochement du sentiment (donc, potentiellement, de la poésie) et de la philosophie par différents truchements. Le sublime avait été l'un d'eux (Shaftesbury, Burke). Autre truchement, la certitude que la grandeur et la profondeur ne sont pas forcément les alliées de la clarté (Hamann) ; joue aussi son rôle, évidemment, une conception subjective de la vérité (Rousseau, Marmontel, Madame de Staël). Tout cela conduit à l'idée que la frontière des formes prescrites à l'expression, aux catégories du dire, est traversée victorieusement par une essence commune que Friedrich Schlegel, dans un passage de l'*Athenaeum* appelle la poésie romantique :

> La poésie romantique est une poésie universelle et progressive. Son but n'est pas seulement de réunir dans un esprit nouveau tous les genres poétiques séparés et de mettre en contact la poésie, la philosophie et la rhétorique. Elle veut et même, elle doit, tantôt mêler, tantôt combiner poésie et prose, invention et critique, poésie d'art et naïve, rendre vivante et sociale la poésie, poétiser l'esprit (*Witz*), remplir, combler les formes de l'art avec le matériel culturel le plus varié et le plus authentique, et les animer par les vibrations de l'humour. Elle embrasse tout ce qui est poétique ...

Cette formulation, qui conclut l'élimination des catégories antérieures de l'expression, apparaîtra sans doute extrême et bien digne du théoricien souvent paradoxal de l'ironie romantique. Mais, à la considérer dans ses prolongements, l'on s'avise qu'elle ouvre un passage naturel en direction des produits littéraires du XIXe siècle, lesquels, de Lamartine à Mallarmé, semblent bien souvent vouloir englober l'essence et faire la synthèse de tout ce qui compte dans la recherche incantatoire d'un sens profond. Ce que les poètes comme Hugo et Baudelaire accomplissent consiste, simplement, à doter la poésie en soi de la place que Schlegel accordait à l'écriture nouvelle sous le nom transgénérique de poésie romantique.

Le parcours vers l'unité conceptuelle est-il achevé dans cette remise de tous les pouvoirs entre les mains de la Muse lyrique, si déchirée au début de son histoire, reconnue ensuite comme genre aux côtés des autres et commençant presqu'en même temps à acquérir, outre un statut distinct, une situation toujours plus dominante ? On peut légitimement le penser. Mais il conviendra d'ajouter deux nuances à cette réponse affirmative.

Nous dirons d'abord que la poétique de la totalité n'est pas sans danger, ensuite qu'elle n'est pas la seule voie polarisée par le principe de l'unité dans la poésie moderne, mais, et ce sera notre conclusion, que cette autre voie vouée à l'exclusivisme plutôt qu'à la globalité ne saurait, à son tour, supprimer la dimension du multiple.

1. En mêlant les tons, en décloisonnant les niveaux de style et en mettant fin à la hiérarchie des manières et des contenus, l'esthétique romantique a ouvert à la poésie des territoires nouveaux. Elle revendiquera le droit d'aller partout, des éthers d'*Elévation* aux gouffres des *Contemplations*, du grotesque à l'idéal, de l'extase du *Confiteor de l'artiste*, à la laideur hideuse des faubourgs que le ciel éclaire, cependant, comme la poésie, dans le *Soleil* baudelairien. Cette poésie ubiquitaire, toujours prête à chanter même quand la réalité semble la plus éloignée de l'enchantement, est sans doute une des plus émouvantes découvertes du XIXe siècle.
Elle se rattache, d'ailleurs, à une tendance plus généralement anthropologique du siècle, une curiosité, une ouverture, un nouvel appétit approuvé par tous et que l'on retrouve dans une manière d'écrire contemporaine. On peut alors se demander si la littérature ne revendique pas, avec une insistance aussi forte, la présence de la poésie, dans la multiplicité de ses thèmes et dans son langage pour se rassurer face aux menaces de l'éparpillement. La frontière entre la confiance infinie et la conscience de l'abâtardissement est ténue et le même poète, Baudelaire, peut fort bien, face à la même nouveauté, exprimer sa confiance en proclamant les privilèges poétiques de la modernité, mais aussi, en invoquant le nom de la poésie comme le signe d'une élection suprême, déjouer la crainte qui n'est que trop évidente chez lui, de voir cette fragile réalité tomber dans les dangers délétères du multiple et du trivial d'aujourd'hui.

2. La deuxième tendance qui se fait jour à partir du Romantisme va dans le sens inverse. A l'affirmation "tout est poésie, ou peut l'être", elle répond : "la poésie ne saurait être autre chose qu'elle-même". Ouverture dans un cas, concentration sur l'essentiel dans l'autre, il s'agit de toute façon d'une valorisation de la poésie lyrique, à travers deux modalités dont il n'est pas difficile de constater, dans la même histoire, la présence oscillante. Dans le cas qui nous intéresse maintenant, dans l'ambitieuse mise à l'écart de l'écriture poétique, on constate, chez elle, une accession à l'autonomie et un détachement programmé de toute fonction utilitaire, ornementale ou étourdiment immédiate. Les représentants de cette tendance coïncident avec la majorité des poètes post-romantiques. La plupart — poètes et poéticiens — ne la proclament même pas, tant elle recouvre une vérité qui, si elle n'est pas nécessairement la seule, va en tout cas de soi. Ceux qui l'exposent, de Gautier et de ses descendants à Mallarmé, de Croce à Valéry et à l'abbé Brémond, sont très différents les uns des autres. Beaucoup s'étonneraient de figurer dans la même famille esthétique. On connaît les pages impitoyables de Croce sur l'art

pour l'art. Il n'empêche qu'ils sont tous partisans ou admirateurs d'une écriture qui refuse le mélange, et qui recherche, alchimie du verbe, une quintessence en deçà de laquelle il n'apparaît pas légitime de parler de poésie : quintessence d'un esthétisme exclusif chez Gautier, d'un verticalisme platonisant chez Poe-Baudelaire, d'un langage où l'objet terrestre ou existentiel se consume chez un Mallarmé, poésie comme architecture de la volonté, libérée des approximations du sentiment et des illusions de l'inspiration chez Valéry, poésie comme essence distincte de la littérature et de sa rhétorique "utilitaire" chez Croce (mais aussi chez Bergson dans le *Rire* et, plus récemment, chez Jean Cohen dans la *Structure du langage poétique*), poésie pure, enfin, qui, chez l'abbé Brémond, et malgré un horizon spirituel peu acceptable pour plus d'un, pourrait résumer cette assez longue histoire et en constituer le dénominateur commun. Tous, en tout cas, suivent un mouvement qui va de l'extérieur (non poétique) à l'intérieur, de l'inessentiel à l'essentiel, de la quantité à la réduction, du multiple à l'unique.

Mais cette pureté offre-t-elle toujours une situation tenable ? Est-elle autre chose qu'un idéal, un souhait qui sera plus ou moins exaucé ? Bien des signes font penser que la question se pose. L'on s'en avise, par exemple, dans l'espace anthologique. Choisir tel poème à l'intérieur d'un recueil, quoi de plus naturel pour l'amateur de poésie ? Aussi bien, celui-ci n'est-il pas choqué par le florilège, alors que, dans d'autres domaines, il n'hésiterait pas à le taxer d'échantillonnage. Mais le goût, chez certains auteurs d'anthologie (Gide, Thierry Maulnier ...), de dégager ce qu'il y a de meilleur et de vraiment poétique, non seulement d'une époque, d'un auteur, d'un recueil, mais du sein d'un texte unitaire (et même d'une ode ou d'un sonnet) pour faire apparaître, dans un passage plus ou moins ténu, l'évidence d'une condensation, d'un moment de grâce, autour de quoi, nous sommes censés penser que règne le moins poétique, la prose, la "non-poésie" de Croce, ce goût renvoie à l'idée que, dans sa pureté, la poésie est le plus souvent ponctuelle, rarement coextensive à une unité textuelle annoncée. Outre nos auteurs d'anthologie, plusieurs théoriciens justifient cette manière de voir. Il s'agit, entre autres, de ceux qui conçoivent le fait poétique essentiellement comme une concentration polysémique. Bachelard, pour qui la rêverie poétique relève de l'instant, insiste sur le fait qu'elle abolit le déroulement horizontal du temps (et donc l'enchaînement qu'il ne pense nécessaire que dans les articulations de la pensée logique) au profit d'un verticalisme qui coïncide précisément avec la notion d'instant[1]. La question se pose de savoir ce qu'il faut faire de l'entre-deux. Est-ce du superflu ? Ou, au contraire, un liant nécessaire ; une sorte de forêt qu'il nous faut traverser en état d'éveil, même si l'auteur sommeille apparemment (*dormitat Homerus*) "Afin de voir au soir les Nymphes et les Fées Danser dessoubs la Lune en cotte par les prées", comme le dit Ronsard des moment poétiques ?

[1] G. Bachelard, "Instant poétique et instant métaphysique", dans *Le Droit de rêver*, Paris, 1973.

La réponse n'est pas aisée. Mais elle ne saurait exclure la menace d'une double vitesse du texte poétique, quand celui-ci prétend illustrer, sur une certaine durée, l'exigence de la pureté absolue.

La poésie d'Extrême-Orient, qui se laisse effleurer par l'impalpable et l'instantané dans la forme brève du haïku, se met sciemment à l'abri de ce danger. Certains, en Occident, l'ont senti également[1]. Callimaque conclut ainsi son *Hymne à Apollon :*

> Grand est le courant du fleuve d'Assyrie
> mais il charrie du limon en quantité
> et des déchets dans ses flots.
> Les abeilles ne portent pas à Déméter
> n'importe quelle eau, mais celle seulement
> qui, jaillissant de la fontaine sacrée,
> assure une libation pure et limpide.

Le topos de la trompette qui résonne d'autant mieux que le son qu'elle produit est formé dans son passage étroit ne dit pas autre chose. Leopardi affirme aussi que le relâchement inévitable de la tension doit mettre en garde le poète lyrique contre la tentation d'être long. Rappelons enfin Batteux qui recommande de "s'arrêter précisément à l'endroit où l'on commence à descendre".

Ainsi serait préservée, dans une essentialité sans mélange, l'unité du discours lyrique. Notre civilisation littéraire, jusqu'à une époque très récente, n'a guère pratiqué cette vertu de l'extrême *brevitas* en poésie.

Depuis l'Antiquité, ne recourt le plus souvent à la brièveté que l'expression prosaïque d'une pensée à dominante rationnelle, ou, lorsque celle-ci est versifiée, fortement marquée par la rationalité. Le laconisme règne sur la maxime, et le proverbe, parfois la fable ou l'épigramme. Il y a d'autres cas comme la prophétie, mais ils ne renversent pas la nature de cette tendance au développement qui est peut-être un caractère de notre "âme profonde", donc poétique. Ne pourrait-on pas dire d'elle, en effet, qu'elle est toute mobilisée par le désir de construire le temps du discours à l'image du temps de la vie, lequel, nous le pensons, exige de notre passage terrestre des monuments de toutes sortes ? Le XVIIIe siècle a eu le courage de découvrir le discontinu de la pensée, l'occasionnalisme des sentiments, l'instantané de l'émotion. Mais il n'en a pas tiré une poétique féconde, à l'époque même où fleurissaient, au Japon, les plus grands poètes de la forme brévissime, car il est difficile de prendre sérieusement en compte ici les grâces piquantes du rococo. Le Romantisme, lui, a senti le *malheur* du discontinu, le bric-à-brac du goût et de la conscience que le mal du siècle dénonce par la bouche de

[1] On lira, à ce sujet, les remarques éclairantes de J.-F. Billeter, "La Pensée chinoise et la réalité", *Extrême-Orient — Extrême-Occident* n° 8, février 1986. Voir aussi la préface d'Y. Bonnefoy au recueil *Haïku*, Paris, 1978 (*Documents spirituels*).

Chateaubriand (*René*), Musset (*La Confession d'un enfant du siècle*), Gautier (*Mademoiselle de Maupin*), Nerval (*Sylvie*). Il a montré des héros paralysés, auxquels "on a coupé les ailes" (*Fantasio*). Privés de foi (dans tous les sens du mot), ils souffrent du vain désir qui les habite de "se construire", de l'impossibilité qu'ils éprouvent de donner forme au mouvement prospectif du temps qui leur est imparti. Quelle que soit l'abondance poétique qu'engendra cette frustration, quelle que soit l'éloquence de leur *ennui*, ils témoignent surtout de la force d'un besoin de globalité, besoin qui explique, pensons-nous, la difficulté que nos traditions éprouvent à dissocier la brièveté de l'idée d'inachèvement.

La "juste longueur" préconisée par Aristote domine notre civilisation. L'immédiat *littéraire* nous est difficile. Nous sommes des adeptes du prologue, de l'enchaînement, de l'explication *ante* et *post partum*, avant et après la chose elle-même, qui serait l'instant sublime et hors du temps, comme Bachelard voulait que fût l'instant poétique, et Ronsard le temps de sa "brusque fureur". Et cela est vrai, non seulement parce que la "juste longueur" aristotélicienne est demeurée une des formes maîtresses de notre esprit, mais parce qu'une autre obligation y règne, celle de la rhétorique. Nous avons perdu la faculté de nommer l'être pour lui-même, comme les Egyptiens pouvaient le faire, dans leurs textes sans destinataires humains ou vivants, au cœur obscur de leurs pyramides.

Peut-être qu'une poésie de la nomination plutôt que de la communication réapparaît de nos jours (René Char), si elle a jamais totalement disparu[1], mais elle ne saurait effacer — son hermétisme le prouve — l'idée d'un retour quelque peu artificiel ou tout au moins tardif. Serait-ce donc que, chez nous, la poésie est condamnée à la menace d'un échec dans sa tentative d'atteindre à la pure unité du lyrique, du fait que ce qui n'est pas tout à fait lyrique lui tient trop souvent compagnie ? Il est possible que le risque existe et qu'il ne diminue qu'à la faveur malheureuse d'un essentialisme excessivement confidentiel dans sa condensation.

Mais n'oublions pas que l'entre-deux dont nous avons parlé ne fait pas perdre leur éclat aux instants du plein accomplissement poétique. Il peut même remplir à leur égard un rôle de faire-valoir qui apparaîtra, dans le meilleur des cas, comme l'agent d'une mise au monde.

Dans la problématique du multiple qui est la nôtre, cet examen sommaire d'un destin lyrique nous montre, dans son aboutissement moderne, une double confirmation du caractère en question. Multiple, le lyrisme semble condamné à l'être en lui-même si, comme c'est le cas depuis plus de deux siècles, l'exigence poétique tend à l'associer à tous les aspects de la vie dans une revendication totalisante. Même conclusion quand cette exigence tend à réduire la poésie à sa propre quintessence. Dans le premier cas, le multiple est synonyme de dispersion thématique, dans le second d'alternance inévitable du pur instantané et des entre-deux qui, pour que discours il y ait, conduisent l'un vers l'autre ces instants de plein accomplissement.

[1] Cf. A. Sepilli, *Poesia e magia*, Torino, 1962.

Peut-être que le propre de notre conception plus ou moins consciente de la poésie est d'être polarisée, dans le meilleur des cas, par l'idée d'une multiplicité dépassée et d'une réalité verbale qui ne peut être qu'*un deuxième temps* : récupération des mots de la tribu, immédiateté conquise, unité retrouvée.

Il n'est pas étonnant que, dans les fléchissements de la confiance envers la poésie, la solution désespérée et iconoclaste du fragmentaire et du rompu nous sourie, et qu'une multiplicité sournoise, parce que prétendument exempte de compromis, nous séduise au sein de notre néo-romantisme.

Dans la réalité concrète du livre, surtout depuis l'imprimerie, la succession des entités lyriques, telles les sonnets juxtaposés d'un canzoniere, ne sont, somme toute, qu'un cas particulier de ce que nous venons de voir. Comme aujourd'hui, les poètes du XVIe siècle se trouvaient devant des moments — chaque poème — qui acceptaient plus ou moins bien à leurs yeux de s'associer et de travailler ainsi à la plus grande gloire d'un ensemble. Ils le savaient, sans trop s'en préoccuper en général, ou en en éprouvant, au contraire, un certain malaise.

Celui qui, le premier, a exprimé avec netteté ce malaise, donnant à son constat de multiplicité le ton d'une réprobation sans appel c'est Pétrarque dans le sonnet liminaire de son *Canzoniere*. Nous nous pencherons sur cet exemple qui place dans sa meilleure lumière historique le problème de la multiplicité "inorganique" du recueil lyrique. Autre avantage d'un tel choix : il nous met en présence de la deuxième raison qui crée une résistance au lyrisme dans la tradition occidentale : la subjectivité de l'épanchement, incompatible, dans la ligne aristotélicienne, avec le caractère nécessairement autonome et objectif (objectal) du produit littéraire.

Enfin, il est difficile de résister à un texte qui, disant tout cela, est en plus un prologue.

2. "VOUS QUI ECOUTEZ ... EN VERS EPARS ..."

Voi ch'ascoltate in rime sparse il suono
di quei sospiri ond'io nudriva 'l core
in sul mio primo giovenile errore
quand'era in parte altr'uom da quel ch'i' sono :
Del vario stile in ch'io piango e ragiono,
fra le vane speranze e 'l van dolore,
ove sia chi per prova intenda amore,
spero trovar pietà, non che perdono.
Ma ben veggio or sì come al popol tutto
favola fui gran tempo, onde sovente
di me medesmo meco mi vergogno ;
e del mio vaneggiar vergogna è 'l frutto
e 'l pentersi, e 'l conoscer chiaramente
che quanto piace al mondo è breve sogno.

O vous, qui écoutez, en vers épars, le son
de ces soupirs dont je me nourrissais le cœur,
aux jours de la première erreur de ma jeunesse,
quand j'étais en partie autre homme que ne suis !
    Pour ce style changeant, où je pleure et je parle,
allant des vains espoirs à la vaine douleur
(près de gens qui, à l'épreuve, aient compris Amour),
je trouverai, j'espère, pitié, sinon pardon !
    Mais je vois aujourd'hui, comment du peuple entier
je fus longtemps la fable ; — et souvent donc
de moi-même, en moi, j'ai honte.
    Car de mes variétés, le fruit est cette honte,
et le remords, et la bien claire intelligence
que ce qui plaît au monde n'est qu'un songe rapide !
(Pétrarque, *Rime*, 1)

Excuses, démonstration de modestie, *captatio benevolentiæ*, sujet traité, tous ces éléments qui caractérisent l'art du prologue sont ici présents. En outre, on reconnaît la distance caractéristique du liminaire, en ce que l'auteur se trouve devant son œuvre achevée. Comme les auteurs composant un texte de recommandation dans le livre d'un ami, Pétrarque écrit sur "un autre que lui" et, de plus, sévèrement. Il profite, dirait-on, de la situation traditionnelle du texte liminaire et de sa non-confusion avec l'œuvre pour creuser, entre elle et lui, la distance d'un a posteriori valorisant. Ainsi, le topos de la modestie ne fonctionne pas comme d'habitude. Alors qu'il sert, le plus souvent, à éveiller la sympathie pour l'auteur précisément en vue d'une bonne réception de son livre, dans notre sonnet, ce n'est pas le *Canzoniere* qui compte et Pétrarque ne le renie pas pour le faire aimer. Il le renie, il le sacrifie même, pour se faire aimer et admirer. Tout ce qu'il suggère qu'on lui accorde, c'est, à défaut de pardon, au moins de la pitié pour ce péché de jeunesse. Se plaçant sous le regard des autres, il crée l'évidence de sa supériorité *hic et nunc*, supériorité qui lui fait changer l'assertion traditionnelle : "je suis malheureusement l'auteur de cette œuvre" en une formule plus égocentrique : "voici l'auteur (*idest* l'homme) que j'ai été autrefois", en sous-entendant : "par bonheur, je suis ce que je suis, parce que ne suis plus ce que j'étais".

Cette mise en valeur de soi au détriment d'une œuvre qui administre la preuve d'une différence favorable au Pétrarque d'aujourd'hui se développe sur deux axes : celui du langage, et d'une rhétorique égocentrique.

Le langage : "le son des soupirs"

Qu'il nous suffise, à ce propos, de signaler que, dans la manière de définir son recueil, Pétrarque en rejette la responsabilité sur un passé si éloigné que les liens qui pourraient subsister avec le présent s'amenuisent sous nos yeux, comme une vague exténuée. Dans la longue dérivation de ces "soupirs" dont on entend le "son" dans des "vers épars", Pétrarque ne se contente pas d'exprimer son mépris pour son propre ouvrage, il s'en éloigne, il l'éloigne effectivement. Mais il l'éloigne de la sphère de sa responsabilité grâce, surtout, à la réduction de sa poésie au statut de pure sonorité. Diffuse dans le monde, la poésie parvient à l'oreille des auditeurs de par l'effet d'une musique ou pour quelque raison non dite, dont il faut exclure en tout cas la volonté du locuteur. Il n'importe pas, ici, de se demander si une signification concrètement historique s'exprime dans cette manière de parler, si l'on doit comprendre que ces textes circulaient séparément — épars, *sparse* — de par le monde. Il est évident, en tout cas, que les *rime sparse* ne se réfèrent pas seulement à cette question de diffusion car, ce qui en constitue le sens dominant, c'est l'effet de détachement que l'expression et son contexte des deux premiers vers contribuent à créer. Comme pour confirmer cette interprétation adoptant les intérêts d'un poète qui a mûri et parle avec distance de sa production juvénile, un autre détachement se devine concernant l'écrivain d'autrefois dont celui d'aujourd'hui ne veut plus rien savoir. Au lieu de dire qu'il soupirait, Pétrarque déclare que, dans sa jeunesse, "il nourrissait son cœur de soupirs", comme si ces soupirs avaient été en leur origine à l'extérieur de lui. Cette objectivation des mouvements intérieurs pourrait apparaître comme le reflet d'une mentalité médiévale et de l'habitude de personnifier les sentiments sur le modèle de la *Psychomachie* de Prudence et de ses innombrables imitateurs. Nulle gratuité dans cette manière de voir les larmes comme un aliment et dans cette extériorisation de ce qui est en soi. Mais il est frappant que Pétrarque le rappelle dans un contexte général de la mise à distance. Que cette distance soit bonne, comme c'est le cas du Pétrarque actuel, ou qu'elle soit la conséquence, autrefois, d'un affaiblissement du noyau central de la volonté, le sujet affirme : "ce n'est pas moi, ce n'est ni ce que je suis, ni ce que j'aurais dû être".

Ajoutons que l'ambiguïté du mot soupir (sentiment triste et son) accomplit la synthèse de deux aspects de l'œuvre, son contenu passionnel et son expression poético-musicale. Cette liaison permet au poète de renier un comportement juvénile doublement répréhensible et d'accomplir, face à ces mauvais sentiments et à cette mauvaise littérature, un seul rejet global, en un seul mot.

Une rhétorique du sujet

Mieux que quiconque, Pétrarque sait que les mots révèlent au-delà de leur sens apparent les dispositions et la nature de celui qui en fait usage. Il utilise, dans ce sonnet, la présomption favorable que l'on tire de l'idée de capacité : "S'il est capable de dire cela...".

Tout y traduit le désir de révéler une intention louable et une sagesse disponible. Sagesse pour le courage d'une autocritique qui condamne l'entreprise poétique non seulement éthiquement, mais esthétiquement, puisque l'*inventio* ("soupirs", "vains espoirs", "douleurs vaines"), la *dispositio* ("vers épars"), l'*elocutio* ("style varié", qui manque donc de cohérence et de *gravitas*) accumulent, dans le sévère réquisitoire des quatrains, trois graves chefs d'accusation contre un *Canzoniere* décidément bien coupable. Dans cette condamnation, la rhétorique du sujet (si je dis cela, je suis estimable) utilise les termes et les critères d'une rhétorique de l'œuvre (*inventio, dispositio, elocutio*), grâce à l'exigence de laquelle s'exprime le courage lucide de l'homme d'aujourd'hui.

Laisser aux autres le soin des conséquences appartient à cette rhétorique du sujet dont le v. 4 offre un exemple de plus :

Quand'era in parte altr'uom da quel ch'i' sono

Autre (*altr*'uom) est à prendre ici au sens de plus jeune, puisque je me différencie, en ce moment, d'un amant qui chantait son amour pour Laure. Mais cet adjectif entraîne l'hypothèse d'une différence plus qualitative que celle de l'âge. L'ambiguïté de cet autre s'ouvre donc à une mise en relief de son sens supposé, et qui est celui d'une amélioration de l'être. Les mots vont prouver, à leur tour, que ce n'est pas de vieillesse qu'il est question seulement, mais bien de la sagesse qui lui est attachée en principe. Les mots vont actualiser ce principe dans la démonstration d'un détachement. Le lecteur y verra un examen de conscience, voire une conversion en acte. Tel est le contenu et la fonction des tercets, illustration prise sur le vif de cet "altr'uom" qui suscite la honte.

Enfin, la sentence gnomique du v. 14 : "ce qui plaît au monde n'est qu'un songe rapide" administre la preuve suprême que Pétrarque est capable maintenant de proférer la sagesse, et qu'il est donc passé maître. Cette expression de la vérité transindividuelle, plus exigeante que la simple sincérité du repentir dans l'éventail des ressources dont la rhétorique du sujet dispose, peut revendiquer en plus le mérite de l'équilibre difficile et définitif du tout (quanto piace al mondo), combiné avec le rien (è lieve sogno).

La sagesse armée se dresse donc à la fin du sonnet, sur le seuil du pauvre monument des *Rime*, instant de la conscience, hors du temps qui se différencie dans sa nature et se distingue dans sa position liminaire de la folie répétée de l'existence vécue et de l'œuvre qui la reflète.

L'emblème paradoxal

Suffit-il de "rejeter" pour être différent ? Pétrarque le pense, sans doute, dans son premier sonnet qu'il désire édifier sur les ruines de son œuvre. Mais ces faibles *Rime* qui devraient, par antithèse, asseoir la force du liminaire et du moi qui s'y exprime, adoptent plus d'une fois une attitude proche de celle qui les condamne au début du recueil. Ou plutôt, comme les critiques les plus clairvoyants l'ont noté, la voix poétique de Pétrarque, au long de son œuvre, n'est jamais étrangère à une intention de mise à distance. Souvent "répétition du coup de foudre", selon l'expression de L.-G. Gros, l'amour revécu, réactivé fait dépendre d'une source lointaine son intensité présente. Les sonnets-anniversaires solennisent dans la durée l'instant fatal de la première rencontre. Ils s'émerveillent d'un temps qui passe sans rien changer, mais ils travaillent surtout à cette abolition du temps en donnant carrière au souvenir.

Autre distance, plus largement représentée, celle qui sépare chez Pétrarque *pati* de *scribere*. Je serais tenté, en effet, d'assigner deux pôles au discours pétrarquien : celui qui se situe dans la proximité de la passion ressentie et celui qui est constitué par la conscience en acte, avec bien des degrés de l'un à l'autre et des combinaisons diversement élaborées. Le pôle de la passion engendre un ton d'élégie amoureuse. Il fait entendre soupirs, sanglots et cris dans un style exclamatif souvent hyperbolique. Avec l'autre pôle, celui de la conscience en acte, nous retrouvons une véritable poétique de la distance et le climat du premier sonnet. La situation fondamentale de l'écriture chez Pétrarque, l'état de crise, correspond d'ailleurs à cette conscience en acte et confirme l'idée que la mise à distance d'un objet perçu brusquement comme différent, en rupture d'habitude, s'ancre chez lui dans une véritable nature, à la fois éthique et littéraire.

Cette "chose" différente, c'est le plus souvent le poète lui-même et les insuffisances de son passé et de son présent. La poésie enregistre alors la révélation d'une distance entre l'être et le devoir-être, où l'être est un ensemble d'intentions et d'actions (commises ou omises) et le devoir-être, un idéal moral. Ceci posé, nous arrivons à la conséquence que Pétrarque adopte comme un a priori avantageux le fait que la conscience est, par sa nature, distincte de l'être conçu négativement et proche de ce devoir-être. Comme dans le premier sonnet, Pétrarque pourrait souvent se résumer en disant : je ne suis pas la chose que je condamne et, réciproquement, quand ma conscience adhère à une vérité idéale, j'abolis la distance qui sépare ma médiocrité de la valeur proclamée. Elle me transporte vers cela que j'ai su concevoir et qui, devant moi, me fait penser qu'il me "représente."

Ainsi, le *Canzoniere* est le siège de crises répétées qui, à l'instar du premier sonnet, modulent le thème de la distance : distance du sentir et du dire ; distance entre une conscience toute-puissante et son objet et, il faudrait l'ajouter, distance de Laure qui suscite, négativement, la souffrance par son caractère inatteignable et sous-entend, positivement, un jugement parfait par le choix que le poète a su faire d'un tel modèle. Ce n'est pas dans le premier sonnet seulement, mais en maints endroits de l'œuvre que l'on condamne l'erreur de la jeunesse (le "giovenile errore"), de sorte que le *Canzoniere*, poésie d'amour face au *Canzoniere*, acte de conscience, est souvent ce qu'est le recueil pour le premier sonnet. L'on peut même repérer, au-delà de ce comportement diffus, des sonnets qui empruntent un développement et des enchaînements semblables à ceux de "Voi ch'ascoltate ...". Ainsi, le numéro 311 :

> Quel rosigniuol che sí soave piagne,
> forse suoi figli, o sua cara consorte,
> di dolcezza empie il cielo e le campagne
> con tante note sí pietose e scorte ;

e tutta notte par che m'accompagne,
e mi rammente la mia dura sorte ;
ch'altri che me non ho di ch'i' mi lagne ;
ché 'n dee non credev'io regnasse Morte.
O che lieve è inganar chi s'assecura !
Que' duo bei lumi assai più che 'l sol chiari
chi pensò mai veder far terra oscura ?
Or cognosco io che mia fera ventura
vuol che vivendo e lagrimando impari
come nulla qua giù diletta, e dura.

A l'écoute du rossignol endeuillé, le poète retrouve sa propre souffrance ("e mi rammente la mia dura sorte"), la perte de Laure. Il s'y plonge d'abord, mais assez vite il amorce un mouvement divergent. Contrairement à l'oiseau, le poète se déclare la source de ses propres larmes ("ch'altri che me non ho di ch'i' mi lagne"), car il avait oublié, coupablement, la nature mortelle de l'être humain, de Laure en particulier. Enfin, comme il avait écrit au terme du premier sonnet :

Che quanto piace al mondo è breve sogno,

il décrète, en regrettant de l'avoir momentanément oublié :

come nulla qua giù diletta, e dura !

L'on passe donc de l'élégie musicale "objectivée" dans le rossignol (rappelant le "suono di quei sospiri" du sonnet 1), au regret d'avoir été dans l'illusion, puis à l'acquisition, au prix de larmes coûteuses, d'une sagesse fructueuse. Et l'on obtient un schéma correspondant à celui du sonnet liminaire :

1. Matière sentimentale extérieure
2. Reniement (détachement, confession)
3. Substitution de la sagesse

où 1. correspond au pôle du sentir, tandis que 2. et 3. correspondent à celui de la conscience. Cas unique ? Certainement pas, même s'il est particulièrement abouti dans sa ressemblance avec le prologue.

Le plus significatif, c'est que les trois poèmes qui se trouvent à la fin des *Rime* (364-366) confirment cette organisation dans un sens sotériologique :

a) temps consacré à sa passion pour un être mortel
b) regret de ce temps perdu au détriment d'une vie meilleure
c) profession de foi envers les puissances célestes et la vérité.

Ainsi, le sens du prologue qui, en annonçant le discours juvénile des *Rime* comme un verbe inauthentique et illusoire, se flattait de sa supériorité et du parfum d'une sagesse récente, ne résiste pas à l'examen du recueil. Toujours égal à lui-même, Pétrarque se meut dans un monde moral et esthétique homogène. Et, quand il dit qu'il est différent de ce qu'il a pu être, il reproduit là l'un des traits les plus constants de sa poésie. En refusant le *Canzoniere*, le sonnet-prologue le reflète donc et l'annonce comme un emblème paradoxal.

Opus ou fragmenta ?

Le sonnet-prologue est paradoxal, surtout dans sa portée littéraire. D'une part, sa présence en tête de l'ouvrage semble délimiter celui-ci et dessiner ainsi le contour d'une œuvre. D'autre part, dans sa manière d'en parler, il retire au recueil la possibilité de paraître quelque peu cohérent et jette le soupçon sur sa qualité d'œuvre. L'unique cohérence qu'offriraient les *Rime* viendrait, selon cet avant-texte, de l'unité négative qui les caractérise : variété, faiblesse, *flatus vocis*, autant dire dispersion et inexistence. Rassemblés dans le recueil, ces défauts passés auront tout au moins le mérite de débarrasser de leur compagnie l'autoportrait actuel du poète.

Mais, pour le lecteur, le prologue suscitera un doute sur la nature du texte qu'il va lire. Doit-il partager le mépris du premier sonnet ? Il se demandera s'il est censé le faire et si l'auteur prendrait la peine de présenter ce qui est vraiment imprésentable ?

Répétons-le. L'idée que les *Rime* constituent une œuvre tire son évidence du fait même qu'un prologue est là, devant elles. En en parlant, de quelque manière que ce soit, il les constitue en objet-livre. Mais, encore une fois, l'idée opposée d'un *Canzoniere* fait d'un assemblage désordonné de textes détachés les uns des autres, rencontre l'expression sans équivoque de "rime sparse", retraduite avec peut-être plus de mépris encore dans le titre autographe de *Rerum vulgarium fragmenta*. Alors, quelle est la lecture idéale de ce livre ? Doit-on vraiment s'attendre à une sorte de désordre "entropique" ? Ne va-t-on pas rencontrer un texte tout de même "tissé" ?

Il paraît impossible de douter d'une certaine volonté de mise en ordre du recueil. Son point d'arrivée suffirait à signaler une orientation déclarée correspondant à une aspiration spirituelle. En outre, voulue ou non par le poète, la division en deux volets (sans parler des titres apocryphes de chacun d'eux : *In vita di Madonna Laura*, *In morte di Madonna Laura*), le fait demeure que l'élaboration de l'œuvre fut poursuivie après 1348 et la mort de Laure (deuxième volet), sans doute parce que cette nouveauté permettait un approfondissement, sur un autre registre, de la thématique de la distance, du passé, du salut. Il n'est pas possible non plus de ne pas reconnaître, çà et là, des microorganismes qui suggèrent l'existence d'une tendance globale et diffuse d'organisation.

Ce sont des évidences qu'aucun lecteur raisonnable ne saurait nier. Certains critiques en ont souligné l'importance, renouant dans une perspective structurelle avec la vieille idée (corroborée par les divers canzonieri pétrarquistes, l'*Olive* de Du Bellay, entre autres) d'un roman d'amour.

Mais cette constatation n'implique pas, à vrai dire, la conséquence nécessaire que le but final des *Rime* serait ce que l'on pourrait rechercher dans un organisme esthétique résolument unitaire dans sa trame, comme la quête de la *Vita Nova* dantesque. Entre cet extrémisme insoutenable et l'autre, d'inspiration crocienne, qui privilégie le lyrique pur dans chaque discours poétique, la voie moyenne a été formulée, en 1819 déjà, par Franz Diez : "Jedes Lied besitzt noch einen zweiten Wert insofern es nämlich eine notwendige Stelle im ganzen einnimmt"[1]. Plus récemment, Natalino Sapegno parle, à ce propos, de "contradiction humaniste" entre l'*individualisme* qui se traduirait dans la valeur absolue de chaque poème, et le souci permanent d'*enseigner*, qui se traduirait dans un goût plus discursif ouvrant chaque poème au passage d'un fil conducteur. D'où l'existence finale d'un recueil nécessitant, au vu de cette double tendance, une double lecture. On peut hésiter, cependant, à croire que cette "contradiction humaniste" puisse entraîner la conviction qu'il s'agit là d'un vrai jugement synthétique, d'une mise en relation complémentaire ou dialectique de la tendance à un ordre collectif et de celle qui privilégie des épiphanies individuelles. En revanche, grâce encore à la stimulation et à l'exemple du sonnet-liminaire, la réalisation de cette complémentarité de l'organique et de l'inorganique devient possible. En témoignent les deux extrémités du sonnet, avec, à un bout, les "rime sparse", réalité négative parce que fragmentée dans le temps et dans l'espace du texte et, à l'autre bout, la forme éternelle d'une sentence irrévocable, quasiment sculptée dans le marbre. Ces deux objets, qui limitent le sonnet, s'éclairent l'un l'autre et figurent la complexité complémentaire de la matière poétique de Pétrarque.

A l'échelle du *Canzoniere*, la succession des poèmes singuliers produit également un double sentiment. D'une part, elle semble reproduire l'expérience indéfinie de l'homme dans le temps. Les diverses compositions poétiques se comportent alors comme des fragments dans une sorte de journal intime, et semblent enregistrer les humeurs, les accidents et les occasions de l'âme en proie à l'instant et à la répétition ininterrompue du morcellement chronologique. Il faut bien dire que peu d'auteurs ont su exprimer, comme Pétrarque, ce caractère provisoire et itératif de l'expérience humaine. Personne peut-être n'a traduit comme lui, et aussi dramatiquement, le sentiment, poignant et fade tout à la fois, de l'inaccompli. Triomphe de l'existence sur la forme, sans point final autre que celui posé par la contraction du dernier instant.

Mais, d'autre part, chaque poème est une véritable "machine à penser", un déploiement contrôlé de forces, un équilibre de poids, une combinaison de courants figurés, d'énergies architecturées, qui proclament une maîtrise et programment une souplesse qui ne cède jamais, dans ses glissements, à la tentation du flou ni à une

[1] Cf. Hugo Friedrich, *Epoche della lirica italiana*, trad. it., Milano, 1947, vol. I, p. 168.

quelconque facilité qui compromettrait la ligne du dessin ou la conclusion bien accordée du mouvement général. Les siècles de pétrarquisme — qui coïncident un peu avec l'histoire du sonnet — enregistrent beaucoup plus que l'influence ou le refus d'une préciosité thématique ou formelle, utiles au prestige d'une littérature soucieuse du paraître. Ils sont la preuve de la force séductrice que la maîtrise de Pétrarque sut exercer dans une sorte de perfection rayonnante. La critique la mieux inspirée n'a guère hésité à reconnaître, dans la maîtrise de ce discours et dans les reproches de faiblesse qu'il contient, la poétique la plus spécifique de Pétrarque. Un art du contrepoids, autant que du reflet, répond très exactement à ce qu'on pourrait appeler la vocation pétrarquienne. On la retrouve dans l'effet complexe produit par ces poèmes que leur succession rattache, d'une part, à la juridiction du dispersé, tandis que leur parfaite découpe individuelle les relie à celle de l'ordonné et du volontaire.

Mais, nous avons vu qu'en plus de la forme individuelle des poèmes, si fortement engagée dans le jeu de la complémentarité face à l'occasionnalisme du recueil, l'ensemble a aussi une forme qui contrecarre, dans une certaine mesure, les effets de sa propre succession apparemment fortuite. Le *Canzoniere* est orienté, et l'amour, thème dominant et reçu comme une fatalité initiale et durable, travaille jusque dans sa mise en accusation à un processus d'élévation que Laure contribue à mobiliser dans l'âme de l'amant et dans la parabole que ses chants dessinent.

L'on pourrait donc dire, pour simplifier, qu'au niveau collectif l'ensemble relève bien de deux principes qui traduisent, l'un, la misère d'un pacte trop tributaire de la logique informe de l'existence, l'autre, la ligne de force d'une eschatologie souhaitée. De même, au niveau des pièces individuelles, les instants de conscience qu'elles enregistrent combinent la fatigue du recommencement et la preuve réitérée de la maîtrise. Aux deux niveaux, il y a donc *opus* et *fragmenta*, l'individuel, comme le collectif, possédant chacun, dans les *Rime*, les gages de la rigueur et du cumul, de l'ordre et du désordre. La lecture se doit de respecter la richesse d'un tel paradoxe, qui est l'un des secrets de l'originalité de Pétrarque. Charme extrêmement moderne que produit ce double statut où le *faire* et le *fait* se conditionnent visiblement, bien que le *faire* appartienne au pôle de l'existence et le *fait* à celui de l'art. Cette cohabitation difficile se réalise, surtout, dans l'acte de conscience dont nous voyons mieux maintenant qu'il est une prise en compte et une distance, une immanence et une maîtrise.

Le langage, ce fut notre première remarque, se met au service de la synthèse grâce aux pouvoirs de l'ambiguïté. Quelle ambiguïté dans la formule conclusive du sonnet qui déploie la force de la sagesse dans un désenchantement qui est, certes, scripturaire, mais bien proche aussi du péché de désespoir, si souvent commis par Pétrarque de son aveu même. Ambiguïté, enfin, du projet liminaire d'offrir un livre et de lui refuser un statut de survie authentique, d'écrire un prologue qui se veut fondamentalement différent de ce qu'il annonce, alors que cette œuvre annoncée contient de très nombreux prologues, car, comme le poète nous le fait deviner, l'acte de conscience, qui est l'un de ses réflexes spécifiques, le place dans une situation marginale de prologue répété. Oui, ambiguïté paradoxale de ce sonnet qui, comme l'œuvre dont il prétend se distinguer, condamne les soupirs en soupirant.

3. ARISTOTE-PETRARQUE

Les œuvres d'Aristote et de Pétrarque se lisent en filigrane, mieux en ombres portées dans les écrits des poéticiens italiens du XVIe siècle.

La *Poétique*, redécouverte à la fin du XVe siècle (édition latine de Giorgio Valla de 1498) et diffusée dès 1508 (édition aldine de l'original grec), avant d'être abondamment commentée, leur fournit un cadre théorique sans rival et des instruments conceptuels incomparables. La théorie des genres, de la *mimesis* de l'action, de la *fabula* ou fiction, de l'épopée, moins mimétique que le théâtre dans son énonciation, tout cela constitue bien l'arrière-fond des théoriciens d'alors. Pierre de touche mais aussi d'achoppement, le texte aristotélicien nourrit des débats infinis. Car, d'une part, il ne convient pas à certains objets que l'on tente d'appréhender et, d'autre part, on ne veut — on ne peut — pas se passer de lui.

L'un de ces objets, le principal même, s'incarne dans l'œuvre de Pétrarque, le poète par excellence et le modèle d'un courant d'une extrême vigueur qui impose sa stature même dans les réactions d'hostilité qu'il provoque chez un Berni, un Du Bellay ou un Ronsard. Quoi que l'on fasse, c'est par lui que l'on passe pour exister, semblent avouer ses ennemis aussi bien que ses amis. Or, le fait indéniable, alors, de la grandeur pétrarquienne se trouve être en contradiction avec le cadre de pensée transmis par l'aristotélisme. Cette contradiction met face à face un fait irréfutable, "a thing of beauty" érigé, même inconsciemment, en critère référentiel du goût et une norme constituant un critère théorique d'appréciation. Affrontement, car on ne trouve pas, chez Aristote, de quoi justifier l'empire de Pétrarque et que son silence peut, à juste titre, passer pour une condamnation du discours lyrique. Ne suffit-il pas de mettre en relation ce silence avec le dit aristotélicien pour voir se transformer le non-dit en condamnation ? Car la *mimesis* postule une action complète, extérieure et équilibrée, ce qui contrevient au fragmentarisme, à l'autobiographisme et à la non-organicité de la poésie lyrique réunie en recueil.

La prise de conscience de ces tendances profondes de l'esthétique aristotélicienne est d'une clarté relativement faible à la Renaissance (et bien au-delà !). De plus, elle varie d'un théoricien à l'autre. Mais, chez un certain nombre d'entre eux se creusent avec le philosophe des écarts, ou s'amorce une discussion qui, souvent d'ailleurs, figure dans des exposés intentionnellement fidèle à sa leçon.

Pour simplifier beaucoup on peut classer, me semble-t-il, sous trois rubriques la réaction des lecteurs modernes d'Aristote devant sa pensée fermée à la production lyrique.

1. La première, assez largement représentée, ne se pose pas de questions. Vida, dans sa *Poétique* destinée au dauphin François, appartient à ce groupe. Soumis de manière aristotélicienne à la loi des deux grands genres, il célèbre le genre épique qu'il place au-dessus du dramatique et même, contrairement à Aristote, de la tragédie. Son modèle insurpassable est Virgile et il en recommande la lecture au jeune prince dont l'éducation occupe sa pensée. Dans une œuvre héroïque et dynastique, une telle formation a en effet de meilleures chances de puiser une inspiration pertinente :

> *Sed nullum e numero carmen præstantibus*
> *Quam quo post divos herum facta recensuit*
>
> *Ante etiam pelago quam pandas vela patenti*
> *Incumbas operi incipiens, tibi digna suppellex*
> *Verborum rerumque paranda est.*

Plus pertinente en tout cas que l'inspiration des auteurs dramatiques ou lyriques qui, en chantant l'amour, ne peuvent qu'amollir les âmes (*acras / Incauto iuveni stimulos avertere amoris*). Platon n'est pas absent d'un discours aussi moral, mais cette condamnation du lyrisme correspond aussi au vide que lui ménage la *Poétique* d'Aristote. A croire que Platon aide Vida à accepter sans broncher le silence d'Aristote. Comment le poéticien de Crémone pourrait-il le lui reprocher si ce silence efface une chose dont l'existence est nuisible ? S'aperçoit-il même de ce silence ? On peut en douter.

2. Mais voici ceux chez qui surgit un certain sens de l'histoire. Somme toute, les œuvres, les formes, les genres, le goût ne relèvent-ils pas des modes, ne sont-ils pas des produits du temps ? Aristote, pensent-ils, conserve sans doute un grand pouvoir d'élucidation, mais pouvait-il parler de ce qui n'avait pas encore vu le jour ? Et, à moins de considérer les œuvres d'aujourd'hui comme nulles et non avenues, ce qu'à Dieu ne plaise, pour des poéticiens comme Daniello, le commentateur et l'homme lige de Pétrarque, ou comme Giraldi Cinzio qui n'est pas prêt, lui non plus, à rejeter le moderne roman héroïque de Boiardo ou d'Aristote, l'on doit admettre qu'un certain assouplissement des critères aristotéliciens est inévitable. Une vue *progressive* semble seule apte à restaurer les droits bafoués du lyrisme, sans prendre encore le contre-pied d'Aristote, mais en relativisant son corpus pour mieux comprendre la sévérité implicite qui pouvait être la sienne.

> Laonde chiaramente veggiamo, che la materia di tal poesia da prima tutta era posta nelle cose divine ; e, dappoichè discese ai fatti umani, cadde nel grembo dell'amorose ciance, e delle vanità del mondo : siccome nelle canzoni di Anacreonte, e in non poche di quelle d'Orazio veder possiamo.

> Ma come di onesto amore si canti, e la bellezza laudare si convenga, il Petrarca capo e fonte dell'amorosa poesia nelle sue rime ci sarà maestro.

L'historicité des œuvres et des genres change donc les données sur lesquelles le critique d'autrefois a été amené à statuer. Ses catégories sont bousculées par le temps et, ce qu'il pouvait taire comme négligeable, occupera plus tard la place d'honneur. Relativisation de la leçon d'Aristote au contact du changement objectif des formes, des réussites et des jugements. L'intérêt majeur de ce raisonnement réside, pour nous, dans le fait qu'il concerne le genre lyrique et que Pétrarque, à son terme, est qualifié de *maestro*, comme si l'autorité d'Aristote, souvent considérée sans seconde, avait trouvé un rival *de facto*, un autre maître dans la conscience des hommes.

3. Mais le vrai débat sur le lyrisme commence au-delà de cette prise de conscience historique. On le surprend au détour d'une réplique dans un dialogue de Minturno, au cœur d'une leçon de Segni ou d'un traité de del Bene. Le caractère souvent occasionnel de ces remarques faites en passant a, sans doute, éloigné les critiques de cette source importante pour la compréhension historique du concept de lyrisme[1].

A cela s'ajoute l'obstacle théorique qu'oppose la complexité de la terminologie, témoin la fameuse *mimesis*. Tantôt en effet, elle se rapporte au mode d'énonciation et s'oppose à la narration (*diègésis*), comme le théâtre se distingue du récit ; tantôt, elle est thématique et se réfère à l'appropriation d'une action humaine par le texte littéraire ; elle signifie alors fable ou fiction. Autre difficulté : les poéticiens cités plus haut qui tentent de penser le lyrisme, d'une certaine manière, *contre* Aristote, n'en adoptent pas moins sa terminologie. Un bon exemple de cette fidélité, qui occasionnellement devient réflexion critique relativement au fait lyrique, est fourni par le traité de Giulio del Bene, *Che egli è necessario a l'esser poeta imitare azioni*, lu en 1574 à l'Académie des Alterati. Comme le titre l'indique et la conclusion le réitère, la thèse que l'auteur entend démontrer est que l'action est nécessaire en poésie, laquelle consiste en une "imitazione di azione o finzione, dunque una favola". Et c'est à l'intérieur de cette machine tout aristotélicienne que surgit l'exemple de Pétrarque. Problème inévitable : y a-t-il action, au sens de fiction, dans son œuvre ? C'est à ce point précis et grâce à l'ombre portée du poète, que la réflexion aborde le fait lyrique dans la perspective d'un aristotélisme réaménagé ; perspective qui, parfois, laisse deviner qu'Aristote pourrait avoir pensé cela, ou aurait dû penser cela. L'effet historique de cette thèse est bien connu ; c'est celui de l'attribution à Aristote de la

1 B. Croce, *Storia dell'estetica per saggi*, en particulier, "La Teoria della poesia lirica", Bari, 1942 et 1967.

tripartition des genres (épique, dramatique, lyrique), alors que l'on ne peut parler, au vu de sa *Poétique*, que d'une bipartition[1].

Pour Giulio del Bene, l'essentiel, à ce point particulier de son discours, est de parvenir à se persuader que Pétrarque est non seulement un grand poète *par lui-même*, mais encore selon Aristote. D'où la réponse affirmative concernant la présence de l'action dans l'œuvre de Pétrarque. D'abord, et même si pour le philosophe l'action est reconnaissable dans l'épique et le dramatique, del Bene propose qu'il n'est pas nécessaire qu'elle soit comme chez Homère et Sophocle pour exister. Elle peut être comme chez Alcée, Anacréon, Sappho, Pindare. Exemple typique de ce qu'Aristote aurait pu ou dû dire, et qu'évidemment, il s'est bien gardé de dire. Mais, on demandera : où est donc l'action dans la sphère lyrique ? Elle est, répond del Bene, dans ce qu'on supporte par amour (la passion étant une action subie que le poète chante quand il célèbre les vertus — actives s'il en est — de la dame). D'ailleurs, d'une manière plus fondamentale encore, n'est-il pas vrai que l'imitation des *affects* ou des *caractères*, que l'on trouve dans les poèmes lyriques de Pétrarque, est inséparable de l'évocation proprement dite d'une action :

> Meno ancora... si possono imitare gli affetti senza le azioni.

Certes, mais, est-on tenté de demander encore, où est la *fabula* dont cette action est nécessairement faite au dire même de Giulio del Bene ?

Il faut chercher la réponse ailleurs que chez lui. D'abord dans la *Poétique* de Minturno, que nous connaissons déjà. Il y est affirmé que le texte lyrique montre le poète comme amant, autant dire comme un personnage, mimétique et donc fictif ou fictionnalisé :

> ...quando il Poeta parla ad altrui, par che dipinga la persona del Poeta, e ne tenga o ne prenda un'altra : perciocchè nel Petrarca due persone intender possiamo ; l'una del Poeta, quando egli narra ; e l'altra dell'amante, quando dirizza a Madonna Laura il suo dire...

Cela tend à prouver que Pétrarque imite bel et bien quelque chose d'extérieur à lui puisque son texte, d'énonciation narrative et/ou mimétique, est tout à fait comparable à ceux de l'épopée ou de la tragédie, qui respectent l'exigence de la *fabula*.

1 Voir G. Genette, *Introduction à l'architexte*, Paris, 1979, qui étudie l'histoire de cette bipartition aristotélicienne, devenue progressivement et par malentendu, tripartition. Les discussions des poéticiens italiens du XVIe siècle n'y sont cependant pas prises en considération, sauf rare exception.

Mais est-il possible, sans défigurer l'identité lyrique, d'éloigner à ce point le poète de son discours ? Et cette *fabula à l'extérieur de lui* n'a-t-elle pas été reconnue au prix d'un coup de force, et au détriment de l'autobiographique ?

Agnolo Segni, qui publia en 1573 (une année avant le traité de del Bene), ses *Lezioni intorno alla poesia*, pourrait être le porte-parole de ces objections. Il commence, comme tout bon lecteur d'Aristote, par l'affirmation que le poète imite une action :

> sí che se egli non immita azione non sia poeta.

Mais, à partir de là, on va lui voir prendre une voie toute différente de celle qu'emprunte del Bene, lequel, on s'en souvient, découvre chez le lyrique le respect du principe de l'action en détachant le locuteur, comme amant et comme narrateur du contenu de son discours, détachement qui, aristotéliquement, est une condition nécessaire pour que ce discours soit *fabula*. Segni ne renonce pas à associer le discours et l'homme qui le profère. Comme d'autres le remarquent à la même époque, le lyrique, pour Segni, est celui qui parle de soi et qui parle en son nom :

> [les vers lyriques] dove il poeta parla sempre da sé.

Ce refus de la distance va, on s'en doute, rendre bien difficile le maintien de l'idée d'action, au sens de *fabula*. Qu'à cela ne tienne, Segni n'hésite pas à s'émanciper du dicastère d'Aristote, car pour lui, on ne peut nier le caractère autobiographique de la poésie lyrique, sans nier la poésie lyrique tout entière. Pourtant, Segni ne consomme aucune rupture avec Platon et Aristote. Il reconnaît dans leurs œuvres une pensée concernant la poésie lyrique (ce qui est vrai de Platon) et inscrit son analyse dans la suite de cette constatation. Il ne pense pas trahir Aristote en supprimant le complément *action* inséparable, pour le philosophe, du verbe imiter.

> ...la maggior parte de' poemi lirici non hanno azione, ma immitano i costumi, gli affetti de l'animo e qualunque altro e' si propongono a esprimere, e nondimanco, così senza azione, sono da Aristotile e da Platone chiamati poesie così fatti poemi. *Adunque, per questi autori può essere la poesia e star senza azione.*

Cette dernière phrase, que nous soulignons, est-elle le signe d'un aveuglement volontaire ? On peut se le demander, surtout si l'on se souvient que l'imitation qu'elle se propose est celle des propres sentiments du poète. Il est en tout cas difficile d'attribuer à Aristote (laissons Platon de côté) une pensée plus opposée à ce qu'était sa conviction la plus profonde, lui pour qui le *ποιεῖν* au sens large avait comme condition d'existence une activité dont la production consiste en une œuvre extérieure à son artisan —*fabula* non autobiographique —, alors que les activités qui restent immanentes à leur objet appartiennent, selon lui, à l'ordre diamétralement différent du πρακτικόν ; lui qui, outre ces distinctions catégorielles, ne pouvait approuver la propension à parler de soi, le sage étant au contraire celui qui observe le juste milieu de la *réserve* (*Ethique à Nicomaque*, II, 7)[1] ; lui, enfin, et nous sommes ici au cœur même du problème littéraire de l'autobiographique, qui approuvait Homère d'avoir été bref dans les passages liminaires où il parle de lui :

> En effet, personnellement, le poète ne doit dire que très peu de choses, car ce n'est pas en cela qu'il est un imitateur. (1460 a)

Cette courte phrase dit plus à elle seule que tous les commentaires les plus ingénieux sur la position aristotélicienne face au lyrisme et les raisons qui l'incitent à ne pas lui accorder d'importance, voire de place dans sa *Poétique*, comme l'affirme un spécialiste de cette œuvre Gerald Else qui écrit : "some of the actual genre are not very clearly represented in it. This is especially true of the lyric"[2].

Absence d'action extérieure à soi, mais imitation par le poète de ses propres sentiments, telle est donc la position antiaristotélicienne et moderne d'Agnolo Segni dans ses *Lezioni* de 1574, qui ont comme figure centrale Pétrarque, le grand tentateur, le grand fauteur d'hérésie pour ces aristotéliciens qui, sous l'influence d'un *canticum novum*, dépassent Aristote en croyant l'utiliser respectueusement.

Paradoxe de cette entreprise pétrarquienne sur ce qu'il faut bien appeler un outillage mental aristotélicien : les critiques chez lesquels cette rencontre a lieu pensent, *en même temps*, qu'Aristote est la main qui convient à ce deuxième couronnement du *poeta laureatus*, mais aussi qu'il faut œuvrer ferme pour maintenir Pétrarque dans le Parnasse en dépit d'Aristote. Ainsi, Segni peut dire que la *mimesis* des affects est aristotélicienne (et Pétrarque aussi par voie de conséquence). Mais il peut dire également que, selon la conception aristotélicienne de l'action comme fable, Pétrarque n'est pas poète, affirmation intenable qu'il faut renverser en montrant qu'il y a, outre une fable de contenu (celle prônée par le philosophe), une fable du *discours*, ce que nous appellerions peut-être l'invention verbale, aussi fictionnalisée que l'autre, et que Pétrarque, selon Segni, met en abîme dans des expressions comme "favoleggiar", "la mia favola" où se rencontrent les concepts de parler, de fabuler (sans nuance péjorative) et où le dire devient mythe dans la représentation d'une vie ou d'un destin. Admirable intuition que celle d'Agnolo Segni, insuffisamment saluée jusqu'à présent et qui nous conduit au deuxième paradoxe de cet affrontement entre le poète et le philosophe à la Renaissance ! On se rappelle le "Favola fui gran tempo" qui définit, dans le

[1] Dans le même esprit, Dante écrit : "parlare alcuno di se medesimo pare non licito" (*Convivio*, I, II).

[2] G. Else, *Aristotle's "Poetic". The Argument*, Leiden, 1957, p. 100.

premier sonnet, le Pétrarque ridiculement amoureux dont le *Canzoniere* offre un reflet. "J'ai été la fable, la risée du monde", voilà comment l'expérience autobiographique est restituée par l'écrivain qui s'en est détaché. C'est la négation de la *fabula* mimétique qui s'exprime dans cette favola. Ne dirait-on pas, dans ce sonnet, que Pétrarque — qui n'aimait vraiment pas Aristote, ni surtout ses disciples, les scolastiques — offre lui-même des arguments à la rigueur du poéticien antique ? La facilité, l'abandon à la passion, le décousu, l'existentiel, l'absence d'organicité formelle et thématique, nulle *fabula* véritable permettant à l'objet esthétique de se développer unitairement et harmonieusement, tous ces reproches qu'à sa manière Pétrarque se fait à lui-même dans son prologue, ne sont-ils pas de nature aristotélicienne ? Et cela même, il l'appelle *fabula* !

Oui, paradoxe de ce texte poétique qui promeut, sans que son auteur ait une vraie connaissance de la *Poétique*, le message de la *Poétique* et semble préparer le terrain du philosophe dont la leçon restrictive, en matière de lyrisme, aura le plus à souffrir, en fait, du *Canzoniere* pétrarquien !

4. LE PROLOGUE LYRIQUE

Même limité à la poésie du XVIe siècle, ce sujet mériterait un livre entier. Nous n'aurons ici qu'une esquisse, l'évocation succincte de deux questions. D'abord, celle du rapport de nature entre prologue et lyrisme, ensuite celle de l'abondance des liminaires dans les recueils du XVIe siècle en France.

L'inspiration : "Et qu'Amour ditte au parler" (Tyard)

Le topos très répandu, dès le Moyen Age, de l'Amour qui dicte ses vers au poète traduit bien cette situation qui fait coïncider le sentiment personnel et l'inspiration du discours poétique.

L'Amour, divinisation de l'émoi vécu, est aussi une médiation personnifiée qui se meut entre le senti et l'écrit, la garantie d'un reflet, d'une authenticité qu'il importe si fort au lyrique de faire reconnaître.

Il va sans dire que, si l'on considère ce dieu comme une conséquence plutôt que comme une cause, s'il est l'image de la dame, l'inspiration du poète-amant correspondra tout aussi bien à cette figure aimée. Il s'ensuit que la dame se voit attribuer à la fois le pouvoir de posséder un cœur et celui d'enclencher un chant. La maîtresse assume, dès lors, le rôle de la Muse. Le chant lyrique se rapproche du discours prologal et de l'invocation aux puissances qui régissent le bon fonctionnement de la création : Muses, Apollon...

Cependant, ce cumul de la femme aimée, source de l'amour et du chant, ne se fait pas sans autre. Certains obstacles semblent dissuader les poètes de faire surgir fréquemment une image de leur dame revêtue des signes distinctifs de la Muse. Ces obstacles tiennent essentiellement à la situation relationnelle de l'amant-poète et de l'objet de son amour. Le discours produit, s'il veut agir selon les vœux de l'amant, doit pouvoir — à un niveau de représentation esthétique s'entend — s'adresser à la dame. Il doit donc provenir de l'amant en tant qu'être distinct de celle qu'il aime. J'ouvre la bouche pour me déclarer, dit Tyard. C'est reconnaître qu'il informe celle à qui il s'adresse d'une chose dont il pense qu'elle l'ignorait et que le texte va lui apprendre.

> Quand je sentis desir qui me poussait
> Accompagné de mon affection
> Pour descouvrir ma triste passion
> Passion, las, qui trop fort me pressoit
> Doncques pressé en fin j'ouvris la bouche,
> Me desclairant à celle, qui me touche
> Si vivement, qu'elle en ha desplaisir.
> (*Err. am.* I, 45)

La plupart des autres fonctions assumées par le texte lyrique dans les recueils amoureux contribuent également à maintenir la dame indépendante de la confection du poème. Car celui-ci va peut-être la fléchir, l'apitoyer sur le sort misérable qu'elle fait à l'amoureux, éveiller des remords, le désir d'une réparation. Pour que le texte ait quelque chance d'aboutir, il faut lui reconnaître la valeur d'un moyen que l'amant s'est créé et dont il dispose en propre : le pouvoir verbal du suppliant, l'attrait du séducteur.

Autre maintien de la distance entre ce que l'on pourrait appeler les initiatives de la dame et le texte du poète : dans les poèmes qui déclarent que leur auteur écrit pour se consoler. Car il est évident qu'en principe le poète ne veut pas attribuer à la dame la suggestion d'écrire pour se consoler d'elle.

Dans l'expression d'un texte qui, a priori, se place le plus loin possible des intentions supposées de la dame et de sa dictée, celle-ci agit tout de même, indirectement. Un poète comme Ronsard qui se veut pourtant si pleinement propriétaire de ce qu'il dit, qui est si peu enclin, en particulier face à Hélène, à en accorder la responsabilité à qui que ce soit d'autre qu'à lui, ne laisse pas, à l'instar de plusieurs de ses collègues, de faire remonter visiblement la raison de son style à la cause — ou à l'objet — de ses sentiments, fût-ce à propos de textes de consolation :

> Si j'ay bien ou mal dit en ces Sonets, Madame,
> Et du bien et du mal vous estes cause aussy :
> Comme je le sentois, j'ay chanté mon soucy,
> Taschant à soulager les peines de mon ame.
> Hà ! qu'il est mal-aisé, quand le fer nous entame,
> S'engarder de se plaindre, et de crier mercy !
> Tousjours l'esprit joyeux porte haut le soucy,
> Et le melancholique en soymesme se pâme.

> J'ay suivant vostre amour le plaisir poursuivy,
> Non le soin, non le dueil, non l'espoir d'une attente.
> S'il vous plaît, ostey moy tout argument d'ennuy :
> Et lors j'auray la voix plus gaillarde et plaisante.
> Je ressemble au mirouer, qui tousjours respresente
> Tout cela qu'on luy monstre, et qu'on fait devant luy.
> (*Sonnets pour Hélène*, I, 60)

Un tel mouvement d'aller et retour montre bien que l'éloignement peut n'être qu'une allégeance momentanément interrompue et la distance, une fausse distance. En effet, si la poésie éloigne d'abord l'amant de sa dame, si, posée comme un mouvement de consolation ("Taschant à soulager les peines de mon ame"), elle se détermine en faveur d'un choix qui diverge de l'éros et enregistre la distance subjective de la frustration, en même temps, et surtout après, Ronsard se replace sous la juridiction d'Hélène, lui faisant entendre qu'elle est à l'origine de ce besoin de consolation poétique et qu'elle ne cesse d'occuper une place centrale. C'est au point que cette *poésie-recours* se conduit comme une *poésie-miroir*, miroir des sentiments, mais miroir aussi où se reflète "activement" l'être de la dame. La dame devient ainsi la Muse d'une poésie qui voulait se déployer à sa place, en consolant le poète et en lui permettant de renoncer à l'amour.

Ce retour est significatif d'une tendance qui voudrait que la dame occupe, dans le lyrisme amoureux, la place de la Muse, sans pourtant que le dialogue avec elle le permette immédiatement puisqu'en général le poète essaie de former un couple avec sa dame, et que son texte dès lors est de son côté à lui. Mais n'est-il pas frappant de constater que ces résistances tombent lorsque l'éros se teinte d'idéalisme courtois ou platonicien, quand, en d'autres termes, les enjeux de la relation homme-femme ne sont plus qu'une étape en direction d'une contemplation spirituelle de l'idée. Dans cette union ultime, le poète reconnaît l'œuvre de la femme aimée et même sa présence sublimée.

> Tu y pourras reconnaître l'Idée
> De la beauté qu'en ce monde j'adore.
> (Du Bellay, *Olive*, 113)

Il voit en elle une conductrice qui connaissait l'itinéraire du vrai, comme la Muse ou Hermès, le psychopompe. En devenant spirituel et en visant une unité transcendante, l'éros n'a plus à se méfier, dans sa traduction poétique, d'une dépendance qui le déposséderait de sa relation véritablement duelle avec son objet. Dès lors aussi, la femme peut devenir la Muse puisque le texte n'est plus que la reconnaissance de l'ascèse accomplie à sa suite. Cet épanouissement, qui rappelle les mythes où l'homme s'accomplit sous l'influence de la femme civilisatrice, inspiratrice et béatrice, est décrit par Ronsard dans un sonnet à Cassandre.

> Morne de cors, et plus morne d'esprit
> Je me trainoi' dans une masse morte
> Et sans sçavoir combien la Muse aporte
> D'honneur aus siens, je l'avois à mépris :
> Mais aussi tôt, que de vous je m'épris,
> Tout aussi tôt vôtre œil me fut escorte
> A la vertu, voire de telle sorte
> Que d'ignorant je devin bien apris.
> Donques mon Tout, si je fai quelque chose,
> Si dignement de vos yeus je compose,
> Vous me causés vous mesmes ces effets.
> Je pren de vous mes graces plus parfaites,
> Car je suis manque, et dedans moi vous faites,
> Si je fai bien, tout le bien que je fais.
>
> (*Amours* 1552, 95)

Ici, les obstacles sont tombés qui empêchaient le poète de reconnaître sans détour la création en lui d'un chant dû au pouvoir poétique et à la suggestion de la femme aimée. Elle est devenue, de plein droit, la Muse.

La conscience créatrice

Autre point commun entre le discours prologal et le discours lyrique : la conscience créatrice. Souvent, en effet, le poète lyrique, à l'image d'un auteur de prologue, prend son écriture comme thème. La conscience de chanter est même à l'origine de modalités expressives si riches et si nombreuses que l'on peut y voir un thème spécifique de la poésie lyrique, laquelle, si elle devait se définir *motu proprio*, ne dirait pas seulement : je chante ce que je sens, mais, je chante sur le chant, ou les chants, que je chante.

S'étonnera-t-on de cette seconde définition ? Non, car on peut la considérer comme la conséquence de la première, comme une conséquence de l'autobiographisme lyrique : le poète se surprend dans l'instant où le chant jaillit, comme il s'abandonne aux suggestions de l'affect et à son souvenir.

Conjugaison du verbe chanter presque aussi généreuse lyriquement que celle du verbe aimer ou sentir ! Combien de fois n'assistons-nous pas à la représentation d'un travail, d'une confection en train de se faire ? Cet univers de la spontanéité qu'est l'univers lyrique inclut l'effort visant à devenir spontané et la réflexion sur un chant qui *est* et qui *essaie d'être*, en même temps. Ainsi, le texte lyrique, apparemment ponctuel dans la mesure où il se construit sur l'enregistrement d'un état d'âme, compense largement l'étroitesse de sa vision par la multiplication des accommodations que cette vision exige ou permet de lui consacrer. Ne dirait-on pas que la marginalité est son royaume, puisque la conscience peut, à l'infini, élargir ses cercles concentriques, devenir conscience de la conscience, etc. ? Ou, si l'on préfère, diviser à l'infini le mouvement qui la rapprocherait de ce *quid* qui n'est peut-être qu'un trou noir, objet indéfini du désir infini ? D'où, aussi, l'éternel recommencement et les innombrables variations des recueils, qui semblent ne pouvoir exister autrement que dans l'espoir d'une approximation. D'où enfin, les aspects multiformes de cette conscience de chanter, souvent optative ou impérative :

> Célébrez l'Eternel avec la harpe
> Louez-le avec la lyre à dix cordes
> Chantez en son honneur un chant nouveau ;
> Faites retentir avec art vos instruments et vos voix.
> (*Psaumes*, 33)

Le ton est souvent analytique et s'interroge sur le pourquoi et le comment. Le poème répond à une question portant sur lui-même. Il dira qu'il chante par amour, admiration, désir de se consoler, ou par écho encore, comme dans l'*Ode à l'alouette* où Ronsard chante cet oiseau parce qu'il l'a entendu chanter.

"Qu'il te fait bon ouïr", s'exclame-t-il, et d'évoquer le charme de cette musique, son effet sur la nature, l'ascension vertigineuse de l'envol et le retour foudroyant auprès de la nichée, belles images du chant libre, vainqueur et nourrissant.

Au milieu de la pièce :

> Lors je dy : Tu es bien-heureuse
> Gentille alouette amoureuse ...

"Je dy..." Ronsard va donc se citer, après cette amorce déclarative, s'exprimant à la charnière de deux volets célébratifs. Ils sont la conséquence, l'un et l'autre, du chant de l'alouette qui donne envie de chanter, de la chanter, et de chanter le fait qu'on la chante ("je dy"). De bien des manières, le thème du poème est donc la poésie même, la poésie qui s'élève du cœur comme l'alouette de terre. Chacun de ces modes lyriques dessine aux frontières de l'autre un espace de voisinage, des marges, des seuils s'ouvrant sur un chant qui, de ce fait, peut constamment se renouveler, chant du monde, "che muove il sole e l'altre stelle".

C'est que, nous l'avons vu, l'immédiat lyrique, sous peine de donner la parole au cri ou au silence, cherche, pour approcher ce qui est d'essence insaisissable, des médiations dans la conscience de ce qu'il est et dans les mille manières de l'exprimer. Ce chant, aux abords d'un non-chant qui devrait être le chant lui-même, se crée donc des moyens d'existence dans la création d'une altérité étrange : une conscience qui se confond avec la chose qu'elle appréhende et une mise à distance, un surplomb, dicté par le fait qu'elle n'est pas cette chose.

Deux situations sont souvent exploitées pour figurer et développer cette adhésion-distance du chant sur le chant : la situation substitutive et la situation prétéritive.

La première consiste à objectiver la poésie. L'on s'adresse à elle, on montre sa relation aux sentiments qu'elle exprime, on lui reproche d'être insuffisante ou on la reconnaît capable, au contraire, d'immortaliser son objet. Des paroles, alors, s'adressent à des paroles ou à leur équivalent, par exemple, chez Louise Labé, le luth qui est à la fois une entité autre et l'espace d'un *écho fidèle* :

> Lut, compagnon de ma calamité,
> De mes soupirs témoin irreprochable,
> De mes ennuis controlleur veritable,
> Tu as souvent avec moy lamenté.
>
> (*Sonnets*, 12)

Il arrivera aussi au chant lyrique, et c'est la situation que nous avons appelée prétéritive, de dire l'impossibilité de chanter. Le topos de l'amour, qui rend muet, est l'exemple le plus courant de cette prétérition. Ainsi, chez Ronsard :

> Bien mille fois et mille j'ay tenté
> De fredonner sus les nerfz de ma lyre,
> Et sus le blanc de cent papiers escrire,
> Le nom, qu'Amour dans le cuœur m'a planté.
> Mais tout soubdain je suis espovanté,
> Car sa grandeur qui l'esprit me martyre
> Sans le chanter arriere me retire
> De cent fureurs pantoyment tourmenté.
> Je suis semblable à la prestresse folle,
> Qui bègue perd la voix et la parolle,
> Dessoubz le Dieu qu'elle fuit pour neant.
> Ainsi picqué de l'Amour qui me touche
> Si fort au cuœur, la voix fraude ma bouche,
> Et voulant dire en vain je suis béant.
>
> (*Amours* 1552, 27)

Manière de parler que ce mutisme qui, par une comparaison sublime, se place sous la protection du dieu de la parole poétique, Apollon. Ainsi, l'anéantissement ne laisse pas d'être éloquent, l'étonnement sacré, la faiblesse privilégiée. Le régime du paradoxe que nous avions déjà côtoyé dans d'autres exemples évoquant les conduites de la conscience lyrique, laquelle adhère à son objet et s'en distancie, se manifeste à nouveau dans ce langage qui se contredit lui-même, puisqu'il rend, avec usure, ce dont il se déclare privé et s'élève au-dessus d'un seuil qu'il affirme interdit.

L'essentiel, en l'occurrence, est de noter qu'ici encore les marges du lyrisme où se déploie la conscience du chant relèvent, de plein droit, de la juridiction du chant ; que le *ne pas encore* de ce discours apparemment liminaire est en soi lyrique.

Quoi de plus lyrique, au psaume 137, que les harpes des Hébreux suspendues aux saules du rivage babylonien ? Le refus de ces exilés à leurs oppresseurs qui leur demandent un cantique joyeux :

> Comment chanterions-nous les cantiques de l'Eternel
> Sur une terre étrangère ?

Si le chant de plénitude est impossible (existe-t-il ?), il est toujours possible de dire lyriquement cette impossibilité. Or, que l'on chante l'Eternel au lieu qui est le sien, sur la montagne de Sion, ou que l'exil fasse déplorer cette impossibilité, le psalmiste déploiera toujours son chant dans l'espace d'une relative séparation : ce sera tantôt en majeur et en s'encourageant à célébrer Celui qui, étant "parole juste", détient le vrai poème que l'homme ne peut qu'approcher ou répercuter comme en écho :

> Chanter en son honneur un chant nouveau
> Car la parole de l'Eternel est juste,

tantôt en mineur, dans l'attente de ce chant. En amour, profane ou divin, le chant n'est peut-être qu'approche de l'Etre, itinéraire, préambule, prélude, prologue.

Le destinataire

Tout lecteur ayant parcouru un ou deux recueils lyriques de la Renaissance aura remarqué que l'interpellation à un destinataire n'y est pas rare. Il s'agit, dans la poésie encomiastique, de désigner à la deuxième personne l'objet d'une célébration, d'une prière ou d'une dédicace, dans la poésie d'amour de solliciter directement la dame. D'autres personnages plus communs ou, au contraire, divins (Vénus, Amour, la Lune, etc.) sont interpellés, souvent pour permettre la mise en scène d'un discours significatif où s'exprime obliquement une pensée ou un sentiment dont la bénéficiaire est la dame, dans la plupart des cas : le valet Corydon n'ouvrira à personne, car Ronsard veut se plonger dans la lecture d'Homère ... à personne absolument, sauf à Cassandre, bien entendu.

L'on distinguera de ces différents exemples où l'interlocution est inhérente à l'esprit de l'œuvre les textes où, tout à coup, l'auteur s'adresse à de simples connaissances, amis, poètes, artistes, sur le ton de ce que l'on pourrait appeler une correspondance privée. Le sonnet alors, car le plus souvent, c'est cette forme qui est retenue, n'est autre qu'une lettre. Un écart se produit à la lecture entre ce poème particulier, qui semble tiré de la vie courante, et l'entourage, où les identités de l'histoire vécue sont davantage élaborées. L'étonnement que cette "intrusion" causera dépend du degré préexistant de la *varietas* globale du recueil, de sa plus ou moins grande homogénéité d'invention, voire tout simplement de son niveau avoué : plus il se situera "bas", comme les *Regrets*, moins ces missives étonneront et plus aussi elles se multiplieront au point de créer, comme dans l'exemple de Du Bellay, une nouvelle homogénéité. Le degré de l'étonnement dépendra aussi du thème que le sonnet épistolaire développe, car il peut aller de l'hétérogénéité maximum, par rapport à l'ensemble, à l'homologie la moins contestable ; de la trivialité la plus évidente, comme celle du sonnet 8 où Pétrarque offre à un ami de la volaille, à un discours sur l'amour où Ronsard déclare à Baïf, son vieil ami, que l'intensité du sentiment n'est pas proportionnelle à l'habileté que l'on montre à l'exprimer.

Bayf, il semble à voir tes rymes langoreuses,
    Que tu sois seul amant, en France, langoreus,
    Et que tes compaignons ne sont point amoureus,
    Mais font languir leurs vers desous feintes pleureuses ;
Tu te trompes, Bayf, les peines doloreuses
    D'amour autant que toi nous rendent doloreus,
    Sans nous feindre un tourment : mais tu es plus heureus
    Que nous, à raconter tes peines amoureuses.
Quant à moi, si j'estois ta Francine chantée,
    Je ne serois jamais de ton vers enchantée,
    Qui se faignant un dueil se fait palir lui-mesme.
Non, celui n'aime point, ou bien il aime peu,
    Qui peut donner par signe à cognoistre son feu,
    Et qui peut raconter le quart de ce qu'il aime.
(*Continuation*, 24)

Un tel sonnet produira un sentiment de rupture de peu d'importance dans la chaîne consacrée à Marie, car, d'une part, il retient le thème de l'amour et fait allusion ainsi à la situation dominante de l'ouvrage, que d'autre part ce recueil de 1555 contient, outre ses six premières pièces, sept autres sonnets (sur soixante-dix en tout), qui appartiennent à ce même genre de textes-missives, chiffre considérable où se diluent les éléments de la nouveauté.

Il n'en demeure pas moins que, même dans l'exemple de Marie (1555), les poèmes aux amis créent l'impression d'un changement de niveau dans la chaîne des différents moments lyriques. Il n'est pas nécessaire d'insister davantage, sinon pour ajouter ceci : l'impression dont nous parlons ressemble à celle produite par un texte qui, momentanément, prend ses distances vis-à-vis de son contexte. Le locuteur a l'air de tourner la tête ailleurs, avec, à l'esprit, les contenus qu'il propose dans son recueil, et avec un ton de confiance qui est celui-là même que l'on adopte avec un bon lecteur. Se situant au-dessous de l'ensemble, comme la vie peut l'être par rapport à l'art, il se hausse, cependant, au-dessus de l'œuvre, à l'instar de l'auteur d'un prologue. Le mot est lâché. En effet, ces sonnets épistolaires, que le poète lyrique place quand il le veut dans une suite vouée non à la vie courante, mais à l'élaboration littéraire d'une passion exceptionnelle, introduisent un léger prosaïsme que l'on perçoit dans les textes liminaires, surtout quand ils sont explicatifs et non impliqués encore dans l'entreprise de la fascination. Ils rappellent le statut prologal par la connivence qu'ils recherchent auprès de lecteurs tout désignés pour recevoir correctement le travail de l'écrivain, autant et souvent plus que les sentiments de l'amant. Ils ne sont pas entièrement sortis de l'atelier du créateur, et en cela encore, ils rappellent la situation des paratextes.

L'intérêt de cette présence possible du marginal en tout point de la chaîne lyrique réside dans le fait, précisément, qu'elle soit possible, que ce genre poétique le tolère. Mais, somme toute, ce n'est qu'un signe de plus de l'affinité que le statut du texte prologal et le statut du texte lyrique entretiennent.

Résumons donc. Une poésie du sujet, dont l'inspiration et, de manière plus ou moins visible, la Muse fréquemment convoquée rappelle l'invocation traditionnelle ; un chant, d'autre part, qui souvent se prend lui-même comme thème, et se développe comme un acte de conscience littéraire proche des conduites spécifiques du prologue, et, maintenant, l'intromission de sonnets adressés à des lecteurs qui ne sont pas intégrés au personnel de l'espace lyrique proprement dit, mais font penser, surtout lorsque ces textes portent en plus sur l'œuvre à laquelle ils appartiennent, à ce que l'on rencontre dans l'espace des liminaires, ces trois rubriques semblent correspondre au triangle prologal que nous connaissons et occuper chacune la place d'un de ses angles :

PROLOGUE		LYRISME
l'auteur	:	*inspiration*
le texte	:	*conscience littéraire*
le lecteur	:	*les amis des sonnets épistolaires*

Le prologue est-il donc dans la place ? N'exagérons pas. Mais l'on peut pressentir qu'un genre qui, comme le lyrisme, s'ouvre aussi facilement à des comportements qui sont caractéristiques d'un autre genre de discours a toutes les chances d'être doté d'une identité extrêmement souple, d'une *varietas* qui fera craindre pour la netteté de sa physionomie et rendra raisonnable l'hypothèse d'une tendance à l'entropie.

Nous revoici donc devant l'évidence d'un lyrisme qui, de par son essence même, peine à se constituer, au-delà de ses émergences singulières, en un tout cohérent, évidence que l'autobiographisme et la "fureur" désordonnée d'une subjectivité avouée expliquaient déjà et que confirme notre mise en parallèle avec la nature des liminaires.

Quelque efforts qui aient été faits, et il fallait qu'ils le fussent, pour découvrir des principes d'organisation, des symétries, des échos, en un mot des structures globales dans tel recueil lyrique du XVIe siècle, le moins que l'on puisse dire est que la *disposition* n'est pas l'enjeu dominant de ces œuvres. Cet enjeu, est-il besoin de l'ajouter, varie d'ailleurs beaucoup quant à son importance d'une œuvre à l'autre, et cette variation n'est pas seulement quantitative, elle est qualitative. Ainsi, pour reprendre un terrain déjà parcouru, l'on ne mettra pas sur le même plan les *éléments* organisateurs de recueils comme l'*Olive* et les *Odes* de Ronsard. Dans le premier cas, c'est la ligne ou le pointillé d'une *fabula* qui peut, à la rigueur, constituer la principale raison de la série poétique. La rencontre, les épreuves amoureuses, la maladie y sont évoquées, et la mort (?) de l'aimée, qui, comme chez Pétrarque, accentue, achève même le processus d'idéalisation et la spiritualisation de l'aventure[1].

Dans le recueil des *Odes*, Doranne Fenoaltea[2] l'a montré, des systèmes de correspondance thématiques alliant le souci de la *varietas* et de la symétrie, en un mot du rythme, se dessinent, et Jean Céard, qui avait fait la même constatation, apporte comme confirmation démonstrative les remaniements ronsardiens dans la ventilation de ses pièces, preuve chez le poète d'une conscience attentive aux effets de la disposition collective[3].

Nous ne reviendrons pas sur ce problème que nous avons abordé selon notre point de vue dans l'analyse du premier sonnet des *Rime* pétrarquiennes, et où nous avons défini la situation du recueil lyrique comme le résultat d'une rencontre difficile : celle d'une spontanéité qui privilégie le singulier, l'occasionnel, le juxtaposé, et celle d'une unité organisée. Cette rencontre nous avait semblé emblématiquement représentée dans le sonnet liminaire qui, par sa présence,

1 Voir J. Rousset, *L'Intérieur et l'extérieur*, "Jean De La Ceppède et la chaîne des sonnets", Paris, 1968.

2 D. Fenoaltea, "Les Modes d'organisation des *Odes* de 1550", *Ronsard en son IVe centenaire*, II : *L'Art de Poésie*, sous la direction de Y. Bellenger, J. Céard, D. Ménager, M. Simonin, Genève, 1989. De parution imminente, au moment où je rédige cette note, le livre du même auteur sur le même sujet : *Du Palais au Jardin. L'Architecture des "Odes" de Ronsard*, Droz, Genève, 1990.

3 Jean Céard, "D'une Ode à l'autre : la disposition des livres des *Odes*", *Ronsard*, Colloque de Neuchâtel sous la direction d'A. Gendre, Neuchâtel-Genève, 1987.

répond de la réalité en quelque sorte substantielle de l'œuvre, mais qui, par son contenu, dénonce l'inconsistance de celle-ci.

L'enceinte liminaire

Dès lors se pose notre deuxième question. Comment devons-nous comprendre la multiplication des liminaires dans les recueils du XVIe siècle, même et surtout peut-être, lorsque l'organicité de ces ouvrages est visiblement faible ?

La première raison que l'on est tenté de donner s'exprimera de manière imagée : face à un monument peu capable de se tenir par ses propres ressources, son créateur confectionne et appose les renforts nécessaires : étais, arcs-boutants, digues, contreforts. Le liminaire porte bien son nom s'il est assigné à cette tâche : le *limes* ; il consolide une frontière, il la crée même, puisque le propre de la tentation informelle est de ne pas savoir où l'on commence et où l'on finit. Fortification qui contient non les agressions de dehors, mais les débordements, vifs ou mous, de l'intérieur, l'espace du prologue enveloppe comme une robuste enceinte. La quantité matérielle de ces marches, leur valeur cohésive sont proportionnelles, peut-on penser, aux menaces que sa liberté intérieure fait courir au recueil. Cette remarque se vérifie, en tout cas, dans deux œuvres majeures du siècle, œuvres dont la composition est, en gros, contemporaine, puisqu'elle se situe autour de 1555-1557, la *Continuation* et la *Nouvelle Continuation des Amours* (1555 et 1556) et les *Regrets* parus en 1558, mais commencés dès 1555.

La *Continuation* de 1555 contient six sonnets initiaux adressés à des amis (Tyard, Jodelle, Du Bellay, Peletier, Daurat, Pasquier). Comme s'il voulait se mettre en lieu sûr ou trouver, chez ses pairs, des approbations qui dispenseront de toute autre assurance, Ronsard évoque dans ces liminaires son entreprise poétique d'une *elocutio* modeste, et son amour qui est une *inventio* mineure. La succession de ces pièces n'est pas aléatoire. On voit bien qu'elles forment deux groupes de trois, deux avancées triangulaires, qui comportent chacune un sonnet portant sur la culture littéraire (art d'écrire, connaissance ...), un sonnet sur l'amour et un sonnet sur l'un et l'autre.

I Ronsard avoue à Tyard sa perplexité : on lui reprochait son goût pour le sublime et l'hermétique et maintenant on lui reproche le contraire (qui pourrait être illustré par le recueil à Marie, entre autres). Il faut s'en rire (CULTURE LITT.)

II Récit métaphorisé de l'*innamoramento*, à Jodelle (AMOUR)

III Ronsard choisit la folie d'aimer sans se préoccuper de la simplicité de l'objet qui, certes, ne le place pas aussi haut que le milieu latin où Du Bellay se meut (AMOUR — CULTURE LITT.)

IV Peletier, qui est philosophe et fort instruit, lui fournira peut-être un remède à l'amour (AMOUR — CULTURE LITT.)

V Daurat, par sa poésie, mérite l'immortalité (CULTURE LITT.)

VI Ronsard avoue à Pasquier que l'Amour n'est pas aveugle puisqu'il n'a jamais manqué la cible de son cœur (AMOUR)

D'où la forme :

I	Culture	IV	Synthèse
II	Amour	V	Culture
III	Synthèse	VI	Amour

qui constitue une fortification avec deux avancées triangulaires.

Une deuxième ligne de défense, plus intérieure, retient à son tour le peuple "indiscipliné" des sonnets. Elle est constituée par quatre sonnets possédant le même *incipit*, le nom de Marie. Sans être vraiment un ensemble prologal, cette séquence amoureuse fait bloc par l'unité de forme et de thème et prolonge l'effet également compact des six sonnets initiaux aux amis. D'ailleurs, à la fin du recueil de 1555, au numéro 70, le paratexte conclusif conjugue la leçon littéraire du premier sonnet à Tyard et la forme interpellative d'un discours à Marie, comme si, par cette synthèse en postface, Ronsard avait voulu marquer la cohérence au moins stratégique, au début de son recueil, des six sonnets prologaux et des quatre sonnets qui les suivent sur le nom de Marie.

Le sonnet 70 est un congé qui exhale le regret d'avoir écrit en pure perte, dans le style modeste qui convenait à Marie, que Marie avait même demandé au poète d'adopter. Non seulement les textes de Ronsard n'ont eu aucun pouvoir persuasif, mais n'ont même pas eu l'heur de plaire à leur destinataire. L'aventure est donc terminée, la cause entendue et le silence n'a plus qu'à s'installer. Cette fin, qui s'exprime par le constat d'une relation pour rien et se réalise en s'effaçant plus qu'en concluant, n'en est pas moins, par le rappel des liminaires d'ouverture et de ses dix sonnets solidement implantés aux frontières du recueil, une construction du même ordre quant à sa fonction. Elle contient à son tour ce que cet ensemble peut avoir de fuyant en raison de sa nature très faiblement organique.

Peut-être que l'importance quantitative de ces liminaires s'explique aussi par le fait que leur nature n'est pas totalement distincte des possibilités que le chant lyrique offre de son côté, et qu'il faut beaucoup pour obtenir peu. Parler de soi, de sa poésie, d'un lecteur supposé n'est interdit en aucun point d'un tel type d'ouvrage. On imaginera aisément les liminaires dont nous venons de parler rompant leurs liens et se diffusant dans le courant du recueil. Il n'est d'ailleurs pas nécessaire de l'imaginer. Il suffit de lire la *Continuation* dans l'édition de 1578 pour constater que c'est justement ce qui se produit avec les années. Les deux blocs solidement arrimés en 1555 n'existent plus en 1578. Ou plutôt ils s'allègent en s'étendant. Ainsi, les sonnets 1 à 6 aux amis occupent maintenant des places qui vont de 1 à 14.

1	à Tyard	se maintient en	1
2	à Jodelle	passe à	5
3	à Du Bellay	" "	7
4	à Peletier	" "	10
5	à Daurat	" "	13
6	à Pasquier	" "	14

Quant au bloc (de 7 à 10) formé par les quatre sonnets à Marie, il se brise encore plus nettement puisqu'il disperse ses éléments sur l'étendue de 16 places, sans compter l'exil de 8 à la 123e place !

7	passe à	15
8	" "	123
9	" "	16
10	" "	3

Seul subsiste un reste de séquence "mariale" en 15 et 16 nouveau style, mais elle est si peu épaulée par ce qui précède et si loin du début aussi que sa valeur liminaire s'avère nulle. En remplissant les vides laissés par une dispersion qui occupe 16 places contre 10 précédemment, Ronsard accentue encore l'effet de *varietas*, et donc la destruction de la cohérence première. Ces sept places disponibles (6 + 1, le sonnet 8 ayant été relégué beaucoup plus loin) sont occupées, en effet, par quatre pièces qui figurent plus avant en 1555 et 1556, par deux pièces empruntées à d'autres recueils et par une pièce, n° 2 "au docte Buttet", introduite dans la collective de 1560 déjà. Mais ce n'est pas la diversité des provenances qui importe, c'est bien plutôt le fait que des poèmes de caractère assez différent alternent désormais. Alors que Ronsard avait réservé à la *Nouvelle Continuation* de 1556 toutes les pièces qui n'étaient pas des sonnets, afin sans doute d'assurer une certaine unité formelle aux sonnets de la *Continuation*, le remaniement des poèmes à Marie a entrelacé ce qui était distinct, sonnets d'une part, chansons, odes, de l'autre, et ceci dès l'entrée du recueil. De ce fait, l'éclatement des anciennes homogénéités est plus visible encore en cette phase initiale. L'impression que tout est possible (pièces aux amis 1-2, suivi d'une chanson 4, précédant un nouveau sonnet aux amis 5, etc.) se substitue au sentiment opposé que donnaient, en 1555, des ensembles classés et cohérents. Les défenses sont-elles tombées et Ronsard pense-t-il, désormais, que le recueil lyrique ne doit même plus faire semblant d'avoir une forme extérieure qui l'encadre ? C'est ce que pourrait faire penser cette ventilation des liminaires qui cessent, par là, de mériter ce titre (à part 1 et 2) et qui confirment aussi l'idée qu'ils peuvent vivre en bonne intelligence avec des poèmes lyriques non liminaires[1]. Mais si cette affinité entre liminaires et non liminaires impose, comme Ronsard le pense en 1555, une masse importante de paratextes pour que se dessine, avec une netteté suffisante, le cadre recherché, l'on voit que le même Ronsard, au moment de disperser ses ressources prologales, ne perd aucunement de vue la nécessité d'élever au seuil de son œuvre réaménagée un rempart suffisamment solide. Il le tire d'une élégie qui figurait déjà dans la première édition de la *Nouvelle Continuation* en 1556. C'en était même l'épilogue. Il s'agit d'une longue pièce de deux cents vers intitulée *Elégie à son livre*. Prologue *excusatio* ou *relativus* pour parler comme Donat, le texte s'attache à justifier le changement, vilain péché pour le chantre de l'unique et chaste Cassandre, et abaissement condamnable dans la manière d'écrire. Ce plaidoyer *pro domo* antipétrarquiste, tout à fait au goût de la mode des années où il fut rédigé servait de pendant, au terme de la *Nouvelle Continuation* de 1556, au sonnet initial à Tyard de la *Continuation* de 1555 et formait ainsi un grand mouvement circulaire reliant 1556 à 1555. L'édition de 1560, modèle pour une large part de celle de 1578, comblera le vide laissé par cet emprunt au moyen de deux pièces finales qui jouent le même rôle conclusif : une *Elégie à Marie* et un sonnet à son livre, montrant bien par là le souci d'assurer à cette nouvelle présentation des *Amours* le fort encadrement dont, une fois encore, Ronsard comme tant d'autres, éprouve la nécessité.

Préliminaires explicatifs

A cette première raison qui éclaire l'abondance des liminaires dans les recueils lyriques s'ajoute celle qui veut que l'on s'explique quand ce que l'on fait n'est ni totalement respectable, ni totalement reconnu. Tel est bien le cas des productions

[1] Il convient de noter que dans sa disposition de 1578, surtout avec l'adjonction des sonnets sur la *Mort de Marie*, le recueil s'organise de manière thématiquement plus unitaire ; il correspondrait mieux à l'idée d'un roman d'amour. L'antipétrarquisme de 1555-1556 et la résolution d'être libre et sans apprêt, s'assagissent donc avec les années. Voir, à propos du caractère relativement organique des *Amours II* (Marie) dans l'édition de 1578, l'étude de Jean Rousset citée plus haut en note.

lyriques qui trouvent si difficilement, dans les esprits d'alors, un cadre théorique unifié, ou même une place bien définie. Certes, Ronsard se sent fier d'avoir restauré l'ode pindarique et ses amis le savent si bien qu'ils ne cessent de le répéter après lui. Mais, dès lors que se présente l'occasion de parler de genres littéraires, c'est l'épique et le dramatique (et surtout la tragédie) qui s'imposent à la réflexion, et le reste, satirique, bucolique, lyrique suit pêle-mêle, avec comme critère de définition tantôt la forme, tantôt les thèmes, tantôt un mélange des deux.

En raison, partiellement tout au moins, de son engagement courtisan, Ronsard fait toujours passer avant sa création lyrique, le projet d'une œuvre héroïque, la *Franciade* en ce qui le concerne. Il le fait dans ses déclarations plus que dans la réalité, mais ce sont les déclarations qui reflètent la conception que l'on avait des choses et la valeur que l'on voulait, ou se croyait obligé, de leur conférer. Dans l'*Elégie à Cassandre*, parue en 1574 dans le *Bocage*, Ronsard dit adieu à son luth et s'en excuse auprès de Cassandre en lui représentant la nécessité d'entonner la louange du roi et de ses aïeux. La *Franciade* occupera toute la place qui, précédemment, voyait se développer une œuvre nourrie du commerce de Catulle, Ovide, Gallus, Properce, Tibulle et Pétrarque, c'est-à-dire de poètes lyriques, s'il en est, selon les catégories de la culture humaniste.

De même que l'on obéit à un roi, de même le luth ne peut que se taire devant la trompette martiale, de même encore la tendresse des sentiments et leur expression mélodieuse doit s'incliner devant les prestiges de la vertu et la grandeur héroïque de l'épopée. Peut-être que l'opposition de celle-ci et du lyrisme n'aurait-elle pas été aussi marquée si Ronsard avait rappelé le magistère de Pindare à côté des Catulle et des Ovide. Il s'en est gardé sans doute pour que l'opposition soit nette et que l'adieu à Cassandre puisse reposer sur une argumentation où les grands genres regardent le lyrisme de haut.

Quand Ronsard considère celui-ci pour lui-même, il ne le juge pas négatif de manière globale. Il reconstitue une hiérarchie. Et Pindare en occupe le sommet.

> Thyard, chacun disoit à mon commencement
> Que j'estoi trop obscur au simple populaire.

Cette obscurité, ce sublime pindarique, il faut bien le voir avec les yeux du populaire pour qu'il soit possible d'en dire du mal. Puis, inévitablement, le haut entraîne le bas, comme c'est toujours le cas dans ce genre de discours :

> Aujourd'hui chacun dit que je suis au contraire,
> Et que je me dements parlant trop bassement.

D'un extrême à l'autre, de Pindare aux *Folastries* (qui sont sans doute sous-entendues ici), Ronsard crée un cadre qui lui permet de situer hiérarchiquement la *Continuation*, laquelle se réclame d'une Muse sans prétention et dont on risque de dire, en se souvenant de la Muse hautaine de Cassandre, qu'elle est aussi trop basse. Cette comparaison implicite du sonnet à Tyard est parfaitement développée dans l'Elégie à son livre que Ronsard situe dès 1560, non plus à la fin, mais au début des poèmes à Marie, afin de doubler et d'éclairer peut-être ledit sonnet initial à Tyard, créant ainsi l'analogie suivante :

ELEGIE : Cassandre-Haute / Marie Basse // SONNET : Pindare-Haut / *Folastries*-Basses

C'est qu'il y a toujours lieu d'attribuer à telle production lyrique une situation d'infériorité, d'en faire le barbare d'un autre. Elle le sera totalement si elle est confrontée à l'épique, partiellement si elle n'est pas pindarique ou si elle n'est pas pétrarquiste dans l'expression amoureuse.

Ainsi, le propre du liminaire lyrique consistera souvent à rendre compte de l'humilité qui est son partage en la plaçant sur l'échelle de la respectabilité au-dessous de tel autre type de texte, lyrique ou non. Mais cette autodéfinition prologale recourt à une mise en relation qui est, tout à la fois, une dévalorisation et une tentative de justification. Elle a souvent, de ce fait, un caractère ambigu, voire paradoxal, situation instable qui est bien faite, dans ses rebondissements infinis, pour durer longtemps et nourrir abondamment des liminaires si lents à se déterminer.

Abondance et paradoxe sont bien au rendez-vous dans ce genre de textes et de manières variées. Il y a au moins deux conduites majeures dans la reconnaissance de sa propre infériorité : l'acceptation cynique et son contraire, l'aveu éploré. Dans les deux cas, cependant, le négatif se transforme partiellement en positif et affirme la légitimité de ce qui est condamné. La *Continuation* et les *Regrets* illustrent chacun l'un de ces comportements à la fois riches et complexes. Etant donné que ces œuvres communiquent, elles placent avantageusement sous un seul regard les deux manières en question, dialoguent et s'expliquent comme Ronsard le fort et Du Bellay le faible furent amenés à le faire dans une amitié fondée, en partie, sur la différence.

N'est-il pas délicieusement provoquant, le troisième sonnet aux amis, au début de la *Continuation* de 1555 ?

> Cependant que tu vois le superbe rivage
>   De la rivière Tusque, et le mont Palatin,
>   Et que l'air des Latins te fait parler latin,

Changeant à l'étranger ton naturel langage,
Une fille d'Anjou me detient en servage,
A laquelle baisant maintenant le tetin,
Et maintenant les yeus endormis au matin,
Je vy (comme lon dit) trop plus heureus que sage.
Tu diras à Maigni, lisant ces vers ici,
Et, quoi! Ronsard est donq encores amoureus ?
Mon Bellay, je le suis, et le veus estre aussi,
Et ne veus confesser qu'Amour soit malheureux,
Ou si c'est un malheur, baste, je delibere
De vivre malheureus en si belle misere.
(*Continuation*, 3)

Tout, dans ce sonnet, dit l'abaissement consenti, au nom d'un naturel que l'on peut aussi appeler folie. Ronsard dialogue avec des surmoi heureusement lointains, Du Bellay et Magny, auxquels leur résidence à Rome confère une vraisemblance de sévérité, de noblesse, d'ambition culturelle. Salutation à ces instances haut perchées, révérence au Tibre, au Palatin, au "parler latin" qui fait carillonner une rime presque équivoquée, solennellement ludique en tout cas. Le jeu n'en sera que plus fortement avoué avec, au deuxième quatrain, l'heureuse chute dans les délices d'Anjou, qui valent bien celles de Capoue pour l'insouciant relâchement des contraintes, y compris celles de la syntaxe (anacoluthe de "je vy" avec ce qui précède !).

Etre *encore* amoureux, avoir la faiblesse de changer, n'est-ce pas s'abaisser dans l'ordre érotique ? Déclarer le vouloir, n'est-ce pas accepter audacieusement cet abaissement ? Rejeter enfin, et avec beaucoup de brusquerie, la logique des objections et opter pour le paradoxe plutôt que de renoncer à "une fille d'Anjou :

...baste je delibere
De vivre malheureux en si belle misere,

n'est-ce pas abandonner (mais très spirituellement, il faut le reconnaître), la dignité d'animal rationnel ? Quelle chute du "superbe rivage" à cet aveuglement ingénieux de la conscience accompagnant, justifiant même, l'aimantation du sensible ! Quelle chute encore, de l'hégémonie céleste du Palatin et de l'air des Latins aux séductions terrestres des seins de Marie et de ses yeux endormis ; du vertical à l'horizontal ; de l'Urbs à la province ; de l'activité d'une parole antique à la passivité d'un "servage" ponctué de jeux de mains et de bouche !

Mais le mouvement est si dessiné, l'ironie si fine quant aux valeurs positives du haut et négatives du bas, et la pointe paradoxale est une folie si agréablement taillée, que, loin d'être un anéantissement, le sonnet démontre sa propre capacité élaboratrice. A ce coup, le cynisme qui condamne revendique, l'ironie qui infirme affirme. En un mot, le dit dénonce, mais la *vis poetica* du locuteur rachète.

Quoi de plus éloigné de ce liminaire ronsardien que ceux de son ami et destinataire à l'heure, justement, où il se trouvait à Rome et déplorait dans les *Regrets* de ne pas être en Anjou !

> Ce n'est pas le fleuve Thusque au superbe rivage,
> Ce n'est l'air des Latins, ny le mont Palatin,
> Qui ores (mon Ronsard) me fait parler Latin,
> Changeant en l'estranger mon naturel langage.

répond-il à Ronsard, au dixième sonnet. Si Ronsard opte pour l'humour, la provocation légère et le cynisme, Du Bellay avoue en la déplorant inlassablement la bassesse de son inspiration, étroitement soumise à la nature de son existence romaine. Ce discours entoure les *Regrets* d'une large ceinture de sonnets, une bonne vingtaine, qui s'ajoutent à trois paratextes avoués : *Ad Lectorem*, la pièce de cent huit vers *A Monsieur d'Avanson* et *A son livre*.

Ronsard, véritable ironie du sort, utilise donc Du Bellay comme repère d'altitude, alors que, dans les *Regrets* et en particulier dans toutes les pièces du début, le propos reconnaissable n'est autre que de se situer au plus bas, ou mieux de démontrer, par une véritable thématique de la soustraction, qu'il est difficile d'être plus bas que lui. La comparaison est toujours en sa défaveur. Les heureux, les nantis sont les autres, Ronsard justement, qui chante si bien et qui a la chance d'être parmi les siens, protégé, aimé ; lui, en revanche, éprouve son exil comme un rejet ; il se présente volontiers comme une victime en phase régressive, comme dans l'admirable sonnet où il se compare à un agneau abandonné par sa mère (sonnet 9) :

> France, mère des arts, des armes et des loix.

L'on remarquera qu'il exalte cette mère-patrie bien au-delà du raisonnable, pour mieux faire mesurer l'énorme écart qui l'en sépare, lui qui est en Italie, et faire reconnaître l'insupportable injustice que cet éloignement comporte, comme il le dit d'un ton plaintif, où la litote conjugue génialement la dépression et la révolte :

> Si ne suis-je pourtant le pire du troupeau.

Soustraction, privation, malheureuse différence, originalité maudite, la forme qui émerge est le résultat d'un dépouillement trop appauvrissant pour faire penser, en un premier temps en tout cas, qu'il permette de rejoindre une essence autre que négative. Tous les premiers sonnets disent ne... pas... ou ne... plus..., tous enregistrent un grand reflux de l'être et de son expression :

> Je ne veulx point fouiller au seing de la nature ...
> (sonnet 1)

Quant à moy, je ne veulx pour un vers alonger
M'accoursir le cerveau...
(sonnet 2)

Ores ne sentant plus cette divinité [Apollon]
(sonnet 3)

Je ne veulx fueilleter les exemplaires Grecs
(sonnet 4)

Définir ce que l'on se propose de faire lire comme la conséquence d'une réduction aussi systématique étonne le lecteur qui logiquement s'attendrait, après cela, à trouver le silence plutôt qu'un chant poétique. Mais nous avons parlé de complexité et même de paradoxe. L'une et l'autre, comme dans le cas de Ronsard, s'expriment chez Du Bellay dans la relation bizarre entre un prologue sans illusion et le fait qu'il est, tout de même, le prologue d'une œuvre. Ils s'expriment encore à l'intérieur de cet ensemble liminaire, dans la combinaison qu'on y perçoit du négatif et du positif.

D'abord, il y a la recherche très évidente de références génériques. Elle affleure, au-delà du discours où Du Bellay déclare que les *Regrets* ne sont ni ceci, ni cela et qu'il a perdu "la faveur de la Muse", sous la forme de modèles encourageants, d'une tradition et même de normes.

Du Bellay veut croire à ce cadre et il invoque plusieurs types de textes (Ovide, Horace) qui occupent une place reconnue dans l'histoire des formes. Ce cadre n'est peut-être pas celui par lequel on obtient une haute recommandation, mais il existe tout de même puisqu'existe une tradition de la satire, une tradition de l'élégie, une expression autorisée de l'humeur.

J'ay, quant à moy, choisi celuy des vers
Pour desaigrir l'ennuy qui me tormente.
Et c'est pourquoy d'une doulce satyre
Entremeslant les espines aux fleurs,
Pour ne fascher le monde de mes pleurs,
J'appreste icy le plus souvent à rire.

Tendance lyrique, au sens où la subjectivité s'exprime comme un besoin et sans se farder, dans l'immédiat des réactions aux événements, les mouvements intérieurs de l'ennui, de l'agacement, de la frustration, de la tristesse. L'immédiat non fardé, c'est encore ce que Du Bellay promet quand il parle de ses *Regrets* comme de "ses plus seurs secretaires", qu'il ne veut pas "desguiser" de qualificatifs plus prestigieux ("braves noms")

Que de papiers journaulx ou bien de commentaires.
(sonnet 1)

Il choisit donc, selon la remarque de Michael Screech, des formes qui relèvent des pratiques de l'histoire et non de ce qu'il appelle la poésie "menteuse" (sonnet 187)[1] ; nous pourrions ajouter, dans la ligne de nos distinctions, que cette activité littéraire est autobiographique, et non fictive, qu'elle relève, encore une fois, du lyrique, et qu'elle a besoin de longues explications et de nombreux liminaires pour accéder à l'instance de la lecture, laquelle réclame que ce qui est privé de prestige ait quelque modeste rapport avec le reconnu, et que le négatif soit tout de même étayé.

Ce négatif est compensé d'autre part au moyen d'un système oppositionnel qui le valorise. Lorsque Du Bellay écrit qu'il renonce à une littérature représentée par tel genre et tel auteur, on s'attend à lui entendre dire que le résultat est identique à zéro, ou au silence, ainsi que nous l'avons suggéré. Or, ce rien cesse d'être vraiment rien à l'instant où l'on s'avise que Du Bellay insiste sur ce qui le différencie de ce qu'il n'est pas. Pour être différent, il faut bien être. Est-ce que l'indolence n'a pas le droit d'exister ? "Une prose en ryme ou une ryme en prose" est-elle interdite ? En fait, cette liberté qui manque peut-être de prestige ("Et ne veulx pour cela le laurier meriter") est, dans le texte et dans l'esprit de son auteur, le résultat d'un processus de libération. Je ne suis pas comme les autres, et certes il n'y a pas lieu de s'en vanter, mais cette traversée de l'altérité me permet de rejoindre quelque chose, mon être, mon chant, ma voix, qui méritent d'être signalés au terme du parcours, comme une sorte de but et de découverte. L'on est frappé par la répétition de cette syntaxe dans les premiers sonnets des *Regrets* et par la combinaison, dans ce même mouvement textuel, d'un abaissement (je ne fais pas, je ne suis pas, ...hélas !, je ne suis rien ...) et d'un engendrement du moi comme être substantiel (voici en quoi je me sépare des autres pour être ce que je suis). Les deux lectures, dans le même texte, sont requises. Le sens de la première s'enracine dans la mauvaise conscience du fait lyrique, qui ne peut aboutir qu'au constat : ce n'est que moi que ces poèmes chantent ; le sens de la seconde est la revendication du fait lyrique dans la mesure où le moi, si blessé, si humilié soit-il, possède de toute façon les ressources les plus intéressantes, plus intéressantes que celles des autres, dont il est bon de se distinguer pour cela même. C'est ainsi que l'on pourra parcourir les deux premiers sonnets dont les extrémités marquent bien cet abaissement qui est en même temps un avènement :

v. 1 Je ne veulx point fouiller au seing de la nature...
v. 14 ...Que de papiers journaulx, ou bien de commentaires.
(sonnet 1)

v. 1 Un plus sçavant que moy (Paschal) ira songer...
v. 14 ...En vain travaillera me voulant imiter.
(sonnet 2)

[1] J. du Bellay, *Les Regrets et autres œuvres poëtiques*, texte établi par J. Joliffe, introduit et commenté par M.A. Screech, Genève, 1966, sonnet 1, n. 14, p. 55.

Etre pleinement soi ou inimitable, voilà qui cesse de n'être rien, ou de n'être "que" rien. Du Bellay, en effet, parvient à se sentir quelque chose — et peut-être davantage — dans la mesure où il est différent des autres qu'il met si copieusement en scène à cette fin. Ce système où mon infériorité me fait être puisque c'est la mienne reproduit, peut-être, un comportement psychique justiciable des théories adlériennes. Elle est le propre aussi d'un satirique élégiaque chez qui la satire *revendique* la différence à l'égard de ce qui est autre, tandis que l'élégie tend à la déplorer. Elle correspond surtout, chez Du Bellay, à une dynamique générale de son esprit où cette altérité joue un rôle prépondérant, car elle révèle, tout à la fois, l'identité comme différence inévitable et comme comparaison inquiétante. Ainsi la France face à l'Italie dans la *Défense et Illustration de la langue française* ; ainsi Rome dans les *Antiquités*, qui fait passer le poète du pour au contre, de l'admiration à la déconvenue, car elle est toute-puissante et déchue, mais supérieure à tous et tirant d'elle-même les armes de sa destruction, se condamnant à la chute par son succès incomparable, possédant en un mot sa propre altérité et s'y affrontant sans cesse, tantôt pour sa gloire, tantôt pour sa honte[1].

Une structure de pensée aussi largement représentée dans les écrits de notre poète et qui conduit à une poésie du *mais* se signale à notre attention comme une véritable *forma mentis*. Dans les marges des *Regrets*, et au-delà, l'axe du haut et du bas permet de mettre cette mentalité à l'épreuve. L'ambiguïté que constitue une infériorité compensée en est l'issue repérable et son enjeu est suffisamment important pour que soit vaste le terrain où ce moi émerge comme du sein de ce qui semblait le nier et que l'espace liminaire puisse disposer de toute la place que nous lui voyons occuper. Là encore, il fallait que le bas s'explique et, paradoxe connu, qu'il s'avoue pour se transfigurer.

Existence et prologue

Enfin, ultime raison qui rend compréhensible la présence abondante du liminaire dans une œuvre lyrique comme les *Regrets*, le fait que cette poésie est à ce point ancrée dans l'existence.

Du Bellay le signale plusieurs fois : son texte sera le reflet de ce qu'il voit et de ce qu'il sent. Cette vie qui est la sienne prime, par la déception multiforme qu'elle lui cause, toute autre considération, et tout désormais doit conspirer à y répondre.

Poésie et existence sont donc dans une relation de connivence absolue. Une interaction très visible se dessine dans une dizaine de sonnets (11 à 20) où tantôt l'une, tantôt l'autre possède l'initiative. De quelle manière ? D'un côté, la poésie fait oublier et anesthésie l'existence ; de l'autre, celle-ci fournit à la poésie une ample matière de pleurs et semble agir, à son tour, sur la raison d'être de l'écriture.

[1] Voir G. Saba, *La Poesia di J. Du Bellay*, Messina-Firenze, 1962 et G. Gadoffre, *Du Bellay et le sacré*, Paris, 1978 ; Floyd Gray, *La Poétique de Du Bellay*, Paris, 1978.

Dans le schéma suivant, le mouvement de ces actions respectives est représenté par les flèches :

L'existence procure des pleurs à la poésie ; la poésie procure à l'existence une distraction et un oubli. L'étroitesse d'une telle relation n'est pas sans faire courir à la poésie le danger d'absorption, le risque de n'être qu'un épiphénomène, au mieux instrumental, de l'existence.

Or, je ne suis pas sans croire que l'importance des liminaires, dans une telle situation, vise à y remédier et, en chargeant d'un poids d'existence considérable ces avant-textes, de permettre aux poèmes ainsi introduits de relever davantage et plus sûrement d'une loi émancipée.

Nous expliciterons cette proposition en deux temps. D'abord, en nous référant à la thématisation du chant dans les pièces liminaires. Du Bellay y recourt avec une extrême insistance. Ces textes ne se contentent pas d'appréhender une intention d'auteur et d'en donner les raisons ; ils ne se limitent pas à la description d'un genre et d'un mode d'expression, ils s'interrogent encore sur la possibilité de chanter. Le sonnet 9 de l'agneau abandonné exprime cette modalisation dubitative du chant mieux qu'aucun autre.

> Je remplis de ton nom les antres et les bois,

mais tous ces cris restent sans réponse :

> Si tu m'as pour enfant avoué quelquefois
> Que ne me respons-tu maintenant, ô cruelle ?
> Mais nul, sinon Echo, ne respond à ma voix.
> France, France respons à ma triste querelle...

Question sous-jacente : ce chant sans réponse est-il encore un chant ? Il se déclare inefficace et quasi muet. Muet parce qu'on ne l'entend pas, ainsi que Du Bellay l'écrit à Ronsard au sonnet suivant (10), en réponse au troisième de la *Continuation*.

> Ce n'est le fleuve Thusque au superbe rivage,
>   Ce n'est l'air des Latins ny le mont Palatin,
>   Qui ores (mon Ronsard) me fait parler Latin,
>   Changeant à l'estranger mon naturel langage.
> C'est l'ennuy de me voir trois ans et d'avantage

Ainsi qu'un Promethé, cloué sur l'Aventin,
Ou l'espoir miserable et mon cruel destin,
Non le joug amoureux, me detient en servage.
Et quoy (Ronsard) et quoy, si au bord estranger
Ovide osa sa langue en barbare changer
Afin d'estre entendu, qui me pourra reprendre
D'un change plus heureux ? Nul, puis que le François,
Quoy qu'au Grec et Romain egalé tu te sois,
Au rivage Latin ne se peult faire entendre.

Une véritable dépossession du français résulte de cette situation où la mère-patrie est trop éloignée pour entendre son fils exilé (s. 9) et le milieu romain trop étranger à cet idiome pour y prêter l'oreille (s. 10). Il reste bien la Muse latine ("Et composer des vers en un autre langage" au sonnet 18), mais elle ne le console pas de cette perte. Alors, écrire pour soi, se faire l'auditeur de son propre chant ? Oui, et même se distraire et se consoler par ce travail. Mais non sans déclarer la mort de la Muse, comme pour attester que ce chant est contenu autant que communiqué, étranglé autant que proféré, qu'il est sans être ou que sa réalité est pour le moins problématique. Or, en créant à propos de l'énonciation de sa poésie un tel climat d'incertitude (et, remarquons-le, dans la phase de son œuvre où en principe les intentions se dévoilent avec le plus de netteté), Du Bellay fait bénéficier le corps de son recueil d'un degré accru de réalité poétique. Comparativement à leur introduction, les sonnets des *Regrets* apparaîtront des produits d'une poésie qui a "décollé", ne serait-ce que parce qu'au doute aura succédé le faire. Du même coup, la dépendance compromettante de ce chant à l'égard des pouvoirs de l'existence se relâche quelque peu. Il fallait donc que Du Bellay doute préalablement de sa poésie pour surprendre le lecteur au moment de son épiphanie et lui faire dire qu'il n'y a pas de doute à avoir et, par voie de conséquence, que la sphère de l'existence liée spatialement à l'expression de ce doute n'occupe pas *toute* la place dans cette expérience autobiographique des *Regrets*.

Autre approche de l'abondance liminaire et de ses raisons dans cette œuvre que nous avons prise comme porte-parole des recueils lyriques : ce que nous pourrions, en l'empruntant à Montaigne, appeler le cadre grotesque. On se souvient que dans son essai intitulé *De l'amitié*, Montaigne compare son travail d'auteur à celui d'un peintre qu'il avait chargé d'exécuter des ornements grotesques sur les murs de sa maison. Ces ornements n'étaient pas destinés à autre chose qu'à occuper picturalement l'espace laissé libre par les peintures à sujet, lesquelles symbolisaient les œuvres de La Boétie que Montaigne voulait éditer, tandis que les *Essais* étaient, eux, représentés métaphoriquement par les grotesques en question. On sait que ce projet fit long feu et que l'édition de La Boétie dans les *Essais* se limite aux vingt-neuf sonnets qui suivent immédiatement le chapitre de l'*Amitié*. Mais peu importe. C'est l'image qui nous intéresse et l'usage métaphorique qu'à notre tour nous pouvons en faire. Si l'on se rappelle l'intention autobiographique ou autoscopique de Montaigne, qu'il déclare dès l'*Avis au lecteur* et ensuite au gré des chapitres en l'intensifiant, si, d'autre part, la comparaison picturale qui place, dans l'*Amitié*, les *Essais*-grotesques autour des écrits-peinture-à-sujet de La Boétie et peut renvoyer à la relation liminaire-œuvre, nous sentons bien que *mutatis mutandis* l'application s'étend à la situation lyrique. Le liminaire lyrique dessine, en effet, autour de l'œuvre des motifs où l'auteur parle de son entreprise dans une perspective toute personnelle. Et comme les grotesques autobiographiques de Montaigne rehaussent le caractère, disons, universel du message de La Boétie, de même la surenchère autobiographique des liminaires augmente, par contraste, le caractère fictionnel ou mimétique, au sens aristotélicien, du recueil ainsi encadré. La non-fiction du prologue "profite", en quelque sorte, aux faibles potentialités fictionnelles de l'œuvre, le je du poète étant bien plus étroitement lié à la réalité prosaïque de sa personne dans le liminaire que le je qui, dans le recueil, se déclare percé par les flèches de l'Amour ou qui même, parle simplement de ses tourments romains. Ainsi, une loi de compensation se profile à nouveau dans ce contexte qui pourrait s'énoncer comme suit : l'hypofictionnalité des liminaires développe proportionnellement la fictionnalisation de l'œuvre. Le prologue, à nouveau, agit sur l'œuvre, tout se passant comme s'il tirait à lui tout ce que le lyrique pouvait avoir d'excessivement proche de l'existence, comme s'il monopolisait, autant que possible, l'autobiographique et permettait ainsi à l'œuvre, *par comparaison*, d'échapper à la toute-puissance de l'expérience vécue, celle-ci ne triomphant qu'au détriment d'une représentation littéraire ou, mieux, poétique, selon l'aristotélisme sous-jacent qui inspire peut-être cette manœuvre. Si peu organique, si peu mimétique qu'il reste, le lyrisme, de la sorte, acquiert le droit d'être compté parmi les ouvrages qui forment un tout, un tout encadré, et qui, étant moins autobiographique que ce liminaire qui les encadre, entre plus facilement, quoique modestement, dans le royaume de la *mimesis*, à l'instar d'une peinture à sujet entourée par les grotesques que nous savons.

Inutile d'ajouter que cette stratégie ne réussit pas pleinement et même qu'elle n'a pas à réussir pleinement, sous peine de condamner le lyrisme à ne plus être lui-même. On le remarque à plusieurs signes. Le premier concerne le point de jonction de la zone liminaire et de l'œuvre. Bien souvent, ce lieu est difficile à reconnaître, bien souvent domine l'impression que le courant initial se perd dans le courant de l'œuvre, quitte à réapparaître çà et là, dans telle pièce adressée, dans telle réflexion sur le chant poétique, et, évidemment sur l'auteur en tant qu'amant-écrivain. En un mot, ce cadre dont nous avons tenté de définir la fonction, se distingue de ce qu'il encadre dans une certaine mesure seulement. Il est, par excellence, un paratexte intégré, sans compter qu'il est souvent même inséré.

Autre signe, enfin, qui témoigne de la fictionnalisation nécessairement relative du lyrisme : le mélange étroit ou l'alternance du mythe et du réalisme dans la trame de cette poésie. Le meilleur exemple est fourni par les *Sonnets pour Hélène*, où le mythe grec permet au discours de se construire et à la musique des sentiments de résonner (de *raisonner* aussi). Outre sa fonction ornementale, le mythe assure la transmission et la transformation d'un donné érotique. Par son autorité topique, il crée chez la destinataire l'urgence d'une imitation, dévoile une ressemblance entraînante entre l'universalité d'une situation prestigieuse et l'instant particulier qu'il s'agit de cueillir à deux. Si la poésie d'amour s'attache à rendre le désir légitime non moins qu'aimable, la logique qui se dégage du mythe achemine un élan aveugle vers l'évidence d'une forme et fait d'un assentiment en suspens une rencontre qui s'aligne sur une tradition reconnue. Fiction au sens où l'amant prend ses désirs pour des réalités, mais surtout au sens qui les transforme du non ou de l'insuffisamment advenu en une représentation ; une représentation qui, par le mythe, prend une option sur le mimétique, d'autant plus, évidemment, que dans le binôme existence-*mimesis*, le mythe est du côté de la *mimesis*.

Mais au mythe, nous l'avons dit, se mêlent maints effets de réalisme qui rapprochent les *Sonnets pour Hélène* des aléas de l'existence : notations occasionnelles conférant au discours une impression passagère de vécu, cadre adhérant étroitement aux conditions spatio-temporelles réelles :

> L'autre jour que j'estois sur le haut d'un degré
> (I, 9)

Ces effets qui condensent sous nos yeux la réalité produisent, en contraste avec l'élaboration pétrarquiste du discours et les recours aux prestiges de la fable grecque, une impression étrange — bien que fondue le plus souvent — où le haut et le bas, l'épopée mythique-mimétique et l'autobiographisme lyrique se mêlent. Mais cette étrangeté ne signifie pas que les deux forces soient divergentes. Elles tirent le message dans la même direction que je n'hésite pas à définir encore comme issue d'une volonté transfiguratrice du réel "insuffisant", et visant une réalisation du désir, par le truchement d'un précédent autorisé (mythe), non moins que par un pacte conclu avec l'évidence immédiate du vécu. Le mythe *et* son degré zéro conduisent le désir à une représentation où il s'épanouit. L'un et l'autre veulent rappeler que les aléas de l'existence et la rigueur de la fiction ont également droit de cité dans le chant lyrique, qu'une œuvre lyrique n'est point une œuvre si elle ne possède quelque trace de rigueur, d'inscription mythique, mais qu'elle n'est point lyrique sans que retentisse en elle quelque chose de l'existence vécue[1].

La forme épigrammatique du vœu utilisé parfois comme entrée en matière remplit admirablement la fonction que nous avons attribuée au liminaire lyrique. Moment d'engagement qui encadre le devenir du texte, le vœu emprunte ses allures au rite et, par cette action solennelle mais vécue, ouvre la voie au mythe que sera l'œuvre. Le rite prologal mythifie ainsi ce qu'il annonce.

[1] Versions plus développées de ces remarques : A. Tripet, "Le Mythe dans les *Sonnets pour Hélène* de Ronsard", *Ronsard et la Grèce*, sous la direction de Kyriaki Christodoulou, Paris 1988 ; et "Hélène et le degré zéro du mythe", *Ronsard en son IVe centenaire*, t. II : *L'Art de Poésie*, Genève, 1989.

Mais l'existence et le rite font aussi partie de l'œuvre lyrique en général et Ronsard ne manque pas de le signifier qui place ce genre de vœu, d'essence apparemment liminaire, en n'importe quel point de ses recueils : "Je plante en ta faveur cest arbre de Cybelle" (*Hélène*, II, 9), et tant d'autres. C'est dire qu'un même genre de textes, qui fonctionne admirablement comme prologue lyrique selon les normes que nous avons décrites, peut aussi figurer dans le corps du texte et pour la raison même — l'autobiographisme — qui le rendait souhaitable dans sa marge.

CHAPITRE IV

MONTAIGNE ET L'ART DU PROLOGUE

1. PROLOGUE ET PROJET

Quelle que soit la définition qu'on donne au prologue, qu'on l'entende comme pièce liminaire détachée ou rattachée, voire intégrée au texte, elle implique, nous l'avons dit maintes fois, l'idée de projet. C'est l'œuvre comme projet. A ce titre, Montaigne avec son discours "imprémédité" ne semble pas destiné à le pratiquer.

> ...mon dessein est de representer en parlant une profonde nonchalance et des mouvements fortuits et impremeditez, comme naissans des occasions presentes.
>
> (III, 9)

D'autant moins, que le projet en tant que tel postule encore l'idée d'unité et que celle-ci est le plus souvent niée, l'improvisation se traduisant, au dire de Montaigne lui-même, en un style irrégulier, multiple, varié. Pot-pourri, fricassée, rhapsodie, tels sont les termes qui définissent ce désordre.

> En fin, toute cette fricassee que je barbouille icy n'est qu'un registre des essais de ma vie.
>
> (*ibid.*)

Comme les *Rime sparse* de Pétrarque, les *Essais* seraient une succession non coordonnée de développements plus ou moins occasionnels. Et pourtant, comme dans le recueil pétrarquien, on remarque dans les *Essais* deux principes de succession opposés. Le premier relève de l'arbitraire ou du désordre, de la chronologie peut-être. Il n'obéit en tout cas à aucun souci d'organicité et fait de l'ouvrage un ensemble dont, au mieux, le développement pourrait porter témoignage du mouvement de la vie, et contribuer à la constitution d'un portrait, hypothèse avérée dans l'expérience pétrarquienne, tout autant que dans celle de Montaigne. "Je suis moy-mesme la matiere de mon livre." Mais à l'intérieur même d'un recueil qui ne semble obéir à aucune loi formelle, sinon celle, et ce n'est pas peu dire, d'une expression immédiate du moi, agit parfois un principe qui semble se soucier de la continuité momentanée, que les *canzonieri* connaissent et pratiquent. Ce sont les groupements de sonnets et de *canzoni* qui s'appellent *couronnes*. Une organicité mineure, en général thématique, vient contrebalancer ce que l'ensemble pouvait afficher d'inorganique. Ainsi, chez Montaigne, une préoccupation unique peut fort bien traverser deux ou trois essais d'affilée. Un essai peut aussi reprendre le propos, central ou final, de l'essai précédent. Tantôt Montaigne semble le déclarer, tantôt non ; ainsi dans les deux derniers essais , la *Physionomie* et l'*Expérience* qui, sans le dire, mettent tous deux l'accent, et dans un discours quasi continu, sur les ressources de l'individu Montaigne et de l'intériorité opposée à l'extériorité[1]. Sans doute, ces unités internes renvoient-elles souvent à l'unité préalable de l'auteur, laquelle se traduit également dans le désordre de la spontanéité. L'on dira, pour chercher la raison du statut ambigu de sa structure, que l'œuvre, pour être un reflet véritable, ne pouvait se contenter d'épouser le désordre de la spontanéité, s'il est vrai que celle-ci renvoie à l'unité d'un individu, mais elle ne pouvait pas non plus viser une stricte unité formelle, sous peine de trahir la multiplicité de son modèle. En fait, si la liberté de style rend compte de cet individu dans sa complexité, la présence de groupements organiques y travaille aussi en désignant le principe d'une convergence des mots en direction du point focal qui s'annonce comme "Moi, Michel de Montaigne".

Multiple et unitaire, l'œuvre, dans sa structure d'ensemble, semble donc refuser et accepter tout à la fois le principe de la réduction préalable à un projet ; elle semble instaurer une économie accueillante et hostile au prologue. Nous verrons que dans le traitement que Montaigne en fait, l'ambiguïté de ces conditions ne laissera pas d'apparaître et que le prologue lui-même participera à la rhétorique d'une instabilité significative[2].

[1] Voici quelques exemples d'essais *reliés*, explicitement ou non : I, 5-6 ; I, 19-20 ; I, 39-40-41 ; II, 1-2 ; II, 16-17 ; II, 31-32 ; II, 35-36 ; III, 3-4 ; III, 11-12. Voir R.A. Sayce, "L'ordre des *Essais* de Montaigne", *B.H.R.*, XVIII, 1, 1956, pp. 7-22.

[2] De nombreux travaux s'occupent de la relation de Montaigne à la rhétorique, soit sous la forme d'articles groupés ou non, soit d'ouvrages monographiques. Citons quelques-uns des ouvrages les plus récents qui contiennent des vues souvent très éclairantes sur les conduites de l'écriture montaignienne :

J. Brody, *Lectures de Montaigne*, Lexington, 1982 ; F. Gray, *La Balance de Montaigne*, Paris, 1982 ; T.M. Greene, *The Vulnerable Text. Essays on Renaissance Literature*, New York, 1986 ; A. Tournon, *La Glose et l'essai*, Lyon, 1983 ; "Montaigne : Essays in Reading" *Yale French Studies*, éd. G. Defaux, 64, 1983 ; "Montaigne : 1580-1980". *Actes du Colloque international*, Duke University, University of North Carolina, éd. M. Tetel, Paris, 1983 ; "Montaigne et les *Essais*" : 1580-1980", *Actes du Congrès de Bordeaux*, éd. P. Michel, F. Moureau, R. Granderoute, C. Blum, Paris-Genève, 1983 ; "Rhétorique de Montaigne", *Bulletin de la Société des Amis de Montaigne*, 7e série, 1-2, 1985 ; "Montaigne 1588-1988", *R.H.L.F.*, n. 5, sept.-oct. 1988 ; F. Rigolot, *Les Métamorphoses de Montaigne*, Paris, 1988 et *Le Texte de la Renaissance*, Genève, 1982 ; J. Lafond, éd., *Les Formes brèves de la prose et le Discours discontinu (XVIe-XVIIe siècles)*, Paris, 1984. On s'en voudrait de ne pas citer le livre déjà ancien (il remonte, en allemand, à 1949) de Hugo Friedrich, *Montaigne*, trad. fr., Paris, 1968, tant il est fondamental pour la compréhension historique de l'écriture de Montaigne.

N.B. Le mot paragraphe n'a pas grand sens dans le cas de Montaigne. Mais la décision, prise par les éditeurs modernes, d'en créer n'est pas nécessairement aberrante.

2. PROLOGUE ET EVEIL

Les *Essais* présentent, à maints égards, une situation d'éveil. Leur contexte existentiel, d'abord, les place à la charnière d'une aliénation et d'un acte de saisie du moi par lui-même, l'aliénation pouvant fort bien être assimilée à une torpeur, à une perte de la conscience individuelle dans la masse indifférenciée des obligations extérieures. La retraite fait sortir Montaigne de la nuit des autres. Elle le rend à lui-même. Or, le caractère particulier de cette situation inaugurale, c'est qu'elle semble se prolonger, non seulement au-delà des premières tentatives de l'essayiste, mais jusqu'à la dernière ligne de son œuvre. Partout se retrouve l'axe de l'extérieur et de l'intérieur, de moi et des autres, partout la pensée prend vigueur en s'appuyant fortement sur ce qui l'empêchait d'exister pleinement. Contrairement à l'image tranchée de la vigilance traditionnelle, l'éveil de Montaigne se rappelle constamment la nuit d'où il émerge. Si elle n'était pas simplement un signe de modestie, l'expression "mes songes que voicy" pourraient assurément traduire la *création répétée* qu'est cette œuvre à l'intersection du jour et de la nuit et l'impression que, dans chacune de ses découvertes, se lit l'ombre portée du chaos d'où elle prétend sortir. La présence conjointe de l'ordre et du désordre trouve ainsi une autre raison d'être, et à nouveau, à l'intérieur de cette ambiguïté, une situation favorable au prologue, à un prologue qui serait même répété et quasi omniprésent, comme l'éveil.

Vivre bien avec soi suppose une pensée de bonne compagnie. Les "monstres et les chimères" de l'esprit ne peuvent s'en targuer. On les rendra *personae non gratæ*, en les renvoyant à leur propre désordre dans le miroir offensant qui en reproduit l'image.

> Dernierement que je me retiray chez moy, deliberé autant que je pourroy, ne me mesler d'autre chose que de passer en repos et à part ce peu qui me reste de vie : il me sembloit ne pouvoir faire plus grande faveur à mon esprit, que de le laisser en pleine oysiveté, s'entretenir soy mesmes, et s'arrester et rasseoir en soy : ce que j'esperois qu'il peut meshuy faire plus aisement, devenu avec le temps plus poisant et plus meur. Mais je trouve,
>
> *variam semper dant otia mentem,*
>
> que, au rebours, faisant le cheval eschappé, il se donne cent fois plus d'affaire à soy mesmes, qu'il n'en prenoit pour autruy ; et m'enfante tant de chimeres et monstres fantasques les uns sur les autres, sans ordre et sans propos, que pour en contempler à mon aise l'ineptie et l'estrangeté,

J'en tiens compte, comme découpe pertinente impliquée par le sens du texte, lorsque cette découpe me convainc.

> j'ay commancé de les mettre en rolle, esperant avec le temps luy en faire honte à luy mesmes.
>
> (I, 8)

Est-ce là une mesure propédeutique ? Certes, puisqu'une certaine guérison semble promise au médecin de soi-même. Mais cette guérison n'est pas assurée une fois pour toutes, et les *Essais* ne cesseront d'intégrer, pour mieux les exorciser, les formes grimaçantes "enfantées" par l'esprit. Le désordre sera surmonté alors par sa mise en relation avec un discours qui implique un certain degré d'ordre, le chaos pur ou le cauchemar éveillé n'ayant pas plus d'ordre que de forme. D'où l'obliquité du développement chez Montaigne, sorte de résultante produite par la combinaison d'une force de divergence (désordre) et d'une force de continuité frontale (ordre). Les monstres apprivoisés restent présents dans ce mélange, mais ils changent de signe dans la mesure où ils acquièrent la valeur d'une liberté d'écriture. L'éveil, dans le texte, ne se fait plus contre eux, mais avec eux, ils assurent leur place à la surprise, à l'accident, à une dynamique de l'imprévisible qui, à côté de l'intérêt, peut éveiller la perplexité.

L'éveil, chez Montaigne, est le laboratoire de cette alchimie, de cette ambiguïté. Il est complexe comme l'écriture, car il travaille conjointement à remplacer la torpeur par la vivacité de la stimulation et l'angoisse poignante par une mise en forme acceptable. Réponse double à un trop peu et à un trop "psychique", les deux formes de l'éveil interviennent essentiellement face à deux menaces de l'homme en présence de lui-même : l'ennui et la peur. L'ennui d'abord. Montaigne n'est pas sujet à la tristesse, il le dit d'emblée dans un essai homonyme. Il avoue, cependant, que l'oisiveté lui apporte de la mélancolie et que c'est pour en tromper les effets qu'il s'adonna au travail intellectuel.

> C'est une humeur melancolique, et une humeur par consequent tres ennemie de ma complexion naturelle, produite par le chagrin de la solitude en laquelle il y a quelques années que je m'estoy jetté, qui m'a mis premierement en teste cette resverie de me mesler d'escrire.
>
> (II, 8)

Le choix de ses lectures le confirme parfaitement. Chez Plutarque, chez Sénèque, chez Xénophon, etc., il rencontre l'admirable, l'étonnant, le sublime. De quoi éveiller l'esprit livré à lui-même, et aux médiocrités du "mesnage". Contre le croupissement d'une âme qui se traîne (images d'origine), quoi de plus roboratif que les exemples d'énergie, d'excellence ou même d'excès en tous genres, des plus louables aux plus monstrueux ? L'Antiquité déjà était friande des *monstra* et des *portenta*[1]. La Renaissance en remplissait calepins, catalogues et traités. Le mémorable, ce qui mérite d'être transmis et qui figure dans les livres disposés en rond sur les murs entourant la salle de Montaigne a, par définition, valeur d'éveil. Un goût humaniste particulièrement aiguisé à la fin du XVIe siècle, avec la constitution de répertoires surabondants de cas, d'exemples, d'événements curieux, rencontre en lui le terrain d'une nécessité toute personnelle, nécessité du choc ou encore d'un commencement qui ne garantit pas seulement l'instauration d'une vie intéressante, mais qui consomme la rupture avec la mort vivante de l'ennui où rien ne se passe. D'où ensuite, car le choc se propage en ondes concentriques, toute une réflexion sur le normal, l'exceptionnel, la crédibilité, et en général la connaissance dont le problème occupe une place dominante dans les *Essais*[2]. D'où aussi les deux axes essentiels de leur discours : l'enregistrement, qui coïncide avec la stimulation de l'éveil, et le commentaire où le jugement de Montaigne se met à l'épreuve, apportant au sujet pensant l'évidence de sa forme et au moi la conscience de sa spécificité, éveil confirmé.

Outre l'ennui, il y a la menace de la peur. Les *Essais* y répondent également, en s'efforçant de l'atténuer au plus vite, car s'il y a parfois chez Montaigne une tentation de la surenchère sanglante, macabre, sadique même, c'est dans la perspective où nous avons rangé sa recherche de l'étonnant, plutôt que dans celle qui consisterait à aller au bout de sa peur par quelque procédé homéopathique, encore que les deux hypothèses puissent coexister. En règle générale, si l'étonnement appelle la répétition, la peur demande, elle, la réduction ; si "la pointe" de l'admiration est requise comme un éveil qui m'arrache à l'ennui, la pointe de la peur exige, elle, d'être émoussée pour me permettre de vivre. Le discours sur la mort rend moins sensible l'aiguillon de la mort, par l'arrondi de sa forme, la cohérence, la rationalité de son argumentation, l'élan débordant des exemples plus grands que mon angoisse et des paroles mieux orientées que mon âme décontenancée. Cela semble être une anesthésie plus qu'un éveil. Mais la mise en forme apaisante des contenus angoissants inaugure, instaure ; elle éveille l'âme à la douceur d'une vie nouvelle. Si l'étonnement associait l'éveil au désordre d'une bousculade souhaitée, l'insertion, dans l'ordre du discours rassurant, d'une psychologie en perdition constitue un autre éveil, une préparation à mieux mourir et, partant, à mieux vivre. Dans le désordre nécessaire de l'immédiat, qui conjure les effets déprimants d'une existence insignifiante comme dans l'ordre d'une élaboration rassurante, l'éveil est donc présent. Il fonde les deux éléments

[1] Cf. J. Céard, *La Nature et ses prodiges. L'insolite au XVIe siècle en France*, Genève, 1977.

[2] Quelques essais portant de manière approfondie et explicite sur la connaissance : I, 23, 25, 26, 27, 31 ; II, 12 ; III, 6, 11, 13.

constitutifs de l'écriture de Montaigne, l'ordre et le désordre, le pointu et l'arrondi qui accompagnent une situation constamment inaugurale.

3. PROLOGUE ET AMBIGUITE

Parmi les différents paratextes attendus des *Essais* (auteur, titre, éditeur, date, privilège, emblème, etc.) figure un prologue classique, cet avis *Au lecteur* d'une vingtaine de lignes auxquelles s'arrêtent, avec une attention justifiée, la plupart des commentateurs de Montaigne.

> C'est icy un livre de bonne foy, lecteur. Il t'avertit dès l'entrée, que je ne m'y suis proposé aucune fin, que domestique et privée. Je n'y ay eu nulle consideration de ton service, ny de ma gloire. Mes forces ne sont pas capables d'un tel dessein. Je l'ay voué à la commodité particuliere de mes parens et amis : à ce que m'ayant perdu (ce qu'ils ont à faire bien tost) ils y puissent retrouver aucuns traits de mes conditions et humeurs, et que par ce moyen ils nourrissent plus entiere et plus vifve la connoissance qu'ils ont eu de moy. Si c'eust esté pour rechercher la faveur du monde, je me fusse mieux paré et me presenterois en une marche estudiée. Je veus qu'on m'y voie en ma façon simple, naturelle et ordinaire, sans contention et artifice : car c'est moy que je peins. Mes defauts s'y liront au vif, et ma forme naïfve, autant que la reverence publique me l'a permis. Que si j'eusse esté entre ces nations qu'on dict vivre encore sous la douce liberté des premieres loix de nature, je t'asseure que je m'y fusse très-volontiers peint tout entier, et tout nud. Ainsi, lecteur, je suis moy-mesmes la matière de mon livre : ce n'est pas raison que tu employes ton loisir en un subject si frivole et si vain. A Dieu donq ; de Montaigne, ce premier de Mars mille cinq cens quatre vingts.

Prologue classique en ceci surtout qu'il respecte la géométrie du genre en inscrivant dans le texte ce que j'ai appelé le triangle du prologue : 1) le destinataire ; 2) l'œuvre et sa nature ; 3) l'auteur. Le destinataire, c'est le lecteur qui se recrute parmi les parents et amis ; l'œuvre est un portrait de Montaigne destiné à prolonger son souvenir, le testament de sa personne, dont il espère sans doute que c'est le bien le plus précieux aux yeux de ceux qui l'aiment ; l'auteur, quant à lui, ne peut se définir que comme un peintre aussi fidèle que la bienséance le lui permet à la vérité du modèle qu'il est pour lui-même.

Deux particularités, cependant, font de ce texte un préambule singulier. D'abord, le fait que chaque rubrique énonce sa teneur comme le contraire de ce qu'elle n'est pas, qui est en même temps le contraire de ce que Montaigne pense que l'on attend. Le lecteur courant n'a pas lieu d'espérer profit de la lecture des *Essais* ; le livre n'est pas vraiment un livre, il est le reflet de l'auteur ; celui-ci n'est pas auteur puisqu'il ne travaille pas pour sa gloire, qu'il n'écrit donc pas quelque chose qui, comme tout écrivain digne de ce nom le souhaite, sera universellement considéré comme estimable. A cette particularité qui veut produire la certitude que les *Essais* sont une œuvre à part, a-normale, s'ajoute celle qui place chaque rubrique dans une perspective égocentrique sous l'égide de Montaigne, au point que l'on peut dire sans exagération qu'il devient lui-même le triangle du prologue. Les destinataires sont ses parents et ses amis, l'œuvre est son portrait, l'auteur, c'est lui, bien sûr, mais surtout lui s'occupant de soi-même. Montaigne fait donc tout, *autrement*. Comment un lecteur normal pourra-t-il s'intéresser à cette bizarre entreprise ? Adoptant jusqu'en ses conséquences paradoxales le topos de la modestie, Montaigne fait de son prologue un agent de découragement et prend congé du lecteur potentiel en se présentant à lui, son livre en main :

> ...ce n'est pas raison que tu employes ton loisir à un subject si frivole et si vain. A Dieu donq...

A nous, devant cette façade de bienséance et de pudeur (et de provocation), de lever le voile et de deviner une relation entre "je ne fais pas comme les autres" (singularité antithétique) et "c'est moi, seulement, que je peins" (singularité personnelle), à nous de comprendre qu'un enjeu fondamental se dessine sous le couvert d'une double bizarrerie ; car l'important est que ces deux modalités sont complémentaires, positivement complémentaires, aussi vrai que c'est dans la mesure où je ne fais pas comme les autres, où je ne suis pas les autres, que je suis ce que je suis. Comme dans les pièces qui se trouvent à l'entrée des *Regrets*, l'*Avis* de Montaigne parle le langage de l'infériorité pour mieux dégager sa spécificité, une spécificité qui, implicitement, se situe au-delà du dénigrement. Plus encore que chez Du Bellay, le prologue définit ici le fonctionnement d'une recherche, le mouvement qui l'anime, des autres et de leur aliénation au moi retrouvé, découvert, enrichi par le travail et la substance qu'il a su assimiler. Ainsi, la condamnation des *Essais* dans leur prologue désigne, indirectement, la déviance nécessaire qui, dans les *Essais* , conduit à soi ; le texte se fait même déviance — paradoxe — pour mieux vivre par avance l'ordre singulier de cette recherche.

Ce texte premier comptera d'ailleurs au cœur de l'œuvre maints satellites. Ceux qui lui ressembleront le plus se situeront en tête d'essai, avec une présence plus ou moins complète de notre tripartition. En leur début, les chapitres offrent souvent, comme l'*Avis* lui-même, un développement sur les *Essais* en général, non moins que sur l'essai particulier que le lecteur commence alors. Très librement, Montaigne utilise le liminaire, en le référant à deux images possibles de son œuvre : l'image d'une globalité (les *Essais*), et l'image d'unités juxtaposées, les essais . On le remarque bien dans l'utilisation qui est faite du destinataire : bien souvent, il est mis en présence, dans la même zone liminaire, et des *Essais* et de l'essai qui lui est dédié. Dans l'*Institution des enfants* (I, 26), Diane de Foix figure comme destinataire désignée entre le titre et le texte déjà, puis dans les cinq pages initiales qui traitent des *Essais* , de Montaigne et de son ignorance, et de la future mère exemplaire à qui il s'adresse, tous thèmes qui ne sont évidemment pas sans rapport avec celui de l'éducation, et qui font de ce discours d'entrée un prologue parfait. Même traitement accordé à la comtesse d'Estissac dans *De l'affection des pères aux enfants* (II, 8), avec aussi la même allusion aux *Essais* , le même accent mis sur l'auteur et l'humeur qui l'a poussé à écrire :

> Madame, si l'estrangeté ne me sauve, et la nouvelleté, qui ont accoustumé de donner pris aux choses, je ne sors jamais à mon honneur de cette sotte entreprise ; mais elle est si fantastique et a un visage si esloigné de l'usage commun, que cela luy pourra donner passage.

On notera, en poursuivant, que tout le début adressé de cet essai sous-entend simultanément deux présentations, l'idée d'une œuvre globale et celle de l'essai lui-même.

> C'est une humeur melancolique, et une humeur par consequent très ennemie de ma complexion naturelle, produite par le chagrin de la solitude en laquelle il y a quelques années que je m'estoy jetté, qui m'a mis premierement en teste cette resverie de me mesler d'escrire. Et puis, me trovant entierement despourveu et vuide de toute autre matiere, je me suis presenté moy-mesmes à moy, pour argument et pour subject. C'est le seul livre au monde de son espece, d'un dessein farouche et extravagant. Il n'y a rien aussi en cette besoingne digne d'estre remerqué que cette bizarrerie ; car à un subject si vain et si vile le meilleur ouvrier du monde n'eust sçeu donner façon qui merite qu'on en face conte. Or, Madame, ayant à m'y pourtraire au vif, j'en eusse oublié un traict d'importance, si je n'y eusse representé l'honneur que j'ay tousjours rendu à vos merites. Et l'ay voulu dire signamment à la teste de ce chapitre, d'autant que, parmy vos autres bonnes qualitez, celle de l'amitié que vous avez montrée à vos enfans, tient l'un des premiers rengs. Qui sçaura l'aage auquel Monsieur d'Estissac, vostre mari, vous laissa veufve, les grands et honorables partis qui vous ont esté offerts autant qu'à dame de France de vostre condition ; la constance et fermeté dequoy vous avez soutenu, tant d'années et au travers de tant d'espineuses difficultez, la charge et conduite de leurs affaires qui vous ont agitée par tous les coins de France et vous tiennent encores assiegée ; l'heureux acheminenement que vous y avez donné par vostre seule prudence ou bonne fortune ; il dira aiséement avec moy que nous n'avons point d'exemple d'affection maternelle en nostre temps plus exprez que le vostre.
>
> Je louë Dieu, Madame, qu'elle est si bien employée : car les bonnes esperances que donne de soy Monsieur d'Estissac vostre fils, asseurent assez que, quand il sera en aage, vous en tirerez l'obeïssance et

> reconoissance d'un très-bon fils. Mais, d'autant qu'à cause de son enfance il n'a peu remerquer les extremes offices qu'il a receu de vous en si grand nombre, je veus, si ces escrits viennent un jour à luy tomber en main, lors que je n'auray plus ny bouche ny parole qui le puisse dire, qu'il reçoive de moy, ce tesmoignage en toute verité, qui luy sera encore plus vifvement tesmoigné par les bons effects dequoy, si Dieu plaist, il se ressentira : qu'il n'est gentilhomme en France qui doive plus à sa mere qu'il faict ; et qu'il ne peut donner à l'advenir plus certaine preuve de sa bonté et de sa vertu qu'en vous reconnoissant pour telle.
>
> S'il y a quelque loy vrayement naturelle, c'est à dire quelque instinct qui se voye universellement et perpetuellement empreinct aux bestes et en nous (ce qui n'est pas sans controverse), je puis dire, à mon advis, qu'après le soing que chasque animal a de sa conservation et de fuir ce qui nuit, l'affection que l'engendrant porte à son engeance tient le second lieu en ce rang. Et, parce que nature semble nous l'avoir recommandée, regardant à estandre et faire aller avant les pieces successives de cette sienne machine, ce n'est pas merveille si, à reculons, des enfants aux peres, elle n'est pas si grande.

Ce mélange référentiel des *Essais* et de l'essai est même soumis à un bel ordre progressif dans ces deux pages inaugurales :

1. Les *Essais* ("sotte entreprise")
2. Les *Essais* et "l'humeur mélancolique" de Montaigne ; son autoportrait
3. L'essai et sa destinataire ; elle fait partie de son autoportrait
4. L'essai ("S'il y a quelque loy ...")

Tout s'enchaîne, on le voit : le choix de la destinataire au terme de l'allusion à l'autoportrait de Montaigne et le choix du sujet (voir le titre) au terme du portrait de cette mère parfaite.

Le plus souvent, le développement initial est moins complet et la destination en particulier est très fréquemment absente. Ce n'est pas le cas de la figure de l'auteur, ni surtout de la présence de l'œuvre en général, qui se voit signalée, commentée, dénigrée, excusée une bonne douzaine de fois en tête de chapitre tout au long des trois livres[1]. Si cette persistance du discours prologal témoigne d'un extrême attachement à sa fonction, sa dispersion témoigne d'une grande liberté. Répéter un prologue, c'est déjà faire preuve d'indépendance ; le situer en tout point de l'œuvre, c'est en disposer avec ce que l'on peut désigner, au mieux, par le mot *sprezzatura* qui est une désinvolture estimable, celle-là même qui, à nos yeux, caractérise les *Essais* . Montaigne n'hésite pas à situer à la fin d'un chapitre des éléments de nature introductive. Ce prologue ou cet exorde final se rencontre, par

[1] I, 8, 13, 26, 28, 50 ; II, 8, 17, 18, 37 ; III, 1, 2, 9, 12.

exemple, dans l'*Exercitation* (II, 6) et contient, en un ajout de 1595, une justification de la peinture de soi dans les *Essais* , justification qui vise aussi, bien entendu, l'essai au terme duquel elle survient, puisque le doute sur la légitimité de parler de soi a été engendré par le récit circonstancié de la chute de cheval qui occupe le plus clair de l'essai.

> Et ne me doibt on sçavoir mauvais gré pour tant, si je la [une leçon] communique.

Cette place variable d'un contenu introductif semble indiquer qu'aux yeux de Montaigne, il est important de croire que le tout et la partie entretiennent des relations étroites et réciproquement éclairantes. Cette réciprocité double la possibilité de la déduction normale (les *Essais* justifient, au début, tel essai) par une induction plus audacieuse (l'essai entraîne une réflexion finale sur les *Essais*). D'où le déplacement possible du prologue initial en fin de chapitre.

Cette position est cependant rarement attestée. Elle n'en signifie pas moins l'étrange légitimité, en tout point de l'essai, d'une réflexion sur les *Essais* , leur auteur, leur lecteur. Car tel est bien le cas. Un même essai pourra contenir, en différents points de son développement, des éléments que l'on peut qualifier de préfaciels. Un exemple nous suffira pour ne pas allonger. C'est celui de la *Ressemblance des enfants aux pères* (II, 37) qui clôt le deuxième livre, donc les *Essais* dans l'édition de 1580, ce qui n'est pas sans importance. Premier temps de l'essai : considérations sur le "fagotage" des *Essais* , la manière dont Montaigne les écrit, sans se corriger au long des années, années de souffrance, de colique. Début assez classique qui articule *Essais* et connaissance de soi, donc l'œuvre et l'auteur. Le corps de l'essai s'y rattache, sans solution de continuité, qui à partir de la maladie examine le problème de l'hérédité (sujet du titre) et de la médecine (deux manières de "concevoir" la maladie, l'une naturelle et l'autre artificielle).

Dernière phase du texte : une sorte de lettre à Madame de Duras, lettre attachée, avec une dédicace nominale, mais sans autre explication, au corps de l'essai. Cette postface épistolaire est de nature absolument identique à la préface épistolaire de l'*Institution des enfants*, sauf évidemment quant à sa place. On ne peut mieux confirmer la conception libre et mobile qu'a Montaigne de la fonction prologale, ni la réciprocité qu'il voulait entre le tout et la partie, puisque après les compliments d'usage à la destinataire, l'essayiste, à la fin de II, 37 (la *Ressemblance*), l'entretient de ses *Essais* d'abord, de son essai ensuite. Toutefois, ne négligeons point le fait que ce texte clôt les *Essais* (1580) et que la liberté qui inspire le placement d'un texte prologal à la fin de cet essai confère à l'ouvrage entier une allure de symétrie, si on met en relation cette postface à Madame de Duras, dédicace finale du livre, avec l'avis *Au lecteur*, don initial du livre. Une fois de plus, la liberté s'allie à un ordre, personnel sans doute, mais nullement absent.

En tout point de son déroulement, le texte de Montaigne peut s'ouvrir à une réflexion sur lui-même. Cette situation induira à penser qu'il enregistre en son sein un éclatement du prologue, puisque c'est en celui-ci, d'ordinaire, qu'un auteur trouve génériquement justification à parler de soi-même et de son œuvre. Ce critère d'appréciation peut sembler un peu extérieur dans l'approche de l'originalité égocentrique du texte des *Essais* , et on dira que Montaigne n'avait pas besoin de se référer au genre (si c'en est un) du prologue pour trouver sa voie et inventer l'essai. A tel point que, comme nous l'avons vu, il paraît tout aussi juste de dire que, chez lui, l'essai crée le prologue que l'inverse, dès l'avis *Au lecteur* et sa *mimesis* égocentrique de l'œuvre.

Il n'est cependant pas indifférent de constater qu'inconsciemment ou consciemment Montaigne recourt au traditionnel prologal pour montrer ce qu'il a d'inconfondable, faisant naître l'originalité du sein de l'habitude dans l'usage surprenant du topos de la modestie par exemple, ou en général du lieu commun.

Le cas de la modestie, tout d'abord, où le moi, la culture du moi et donc l'écriture égocentrique se dégagent d'un processus de soustraction qui peut s'exprimer dans la tournure "je ne suis ni ceci, ni cela, je ne prétends pas l'être, je ne suis que moi". Or, chacun sait que le topos de la modestie a son siège d'élection dans le discours prologal et qu'il fait partie du climat de séduction que l'auteur croit devoir créer dans sa *captatio benevolentiæ*. Pour celui qui a envie de parler de soi-même, il n'est pas de moyen plus sûr de faire accepter son discours que de le situer dans un cadre dépréciatif. Mais on remarquera aussi qu'en soulignant le moi, dans l'expression "ce n'est que moi" et surtout en ne se contentant pas de le dire une fois pour toutes, l'auteur se fraie un accès nouveau vers une peinture qui ne sera que son portrait, entreprise où le peu que je suis deviendra le tout.

Au "je ne suis pas grand" comme propédeutique à "je ne parle pas d'autre chose que de moi", où le prologue modeste devient l'essai égocentrique, s'ajoute une autre technique, également tributaire de la fonction prologale ou, en tout cas, exordiale : l'usage du *lieu commun*. Nous avons vu au chapitre II qu'il est recommandé par la rhétorique comme entrée en matière, et pratiqué dans les prologues-exordes de romans au Moyen Age. C'est là une bonne manière d'encadrer et de justifier le particulier (du texte) dans le général (de la pensée incontestable). C'est aussi une manière de fournir au lecteur l'impression qu'il est en terrain connu et de le rassurer. Ce pont offert par un code commun, Montaigne l'utilise une vingtaine de fois au début de ses *Essais* . Sa lecture classique l'y porte tout naturellement. Il a assimilé l'idée que c'est comme cela qu'on commence, qu'on peut commencer. Nous verrons que ce procédé s'explique aussi chez lui par le besoin de trouver une prise facile au début d'une entreprise intellectuelle où, déclare-t-il volontiers, les relais familiers permettent à sa minerve de ne pas se décourager trop vite. Mais, à y regarder de près, l'on s'avise que les vérités générales qu'il installe au fronton de ses textes sont pour lui l'occasion d'exercer son esprit critique, de dire non, ou de nuancer l'opinion qu'il a reproduite, de prendre le contre-pied de ce que l'on pense, et de faire suivre "ils disent" d'un "pour moi, je pense". Le topos inaugural ou exordial se transforme souvent, dans cette expérience, en repoussoir d'une vérité personnelle, en occasion de se distinguer, de prendre naissance dans l'adversation et, surtout, dans un refus de l'*autre* pour mieux donner forme au *moi*. Voici, en guise de preuve, le premier paragraphe des *Essais* :

> La plus *commune* façon d'amollir les cœurs de ceux qu'on a offensez, lors qu'ayant la vengeance en main, ils nous tiennent à leur mercy, c'est de les esmouvoir par submission à commiseration et à pitié. *Toutesfois* la braverie, et la constance, *moyens tous contraires* ont quelquefois servi à ce mesme effect (c'est nous qui soulignons).

Le cas général, contredit par le cas moins fréquent, permet d'emblée une opposition où une autre pensée — bientôt ce sera l'unicité de la mienne plus nettement revendiquée — se dégage, comme je me dégagerai de ce qui est *commun*, qui n'est pas moi et par quoi je deviens moi. N'est-il pas frappant de constater que cette forme antithétique où Montaigne met en place le dispositif qui va le faire naître à lui-même en se distinguant (il déclarera le "distinguo", forme maîtresse de sa pensée) a sa correspondance dans le contenu qui oppose l'acquiescement commun (*submission*) et le refus (*braverie*), plus rare ?

4. PROLOGUE PAR DEFAUT

Il y a deux manières d'attirer l'attention d'un lecteur : en l'apprivoisant ou en le surprenant. Ce sont là deux types d'éveil. L'un est rassurant, l'autre ne l'est pas. Dans un cas, il y a prologue ou son équivalent, dans l'autre il peut ne pas y en avoir ; et cette absence peut, par elle-même, créer le sentiment d'une attente trompée, car le lecteur s'étonne non seulement que la parole se détache du silence sans avertissement, mais il s'étonne encore du procédé rompant le contrat implicite qui fait attendre le prologue. La désinvolture est reçue comme audace, la naïveté comme recherche. Nous verrons que ces remarques s'appliquent, chez Montaigne, non seulement aux attaques brusquées, mais aussi aux attaques concertées et à leur ingénieuse liberté.

En réalité, les procédés de l'apprêt et de la surprise dialoguent implicitement dans notre conscience littéraire. Ils sont les pôles d'un même système, ils échangent donc leur pouvoir pour éviter, dans un cas comme dans l'autre, les inconvénients de l'excès. Il est clair, en effet, que la longueur d'un préambule endort plus qu'elle n'éveille, mais il est tout aussi vrai que la brusquerie peut créer l'obscurité et décourager l'intérêt. Aussi bien, dans le prologue, les auteurs sauront-ils combiner, par exemple, la vivacité de l'immédiat avec l'efficacité d'un discours introductif. Les exemples abondent dans le théâtre où l'information potentiellement fastidieuse des scènes d'exposition (qu'il s'agisse de la tragédie ou de la comédie) est souvent animée par une énonciation fortement impliquée, ou simplement par une théâtralisation qui introduit l'intrigue dans ce qui n'est pas encore l'intrigue. Le prologue, chez Plaute et sa descendance, est souvent un discours proféré par un amuseur, par un auteur ou son délégué qui se croient obligés à la surenchère comique pour mieux capter l'intérêt, non seulement parce qu'il est difficile de capter l'intérêt, mais aussi parce que les inévitables présentations initiales constituent une situation affectivement neutre. Rabelais l'a senti mieux que quiconque ; Montaigne également, du moins peut-on le penser. La brusquerie qu'il montre dans certaines de ses attaques relève certainement de la crainte aristocratique chez lui d'ennuyer et de s'ennuyer. C'est une manière de se dissocier du pédantisme, et des longueurs cicéroniennes qui lui sont attachées. C'est la manifestation cavalière de l'homme d'épée dont il entretient l'image. Remarquons que les mêmes observations peuvent se faire à propos du prologue et du libre usage qu'il en fait.

Ce que nous avons dit de la pratique théâtrale et de l'animation des scènes d'exposition se retrouve chez Montaigne. Le locuteur se manifeste volontiers dans une phase de son existence, manière de créer une irruption de la vie dans une économie qui est déjà celle du texte.

> J'estois à cett'heure sur ce passage où Plutarque dict de soy-mesmes...
> (II, 4)

L'exclusion du prologue semble plus probable dans le procédé fréquent chez Montaigne, qui rattache directement au titre la première phrase et parfois la deuxième. Entre l'intitulé et son traitement, l'auteur semble alors ne pas estimer nécessaire d'intercaler des précisions, des délimitations, des avertissements particuliers.

Ainsi, dans I, 2, *De la tristesse*, le démonstratif de la première phrase : "Je suis des plus exempts de *cette* passion" (nous soulignons), semble vouloir signaler un refus de préambule. Il en va de même dans le début de I, 47, *De l'incertitude de nostre jugement*, qui recourt également à une tournure démonstrative en rapport avec le titre :

> C'est bien ce que dict ce vers.

Il s'agit d'un vers d'Homère qui est donné en grec, puis dans sa traduction française pour être enfin illustré par un texte de Plutarque. On remarquera que le rattachement du texte au titre est double (le vers d'Homère et sa traduction) et que la phrase initiale ("C'est bien ce que dict ce vers") n'est qu'un signe d'équivalence logique, comme la traduction du vers grec sera une équivalence linguistique. Au fond, le titre ricoche trois ou quatre fois. Le texte ne consent pas à se détacher de lui, comme dans l'exemple le plus significatif à cet égard, celui de la *Vanité* (III, 9) :

> Il n'*en* est à l'avanture aucune plus expresse que d'*en* escrire si *vainement*. Ce que la divinité nous *en* a si divinement exprimé devroit estre soingneusement et continuellement medité par les gens d'entendement.

Par son contenu, cette attaque exploite le topos de modestie caractéristique du prologue (la suite illustrera la règle d'un deuxième temps que nous connaissons et déclarera en substance "j'écris quand même"...). Mais la forme refuse de *distinguer* le texte du titre. Le prologue, ainsi, se voit privé du droit de commencer. Tout, dans les deux phrases citées, est allusion au titre : le pronom *en*, deux fois dans la première phrase, une fois dans la seconde ; la dérivation rhétorique de *vainement* (vanité), procédé qui est confirmé dans la deuxième phrase (comme si Montaigne ne voulait pas que la dérivation de *vainement* paraisse accidentelle) par celle de *divinité-divinement* qui renvoie, évidemment, à l'*omnia vanitas* de l'Ecclésiaste, sous-entendu. Somme toute, le titre maintenant se reflète à quatre reprises dans l'attaque du texte (trois fois *en*, une fois *vainement*, que nous avons soulignés), et la place du prologue, une nouvelle fois, est bloquée par cette prolifération de la matière titulaire. Il peut sembler étrange que cette *copia*, qui fait du titre une véritable corne d'abondance, ne nous empêche pas d'éprouver l'impression d'une attaque immédiate. La raison en est simple. Ce qui se met à la place d'un prologue interdit l'effet d'une progression normalement articulée. Si continu que soit le texte au départ du titre, tout ce qui remplace un prologue provoque un effet de brusquerie. Mais le prologue ne meurt pas pour autant, il remonte seulement le cours du texte. En regardant le titre, en s'y rattachant étroitement, le début le désigne comme porteur de sens. L'attaque brusque fait, si l'on ose dire, amplement le vide pour valoriser le titre qui, de ce fait, devient titre et prologue. N'est-ce pas là une manière de faire relire cette inscription initiale un peu excentrée que l'on regarde souvent avec distraction, car l'on sait qu'en général le texte, dans sa phase prologale, va nous l'expliquer, et donc l'assumer. Le silence éloquent du prologue fait parler au titre un langage de prologue. Fort habilement, Montaigne joint le degré zéro du prologue et sa présence récupérée dans le titre. Le dialogue est ainsi maintenu entre le prologue et l'immédiateté.

5. PROLOGUE COMME ANTICIPATION

A demain les affaires (II, 4) :

> Je donne avec raison, ce me semble, la palme à Jacques Amiot sur tous nos escrivains François, non seulement pour la naïveté et pureté du langage, en quoy il surpasse tous autres, ny pour la constance d'un si long travail, ny pour la profondeur de son sçavoir, ayant peu développer si heureusement un autheur si espineux et ferré (car on m'en dira ce qu'on voudra : je n'entens rien au Grec ; mais je voy un sens si beau, si bien

joint et entretenu par tout en sa traduction, que, ou il a certainement entendu l'imagination vraye de l'autheur, ou, ayant par longue conversation planté vivement dans son ame une generale Idée de celle de Plutarque, il ne luy a aumoins rien presté qui le desmente ou qui le desdie) ; mais sur tout je lui sçay bon gré d'avoir sçeu trier et choisir un livre si digne et si à propos, pour en faire present à son pays. Nous autres ignorans estions perdus, si ce livre ne nous eust relevez du bourbier ; sa mercy, nous osons à cett'heure et parler et escrire ; les dames en regentent les maistres d'escole ; c'est nostre breviaire. Si ce bon homme vit, je luy resigne Xenophon pour en faire autant ; c'est une occupation plus aisée, et d'autant plus propre à sa vieillesse ; et puis, je ne sçay comment, il me semble, quoy qu'il se desmele bien brusquement et nettement d'un mauvais pas, que toutefois son stile est plus chez soy, quand il n'est pas pressé et qu'il roulle à son aise.

J'estois à cett'heure sur ce passage où Plutarque dict de soy-mesmes que Rusticus, assistant à une sienne declamation à Rome, y receut un paquet de la part de l'Empereur et temporisa de l'ouvrir jusques à ce que tout fut faict : en quoy (dit-il) toute l'assistance loua singulierement la gravité de ce personnage. De vray, estant sur le propos de la curiosité, et de cette passion avide et gourmande de nouvelles, qui nous fait avec tant d'indiscretion et d'impatience abandonner toutes choses pour entretenir un nouveau venu, et perdre tout respect et contenance pour crocheter soudain, où que nous soyons, les lettres qu'on nous apporte, il a eu raison de louër la gravité de Rusticus ; et pouvoit encor y joindre la louange de sa civilité et courtoisie de n'avoir voulu interrompre le cours de sa declamation. Mais je fay doute qu'on le peut louër de prudence ; car, recevant à l'improveu lettres et notamment d'un Empereur, il pouvoit bien advenir que le differer à les lire eust esté d'un grand prejudice.

Ici, aucun lien avec le titre. L'on saute de celui-ci au bloc initial qui, à son tour, n'entretient pas avec la suite une relation sans problème. Un bloc initial, étranger donc, tant à l'égard du titre qui le précède que de la suite, celle-ci ne développant pas ce que le début du texte faisait attendre. Pour rétablir la continuité, si elle existe, la lecture devra opérer un réajustement d'opinion sur le rôle du texte initial. Alors seulement sa relation au reste passera de l'isolement à l'intégration.

Ainsi l'éloge d'Amyot qui occupe tout le premier paragraphe d'*A demain les affaires*. Cette demi-page semble préluder à des considérations plus développées sur le problème de la traduction dont on sait l'importance chez les humanistes français et que l'éloge d'Amyot, traducteur d'entre les traducteurs, paraît annoncer. Rien de cela. On va nous livrer une anecdote et réfléchir dessus. Mais, tout en nous acheminant dans cette perspective nouvelle, nous comprenons que l'éloge d'Amyot était dû au fait que Montaigne avait ouvert son Plutarque, où il avait rencontré l'anecdote qui avait attiré son attention. Ainsi, l'on peut dire, en même temps, que notre attente est trompée et que les bifurcations du texte sont justifiées. Pratiquement, au lieu de retenir l'ordre normal :

1. L'anecdote de Rusticus me donne à réfléchir
2. Je l'ai trouvée dans mon Plutarque
3. C'est une traduction d'Amyot

Montaigne a choisi l'enchaînement suivant :

1. Amyot et sa traduction
2. Plutarque
3. L'anecdote de Rusticus

Il a donc inversé 1 et 3. Cette modification de l'ordre attendu est-elle l'effet d'un caprice ? Nous sentons que l'axe Amyot-Plutarque nie cette hypothèse et nous entendons l'arrière-fond montaignien qui répond : je ne sais pas très bien le grec ; j'aime Plutarque plus qu'aucun autre prosateur ancien. Amyot a donc une importance primordiale pour le lecteur désarmé que je suis. C'est un pont, un accès et la place que je lui accorde dans les propylées de l'essai en est le signe tangible.

Il n'en demeure pas moins que l'économie de l'essai lui-même s'en trouve affectée et que l'ordre de la lecture est bousculé par des conditions de pensée indépendantes de la production du message (les a priori de Montaigne). Car, rappelons-le, l'éloge d'Amyot donne d'abord l'impression d'être une introduction. A tout le moins, sa place et sa cohérence lui valent ce crédit aux yeux du lecteur. Or, il ne l'est pas. Il a même été l'objet de deux coups de force de la part de l'écrivain, d'une anticipation proleptique (position 1 au lieu de position 3), et d'un grossissement (un fait particulier, Amyot, occupe plus de la moitié de l'espace liminaire 1-2-3). Il y a donc une double mise en relief, une étonnante accentuation. Et maintenant, il incombe au lecteur de le reconnaître et de voir le vrai prologue au début du deuxième paragraphe (points 2 et 3) :

> J'estois à cett'heure sur ce passage où Plutarque dict de soy-mesmes que Rusticus assistant à une sienne declamation à Rome, y receut un paquet de la part de l'Empereur et temporisa de l'ouvrir jusques à ce que tout fut faict...

Tout, ici, désigne le début de l'essai : un cadre qui est constitué par une confidence autobiographique, un exemple ou une *narratio* que la rhétorique demande de ne pas faire attendre longtemps, et enfin, avec le verbe "temporisa", le premier signe qu'on est dans le sujet annoncé par le titre (*A demain les affaires*). Une fonction supplémentaire est même assignée à cette phrase : expliquer rétrospectivement la raison d'être du bloc initial, grâce à la révélation d'une ligne qui va de Plutarque à Amyot.

En présence du préambule orné, copieux et, à première vue, sans rapport organique avec le corps de l'essai, il en est qui penseront pouvoir verser cet exemple au dossier d'un Montaigne baroque[1]. Sans doute, les phénomènes de gonflement et de décentrage — ici par prolepse — peuvent-ils contribuer à une telle caractérisation. Situés au seuil de l'essai, ces phénomènes n'en prennent que plus d'ampleur. Ils s'affichent en quelque sorte. Ce mélange de décalage et d'ostentation dans la disposition de notre préambule n'est certes pas sans rappeler le futur esprit de la "maraviglia" mariniste. Quant à l'architecture, soumise comme aucune autre forme d'art aux impératifs de la *dispositio*, l'on invoquera ses exploits liminaires à l'époque contre-réformiste et baroque, ses façades surprenantes et un peu trompeuses. Fausse entrée pour fausse entrée !

Sans rejeter ces rapprochements avec les formes régnantes, il nous semble que Montaigne nous invite à ne pas négliger des rapprochement plus intérieurs. Je pense, en particulier, au vœu exprimé par lui en ces termes :

> Je louerois une âme à plusieurs estages.
> (III, 3)

Vœu de souplesse, de multiplicité, de disponibilité à soi-même que semble illustrer une écriture enregistrant l'implicite qui a précédé sa mise en œuvre. Loin de contribuer à une hiérarchisation contraignante de l'âme, les "étages" de Montaigne donneront à la liberté l'occasion de se manifester dans l'imprévu. Elle relève de l'éthique, mais aussi de l'esthétique. En effet, le libre passage à l'intérieur des articulations de l'être et de ses identités psychologiques semble bien postuler, chez l'écrivain qui le revendique pour son âme, un identique privilège pour son texte. S'appliquera à la forme de celui-ci, non moins qu'à sa visée morale, l'image d'un Socrate jouant aux noix avec les enfants d'Athènes ou d'un Scipion faisant des ricochets à sa villa de Linterne. Car cette conduite, qui transforme ce que nous attendons de sérieux de tels personnages en un spectacle bon enfant, met en évidence, au premier plan, ce que l'on aurait peut-être pu soupçonner au second, et encore !

Modestement, Montaigne parle, en ce qui le concerne, de désordre, d'impuissance à organiser sa pensée. En fait, le mouvement d'abandon est chez lui constamment compensé — sans être nié pour autant — par des forces d'intégration. Ce sont là deux des "étages". Dans l'essai qui nous a occupés, Montaigne ne place pas l'entrée de plain-pied au bas de sa construction (liberté), mais il ne nous laisse pas douter longtemps qu'il s'agit d'une construction (intégration) qui correspond à une architecture de son esprit, à une priorité, à un enjeu important pour lui : l'accès à Plutarque. Dans la linéarité du texte, l'on s'aperçoit que le début, en anticipant, a prélevé quelque chose qui appartient à la

[1] Voir I. Buffum, *Studies in the Baroque from Montaigne to Rotrou*, New Haven, 1957 ; J. Rousset, *La Littérature de l'âge baroque en France*, Paris, 1953.

suite. Ce quelque chose de prélevé caractérise le phénomène de l'obliquité. En général, le prélèvement de l'obliquité se fait, dans le cours du texte, sur un matériel antérieur. Ici se réalise une obliquité par anticipation. Que d'habileté pour remettre à plus tard l'entrée en matière et justifier, dans la *dispositio* de son discours, l'injonction du titre : *A demain les affaires* !

A demain les affaires présente un problème de structure initiale. Les *Cannibales* (I, 31) semblent offrir le même cas, mais la zone litigieuse va beaucoup plus loin dans le corps de l'essai. Ainsi, nous avançons d'un pas vers l'examen conjoint des structures de l'essai et de la manière dont il commence.

Les Indiens du Brésil sont-ils des barbares ? Telle est la question qui intéresse Montaigne, tel est le thème des *Cannibales*. Le titre indique clairement que l'essai, s'il veut être positif à l'égard des Indiens, aura une fonction de réfutation (anatreptique) ; il lui incombera de renverser une présomption de barbarie étayée sur la charge d'un crime contre nature. Après un paragraphe consacré au concept très relatif de barbarie, Montaigne passe à la question du Nouveau Monde. "Cette descouverte d'un païs infini semble estre de considération". En effet, deux pages et demie vont présenter abondamment diverses hypothèses antiques à cet égard. Enfin, le sujet principal est abordé en ces termes :

> Or, je trouve, pour revenir à mon propos, qu'il n'y a rien de barbare et de sauvage en cette nation, à ce qu'on m'en a rapporté, sinon que chacun appelle barbarie ce qui n'est pas de son usage...

Suivent neuf pages de développement et de confirmation. Le corps de l'essai est bien là, et son prologue est donc dans les lignes citées qui déclarent le *propos*, auquel on revient et qui, mettant en relation "barbare" et "nation" des Indiens, répondent à la question de l'attribution "barbare" au sujet "nation". Les pages du début jusqu'à "Or je trouve" apparaissent donc comme un développement anticipé des deux mots *barbare* et *nations* (*américaines*), dont la mise en relation fonde la visée de l'essai. En voici donc la structure :

1. Le concept de *barbare* (11 lignes)
2. Le Nouveau monde des Indiens (112 lignes)
3. La nation indienne des *Cannibales* n'est point barbare (4 lignes + 9 pages)

L'essai rayonne rétrospectivement (la synthèse 3 sur ses éléments 1 et 2). On nous en donne d'abord des pièces détachées, sans nous dire pourquoi, comme dans le cas d'Aymot en II, 4, et en laissant attendre la clef du mystère. Ne dirait-on pas d'une devinette : mon premier est barbare, mon second est le Nouveau Monde, et mon tout, ce sont les *Cannibales* (qui sont du Nouveau Monde, mais point barbares) ? Certes, voilà une bonne manière d'éveiller la curiosité, comme font les prologues quand ils suggèrent : "Et si vous voulez savoir comment les choses vont s'arranger, soyez attentifs à la suite". L'on objectera peut-être qu'il est difficile d'assimiler à un prologue un mystère *non déclaré*, le propos du prologue étant son caractère *déclaratif*, qu'il s'agisse de dire ce qui est nécessaire à une ultérieure compréhension, ou de faire comprendre que l'on comprendra plus tard. Nous ne savons certes pas, en lisant le paragraphe sur la barbarie et les pages sur l'Amérique, qu'il s'agit de jalons, ni surtout, en dehors du thème commun de l'éloignement, qu'il y a un rapport en puissance entre barbarie et Amérique. Ce deuxième thème, en 2, est si considérablement développé qu'il prend une place de premier plan et que l'on en oublie le premier paragraphe et sa barbarie. D'où la nécessité de le rappeler en 3 :

> Or, je trouve, pour revenir à mon propos, qu'il n'y a rien de barbare...

Ainsi, il faut l'admettre, les parties 1 et 2 ne constituent pas un prologue, puisque c'est dans un sursaut d'impatience à leur égard, dans une *correction*, que l'essayiste façonne son vrai prologue.

Cependant, il convient de rappeler ce que *A demain les affaires* nous avait déjà suggéré. La liberté que le prosateur s'accorde, dans l'orientation initiale de son essai, n'est en aucune façon aberrante. Il s'agit en fait d'une anticipation (1-2) et d'un grossissement (2) d'éléments qui sont tirés du fond du sujet, comme diront les classiques. Etant détachés l'un de l'autre, les deux éléments, certes, relèvent, par rapport à l'essai, de la prolepse plus que du prologue. Mais la réunion n'en sera que plus frappante. Le faux "prologue" n'a rien défloré, il est resté en deçà, un peu zigzagant, permettant ainsi un coup d'éclat (le vrai prologue puis l'essai), qui justement veut, dans sa thèse, contredire audacieusement l'opinion péjorative attachée au titre, horizon d'attente thématique. Le langage musical répond mieux, ici, que la logique ou la rhétorique à la nature de ce phénomène discursif. Il s'agit d'un *piano* initial qui prépare, dans sa discrétion, le *forte* du thème. Ce résultat objectif ne laisse pas, à nouveau, de renvoyer à une réalité intérieure, psychologique et créatrice. Sans doute n'est-on sûr de rien quant à ce qui a précédé l'état du texte que Montaigne nous livre. Cependant, si le texte contient les traces d'une spontanéité de la pensée, d'une forme innée de celle-ci, je dirais que c'est précisément dans les phénomènes que nous analysons présentement. Imaginons Montaigne en face de la question qui naît en lui — l'on devrait dire dont l'exigence de formulation naît en lui : les cannibales — dont mon serviteur me parle de manière si intéressante — méritent-ils leur mauvaise réputation ? L'objet est massif, décourageant ; et chez Montaigne, cette masse a tendance à devenir une montagne :

> Pour leger subject qu'on luy donne, elle le grossit volontiers et l'estire jusques au poinct où elle ait à s'y embesongner de toute sa force...
> (III, 3)

D'où la nécessité de distraire son esprit par des sujets étrangers, venus des livres. Cette distraction peut ainsi se produire sans rupture avec l'objet premier de l'attention. Ce sera une manière d'appréhender les choses par un de leurs aspects, de lancer contre eux une charge, de faire une escarmouche :

> Si c'est un subject que je n'entende point, à cela mesme je l'*essaye*, sondant le gué de bien loing ; et puis, le trouvant trop profond pour ma taille, je me tiens à la rive : et cette renconnoissance de ne pouvoir passer outre, c'est un traict de son effect, voire de ceux dequoy il se vante le plus. Tantost, à un subject vain et de neant, j'essaye voir s'il trouvera dequoy lui donner corps et dequoy l'appuyer et estançonner. Tantost je le promene à un subject noble et tracassé, auquel il n'a rien à trouver de soy, le chemin en estant si frayé qu'il ne peut marcher que sur la piste d'autruy. Là il fait son jeu à eslire la route qui luy semble la meilleure, et, de mille sentiers, il dict que cettuy cy, ou celuy là, a esté le mieux choisi. Je prends de la fortune le premier argument. Ils me sont également bons. Et ne desseigne jamais de les produire entiers. Car je ne voy le tout de rien. Ne font pas, ceux qui promettent de nous le faire veoir. De cent membres et visages qu'a chaque chose, j'en prends un tantost à lecher seulement, tantost à effleurer, et par fois à pincer jusqu'à l'os. J'y donne une poincte, non pas le plus largement, mais le plus profondement que je sçay. Et aime plus souvent à les saisir par quelque lustre inusité.
>
> (I, 50)

Toutes ces manières partielles de se saisir d'un objet dont l'importance semble outrepasser les forces du sujet fondent la stratégie de l'essai. L'impuissance alors se transforme en souplesse et la multitude des tentatives compense les blocages face à la totalité. N'est-ce pas ce qui se produit dans les *Cannibales* ? Plutôt que de m'embarquer dans la recherche d'une solution globale, je distingue au cœur du problème des aspects qui me donnent à réfléchir : la barbarie d'abord au sujet de laquelle, grâce aux exemples antiques qui me viennent à l'esprit, j'ai tout lieu de me sentir à mon aise. Puis le Nouveau Monde qui éveille en moi une perplexité pas trop paralysante. Le faux prologue ne serait là, dès lors, que comme la division, en ses composantes plus accessibles, d'un problème difficile. Tâtonnement un peu plus systématique que la description imagée de I, 50 le laissait supposer, essai qui ressemble à ce que la rhétorique appelle *divisio*, ce texte liminaire n'en demeure pas moins l'approche d'un esprit moderne qui *ne sait* pas encore, ou veut en donner l'impression. Mais, n'hésitant pas à hésiter, il conjugue — comme le montrent tous les *Essais* — le droit d'être soi-même et la connaissance de ses limites. Il ne craindra donc pas si sa route s'en trouve facilitée, de bouleverser la géographie, plaçant avant son voyage proprement dit des étapes qui ne semblent pas y acheminer, s'arrêtant très longtemps en un lieu sans rapport visible avec le but, envoyant des éclaireurs, pratiquant, en toute liberté, déplacement et grossissement, au point d'en perdre le fil (ou de craindre qu'on ne le suive plus). "Or, pour revenir à notre propos..."

Ce retour est en fait une découverte, c'est l'amorce de la synthèse juste (les cannibales ne sont pas barbares), répondant à la synthèse problématique (les cannibales sont-ils barbares ?) dont il a fallu d'abord briser le noyau. Dans une poétique où la pensée se fait à mesure, le commencement n'est qu'une préparation au vrai commencement, c'est-à-dire à l'ordre découvert. Ce deuxième commencement, avec son classicisme, compense les oscillations initiales de l'essai. Il est comme le poids qui équilibre une balance, après le moment inévitable de l'instabilité.

Les deux essais que nous venons d'analyser présentent des particularités très répandues dans l'œuvre de Montaigne. Tout comme l'amplification, qui est fréquente en cours de route, le grossissement initial est documenté par de nombreux exemples. Il fait parfois perdre le fil dès *le début de l'essai* et nécessite un rappel du sujet prévu qui, bien souvent, sonne en fait comme une "première nouvelle". Le procédé de la tentative multipliée en tête de chapitre n'est pas rare non plus. Le troisième livre n'offre pas moins de quatre essais comportant un préambule multiple (1, 6, 11, 13).

Des boyteux (III, 11) méritent particulièrement notre attention, car ils constituent un degré de complexité supérieure et nous font passer du déjà vu : l'anticipation simple (II, 4, *A demain...*) et double (I, 31, *Des cannibales*) à la nouveauté du prologue jumeau et même à un effet d'action réciproque de l'avant et de l'après. Il s'agit, dans les *Boyteux*, de la vérité et de l'opinion. Que faut-il croire, comment faire pour croire à bon escient ? Montaigne recommande la prudence devant le merveilleux. Il faut examiner les accusations de sorcellerie avec beaucoup de circonspection et ne pas tomber dans la naïveté de gober les rumeurs, celle, entre autres, impliquée dans le titre et touchant les prestations amoureuses des boiteuses.

Mais l'essai commence par des considérations sur l'introduction récente du calendrier grégorien (1582). Montaigne ne cache pas son mécontentement, car "ny l'erreur ne se sentait en nostre usage, ny l'amendement ne s'y sent". Condamnation de conservateur sans illusion sur l'utilité du changement, et pensant que notre impuissance à améliorer la marche des choses est plus grande encore que l'imperfection objective de ces choses.

> Il y a deux ou trois ans qu'on acoursit l'an de dix jours en France. Combien de changemens devoient suyvre cette reformation ! ce fut proprement remuer le ciel et la terre à la fois. Ce neanmoins, il n'est rien qui bouge de sa place : mes voisins trouvent l'heure de leurs semences, de leur recolte, l'opportunité de leurs negoces, les jours nuisibles et propices au mesme point justement où il les avoyent assignez de tout temps. Ni l'erreur ne se sentoit en nostre usage, ny l'amendement ne s'y sent. Tant il y a d'incertitude par tout, tant nostre apercevance est grossiere, obscure et obtuse. On dict que ce reiglement se pouvoit conduire d'une façon moins incommode : soustraiant, à l'exemple

> d'Auguste, pour quelques années le jour du bissexte, qui ainsi comme ainsin est un jour d'empeschement et de trouble, jusques à ce qu'on fut arrivé à satisfaire exactement ce debte (ce que mesme on n'a pas faict par cette correction, et demeurons encores en arrerages de quelques jours). Et si, par mesme moyen, on pouvoit prouvoir à l'advenir, ordonnant qu'après la revolution de tel ou tel nombre d'années ce jour extraordinaire seroit tousjours eclipsé, si que nostre mesconte ne pourroit dores en avant exceder vingt et quatre heures. Nous n'avons autre compte du temps que les ans. Il y a tant de siecles que le monde s'en sert ; et si, c'est une mesure que nous n'avons encore achevé d'arrester, et telle, que nous doubtons tous les jours quelle forme les autres nations luy ont diversement donné, et quel en estoit l'usage. Quoy, ce que disent aucuns, que les cieux se compriment vers nous en vieillissant, et nous jettent en incertitude des heures mesmes et des jours et des moys, ce que dict Plutarque qu'encore de son temps l'astrologie n'avoit sçeu borner le mouvement de la lune ? Nous voylà bien accommodez pour tenir registre des choses passées.

Puis Montaigne écrit :

> Je ravassois presentement, comme je faicts souvant, sur ce, combien l'humaine raison est un instrument libre et vague. Je vois ordinairement que les hommes, aux faicts qu'on leur propose, s'amusent plus volontiers à en cercher la raison qu'à en cercher la verité.

Le corps de l'essai et ses réflexions portant sur la faillibilité de la raison et la fragilité de l'opinion semblent bien débuter ici. A nouveau, nous nous trouvons donc en présence de deux entrées. Mais cette fois-ci l'idée d'une simple anticipation initiale de la *vraie* entrée par une une fausse entrée ne paraît pas aussi facilement recevable que dans *A demain les affaires* et les *Cannibales*. En effet, le texte semble juxtaposer les deux phases qui sont ici en question : d'abord le mouvement d'humeur du conservateur face au nouveau calendrier ; ensuite, bien détachée de celui-ci, et fortement marquée par une mise en scène énonciatrice ("je ravassois"), l'annonce d'un contenu qui sera celui de tout l'essai.

Un lecteur attentif peut conclure différemment. Il ne lui échappe pas que l'initiative de la réforme grégorienne est désapprouvée parce que les responsables ont manqué de bon sens. Plus généralement, nous devons comprendre que les auteurs de changement sont des fauteurs de trouble, bêtise coupable s'il en est. A ce point de la lecture, deux entrées isotopiques se dessinent sous le dénominateur commun de la bêtise.

Sous l'égide de ce thème unique, la deuxième entrée reproduit un peu la première, la prolonge ou, si l'on veut, l'amplifie. La relation de ces deux moments initiaux produit un mouvement continu en écho, une linéarité à deux temps.

Il faut reconnaître, cependant, que la linéarité *progressive* fait place à une autre relation des deux entrées si l'on ne retient plus comme incontestablement dominant le thème de la bêtise dans le premier bloc du texte, mais, par exemple, le conservatisme. Ce qui se produit alors, car l'esprit cherche toujours l'unité, c'est la découverte après-coup de la présence du thème de la bêtise dans la première entrée. Alors que, dans la première lecture isotopique, le début éclairait la suite, dans la seconde, c'est la suite qui éclaire le début, le tout n'étant possible qu'à cause d'une isotopie incomplète des parties. Montaigne donne l'impression de le sentir, car il met en place un signe qui, tout en reconnaissant l'existence de cette différence, proclame une relation d'analogie.

> Je ravassois presentement, comme je faicts souvant à ce, combien l'humaine raison...

Je n'hésite pas à penser que *ce*, qui se réfère de toute évidence à ce qui suit (combien l'humaine raison...), maintient un rapport au moins formel avec ce qui précède (l'exemple du calendrier). C'est une forme ambiguë qui regarde en arrière et en avant, et qui semble montrer la légitimité de l'éclairage réciproque que l'on peut voir agir dans les deux paragraphes.

En fait, l'ambiguïté de cette syllepse proclame la possibilité d'une unité plurielle ; *unité*, car le mot (ce) est un ; *plurielle*, car il se réfère à deux parties distinctes du discours. Aucun exemple, jusqu'à maintenant, n'avait mieux révélé la présence simultanée chez Montaigne du principe de continuité (l'ordre) et le droit au discontinu (la liberté).

Rappelons aussi que l'alternative est reconductible à l'infini, car l'on peut sans cesse faire prévaloir le point de vue d'une partie ou d'une autre, ou encore la juxtaposition et la continuité (progressive ou rétroactive). De même, l'autonomie et la relation, le désordre et l'ordre, peuvent toujours croire avoir le dernier mot, et ne peuvent donc jamais l'avoir.

6. PROLOGUE ET SYLLEPSE

Du démentir (II, 18)

> Voire mais on me dira que ce dessein de se servir de soy pour subject à escrire seroit excusable à des hommes rares et fameux qui, par leur reputation, auroyent donné quelque desir de leur cognoissance. Il est certain ; je l'advoüe ; et sçay bien que, pour voir un homme de la commune façon, à peine qu'un artisan leve les yeux de sa besongne, là où, pour voir un personnage grand et signalé arriver en une ville, les ouvroirs et les boutiques s'abandonnent. Il méssiet à tout autre de se faire cognoistre qu'à celuy qui a dequoy se faire imiter, et duquel la vie et les

opinions peuvent servir de patron. Cæsar et Xenophon ont eu dequoy fonder et fermir leur narration en la grandeur de leurs faicts comme en une baze juste et solide. Ainsi sont à souhaiter les papiers journaux du grand Alexandre, les commentaires qu'Auguste, Caton, Sylla, Brutus et autres avoyent laissé de leurs gestes. De telles gens on ayme et estudie les figures, en cuyvre mesmes et en pierre.
Cette remontrance est très-vraie, mais elle ne me touche que bien peu :

Non recito cuiquam, nisi amicis, idque rogatus,
Non ubivis, coramve quibuslibet. In medio qui
Scripta foro recitent, sunt multi, quique lavantes.

Je ne dresse pas icy une statue à planter au carrefour d'une ville, ou dans une Eglise, ou place publique :

Non equidem hoc studeo, bullatis ut mihi nugis
Pagina turgescat...
Secreti loquimur.

C'est pour le coin d'une librairie, et pour en amuser un voisin, un parent, un amy, qui aura plaisir à me racointer et repratiquer en cett'image. Les autres ont pris cœur de parler d'eux pour y avoir trouvé le subject digne et riche ; moy, au rebours, pour l'avoir trouvé si sterile et si maigre qu'il n'y peut eschoir soupçon d'ostentation.

Je juge volontiers des actions d'autruy ; des miennes, je donne peu à juger à cause de leur nihilité.

Je ne trouve pas tant de bien en moy que je ne le puisse dire sans rougir.
Quel contentement me seroit ce d'ouir ainsi quelqu'un qui me recitast les meurs, le visage, la contenance, les parolles communes et les fortunes de mes ancestres ! Combien j'y serois attentif ! Vrayment cela partiroit d'une mauvaise nature, d'avoir à mespris les portraits mesmes de nos amis et predecesseurs, la forme de leurs vestements et de leurs armes. J'en conserve l'escriture, le seing, des heures et un'espée peculiere qui leur a servi, et n'ay point chassé de mon cabinet des longues gaules que mon pere portoit ordinairement en la main.

Paterna vestis et annulus tanto charior est posteris, quanto erga parentes major affectus.

Si toutes-fois ma posterité est d'autre appetit, j'auray bien dequoy me revencher : car ils ne sçauroient faire moins de conte de moy que j'en feray d'eux en ce temps là. Tout le commerce que j'ay en cecy avec le publiq, c'est que j'emprunte les utils de son escripture, plus soudaine et plus aisée. En recompense, j'empescheray peut-estre que quelque coin de beurre ne se fonde au marché.

Ne toga cordyllis, ne penula desit olivis,
Et laxas scombris sæpe dabo tunicas.

Et quand personne ne me lira, ay-je perdu mon temps de m'estre entretenu tant d'heures oisifves à pensements si utiles et agreables ? Moulant sur moy cette figure, il m'a fallu si souvent dresser et composer pour m'extraire, que le patron s'en est fermy et aucunement formé soy-mesmes. Me peignant pour autruy, je me suis peint en moy de couleurs plus nettes que n'estoyent les miennes premieres. Je n'ay pas plus faict mon livre que mon livre m'a faict, livre consubstantiel à son autheur, d'une occupation propre, membre de ma vie ; non d'une occupation et fin tierce et estrangere comme tous autres livres.

Ay-je perdu mon temps de m'estre rendu compte de moy si continuellement, si curieusement ? Car ceux qui se repassent par fantaisie seulement et par langue quelque heure, ne s'examinent pas si primement, ny ne se penetrent, comme celuy qui en faict son estude, son ouvrage et son mestier, qui s'engage à un registre de durée, de toute sa foy, de toute sa force.

Les plus delicieux plaisirs, si se digerent-ils au dedans, fuyent à laisser trace de soi, et fuyent la veuë non seulement du peuple, mais d'un autre.

Combien de fois m'a cette besongne diverty de cogitations ennuyeuses ! et doivent estre contées pour ennuyeuses toutes les frivoles. Nature nous a estrenez d'une large faculté à nous entretenir à part, et nous y appelle souvent pour nous apprendre que nous nous devons en partie à la société, mais en la meilleure partie à nous. Aux fins de renger ma fantasie à resver mesme par quelque ordre et projet, et la garder de se perdre et extravaguer au vent, il n'est que de donner corps et mettre en registre tant de menues pensées qui se presentent à elle. J'escoute à mes resveries par ce que j'ay à les enroller. Quant de fois, estant marry de quelque action que la civilité et la raison me prohiboient de reprendre à descouvert, m'en suis je icy desgorgé, non sans dessein de publique instruction ! Et si, ces verges poétiques :

Zon dessus l'euil, zon sur le groin,
Zon sur le dos du Sagoin !

s'impriment encore mieux en papier qu'en la chair vifve. Quoy, si je preste un peu plus attentivement l'oreille aux livres, depuis que je guette

> si j'en pourray friponner quelque chose de quoy estmailler ou estayer le mien ?
> Je n'ay aucunement estudié pour faire un livre ; mais j'ay aucunement estudié pour ce que je l'avoy faict, si c'est aucunement estudier que effleurer et pincer par les teste ou par les pieds tantost un autheur, tantost un autre ; nullement pour former mes opinions ; ouy pour les assister pieç'a formées, seconder et servir.
> Mais, à qui croyons nous parlant de soy, en une saison si gastée ? veu qu'il en est peu, ou point, à qui nous puissions croire parlant d'autruy, où il y a moins d'interest à mentir. Le premier traict de la corruption des mœurs, c'est le bannissement de la verité : car, comme disoit Pindare, l'estre veritable est le commencement d'une grande vertu et le premier article que Platon demande au gouverneur de sa république.

Cet essai sur le mensonge commence donc par un long préambule sur les *Essais*. Rien n'honore ici la promesse du titre. Nous reconnaissons bien le procédé du bloc initial isolé. Coupé de son contexte, ce préambule l'est ouvertement en son attaque, et nous devons supposer qu'il le sera en son autre extrémité si la suite doit, comme il y a lieu de le penser, traiter le thème de l'intitulé. Comme maints autres débuts de chapitre où Montaigne s'interroge sur son entreprise, notre texte est isolé quasi nécessairement puisqu'il ne concerne pas, ou pas exclusivement, le chapitre en tête duquel il se trouve. Il est détachable, au même titre que *Au lecteur*. Il est un nouvel avis au lecteur qui corrige, complète, nuance ou confirme le premier.

Mais, arrivant au point attendu de la bifurcation, le lecteur s'aperçoit que Montaigne tire du contenu prologal l'occasion d'une entrée en matière. Comment un texte présumé hétérogène peut-il devenir homogène, comment la rupture prévisible fait-elle place à la continuité ? Par le développement d'un contenu. La partie préambulaire se demande pourquoi les *Essais* , malgré leur frivolité, méritent qu'on les justifie. La raison donnée est celle-là même qui figure dans l'avis *Au lecteur* : ils offrent le portrait de Montaigne à ceux qui sont désireux d'en conserver le souvenir, d'autant mieux que le livre a fait son auteur, autant que celui-ci l'a fait, que le texte est un texte spontané, joyeux, qui a été écrit selon l'humeur du moment. Les *Essais* ne sont en tout cas pas une œuvre d'emprunt, ajoutons que c'est une œuvre authentique, idée sous-entendue qui se situerait exactement au terme du préambule, au moment de la bifurcation dont voici l'énoncé interrogatif. Elle présuppose l'idée d'authenticité que nous avons sous-entendue :

> Mais, à qui croyons-nous parlant de soy, en une saison si gastée ? Veu qu'il en est peu, ou point, à qui nous puissions croire parlant d'autruy, où

> il y a moins d'interest à mentir ? Le premier trait de la corruption des mœurs, c'est le bannissement de la vérité.

Ces derniers mots, affirmation simple, générale, en rapport direct avec le titre sont évidemment, de droit, la première phrase de l'essai, si le droit n'impliquait le privilège. Mais, une fois encore, l'écart n'existe pas sans compensation et le passage cité le montre. A la structure apparente qui relève du bon plaisir — l'un des thèmes du préambule ! — et qui traduit le fait que, se proposant de parler du mensonge, Montaigne a éprouvé d'abord le désir de parler de ses *Essais* , se superpose insensiblement une autre structure. Celle-ci exploite les ressources du dénominateur commun qui peut lier par une partie — terminale — du bloc A, le contenu du bloc B. Les *Essais* et la connaissance de soi (A) cessent d'être un sujet imperméable au problème du mensonge (B). Se connaître, se faire connaître, puis se faire croire ou ne pas se faire croire... si l'on est soupçonné de mentir, toutes ces formes verbales deviennent les éléments d'une chaîne continue. Plus précisément, la séquence A/B mérite le nom de diptyque grâce à la charnière du verbe *croire*. Comment s'étonner que la phrase de la bifurcation contienne matériellement cette unité qui renvoie aux deux tableaux du diptyque, cette charnière, ce gond et, pour parler le langage de la rhétorique, cette syllepse ? La même séquence contient le préambule (parlant de soy), l'essai (mentir) et ce qui les relie (croyrons). Relisons le texte dans cette nouvelle cohérence :

> Mais, à qui *croyrons nous parlant de soy*, en une saison si gastée ? Veu qu'il en est peu, ou point, à qui nous puissions croire parlant d'autruy, où il y a moins d'interest à *mentir* ?

Ainsi, l'essai, une nouvelle fois, s'avance vers nous sous une double identité stylistique (style de la *dispositio*). Il est spontané et rigoureux, paratactique et continu. Il pourrait répéter, s'il parlait de lui-même : je m'avance masqué. Mais où serait le masque, où serait le visage ? Car, en réalité, c'est la nature conjointe des deux régimes ou leur oscillation qui nous semblent définir l'effet singulier de cette démarche. Vagabondage qui se réoriente, ou planification trahie en cours de route... Plus qu'aucun autre auteur, Montaigne fait, dans sa prose, la démonstration du caractère à la fois paradigmatique et syntagmatique du langage, de la présence active d'un ordre de principe et d'un ordre qui se fait. Par l'obliquité, la syllepse, il combine le mouvement et la forme, et c'est dans l'instabilité du mouvement qu'il relie les groupes hétérogènes et travaille à leur mise en ordre.

7. PROLOGUE ET GLISSEMENT

Une structure dont l'unité se réalise dans le mouvement est une structure qui se cache ou qui n'entend triompher que subrepticement, si l'on peut dire. Montaigne déclare l'ordre trop difficile pour lui et veut faire croire à un vagabondage. Mais ce sont négligences de grand seigneur qui sait ne pas perdre le nord ni la face. Ne déclare-t-il pas aimer le style "à saut et à gambades", le style poétique qui existe dans la prose des grands écrivains comme dans la sienne ? "J'adjouste, mais je ne corrige pas", écrit-il (III, 9), car il se veut spontané. Mais il croit à son droit d'exiger du lecteur attention et patience.

> J'entends que la matiere se distingue soy-mesmes. Elle monstre assez où elle se change, où elle conclud, où elle commence, où elle se reprend, sans l'entrelasser de parolles de liaison et de coutures introduictes pour le service des oreilles foibles ou nonchallantes, et sans me gloser moy-mesmes. Qui est celuy qui n'ayme mieux n'estre pas leu que de l'estre en dormant ou en fuyant ?
>
> (III, 9)

> ...En telle occupation, à qui on ne veut donner une seule heure on ne veut rien donner. Et ne faict on rien pour celuy pour qui on ne faict qu'autre chose faisant. Joint qu'à l'adventure ay-je quelque obligation particuliere à ne dire qu'à demy, à dire confusement, à dire discordamment.
>
> (*ibid.*)

Ce qui se cache n'en existe pas moins, n'en est pas moins précieux, plus peut-être, car surprenant et sans doute conquis. C'est de cette conquête, qui semble si naturelle, dont nous nous occupons ici. Le passage du prologue au texte par glissement en est une des modalités, le glissement se réalisant au moyen d'une médiation particulièrement effacée et estompant, dans une brume complice et peut-être ludique, les articulations du texte. Le "sfumato" du baroque pourrait être invoqué ici.

Examinons brièvement un exemple ludique (bien qu'intéressé) avant de nous arrêter, avec l'*Apologie de Raimond Sebond*, à la stratégie du glissement. *De la vanité* (III, 9) développe le thème de son titre dans maintes directions et dans un vagabondage extrêmement sinueux. Son application majeure est d'ailleurs le voyage et sa vanité acceptable. L'amorce de ce motif offre un bel exemple de glissement-jeu. Tout un dispositif de préparation implicite engendre le motif du voyage ; dispositif ou tâtonnement, préméditation ou hasard, qui le dira jamais ? L'intérêt est de dégager la structure de cette épiphanie indirecte. Il est d'abord question de ménage. Or la maison, c'est la vie privée, laquelle s'oppose traditionnellement à la vie politique, et Montaigne développe ses observations dans cette première perspective antithétique. Mais la maison pose aussi des problèmes économiques, l'art du ménage n'est-il pas, au sens premier, "économie" ? De là, l'essayiste glisse vers l'économie en voyage, et poursuit ses remarques sur le voyage, ses inconvénients, et surtout les inconvénients qu'on lui prête et qui n'en sont pas. Pourquoi ne pas partir, qu'est-ce qui me retient ? C'est là, sans doute, que l'on devait en arriver, à une opposition maison-voyage. Montaigne a préféré faire en sorte d'"y arriver" plutôt que de poser d'emblée devant nous ce binôme, ce Janus pourtant évident. Chacun des deux membres du couple maison-voyage émerge, en effet, de sa propre filière, la *maison* appartenant à celle dont la tête est la politique, et le *voyage* à celle qu'inaugure le thème de l'argent :

A	Politique	C	Argent
B	*Maison*	D	*Voyage*

Rencontre improbable, indirecte, dérivée que celle de B à D ! Montaigne fait bien en sorte que cet axe de sa pensée soit une conséquence plutôt qu'un préalable, une conquête involontaire et presque biologique, le spectacle d'éléments mobiles qui se trouvent parce qu'ils sont faits pour se rencontrer, sans qu'il soit besoin de les guider, apparemment du moins. Certes, la conduite du discours n'est pas anarchique. L'argent qui concerne tant la maison (ménage) que le voyage, sert de lien entre les deux voies parallèles, et annonce la rencontre BD. Mais l'imprémédité apparent de cette rencontre n'est peut-être pas innocent. Il a son importance diplomatique, et il ne faut donc pas le minimiser. La rencontre naturelle de B et D atténue sans doute l'effet d'opposition que les deux concepts entretiennent dans l'esprit de Montaigne. Car le voyage est rupture avec la maison. Or, n'y a-t-il pas, dans la manière de mettre en présence les deux termes antithétiques, l'accomplissement d'un divorce prudent, à l'amiable, point trop éclatant ? Un appel du lointain avoué discrètement ? Signe de liberté vagabonde que cela, de philosophie souriante, car c'est jouer et dédramatiser l'irréductible que de relier, par un fil (le cordon d'une bourse), des idées qui s'affrontent aussi massivement que la stase et la mobilité, la dépendance et l'indépendance, l'ici et l'ailleurs, le lien conjugal et la liberté de mouvement.

Dans l'*Apologie de Raimond Sebond* (II, 12), tout lecteur reconnaît qu'entre son titre et son sens global court une distance considérable. Le titre annonce l'éloge d'un penseur qui propose une théologie naturelle fondée, entre autres, sur les ressources de la raison humaine. L'essai, lui, met en échec toutes les prétentions de l'homme. Le titre est-il donc ironique ? Il est difficile de le croire.

> Je trouvay belles les imaginations de cet autheur, la contexture de son ouvrage bien suyvie, et son dessein plein de pieté
> (II, 12).

Montaigne admire l'auteur qu'il a traduit à la demande de son père et il pense, sans doute sincèrement, que sa lecture pourra fortifier la foi de ceux qui, au milieu des nouveautés, tiennent à rester fidèles à la bonne doctrine. Autre hypothèse : la physionomie du théologien serait pour Montaigne une sorte de tremplin, comme il les aime quand il veut penser par lui-même. Contre-pied méthodologique plus que contradictoire, et permettant l'instauration d'une autre vérité non exclusive. On peut le penser ici. L'on ne saurait douter, en tout cas, que l'essai va dans le sens d'un approfondissement d'une pensée personnelle et que sa leçon sceptique — terme consacré — qui occupe les 15/16e de l'essai, recouvre l'engagement majeur de leur auteur. A tort ou à raison, on y verra, dès le siècle suivant, le vrai Montaigne.

En fait, dans l'*Apologie*, Montaigne transforme plus qu'il ne contredit. Et pour cela il utilise la technique du glissement. Il glisse d'un état de pensée à un autre état de pensée, d'une possibilité théorique à une autre, subrepticement, indirectement, sans se faire remarquer.

Reprenons son long prologue. Partant de la préhistoire de son essai, Montaigne fait le récit de sa rencontre avec le texte de Sebond, de la traduction qu'il en a exécutée ; il parle aussi de son utilité possible et présente ensuite quelques aperçus sur sa nature et les réactions qu'il a suscitées chez certains lecteurs. Il en est qui ont trouvé que Sebond fait la part trop belle à la raison, alors que la religion est, avant tout, affaire de foi. Montaigne tombe d'accord avec eux, mais les invite à reconnaître que la raison, comme l'homme, a été créée par Dieu. Nous n'avons donc pas à la mépriser.

Il en est d'autres qui pensent que l'argumentation de Sebond n'est pas convaincante. Montaigne s'en prend à eux avec vigueur. Il va les "secouer... un peu plus rudement". De là, il s'avancera sans solution de continuité dans son grand réquisitoire sur l'homme et quittera *insensiblement* la zone prologale.

Nous voyons donc que la masse énorme de l'essai proprement dit résulte d'un prélèvement fait dans le courant d'un développement particulier et apparemment anodin, bien qu'en accord encore avec l'intention laudative du titre. Les contempteurs de Sebond, qui pèchent par immodestie et se croient plus intelligents qu'ils ne sont (sujet anodin), deviennent pour Montaigne l'occasion d'un traité laïque sur la *miseria hominis* ("considerons donq, pour cette heure l'homme seul, sans secours estranger, armé seulement de ses armes, et despourvu de la grace et cognoissance divine"). L'objet occasionnel et limité de la fin du prologue ouvre le passage à un objet non occasionnel et universel, l'homme dans son essence ou plutôt son néant. Même s'il s'agit d'une réponse, l'amplitude de l'essai fait oublier l'incitation qui l'a causée.

> Abbattons ce cuider, premier fondement de la tyrannie du maling esprit.

Avec cette phrase s'accomplit l'amorce de la réponse particulière et de la généralisation surabondante qui va valoir pour elle-même. Le *cuider* est un mot charnière (comme *croire* dans le *Démentir*). Il se réfère encore à la pensée immodeste des détracteurs de Sebond et déjà à la pensée non moins outrecuidante de l'homme en général. Un glissement imperceptible, tout entier dans le démonstratif *ce*, qui désigne *cuider*, remplace une catégorie d'hommes par tous les hommes. Cela n'a encore rien de bien audacieux, car *tous les hommes* englobent et expliquent ce que l'on entend dire de tels hommes particuliers. L'audace réside dans le fait que cette anthropologie va proposer un contenu très différent de celui qu'offre la *Théologie naturelle* dont Montaigne s'est proposé, cependant, de faire reconnaître la validité. Et le paradoxe, c'est que cette révision non déclarée est elle-même inspirée par le désir de défendre Sebond, et donc de poursuivre dans la ligne de l'*Apologie*. En cette deuxième étape de son discours contre les objections faites à Sebond, le texte donne ainsi l'impression de s'installer sur le terrain de la *Defensio*. Et c'est à ce moment qu'il commence à l'abandonner. Tout fait croire que le moment n'est pas décisif : l'attaque *ad personam*, le terrain éthique de l'immodestie, la continuité intentionnelle de la défense de Sebond. Tout conspire à produire un effet anesthésiant.

On parlera d'habileté, de prudence propédeutique, d'entrée en matière rassurante, enfin d'une manière d'égarer nos soupçons en leur imposant d'emblée un labyrinthe. Il me semble que l'ingéniosité accompagne plus qu'elle ne résume l'essence de ce continuum problématique. L'unité des parties, les fondements du procédé existent, sans doute, dans des zones plus profondes et plus authentiques où se signalent les richesses de la modestie. Nous essayerons d'en rendre compte de trois manières, et à trois niveaux.

Le premier niveau se réfère à des remarques que nous avons déjà faites à propos du tâtonnement de la pensée chez Montaigne. Une telle démarche implique la continuité plutôt que des articulations marquées et prévues. Elle implique aussi un volume croissant de pensée. Son style sera essentiellement *in fieri*, car il épouse les modestes débuts, les dérives et les trouvailles d'un esprit en apprentissage. L'essai accomplit toujours un dépassement. Mais, et c'est l'important ici, l'essai n'oublie jamais, dans son style, les limites que ce dépassement a franchies. Le mot limite, avec ses deux sens, est d'ailleurs plus adéquat que dépassement, puisqu'il désigne soit l'incomplétude, soit les frontières spécifiques de l'être. L'essai, dans le déploiement duquel Montaigne *se fait*, pourrait être défini comme le lieu où le sens négatif de limite se transforme en son sens positif où "le peu que je suis" devient "ce que je suis". Mais l'unité symbolisée dans le concept de limite se maintient. Le *peu* et l'*être* ne cessent de dialoguer. L'éternel recommencement des *Essais* le dit assez ("j'iray autant qu'il y aura d'ancre et de papier au monde", III, 9).

La continuité dans la recherche postule donc une modestie qui consiste à ne pas renier des commencements qui fonctionnent comme tremplin, à ne pas corriger la phase non encore affirmée de sa propre pensée. Cette modestie peut prendre un air ingénieux ou naïf. Elle peut, comme dans l'*Apologie*, favoriser la fermeté croissante de la pensée par des silences propices autant que complices.

Le deuxième niveau de notre analyse concerne un autre aspect stylistique de la pensée de Montaigne dans son déroulement : son enclenchement par réaction. Rappelons-nous que l'apologiste se place devant deux types de lecteurs et qu'il réagit à leur réaction.Face aux fidéistes étonnés par le rationalisme de Sebond, il montre de la modération. Les autres, en revanche, sont traités sans pitié. L'attitude des exposants — les lecteurs et Montaigne face à ceux — joue un rôle primordial dans ce débat philosophique. L'essayiste s'accorde avec les contempteurs de la raison en matière religieuse, non pas à cause des idées qu'ils ont — Montaigne leur objecte que la raison est respectable —, mais à cause de l'attitude morale qu'un tel point de vue traduit. Ceux qui regardent Sebond avec hauteur seront contredits sur leurs idées sans doute, mais surtout ils seront condamnés moralement.

> Mon humeur est de regarder autant à la forme qu'à la substance, autant à l'advocat qu'à la cause, comme Alcibiades ordonnoit qu'on fit.
>
> (III, 8)

L'on voit que l'intervention de Montaigne, dans le tissu de pensée qu'il s'est choisi comme matière de réflexion, obéit d'une part à la règle de la contradiction, au fameux *mais* de l'essayiste et, d'autre part, à la règle de préférence pour tout ce qui révèle retenue et modestie. Comme Pascal, il élève ce qui s'abaisse et abaisse ce qui s'élève et compense l'opinion d'autrui pour favoriser une conscience de soi exempte de démesure, par défaut aussi bien que par excès.

Le troisième niveau d'analyse auquel se prête l'*Apologie* concerne sa leçon philosophique. Elle est bien connue : c'est une leçon qui entend réduire les idées flatteuses que nous nourrissons sur nous-mêmes. Sommes-nous vraiment les rois de la nature, nos facultés sont-elles des instruments fiables, ne sommes-nous pas les jouets de nos perceptions, tributaires de notre humeur, de notre imagination ? Que sont les doctrines des philosophes sinon des idées qui se contredisent les unes les autres, que sont les connaissances des savants sinon des appréciations hasardeuses ? En un mot, et qui dit tout : "nous n'avons nulle communication à l'Estre", étant soumis au temps et aux tromperies du changement. De quoi désespérer donc ? Non, semble suggérer Montaigne, mais de quoi être modestes, modestes sans morosité, comme sa prose y engage : un certain plaisir ne se devine-t-il pas dans la grande soustraction qui énumère les richesses vertigineuses du néant qui nous habite ? Rien de plus vif, dirait-on, que cette mise à mort, de plus dynamique que le tableau de toutes nos inerties. Ne retrouve-t-on pas là la combinaison du négatif et du positif, l'un étant nécessaire à l'autre dans l'alchimie de cette prose, comme l'improvisation et l'habileté par exemple.

Ainsi, les trois niveaux que nous avons distingués dans l'analyse de notre texte trouvent leur unité dans le concept de modestie. Qu'il s'agisse de la leçon philosophique de la *miseria hominis* (troisième niveau) ; qu'il s'agisse de style, celui de la découverte *in fieri* qui ne récuse jamais la modestie de ses origines, un peu occasionnelles, et procède pour cela par glissements, association, obliquité (premier niveau) ; qu'il s'agisse enfin (deuxième niveau) de la nature réactionnelle d'un discours qui corrige et commente non seulement pour aller plus loin (stimulation de l'autre), mais, bien souvent, pour dénoncer les exagérations ou compenser les excès, partout la même finalité, le même climat semblent présents. Cette unité associe un style et une pensée, un style qui est lui-même involontaire et concerté, une pensée qui est humeur et choix réfléchi. Elle confirme que le fond et la forme poussent, dans les profondeurs, des racines communes, interdisant de s'en tenir à des termes comme habileté ou maladresse. D'ailleurs, les niveaux observés n'obéissent pas seulement à la loi de la cohérence, mais à celle de la concentration. Ils sont visibles dans l'espace exigu qui nous a retenus, se retrouvant tous dans le passage si camouflé du prologue à l'essai. N'est-il pas, par excellence, un glissement, illustration parfaite du style en devenir que nous avons signalé ? La meilleure façon de glisser serait encore celle où l'on cache que l'on glisse. Mais peut-on parler d'une véritable occultation dans le tissu homogène où pensée et forme se rencontrent pour célébrer ensemble la mesure, comme elles le font ici ?

8. PROLOGUE ET DISPOSITION DE L'ESSAI

> Ce n'est pas tant la force et la subtilité que je demande, c'est l'ordre.
> (III, 8)

> O Dieu, que ces gaillardes escapades, que cette variation a de beauté, et plus lors que plus elle retire au nonchalant et fortuite ! C'est l'indiligent lecteur qui perd mon subject, non pas moy...
> (III, 9)

Le glissement, l'obliquité, la syllepse *relient* sans le dire et *relient* malgré tout. Ils sont les signes particuliers et ponctuels d'un double statut du texte : le continu et le discontinu. Ils suscitent et apaisent la perplexité du lecteur. La question se pose maintenant d'envisager cette perplexité, non plus au point de rencontre du bloc-prologue et du bloc-essai, non dans l'ordre de la *dispositio*, mais dans le rapport entre le sens de l'un et le sens de l'autre, dans la stratégie du sens. Car le rôle, et donc le sens (ou le sens et donc le rôle), de l'exorde peuvent parfois se lire de deux façons. Il n'y a pas lieu de s'en étonner (voir entre autres *Des boyteux*), si l'on se rappelle que le prologue est, comme tout commencement, régi par une double polarité. Ce qui est au commencement, en effet, possède d'une part une place privilégiée ; la place à partir de laquelle la suite se détermine. On peut dire déjà, sous une forme ramassée, tout ce qui est à dire. Le texte inaugural, dans ce cas, est un microcosme et la suite a charge d'en faire un macrocosme.

Mais ce qui est au commencement possède, d'autre part, le statut modeste de ce qui n'a pas encore de substance, de quelque chose qui n'est pas encore puisque la suite lui est nécessaire pour exister. C'est le cas inverse de celui qui rend le commencement porteur en germe de tout ce qui va suivre. D'inaugural qu'il était, il apparaît alors comme marginal.

Nous définissons ici des situations extrêmes. La réalité prend place dans les zones intermédiaires, le prologue étant *plus ou moins* porteur de la totalité à venir, *plus ou moins* marginal. Mais intermédiaire ne veut pas dire fixé et, chez

Montaigne en particulier, les textes liminaires ne produisent pas nécessairement l'impression qu'ils doivent être attribués au pôle inaugural plutôt qu'au pôle marginal. Ils occupent une place qui est souvent flottante. Réapparaît ici ce que suscite le phénomène du déplacement par anticipation, lorsque le lecteur est amené à changer d'idée sur le début après lecture de la suite ; attente trompée, réajustement. Cependant, l'hésitation sur la prééminence de tel ou tel pôle produit un effet plus prolongé et quelque chose qui, dans une certaine mesure, peut ressembler à une double vérité. Le cas se présente quand, face au prologue et à l'essai, on est forcé de se poser la question : où est le vrai sujet, où le sujet est-il vraiment traité ? Et, bien souvent, deux réponses sont possibles, dont la première met en vedette le prologue et la seconde la suite. L'instabilité dont nous parlons n'est autre que le va-et-vient d'une réponse à l'autre à propos du même texte. Voici trois exemples de ce phénomène d'instabilité, du plus simple au plus complexe dans ses conséquences.

a) *Des livres* (II, 10) possèdent un premier développement assez long (2/9 du chapitre). Montaigne y parle, une fois encore, de ses *Essais* et de la manière qui est la sienne d'y travailler. Œuvre d'ignorant et, en même temps, de lecteur, les *Essais* impliquent une réflexion sur le rapport de la pensée si fortement égocentrique du châtelain oisif et des textes d'autrui. Problèmes de l'emprunt, de l'originalité, de la compétence, de l'humour, de la finalité existentielle de la philosophie, de l'assimilation, etc., cet exposé pourrait être en soi un essai au même titre que la *Pédanterie* (I, 25) ou l'*Institution des enfants* (I, 26). Puis Montaigne nous propose une promenade critique dans sa bibliothèque, nous disant au passage ce qu'il aime, ce qu'il aime moins et pourquoi. La différence de niveau est évidente. Elle oblige à se poser la question : où est l'essentiel ? Malgré sa richesse, le prologue n'est-il qu'un simple cadre permettant de fixer le regard sur un horizon livresque ? Faut-il penser plutôt que l'essentiel est bien le début et que la promenade commentée en constitue un développement particulier ? Etant donné l'isotopie des deux parties du texte, l'enjeu de la question est mince. Il n'en demeure pas moins que, après avoir lu un essai sur les *Essais* , le lecteur doit faire du même texte un prologue aux livres. Il doit décroire après avoir cru. En fait, il n'a pas à choisir par exclusion définitive. Il ira de l'idée d'une primauté du texte initial à l'idée de son caractère introductif avec, entre deux, la perplexité et le sentiment de l'instable.

b) *De la cruauté* (II, 11) offre le même sujet de perplexité. Il offre également l'occasion de reconnaître à son prologue une fonction à la fois autonome (il serait l'essentiel, il vaut donc pour lui-même) et une fonction relative (il est un cadre où le thème de la cruauté prend place). Mais l'intérêt supplémentaire que cet essai présente réside dans ce qu'il laisse entrevoir d'une dynamique de la création.

Rappelons les faits. Le bloc initial occupe ici les deux tiers de l'essai. Il porte sur l'opposition de la vertu et de la bonté, le bloc suivant, le troisième tiers, traite de la cruauté et remplit ainsi les promesses du titre. La question se pose donc à nouveau : où est l'essentiel ? Par sa longueur et sa richesse, c'est la première vague de l'essai qui s'interroge sur la bonté, et le problème de sa relation à la vertu ; le mérite constituant, entre l'une et l'autre, un critère de différence. Comme Rousseau le dira, il n'y a pas de mérite à être bon, mais il y en a à être vertueux. Telle est l'idée initiale ; puis vient l'analyse de la cruauté, dont nous comprenons, avec un léger effort d'attention, qu'elle prend naissance dans le bloc initial, puisque la cruauté est le contraire de la bonté. Mais, en dépit de cette continuité implicite du sens, la deuxième phase du texte se développe sur un terrain beaucoup plus restreint qui suscite chez le lecteur l'impression d'une différence de niveau ou de plan par rapport au début. Si le texte est sans mystère, sa planimétrie surprenante intrigue. Elle incite même à jeter un coup d'œil dans l'en deçà obscur de l'essai et pour mieux comprendre sa démarche, à reconstituer, hypothétiquement, l'ordre de la création au niveau de la pensée.

La cruauté doit en avoir constitué la phase première, plus précisément le constat encore purement mental : "je ne suis pas cruel" :

> Je hay, entre autres vices, cruellement la cruauté, et par nature et par jugement,

nous dit Montaigne à la huitième page (sur quatorze). Il a donc enregistré un fait. Alors, il a voulu comprendre, commenter, écrire un essai... Mais comment penser cela ? D'abord en constatant sa sensibilité, sa bonté. C'est de là que l'analyse philosophique va partir. Elle s'appuiera, pour se développer, sur ce que la tradition stoïcienne propose à la mémoire : le couple antithétique vertu-bonté. Jusqu'ici, nous étions dans l'ordre du non-écrit. A partir du binôme topique, Montaigne se sent à même d'engager sa réflexion dans l'écriture. C'est le début de l'essai. Puis, chemin faisant, il va retrouver ce qui avait été un point de départ mental, dans la préhistoire de l'écriture, le thème de la cruauté (notre citation). Ainsi, la dissertation initiale de l'essai sur la bonté et la vertu constituent une charnière entre une pensée non écrite de la cruauté (je ne suis pas cruel) et une pensée écrite de la cruauté (la cruauté comme anti-bonté). Elle est donnée comme telle au lecteur ; celui-ci ne se transformera pas en auteur sans étonnement[1].

c) *De la gloire* (II, 16)

§ 1 Il y a le nom et la chose ; le nom, c'est une voix qui remerque et signifie la chose ; le nom, ce n'est pas une partie de la chose ny de la substance, c'est une piece estrangere joincte à la chose, et hors d'elle.

[1] Il est à remarquer que si la *Cruauté* saute la préhistoire "mentale" de l'essai, *A demain les affaires*, au contraire, la consigne en son début. Mais aussi bien l'absence que la présence de cette préhistoire donnent à l'écrit un début surprenant.

§ 2 Dieu, qui est en soy toute plenitude et le comble de toute perfection, il ne peut s'augmenter et accroistre au dedans ; mais son nom se peut augmenter et accroistre par la benediction et louange que nous donnons à ses ouvrages exterieurs. Laquelle louange, puisque nous ne la pouvons incorporer en luy, d'autant qu'il n'y peut avoir accession de bien, nous l'attribuons à son nom, qui est la piece hors de luy la plus voisine. Voilà comment c'est à Dieu seul à qui gloire et honneur appartient ; et il n'est rien si esloigné de raison que de nous en mettre en queste pour nous : car, estans indigens et necessiteux au dedans, nostre essence estant imparfaicte et ayant continuellement besoing d'amelioration, c'est là à quoy nous nous devons travailler. Nous sommes tous creux et vuides ; ce n'est pas de vent et de voix que nous avons à nous remplir ; il nous faut de la substance plus solide à nous reparer. Un homme affamé seroit bien simple de chercher à se pourvoir plustost d'un beau vestement que d'un bon repas : il faut courir au plus pressé. Comme disent nos ordinaires prieres : "*Gloria in excelsis Deo, et in terra pax hominibus*". Nous sommes en disette de beauté, santé, sagesse, vertu, et telles parties essentieles ; les ornements externes se chercheront après que nous aurons proveu aux choses necessaires. La Theologie traicte amplement et plus pertinemment ce subject, mais je n'y suis guiere versé.

§ 3 Chrysippus et Diogenes ont esté les premiers autheurs et les plus fermes du mespris de la gloire ; et, entre toutes les voluptez, ils disoient qu'il n'y en avoit point de plus dangereuse ny plus à fuir que celle qui nous vient de l'approbation d'autruy.

De la gloire nous pousse d'emblée vers la question attendue : est-ce que le début (nos deux premiers paragraphes) a un statut englobant et dominant, ou celui-ci est-il plutôt marginal ? Nous examinerons brièvement ce problème qui ne nous intéresse plus maintenant que par ses prolongements. Et ils sont, dans cet exemple, de la plus grande importance, car ils débouchent dans le domaine des significations.

Comme l'essai présente deux débuts, le premier dans le préambule (§§ 1 et 2) et le second immédiatement après, que, d'autre part, il est question dans les deux phases du texte du thème de la gloire, tout laisse à penser que le préambule premier a une fonction marginale. La lecture du troisième paragraphe le confirme, puisque c'est bien là que l'on peut faire commencer l'essai proprement dit.

> Chrysippus et Diogenes ont esté les premiers autheurs, et les plus fermes du mespris de la gloire...

Ainsi, le préambule du début se lira comme une concession préliminaire de prudence, modulant sur l'implicite *Soli Deo gloria*, et permettant à Montaigne de se sentir les mains libres ensuite vis-à-vis de l'orthodoxie officielle. Rien de plus marginal donc que cet avant-propos, qui sert juste à régler le débit.

Et cependant, il n'est pas exclu que le lecteur moyen se demande, après coup, si la suite ne dépend pas de ce développement premier beaucoup plus intimement qu'il ne l'avait d'abord pensé. Certes, il continue de voir que le thème de la gloire est envisagé successivement sous deux angles radicalement différents, que Montaigne se situe d'abord au niveau ontologique (la gloire de Dieu est consubstantielle à son Etre et à son nom) et ensuite au niveau de la philosophie morale (la recherche de la gloire ne rend pas heureux). Mais il ne résiste pas longtemps à la tentation de penser que les prescriptions de la philosophie morale (l'essai) n'ont de raison d'être que relatives à la nature du sujet auquel elle s'adresse, à l'homme, à ses limites, à son inanité (ce qui fait retrouver le préambule premier). C'est parce que l'homme n'est pas Dieu qu'il doit se garder des séductions de la gloire. Si le ton change d'une phase à l'autre (il y a plus de confiance "humaine", ce qui est normal, dans l'espace de la morale pratique), l'image de l'homme reste fondamentalement la même. Ce qui ne change pas non plus, ce que le préambule *fonde* en d'autres termes, c'est la condamnation de l'*extériorité* : dans les paragraphes du début, parce que l'extériorité flatteuse de la gloire jure avec la faiblesse objective de l'homme et, dès le troisième paragraphe, parce que l'extériorité de la gloire compromet et menace la fragile intériorité de l'homme, autant dire l'homme lui-même.

Le lien entre l'avant-propos et l'essai est donc beaucoup plus fort, à la réflexion, qu'à la première lecture. Sans ce qui le précède, le poids des prescriptions morales serait infiniment moins grand. Du coup, l'*avant* prend, par rapport à l'*après*, valeur de texte inaugural, fondamental même et cesse de n'être qu'un simple avant-propos marginal dicté par le désir de ne pas choquer la Sorbonne ou la Curie. Si, par sa fonction rhétorique, le prologue concessif est marginal, par sa fonction sémantique sous-jacente, il assume dans son rapport avec l'essai une fonction englobante et dominante.

L'hésitation créée chez le lecteur prend donc valeur de quête. Il pouvait se contenter de la portée minimale du prologue et de sa concession prudente. Mais Montaigne a laissé entrevoir un autre chemin en faisant passer des corps signifiants entre les hauteurs du divin, au début, et la restriction au terrestre, ensuite. L'on remarquera que le discontinu de la première leçon contient en puissance une thèse dualiste (le ciel d'un côté, la terre de l'autre), tandis que la seconde leçon contient en puissance une *Weltanschauung* plus unitaire. L'un ou le multiple, l'un et le multiple, l'on voit que les perplexités n'engagent pas seulement la disposition et la forme.

9. PROLOGUE ET INSTABILITE SIGNIFICATIVE (I)

L'impression du multiple que peut provoquer un exorde qui joue — fût-ce momentanément — un rôle marginal est souvent renforcée par le caractère rhapsodique des essais . Là encore, des contre-courants unitaires, des liens toujours présents estompent l'impression première. Mais ils l'estompent, répétons-le, sans la supprimer. Que cette présence simultanée de deux principes organiques opposés ait valeur de pensée, soit le répondant stylistique d'une pensée, tout lecteur de Montaigne le pressent[1]. Le lecteur devine, dans l'implicite d'une formulation esthétique, l'instance d'un accomplissement théorique. Deux essais , *Des coches* et l'*Expérience*, sont particulièrement parlants à cet égard.

Des coches (III, 6) est l'un des essais les plus déroutants[2]. Il y est question de tant de choses que l'on se demande, en fin de compte, s'il est légitime de chercher à en isoler une pour en faire le sujet principal du chapitre. Trois remarques affleurent cependant.

D'abord, que l'essentiel de la deuxième partie du texte est consacré aux Incas, que cette partie du texte suit un crescendo dont l'aboutissement, la chute de l'Inca (et de l'essai), contient même une indéniable charge de pathos.

> Autant qu'on tuoit de ces porteurs pour le [le roi] faire choir à bas, car on le vouloit prendre vif, autant d'autres, et à l'envy, prenoient la place des morts, de façon qu'on ne le peut onques abbatre, quelque meurtre que l'on fit de ces gens là, jusques à ce qu'un homme de cheval l'alla saisir au corps, et l'avalla par terre.

[1] Dans *Die Seele und die Formen*, Berlin, 1911 (trad. fr. *L'Ame et les Formes*, Paris, 1974), György Lukács consacre des pages mémorables à l'essai. Elles ne sont pas sans rapport avec notre propos. L'essai serait, selon les mots de Lucien Goldmann, commentateur de Lukács, une forme intermédiaire ou une philosophie qui s'exprime indirectement, à partir d'*occasions* (livres, personnages...) "qui permettent à l'auteur de poser sur le plan conceptuel les problèmes fondamentaux de l'existence humaine". (G. Lukács, *La Théorie du roman*, Paris, 1963, avec une *Introduction aux premiers écrits de G.L.* par Lucien Goldmann, pp. 167-168). Il nous semble que ce travail *indirect* de l'essai se fait non seulement au niveau de l'*invention* (au sens rhétorique) ou du concept, mais encore du style et de la disposition et que l'instabilité est plus dynamique que la théorie lukacsienne ne le relève (aussi bien ne s'arrête-t-il guère à Montaigne). Un sens est en puissance et se dégage peu à peu du style, de ses perplexités mêmes. C'est ce que nous tentons ici de montrer analytiquement.

[2] Voir R. Etiemble, "Sens et structure dans un essai de Montaigne" (III, 6) in *C'est le bouquet*, Paris, 1967 ; M. Conche, "L'unité du chapitre *Des coches*", *Etudes montaignistes en hommage à P. Michel*, éd. C. Blum et F. Moureau, Genève-Paris, 1984.

Au vu de cette fin, le lecteur est tenté d'intituler, après-coup, cet essai : Vie et mort des Incas, et d'y voir une réflexion sur la civilisation et l'histoire dans la rencontre malheureuse de l'Ancien et du Nouveau Monde.

Cependant, deuxième remarque, pour qu'une telle simplification soit possible, les autres thèmes contenus dans les pages qui précèdent et qui forment la première moitié de l'essai, doivent être effacés de la mémoire. Thèmes hétérogènes : le mal de mer, ses causes, les moyens de transport, les chars romains, le luxe chez les Anciens, les excès somptuaires des rois, enfin la civilisation des Incas. Si donc l'on renoue avec le souvenir de ce long cheminement tortueux, l'évidence d'un pot-pourri, fait de choses diverses et d'égale valeur, affaiblit les conclusions de la première remarque et l'idée d'un thème dominant.

Mais, en adhérant mieux au texte, l'on ne peut s'empêcher de faire une troisième remarque qui, à son tour, nuance l'idée d'un pot-pourri et confère au désordre des contreparties organiques. Les coches, sujet dérivé du thème du mal de mer et de ses causes (ce n'est pas la peur qui crée le mal de mer, selon mon expérience, puisque mon coche même m'incommode) apparaissent assez tôt pour mériter l'attribution d'une valeur particulière. La fonction des coches dans l'essai répondra bien à leur contenu sémantique : ils conduisent le lecteur à travers différents cantons de la pensée, servant de fil conducteur, notamment entre le monde des Anciens et le Nouveau Monde, avec la dénotation commune du raffinement et de la civilisation. Fil conducteur au dessin particulièrement travaillé puisqu'il forme un chiasme que l'on peut fixer comme suit :

...les coches et moi
        Luxe (et coches) chez les Anciens
        Luxe .... chez les Incas
leurs coches.

Nous voici, loin du désordre, dans un monde clos, dont le quasi-début et la fin (coches) encadrent un centre où se fait, en un miroir, la rencontre de deux mondes et de leur ingéniosité (luxe). Extrême élaboration formelle, encore qu'à demi cachée par la continuité des enchaînements, la distribution des coches balise le texte, lui offrant les relais d'une structure porteuse sans commune mesure avec l'enjeu de sa signification positive dans l'ensemble de l'essai. Il n'est pas exagéré de dire, à propos de ces signes, que leur valeur structurale est maximum et que leur valeur sémantique est minimum. Le titre même semble l'annoncer et dire que, dans un essai qui n'offrira pas nécessairement de sujet facile à discerner, le désordre possédera, dans les coches, l'unité formelle d'un leitmotiv. Cependant, surmonter l'anarchie de la sorte, n'est-ce pas à la fois la nier et l'avouer ? N'est-ce pas reconnaître ou laisser sentir simultanément, en une synthèse instable, l'existence de l'un (ordre) et du multiple (rhapsodie) ? Si l'on pouvait douter de cet effet d'ambiguïté, il faudrait se reporter au début de l'essai, qui s'étend sur deux pages précisément jusqu'à l'apparition des coches.

> Il est bien aisé à verifier que les grands autheurs, escrivant des causes, ne se servent pas seulement de celles qu'ils estiment estre vraies, mais de celles encores qu'ils ne croient pas, pourveu qu'elles ayent quelque invention et beauté. Ils disent assez veritablement et utilement, s'ils disent ingenieusement. Nous ne pouvons nous asseurer de la maistresse cause ; nous en entassons plusieurs, voir si par rencontre elle se trouvera en ce nombre,
>
> *namque unam dicere causam*
> *Non satis est, verum plures, unde una tamen sit.*
>
> Me demandez vous d'où vient cette coustume de benire ceux qui estrenuent ? Nous produisons trois sortes de vent : celuy qui sort par embas est trop sale ; celuy qui sort par la bouche porte quelque reproche de gourmandise ; le troisiesme est l'estrenuement ; et, parce qu'il vient de la teste et est sans blasme, nous luy faisons cet honneste recueil. Ne vous moquez pas de cette subtilité ; elle est (dict-on) d'Aristote.
>
> Il me semble avoir veu en Plutarque (qui est de tous les autheurs que je cognoisse celuy qui a mieux meslé l'art à la nature et le jugement à la science), rendant la cause du souslevement d'estomac qui advient à ceux qui voyagent en mer, que cela leur arrive de crainte, ayant trouvé quelque raison par laquelle il prouve que la crainte peut produire un tel effect. Moy, qui y suis fort subject, sçay bien que cette cause ne me touche pas, et le sçay non par argument, mais par necessaire experience.

Montaigne se prononce ouvertement en faveur de l'ambiguïté ; c'est l'impression que l'on a si l'on replace, devant l'ensemble de l'essai, ce prologue qui de prime abord semble un peu marginal. Il est tout de suite question des flottements du savoir. Sont-ils inévitables ? On le voudrait. Un fait, une cause, ce serait là une formule préférable. Mais la raison humaine n'en est pas toujours capable. Alors elle y supplée par une causalité multipliée dans laquelle subsiste toujours une probabilité de vérité. La vraisemblance alors, plus que la vérité, décidera des limites à observer. A ce sujet, quelle est l'opinion de Montaigne ? Il lui arrive de déclarer le possible plus intéressant que l'advenu, comme si en lui le moraliste et l'artiste divorçaient de l'historien :

> Il y a des autheurs, desquels la fin, c'est dire les evenements. La mienne, si j'y sçavoye advenir, seroit dire sur ce qui peut advenir.
>
> (I, 21)

Ailleurs, le vraisemblable est un moindre mal. Ainsi dans notre texte des *Coches*. Ailleurs, il a le tort de suggérer à l'homme de préférer les causes aux faits (III, 11). Somme toute, notre attachement au possible et au vraisemblable atteste notre faiblesse. Comment pourrions-nous la nier et, avec elle, la relative légitimité de ces voies d'approche d'une vérité en clair-obscur ? Montaigne les intégrera à son épistémologie (en particulier au début de III, 13), à côté de l'infaillibilité de la raison idéale, qui discerne à coup sûr le vrai du faux. Mais, prenons garde de ne pas charger Montaigne du péché de laxisme. L'acceptation du probable ne signifie pas chez lui une indifférence pour la vérité. L'exercice du jugement, qu'il place au sommet d'une éducation bien conçue et qui constitue l'activité où il excelle lui-même ("le jugement tient chez moi un siege magistral", III, 13), est synonyme d'exigence intellectuelle.

Dans le chapitre même des *Coches*, l'exemple du mal de mer et de la peur qui en serait la cause met l'essayiste en posture critique : il passe au crible de son jugement (et de son expérience) une proposition de son cher Plutarque et la réfute. Ainsi, peu après avoir ouvert les vannes au courant de la connaissance approximative par le vraisemblable, Montaigne se fait plus sévère et nous rend attentifs au fait que tolérance et exigence ne doivent pas s'exclure. Ouverture maximum sous le signe du probable, puis ouverture minimum sous celui de la pensée critique, ce balancement renvoie au rêve d'une âme à plusieurs étages, comme il renvoie à la création combinée d'une écriture de l'abondance, de l'association infinie, du déploiement fécond et, d'autre part, d'une écriture laconique, elliptique et capable de s'exprimer dans le haussement d'épaules.

Mais, en ce qui concerne plus particulièrement l'économie et le sens de notre essai, ce balancement théorique de la tolérance et de l'exigence, en matière de connaissance, n'est pas placé indifféremment en position initiale. Il est un prologue qui éclaire et que confirme l'unité éclatée de l'essai des *Coches* ou, si l'on préfère, sa multiplicité unitaire. Il nous permet de comprendre un discours qui ne choisit définitivement ni l'un ni le multiple, car il adopte conjointement l'un et l'autre. A son tour, ce style authentifie la pensée et la richesse d'une instabilité joyeuse et créatrice.

10. PROLOGUE ET INSTABILITE SIGNIFICATIVE (II)

Dans son dernier essai, *De l'expérience* (III, 13), Montaigne se penche, une fois encore, sur le problème de la connaissance[1]. Très vite il pose, à propos de son objet, la distinction, qui le hante, de l'un et du multiple. C'est l'expérience, nous dit-il, qui nous met en présence du multiple. La raison, plus noble, a (on le devine) pour vocation le dépassement du multiple dans l'"un" synthétique. Mais, s'il est avéré que la différence est une loi du monde, le multiple, et partant l'expérience, ont plus de chance d'être du côté du réel, quand bien même ce réel deviendrait inexprimable, étant impossible à saisir dans sa dispersion. L'usage du droit se heurte à cette difficulté puisqu'il veut réduire l'infinie variété des cas à la

[1] Sur cet essai, voir M. Baraz, "Sur la structure d'un essai de Montaigne (III, 13 : *De l'expérience*)", *BHR*, XXIII, 1961.

finitude de la légalité. Or, la richesse et la diversité des "expériences" vécues déborderont toujours les cadres où les juristes espèrent les enfermer, quels que soient les ajustements des commentateurs et des glossateurs, lesquels, d'ailleurs, ne font qu'aggraver les effets de la multiplicité. La connaissance est-elle possible dans des conditions qui excluent ce qu'Aristote considère comme son véritable objet : le général ? Montaigne offre un compromis, où l'un et le multiple, la raison et l'expérience semblent réconciliés :

> Comme nul evenement et nulle forme ressemble entierement à une autre, aussi ne differe nulle de l'autre entierement. Ingenieux meslange de nature. Si nos faces n'estoient semblables, on ne sçaurait discerner l'homme de la beste ; si elles n'estoient dissemblables, on ne sçaurait distinguer l'homme de l'homme.

Mais cette réconciliation n'est que momentanée. Un retour au thème de la justice et de l'éthique fait redescendre l'essayiste de ces hauteurs sereines. Il renoue avec l'instabilité. Impossible de croire à l'universalité de quoi que ce soit au vu de l'arbitraire et de la diversité qui règnent dans la société humaine. Les lois de la science mathématisée n'appartenant pas encore à l'univers culturel de Montaigne, que croire, à quelle vérité s'accrocher ? D'abord à ce qui n'est pas "estranger", à ce qui appartient à l'instance intérieure, au jugement, faculté personnelle de distinguer, de trier, de préférer selon la vérité d'un ordre individuel où l'acquis se fond avec le naturel, l'intelligence avec l'instinct. Pour compenser et consacrer en même temps la mise à l'écart de l'accent transindividuel de la vérité, Montaigne constitue le moi comme objet privilégié de la connaissance. L'instrument du connaître est en moi et ce même moi en est l'objet.

Peu avant d'écrire "le jugement tient chez moy un siege magistral", ne dit-il pas "je m'estudie plus qu'aucun subjet" ?

Le reste de l'essai ou mieux l'essai (tout ce qui précède étant un préambule) s'attachera à pratiquer cette connaissance de soi en tirant parti "des exemples familiers" rangés et commentés de manière révélatrice par un regard sélectif qui appartient déjà aux attributions du jugement. Ainsi, l'expérience, analysée strictement de manière noétique dans la phrase initiale de l'essai, son prologue, prend maintenant un sens existentiel ; d'autre part, l'objet de cette connaissance nouvelle s'est restreint : il coïncide désormais avec ce moi que l'expérience personnelle révèle dans son contenu et dans l'ordre de ses potentialités, ses tropismes, ses goûts, ses constantes, la loi de ses changements, en un mot sa nature. "Je donne grande authorité à mes desirs et propensions" (III, 13). Désespérant de pouvoir connaître le monde extérieur tant sur le mode de l'un que du multiple, Montaigne se tourne donc vers le monde intérieur qui conjugue l'un par l'évidence de la conscience de soi et le multiple, par l'évidence, tout aussi forte, d'un moi "ondoyant et divers". Garantie par une compétence proclamée du moi face à lui-même et par la possibilité, nullement illusoire, de recourir à une grammaire du "je", l'unité de la personne résiste à l'influence d'une analyse qui semble nier cette unité. L'on dirait que l'unité se reconstitue à mesure, ou même qu'elle sous-tend le divers qui me caractérise. Ce que les essais et leur prologue accomplissent en soumettant à des régimes instables les phases de leur développement, l'anthropologie de Montaigne l'accomplit dans son humanisme. L'instabilité nécessitait une certaine acrobatie, de l'habileté en tout cas, car il n'est pas facile d'exprimer l'instable et de lutter, en même temps, contre ses démons. Cela n'est plus le cas : l'unité et la multiplicité se font écho et se complètent comme le singulier de la première personne et le pluriel de ses attributs. Pour en arriver là, il fallait liquider la tentation d'une connaissance globale. Il fallait passer, entre autres, par l'*Apologie* et la néo-Apologie que constitue, dans l'*Expérience*, la phase initiale du texte portant sur la raison, l'expérience, l'un insaisissable et le multiple déroutant. A l'extrême scepticisme répondra donc l'affirmation qu'il est possible de se connaître, à la visée totale, qui se heurte aux obstacles de la dispersion ou de la simplification, répondra la visée limitée du différencié que je suis, avec ma complexité, mais avec ma cohérence aussi.

Or, voici que cette cohérence est menacée par la maladie et par la mort. La marque la plus sensible de cette cohérence était, en effet, la santé ; elle me permettait — comme elle devrait le faire chez tout jeune homme bien né et bien élevé — d'aller jusqu'à l'excès physique sans craindre de se perdre. "Mon estat present m'en forclost". Il y a, certes, moyen d'affronter cette situation, d'entrer en composition avec la faiblesse et la souffrance. Le sage Montaigne a dévolu cette tâche à la philosophie et à un bon usage de son imagination, de sa topique même (cf. *Que philosopher c'est apprendre à mourir*). Penser, pour lui, consistera à trouver des raisons qui apaisent, des distractions qui font oublier (*De la diversion*), des mots qui enchantent et fixent l'attention sur leur idéale plénitude. Des exemples stimulants coïncidant souvent avec des visages aimés parlent et persuadent à travers les siècles : Caton, Scipion, Epaminondas, Socrate, figures pédagogiques, paternelles de ceux qui nous ont précédés et nous rappellent que les défaites physiologiques n'excluent pas les réussites de l'âme. Ces réussites portent volontiers le cachet un peu stéréotypé de l'héroïsme à l'antique, de la tradition humaniste. Montaigne y est sensible. L'une de ses grandes affaires étant le courage (ou la peur), son admiration baigne dans une curiosité intéressée. Comment est-ce possible, semble-t-il se demander en enregistrant les hauts faits de la *virtus* d'autrefois ? Sans cesser d'admirer la valeur, en porteur d'épée et en bon lecteur de Plutarque qu'il est, Montaigne, à ce point de son expérience, accorde un peu moins de crédit ou, en tout cas, de place aux attitudes héroïques. Il les déclare au-dessus de ses moyens. Dans les conditions chancelantes qui sont les siennes, tourner le regard vers soi-même exclut totalement certains rapprochements. La faiblesse de l'âge fait du narcissisme un luxe hors de saison. Objectivement préoccupante, la part du corps a grandi. Sans hésitation, sa philosophie refuse alors d'écouter une leçon qui estomperait l'évidence de nos limites. La modestie cesse d'être seulement un trait de caractère et une valeur appréciée, elle pénètre profondément l'essence d'une sagesse "en situation" de détresse. Le ton des confidences qui caractérise, dans l'essai, une analyse de soi sans apprêt, des aveux empreints de bonhomie et un portrait en pied, beaucoup plus dénudé que l'avis *Au lecteur* semblait pouvoir le promettre, tout cela trahit et communique la modestie réactivée qui habite l'ultime Montaigne. Elle répond à un état de la personne que définissent mieux les petites et grandes misères de la santé que la mobilisation d'un courage glorieux. Question de convenance. Mais la réponse de la modestie n'a-t-elle pas une autre raison d'être et une finalité plus active ? Il le semble. Accepter de parler de soi avec simplicité, se montrer à table, au lit, voire dans sa garde-robe, et non seulement à cheval ou dans sa bibliothèque, n'est-ce pas une manière de désamorcer l'angoisse, d'éloigner les menaces qui hantent l'esprit ? Dès l'anamnèse, le patient se sent pris en charge. Jean Starobinski a démontré que, dans l'*Expérience*, l'ordre des matières qu'adopte l'analyse de soi suit de près les prescriptions de la pratique médicale[1]. Philosophiquement aussi, la manière est d'importance. Elle est même consubstantielle à l'effet visé : conserver, à l'égard de ce qui nous est le plus cher, l'existence, le sentiment qu'il ne s'agit que d'une propriété relative à laquelle il faut éviter de se cramponner farouchement, en admettant sans autre ses petites misères ; ne pas revendiquer passionnément un droit que les faits peu exaltants démentent, telle serait la finalité dernière de ce style qui produit un sourire philosophique en ne se prenant pas au sérieux. Ce sourire est un équilibre entre le tout et le rien.

Il semble, en un premier temps, que c'est le tout (un amour sans limite de sa propre existence) dont le modestie soit appelée à conjurer les dangers et les peurs. Mais le rien n'est pas moins menaçant et Montaigne en a conscience. Aussi s'en prend-il aux contempteurs de la vie, aux prétentieux de l'esprit, aux désincarnés qui se croient au-dessus des conditions corporelles de l'être créé. Une réjouissante rafale de railleries pousse ces pantins sur le devant de la scène, au dernier tiers de l'essai : philosophes dégoûtés, saintes-nitouches drapées dans leur pédanterie et leurs abstractions, tartufes qui cherchent "la quadrature du cercle juchés sur leurs femmes" et refusent le plaisir d'un bon repas pour, prétendent-ils, s'adonner "au bel entretien de leur ame" qui, à l'épreuve, ne vaut pas "vostre capirotade" [ragoût].

Outre le plaisir du satirique que Montaigne se donne et nous procure en dénonçant vivement les ridicules de l'hybris, ne dirait-on pas que ce vivant tableau de ceux qui tournent le dos à notre monde et le considèrent comme un rien, contribue à le prémunir contre la tentation du refus de la vie, aux antipodes de celle qui pourrait le pousser à y adhérer trop passionnément ? Je le crois, car souvent, on le sait, la critique d'autrui est un moyen, non seulement de dénoncer ce que l'on n'aime pas et que l'on n'est pas (pédant, rhéteur, cruel, cynique, rusé — dans le cas de Montaigne), mais aussi ce que l'on n'a pas envie d'être. L'adversation, dans ce cas, a valeur cathartique, elle libère d'un risque intérieur en dénonçant un fait extérieur. Elle permet, plus spécifiquement ici, l'équilibre difficile entre un excès

[1] Jean Starobinski, *Montaigne en mouvement*, Paris, 1982, pp. 180 sq.

d'attachement et un excès de détachement à sa propre existence. Cet équilibre recherché inspire l'ajout de 1595, qui peut étonner à première vue :

> Je me compose pourtant à la [la vie] perdre sans regret, mais comme perdable de sa condition, non comme moleste et importune. Aussi ne sied il proprement bien de ne se desplaire à mourir qu'à ceux qui se plaisent à vivre.

Le sens un peu paradoxal de cette déclaration finale voudrait que ceux qui aiment la vie craignent moins la mort. Car, et c'est là la clef de l'énigme, aimer vraiment est aimer avec modération (ici avec la conscience du précaire) ; ce qui implique sans doute aussi la modération dans le négatif des sentiments que suscite l'idée de la mort. "Se plaire", "ne pas se desplaire" se font écho dans la phrase comme leurs objets vie-mort dans la pensée. La rupture tragique est abolie, l'abîme de la séparation entre les deux concepts comblé grâce au rejet de l'extrémisme subjectif qui opposait la vie et la mort, comme s'opposaient et parce que s'opposaient les excès que la sagesse de Montaigne s'attache à éviter. Excès d'immanence et excès de transcendance, le premier conduisant au désespoir devant la précarité, le second au ridicule de la prétention illusoire, à l'impossibilité de suivre la voie médiane qui conjugue douceur et justice, agrément et vérité.

> Nature est un doux guide, mais non pas plus doux que prudent et juste.

Nature et philosophie sont synonymes ici. Leur personnification les confond, comme se confondent, en leur essence prisée, le bonheur et le vrai. L'image du mouvement (guide) signale bien que cette alliance se fait sous le signe de la vie. L'essai, les *Essais* sont partis à leur recherche, dans un mouvement en quête de son meilleur régime, ajustant, réajustant sa trajectoire, sans mépris pour les détours qui disent, certes, la faiblesse, mais aussi le dynamisme de la tentative ; ils disent la vitalité chez ce voyageur immobile, cet oisif qui refuse la paresse, cet indolent primesautier, disponible, qui cherche à comprendre et à se faire.

Nul mieux que Montaigne n'a montré que tout est à la fois préparation et accomplissement. Illustrant avec une force unique le vieux topos du voyage de la vie, il fait de chaque instant l'aveu d'un manque et d'une plénitude, toute pensée étant, à la fois, une tentative et une fin anticipée. Le voyage chez lui conduit à la philosophie, il est en soi philosophie. Transcendance et immanence se rencontrent donc dans cette conception de la sagesse ; il n'cst pas étonnant que cette synthèse mouvante régisse aussi une représentation de la vie et un style littéraire où l'instabilité est inévitable, non moins que la recherche de l'équilibre.

Ayant donc rencontré des idéalistes orgueilleux, ayant dépassé leur "cercle" infernal, si l'on peut faire de Montaigne un Dante que le péché des autres conduit au paradis de son moi authentique, l'essayiste adhère, avec une assurance renforcée, à la modestie souriante que l'analyse de soi-même, de ses habitudes, de sa santé avait déjà tenté d'instaurer. Rencontre fructueuse avec la négativité d'autrui, guerre nécessaire ; plus, même, qu'il n'y paraît, car outre le besoin d'exorciser la tentation d'un sublime inauthentique, il s'agit de mieux fonder le choix des hauteurs moyennes, de se rassurer sur la dignité d'un établissement à mi-côte. Comment y réussir sinon en soulignant les effets négatifs de la démesure de l'esprit ? Comment rejoindre, plus sûrement, la certitude que la modestie n'est pas privée de grandeur sinon en montrant combien est fausse la grandeur de l'immodestie ?

Quels que soient les processus de cette conquête, les compensations, les projections, les antagonismes valorisants qui la font aboutir, la fin de l'essai nous met en présence d'un Montaigne chez qui la synthèse des contraires — douleur, faiblesse, vieillesse d'une part, plaisir, vitalité, confiance, d'autre part — se fait sous nos yeux selon une loi d'alternance qui efface les ruptures jusque dans l'image d'une vie enlacée à la mort ("la mort se mesle et se confond par tout à nostre vie").

> J'ay un dictionnaire tout à part de moi : je passe le temps, quand il est mauvais et incommode ; quand il est bon, je ne le veux pas passer, je le retaste, je m'y tiens. Il faut courir le mauvais et se rassoir au bon...

Cette variation ne saurait cacher son appartenance au multiple, celui de la vie et de ses aléas en nous et hors de nous. Mais déjà la loi d'alternance dessine un ordre. Et surtout, une unité est présente dans ses processus, unité de la conscience qui accompagne et intériorise le donné agréable ou désagréable de l'instant, unité de la volonté aussi, dont la souple détermination exécute la mise à distance qui convient à la *vita beata*. L'âme orchestre sa propre réceptivité. Elle associe l'unité de sa nature à la diversité de ses contacts. L'un et le multiple n'appartiennent plus ici au problème du savoir, et la connaissance de soi, qui en avait surmonté l'aporie dans l'image d'un moi un et divers, a fait place à la description d'une faculté pratique, mieux, d'un fonctionnement. Son inspiration majeure, sa muse, est l'harmonie, car elle compense, pondère, atténue, ou accentue ce qu'elle reçoit de manière à le rendre plus acceptable et plus beau.

Le principe de l'équilibre est activement sollicité, la modération recherchée et la souplesse, qui épouse et corrige le mouvement des aléas et leur instabilité, bien visiblement à l'œuvre. Tous les éléments de l'essai convergent dans cette évocation des activités d'une âme musicienne, placée sous l'invocation d'Apollon : "nec cythara carentem" est-il demandé au dieu de la musique et de la santé. C'est à la fin, après ce prologue "terminal" que l'œuvre de vie commence, recommence, *vita nova...*

* * *

Notre enquête sur les phases liminaires des *Essais* nous a donc conduit à leur ultime chapitre. Il ne s'agit pas d'une commodité dans la disposition de nos propres développements. Si étonnant que cela puisse paraître, c'est à la fin, en effet, que l'on rencontre l'état le plus élaboré d'une théorie de l'instabilité, dont le principe formel nous a été révélé dans le fonctionnement des textes liminaires. Le paradoxe, s'il en était un, résiderait davantage dans le fait que cet aboutissement théorique, fruit d'une recherche formelle au long des *Essais* , semble fonder ladite recherche, la justifier et, de ce fait, mériter le statut rétrospectif de texte prologal. Pourrait-il être détaché du reste puisqu'il semble avoir résolu ce que le reste semble chercher. En aucune façon, car il est bien de l'étoffe des *Essais* et obéit au même genre de démarche que les chapitres qui le précèdent. N'est-il pas construit comme une succession de trois tentatives (essais), la première réitérant jusqu'à l'impasse l'impuissance à connaître, démontrée dans l'*Apologie*, la seconde dépassant ou utilisant cette impuissance en direction d'une connaissance que l'on rencontre en tout point des *Essais* , la connaissance de soi, et cet autoportrait n'est-il pas rehaussé dans une troisième vague satirique où le moi se distingue une dernière fois des autres et prend conscience d'une dynamique harmonieuse de la personne ?

Comme dans les *Coches*, Montaigne dispose avec régularité dans son texte des signes dont l'isotopie indique une volonté de structure. Chaque vague, par exemple, applique sa réflexion à une discipline universitaire et chaque fois de manière péjorative : le droit, dans la première, la médecine dans la seconde et la théologie (prudemment vêtue des habits métaphysiques) dans la troisième. La présence très claire des trois disciplines maîtresses de l'université confère à l'ensemble une unité qui ne doit plus nous échapper ; unité de forme, mais aussi de sens (l'essai porte sur la connaissance, impossible d'en douter maintenant), et cette unité est confirmée, fût-ce dans l'aveu final d'une préférence pour les Muses : "quand je danse, je danse" et pour Apollon et sa lyre. Il y a là une profession de foi humaniste que n'auraient désavouée ni Pétrarque, ni Erasme. N'eussent-ils pas applaudi devant cette tentative où les aveux involontaires d'un style souple amorcent la découverte d'une théorie de la souplesse et la constatation, plus émouvante encore pour l'âme humaniste, que cette théorie débouche sur une éthique de la vie comme style, une éthique esthétique ?

Dans cet essai de la conscience qui semble comprendre les raisons plus ou moins conscientes, jusque là, d'une écriture instable, l'écriture demeure instable, entre l'ordre et la libre tentative d'une pensée un peu instinctive.

Et surtout, ce point final que constitue le dernier essai ne rompt pas le pacte qui promettait le respect du principe d'ouverture. Le bilan autobiographie ne fige pas l'être une fois pour toutes : ce qu'il définit, c'est une nature faite de potentialités (de vraisemblance). Cette anthropologie s'accorde bien avec l'idée que la vie est *à vivre*. Jusqu'à son terme et au seuil de la mort, Montaigne compose donc une œuvre ouverte, non seulement parce qu'elle le prépare à mourir, mais parce qu'elle envisage la vie qui est devant lui. Les derniers mots sont optatifs, prologue à un avenir qui s'annonce et attend avec confiance de se fixer encore dans le *cantabile* d'une écriture possible, annoncée par un prologue final, ou dans le silence sans fin de l'insouciance.

BIBLIOGRAPHIE

1 - *DE L'ANTIQUITE A LA RENAISSANCE*

ALCRIPE P. d', *La nouvelle fabrique*, éd. F. Joukovsky, Genève, 1983.

ARETINO P., *La Cortigiana*, éd. G. Innamorato, Turin, 1980.

APOLLONIOS DE RHODES, *Argonautiques*, éd. F. Vian, trad. E. Delage, Paris, "Les Belles Lettres", 1974, 2 vol.

ARISTOPHANE, *Œuvres*, éd. et trad. V. Coulon, Paris, "Les Belles Lettres", 1923-1925, 2 vol.

ARISTOTE, *Poétique*, éd. et trad. J. Hardy, Paris, "Les Belles Lettres", 1979.

Rhétorique, éd. et trad. M. Dufour, Paris, "Les Belles Lettres", 1967-1973, 3 vol.

Ethique à Nicomaque, trad. angl. H. Rackham, Londres, 1962.

AUBIGNE, A. d', *Les Tragiques*, éd. A. Garnier et J. Plattard, Paris, 1967, 4 vol.

AUGUSTIN saint, *De Beata vita, De Ordine*, trad. R. Jolivet, Paris, 1948.

Confessions, trad. E. Tréhorel et G. Bouisson, Paris 1962, 2 vol.

Soliloquia, trad. P. de Labriolle, Paris, 1948.

BENE G. del, *Che egli è necessario all'esser poeta imitar azioni* in *Trattati di poetica e di retorica del Cinquecento*, éd. B. Weinberg, Bari, 1970-1972, 4 vol. (abrégé : B. WEINBERG).

BINET C., *Discours de la vie de P. de Ronsard*, éd. Laumonier, Paris, 1909.

BOCCACCIO G., *Il Decameron*, éd. V. Branca, Turin, 1980.

BOECE, *Consolation de la philosophie*, trad. L. Judicis de Mirandol, s.l., 1981.

id. avec trad. C. Lazam, préf. M. Fumaroli, Paris, 1989.

BRUNO G., *Il Candelaio*, in *Commedie del Cinquecento*, éd. N. Borsellino, Milan, 1967, vol. II.

CALLIMAQUE, *Hymnes*, éd. et trad. E. Cahen, Paris, "Les Belles Lettres", 1922.

CALVIN J., *Calvini opera omnia*, éd. J.W. Baum, E. Cunitz et E. Reuss, Brunswick, 1863-1900, 59 vol.

Institution chrétienne (1541), éd. J. Pannier, Paris, 1961.

CAMPANELLA T., *Poetica*, éd. L. Firpo, Rome, 1944.

CERVANTES M. de, *Don Quichotte de la Manche*, trad. F. de Miomandre, Lausanne, s.d.

Nouvelles exemplaires, trad. J. Cassou, Paris, 1928.

CHANSON DE ROLAND, éd. G. Moignet, Paris, 1971.

CHAUCER G., *The Canterbury Tales*, éd. F.N. Robinson, Cambridge (Mass.) - Oxford, 1953.

CICERON, *De Inventione*, trad. J.P. Charpentier et E. Greslou, Paris, 1833.

De Amicitia, trad. R. Combès, Paris, "Les Belles Lettres", 1971.

De Senectute, trad. P. Wuilleumiers, *ibid.*, 1969.

Hortensius, éd. A. Grili, Milan-Varese, 1962.

Tusculanes, éd. G. Fohlen, trad. J. Humbert, Paris, "Les Belles Lettres", 1970.

CHRESTIEN DE TROYES, *Erec et Enid*, éd. M. Roques, Paris, 1973.

Conte du Graal, éd. F. Lecoy, Paris, 1973-1974.

DANTE [ALIGHIERI], *Le Opere di Dante*, testo critico della Società dantesca italiana, Florence, 1960, en particulier, *Epistole, Convivio, Commedia*.

DES MASURES L., *David combattant*, in *Tragédies saintes*, éd. C. Comte, Paris, 1907.

DESPERIERS B. des, *Nouvelles Récréations et joyeux devis*, in *Conteurs français du XVIe s.*, éd. P. Jourda, Paris, 1965.

DONAT, *Commentum Terenti*, éd. P. Wessner, Leipzig, Teubner, 1902-1908, 3 vol. (vol. I, *Excerpta de comoedia*).

DU BELLAY J., *Défense et illustration de la langue française*, éd. L. Terreaux, Paris, 1972.

Les Regrets. Les Antiquités de Rome, éd. J. Joliffe et M. A. Screech, Genève, 1966.

Olive, éd. E. Caldarini, Genève, 1974.

DU PERRON card., *Oraison funèbre sur la mort de M. de Ronsard* (1586), éd. M. Simonin, Genève, 1985.

ERASME, *Colloquia* in *Opera omnia*, éd. Jean Leclerc, Leyde, 1703-1706.

EURIPIDE, *Hippolyte* in *Œuvres*, éd. et trad. L. Méridier, Paris, "Les Belles Lettres", 1965.

FABLIAUX, éd. P. Ménard, Genève, 1979.

FARAL E., *Les Arts poétiques du XIIe et du XIIIe s.*, Paris, 1924 (abrégé : FARAL).

FLORE J. de, *Les Comptes amoureux*, Lyon, 1980.

GARNIER R., *Hippolyte* , in *Œuvres complètes*, éd. L. Pinvert, Paris, 1923, t. I.

GIRALDI CINZIO G. B., *Discorsi intorno al comporre dei Romanzi, delle Comedie, e delle Tragedie*, Venise, 1554.

GREVIN J., *Les Ebahis*, in *Théâtre complet*, éd. L. Pinvert, Paris, 1922.

HOMERE, *Illiade*, éd. et trad. P. Mazon, Paris, 1937-1938, 4 vol.

Odyssée, trad. V. Bérard, Paris, A. Colin, 1947.

Odissea, trad. G. A. Privitera, Vicenza, 1981-1986, 6 vol. (Vol. I., libri I-IV), éd. A. Heubeck, S. West.

HORACE, *Epîtres*, éd. et trad. F. Villeneuve, Paris, 1935, 2 vol.

LABE L., *Œuvres complètes*, éd. E. Giudici, Genève, 1981.

LE CARON L., *Dialogues*, éd. J. A. Buhlmann et D. Gilman, Genève, 1986.

LUCAIN, *Pharsale*, éd. et trad. A. Bourgery et M. Ponchont, Paris, "Les Belles Lettres", 1927.

LUCIEN, *Œuvres*, éd. et trad. A.M. Harmon, K. Kilburn, M. D. Macleod, Londres, The Loeb classical Library, 1960-1967.

MARGUERITE DE NAVARRE, *Heptaméron*, éd. M. François, Paris, 1967.

MARIE DE FRANCE, *Lais*, éd. J. Rychner, Paris, 1966.

MAROT C., *Adolescence clémentine*, éd. F. Lestringant, Paris, 1987.

MINTURNO A., *Arte poetica*, Venise, 1564.

MONTAIGNE M. de, *Essais*, éd. P. Villey, Paris, 1965, 2 vol.

Œuvres complètes, éd. R. Barral et P. Michel, Paris, "L'Intégrale", 1967.

NOVELLINO, éd. G. Favati, Gênes, 1970.

PETRARQUE F., *Rime, Trionfi e poesie latine*, éd. F. Neri, G. Martellotti, E. Bianchi, N. Sapegno, Milan-Naples, 1951.

Secretum, éd. F. Carrara, in *Prose*, Milan-Naples, 1955.

PLATON, *Gorgias*, trad. A. Croiset, Paris, "Les Belles Lettres", 1967.

Le Banquet, trad. L. Robin, *ibid.*, 1930.

Phèdre, trad. L. Robin, *ibid.*, 1930-1933.

Euthydème, trad. L. Méridier, *ibid.*, 1931.

La République, trad. E. Chamby, *ibid.*, 1932.

PLAUTE, *Aulularia*, in *Comédies*, éd. et trad. A. Ernout, Paris, "Les Belles Lettres", 1932, 4 vol., t. II.

RABELAIS F., *Œuvres complètes*, éd. J. Boulenger, Paris, 1955.

Rhétorique à Herennius [Ps. Cicéron], éd. et trad. M. Delcasso, Paris, 1835.

Roman de Renart, éd. M. de Combarier du Grès et J. Subrenat, Paris, 1981, 2 vol.

RONSARD P. de, *Œuvres complètes*, éd. P. Laumonier, R. Lebègue, I. Silver, Paris, 1914-1975.

Les Amours, éd. H. et C. Weber, Paris, 1963.

SCALIGER J.C., *Poetices libri septem*, apud Joannem Crispinum, Genève, 1561.

SCEVE M., *Délie*, éd. E. Parturier, Paris, 1931.

SEGNI A., *Lezioni intorno alla poesia* (B. WEINBERG).

TAHUREAU J., *Les Dialogues*, éd. M. Gauna, Genève, 1981.

TAILLEMENT C. de, *Discours des Champs Faez*, Lyon, 1553.

TERENCE, *Heautontimoroumenos*, in *Comédies*, éd. et trad. J. Marouzeau, Paris, "Les Belles Lettres", 1947-1949, 3 vol., t. II.

TRISSINO G.G., *La Poetica* (B. WEINBERG).

TYARD Pontus de, *Œuvres poétiques complètes*, éd. J.C. Lapp, Paris, 1966.

Solitaire premier, éd. S. Baridon, Genève, 1950.

VIDA M.G., *De Arte poetica libri tres*, Nuremberg, 1531.

VIGNEULLES P. de, *Les Cent Nouvelles nouvelles*, éd. C.H. Livingston, Genève, 1972.

VINSAUF G. de, *Poetria nova* (FARAL).

VIRGILE, *Enéide*, éd. et trad. J. Perret, Paris, "Les Belles Lettres", 1977-1978, 2 vol.

Enéide, trad. rythmée M. Chouet, Genève, 1984.

YVER J., *Le Printemps d'Yver*, in *Le Panthéon littéraire des vieux conteurs français*, Paris, 1841 (Slatkine Reprints, Genève, 1970).

2 - *OUVRAGES CONSULTES*

Avant-texte, texte, après-texte, publié par L. Hay et S. Nagy, Paris-Budapest, 1982.

BACHELARD G., *Le Droit de rêver*, Paris, 1973.

BALAVOINE C. et LAURENS P., (sous la direction de), *La Statue et l'empreinte. La Poétique de Scaliger*, Paris, 1986.

BANON D., *La Lecture infinie*, Paris, 1987.

BARAZ M., "Sur la structure d'un essai de Montaigne (III, 13 : *De l'expérience*)", *Bibliothèque d'Humanisme et Renaissance*, XXIII, 1961.

BATTEUX C. (abbé), *Les Beaux-Arts réduits à un seul principe*, Slatkine Reprints, Genève, 1969.

Cours de Belles-Lettres ou Principes de littérature, Paris, 1753, 4 vol.

BEHRENS I., *Die Lehre von der Einteilung der Dichtkunst*, Halle, 1940.

BENICHOU P., *Morales du Grand siècle*, Paris, 1948.

BERGSON H., *Le Rire*, Paris, 1929.

BILLETER J.-F., "La Pensée chinoise et la réalité", *Extrême-Orient - Extrême-Occident*, N° 8, février 1986.

BLUM C., "La Peinture du moi et l'écriture inachevée", in *Poétique*, 53, février, 1983.

BORGES J.-L., *Le Livre des préfaces*, trad. fr., Paris, 1981.

BOWDEN M., *A Commentary on the General Prologue to the Canterbury Tales*, New York, 1949.

BOWRA C. M., *Greek Lyric Poetry from Alcman to Simonides*, Oxford, 1961.

BOYANCE P., *Le Culte des Muses chez les philosophes grecs*, Paris, 1972.

BRANCA V., *Boccaccio medievale*, 1970.

BRISSON L., *Platon, les mots et les mythes*, Paris, 1982.

BRODY J., *Lectures de Montaigne*, Lexington, 1982.

BUFFUM I., *Studies in the Baroque from Montaigne to Rotrou*, New Haven, 1957.

CANAVAGGIO J., "Cervantes en primera persona", *Journal of Hispanic Philology*, II, 1977.

CAVE T., *The Cornucopian Text. Problems of Writing in the French Renaissance*, Oxford, 1979.

CEARD J., "D'une Ode à l'autre : la disposition des livres des *Odes*", *Ronsard*, Colloque de Neuchâtel sous la direction d'A. Gendre, Neuchâtel-Genève, 1977.

La Nature et ses prodiges. L'insolite au XVIe siècle en France, Genève, 1977.

CHASTEL A. et KLEIN R., *L'Age de l'humanisme*, Paris, 1963.

COLEMAN D. G., *Rabelais : A Critical Study of Prose Fiction*, Cambridge, 1971.

CONCHE M., "L'Unité du chapitre *Des coches*", *Etudes montaignistes en hommage à P. Michel*, éd. C. Blum, F. Moureau, Paris-Genève, 1984.

CONTE G. B., "Proemi al mezzo", *Rivista di Cultura classica e medioevale*, XVIII, 1976, Rome.

CROCE B., *Storia dell'estetica per saggi*, Bari, 1942 et 1967.

La Poesia, Bari, 1953.

CURTIUS E. R., *La Littérature européenne et le Moyen Age latin*, trad. fr., Paris, 1956.

DEMERSON G., "Le Prologue exemplaire de *Gargantua*", *Versants* 15, 1989, Neuchâtel, (voir en particulier la bibliographie).

(sous la direction de), *La Notion de genre à la Renaissance*, Genève, 1984.

DERRIDA J., *La Dissémination*, Paris, 1972.

DUBOIS C. G., *Le Maniérisme*, Paris, 1979.

DUFT J., *Mittelalterische Schreiber, Bilder, Anekdoten und Sprüche aus der Stiftsbibliothek St. Gallen*, Saint-Gall, 1964.

ENGLISCH F., *Aventures en analyse transactionnelle et autres vraies histoires*, trad. fr., Paris, 1984.

ELSE G., *Aristotle's "Poetics". The Argument*, Leyde, 1957.

ETIEMBLE R., "Sens et structure dans un essai de Montaigne (III, 6)", *C'est le bouquet*, Paris, 1967.

FENOALTEA D., "Les Modes d'organisation des *Odes* de 1550", *Ronsard en son IVe centenaire*, t. II : *L'Art de Poésie*, sous la direction de Y. Bellenger, J. Céard, D. Ménager, M. Simonin, Genève, 1989.

Du Palais au Jardin. L'Architecture des "Odes" de Ronsard, Genève, 1990.

FRIEDRICH H., *Epoche della lirica italiana*, trad. it., Milan, 1947, 2 vol.

Montaigne, trad. fr., Paris, 1968.

FUMAROLI M., *L'Age de l'éloquence. Rhétorique et "res litteraria" de la Renaissance au seuil de l'époque classique*, Genève, 1980.

GADOFFRE G., *Du Bellay et le sacré*, Paris, 1978.

GENETTE G., *Palimpsestes*, Paris, 1982.

Seuils, Paris, 1987.

Introduction à l'architexte, Paris, 1979.

et alii, *Théorie des genres*, Paris, 1986.

GIDE A., *Prétextes*, Paris, 1947.

GILSON E., *L'Esprit de la philosophie médiévale*, Paris, 1948.

GOLDMANN L., *Le dieu caché*, Paris, 1956.

GRAY F., *La Poétique de Du Bellay*, Paris, 1978.

La Balance de Montaigne, Paris, 1982.

GREENE T. M., *The Vulnerable Text. Essays on Renaissance Literature*, New York, 1986.

GRIMAL P., *Le Lyrisme à Rome*, Paris, 1978.

GSTEIGER M., "Note sur les préambules de chansons de geste", *Cahiers de civilisation médiévale*, 2, 1959, Poitiers.

HAMBURGER K., *Logique des genres littéraires*, trad. fr., Paris, 1986.

HAVELOCK E. A., *Preface to Plato*, Cambridge-Londres, 1982.

HEGEL G. W., *Phénoménologie de l'Esprit*, trad. J. Hyppolite, Paris, 1981, 2 vol.

HIRDT W., *Studien zum epischen Prolog*, Munich, 1975.

HUNT T., "Tradition and Originality in the Prologues of Chrestien de Troyes", *Forum for Modern Language Studies*, 8, 1972.

"The Rhetorical Background to the Arthurian Prologue", *ibid.*, 6, 1970.

HURST A., *Apollonios de Rhodes. Manière et cohérence. Contribution à l'étude de l'esthétique alexandrine*. Bibliotheca Helvetica Romana, Institut suisse de Rome, 1967.

JAKOBSON R., *Essais de linguistique générale*, Paris, 1963.

JANSON T., *Latin Prose Prefaces in Literary Convention*, Stokholm, 1964.

JEANNERET M., "Les Paroles dégelées", *Littérature*, 17, février, 1975.

Des Mets et des mots. Banquets et propos de table à la Renaissance, Paris, 1987.

KIRK G. S., *The Illiad : A Commentary*, Cambridge, 1985.

LAFOND J., (sous la direction de), *Les Formes brèves de la prose et le discours discontinu* (XVIe et XVIIe siècles), Paris, 1984.

LAPP J. C., *The Esthetics of Negligence. La Fontaine's "Contes"*, Cambridge, 1971.

LAURENTI J. L. et PORQUERAS MAYO A., *Ensayo bibliográfico del prólogo en la literatura*, Madrid, 1957.

LEINER W., *Der Widmungsbrief in der französischen Literatur* (1580-1715), Heidelberg, 1965.

LEOPARDI G., *Zibaldone di pensieri*, éd. F. Flora, Vérone, 1937, 2 vol.

LUKACS G., *L'Ame et les formes*, trad. fr., Paris, 1974.

La Théorie du roman, trad. fr., avec une *Introduction aux premiers écrits de G.L.*, par Lucien Goldmann, Paris, 1963.

MACFARLANE I. D., "Le Personnage du narrateur dans les *Nouvelles Récréations*", *La Nouvelle française à la Renaissance*, sous la direction de L. Sozzi, Genève-Paris, 1981.

MARMONTEL J.-F., *Eléments de littérature, Œuvres complètes*, Slatkine Reprints, Genève, 1968, 7 vol.

MICHEL A., *La Parole et la beauté. Rhétorique et esthétique dans la tradition occidentale*, Paris, 1982.

"Montaigne : 1580-1980". *Actes du colloque international*, Duke University-University of North Carolina, éd. M. Tetel, Paris, 1983

"Montaigne et les *Essais* : 1580-1980". *Actes du congrès de Bordeaux*, éd. P. Michel, F. Moureau, R. Granderoute, C. Blum, Paris-Genève, 1983

"Rhétorique de Montaigne", *Bulletin de la Société des Amis de Montaigne*, 7e série, 1-2, 1985

"Montaigne 1588-1988", *Revue d'Histoire littéraire de la France*, N° 5, sept.-oct. 1988

"Montaigne et les *Essais* (1588-1988)" *Actes du congrès de Paris* (janvier 1988), réunis par Claude Blum, Paris, 1990.

"Montaigne, Apologie de Raimond Sebond. De la *Theologia* à la *Théologie*", Etudes réunies sous la direction de Claude Blum, Paris, 1990

MORRIS D., *Le Singe nu*, trad. fr., Paris, 1968.

NOFERI A., *L'Esperienza poetica del Petrarca*, Florence, 1962.

NORDEN E., *Die antike Kunstprosa. Vom VI. Jahrhundert v. Chr. bis in die Zeit der Renaissance.* Stuttgart, Teubner, 1971, 2 vol.

PABST W., *Novellentheorie und Novellendichtung. Zur Geschichte ihrer Antinomie in der romanischen Literatur*, Hambourg, 1953.

"Paratextes", N° spécial de la Revue *Poétique*, 69, février, 1987

POLARA G., "Ricerche sul proemio nella poesia latina", *Rendiconti dell'Accademia di Archeologia, Lettere e Belle Arti di Napoli*, XLIX, 1974.

PORQUERAS MAYO A., *El Prólogo como género literario*, Madrid, Consejo superior de investigaciones científicas, 1957.

"Entorno allos Prólogos de Cervantes", *Cervantes, su obra y su mundo*, Madrid, 1981.

"Prologues au XVIe siècle", *Versants*, 15, 1989, Neuchâtel (Contributions de A. Ruppen, G. Demerson, F. Joukovsky, F. Rigolot, C. Faisant, A. Gendre, G. Gorni, A. Tripet).

PY A., *Imitation et Renaissance dans la poésie de Ronsard*, Genève, 1984.

RACE W. H., *The Classical Priamel from Homer to Boethius*, Leyde, 1982.

RAPISARDA E., *Consolatio poesis in Boezio*, Catania, 1960.

RIGOLOT F., "Prolégomènes à une étude du statut de l'appareil liminaire des textes littéraires", *L'Esprit créateur*, XXVII, 3, automne 1987.

Les Langages de Rabelais, Genève, 1972.

Les Métamorphoses de Montaigne, Paris, 1988.

Le Texte de la Renaissance, Genève, 1982.

"Ronsard et Muret : les pièces liminaires aux *Amours* de 1553", *Revue d'Histoire littéraire de la France*, n° 1, 1988.

ROUSSET J., *L'Intérieur et l'extérieur*, Paris, 1968.

La Littérature de l'âge baroque en France, Paris, 1953.

RUCH M., *Le Prooemium philosophique chez Cicéron*, Strasbourg, 1958.

SABA G., *La Poesia di J. du Bellay*, Messine-Florence, 1962.

SAYCE R.A., "L'ordre des *Essais* de Montaigne", *BHR* XVIII, 1, 1956.

SCHLEGEL F., *Sämtliche Werke*, Vienne, 1846.

Frammenti critici e scritti di estetica, trad. it., Florence, 1967.

SCHULTZ S.A., "Classical Rhetoric, Medieval Poetics and the Medieval Vernacular Prologue", *Speculum*, LIX, 1984.

SCREECH M.A., *Rabelais*, Londres, 1979.

SHERMAN C., *Diderot and the Art of Dialogue*, Genève, 1976.

SIMONIN M., "Ronsard encomiaste : la rhétorique de l'éloge dans des pièces liminaires", *Les Hymnes de Ronsard*, Cahiers "Textuel", 34/44, 1, Paris, 1985.

SOZZI L., *Les Contes de B. Despériers. Contribution à l'étude de la nouvelle française à la Renaissance*, Turin, 1965.

STAROBINSKI J., "Notes sur Rabelais et le langage", *Tel Quel*, 1963.

Montaigne en mouvement, Paris, 1982.

TATARKIEWICZ W., *History of Aesthetics, III : Modern Aesthetics*, Varsovie, 1970.

TOURNON A., *La Glose et l'essai*, Lyon, 1983.

TRIPET A., *Pétrarque ou la connaissance de soi*, Genève, 1967.

"Le Mythe dans les *Sonnets pour Hélène* de Ronsard", in *Ronsard et la Grèce*, sous la direction de K. Christodoulou, Paris, 1988.

"Hélène et le degré zéro du mythe", in *Ronsard en son IVe centenaire*, t. II : *L'Art de Poésie*, Genève, 1989.

VERNANT J.-P., *Mythe et société en Grèce ancienne*, Paris, 1982.

VEYNE P., *L'Elégie érotique romaine. L'amour, la poésie et l'Occident*, Paris, 1983.

WAHL J., *Etude sur le "Parménide" de Platon*, Paris, 1951.

WEINBERG B., *A History of Literary Criticism in the Italian Renaissance*, Chicago, 1961, 2 vol.

Critical Prefaces on the French Renaissance, Evanston, Northwestern University Press, 1950.

(éd.), *Trattati di poetica e di retorica del Cinquecento*, Bari, 1970-1972, 4 vol.

WILLIAMSON G.W., *The Senecan Amble*, Chicago, 1966.

INDEX DES AUTEURS CITES

Nous n'avons pas tenu compte, dans cette liste, des simples renvois bibliographiques. On en retrouvera la mention dans la bibliographie générale. Les chiffres en caractères gras se réfèrent à des pages où l'auteur considéré bénéficie pour lui-même de développements analytiques.

TABLE DES MATIERES

IMPRIM'VERT®

Achevé d'imprimer par Corlet,
Condé-en-Normandie (Calvados), en décembre 2021
N° d'impression : 174149 - dépôt légal : décembre 2021
Imprimé en France